현대사회론 강의

모더니티의 지층들

모더니티의 지층들 — 현대사회론 강의

초판1쇄 발행 2007년 3월 10일
초판7쇄 발행 2018년 12월 20일

편저자 이진경
펴낸이 유재건 • **펴낸곳** (주)그린비출판사 • **주소** 서울시 마포구 와우산로 180, 4층
전화 02-702-2717 • **이메일** editor@greenbee.co.kr • **신고번호** 제2017-000094호

ISBN 978-89-7682-975-7 04300   978-89-7682-978-8 (세트)

철학이 있는 삶 **그린비출판사** www.greenbee.co.kr

현대사회론 강의

모더니티의 지층들

이진경 편저

B
그린비

1 각 글의 지은이들이 사용한 참고문헌은 책의 말미에 일괄적으로 정리해놓았다. 본문에서는 괄호 안에 "지은이, 도서명, 쪽수"만을 밝혀놓았다.

2 참고문헌의 경우 본문에서는 읽는이들의 편의를 위해 국외문헌의 경우에도 번역본의 쪽수를 달았다. 그러나 책의 말미에 수록된 「참고문헌」에서는 원래 서지사항까지 모두 표기했다.

3 각 글의 지은이 소개는 각 글의 처음에 각주 형식으로 밝혀놓았다. 단, 편저자가 쓴 글의 경우에는 책날개에 편저자의 자세한 소개가 있기 때문에 따로 밝혀놓지 않았다.

4 인명이나 지명, 그리고 작품명은 〈국립국어원〉에서 2002년에 펴낸 '외래어 표기법'에 근거하여 표기했다. 단, 이미 관례적으로 쓰이고 있는 표기는 관례를 그대로 따랐다.

5 단행본·전집·정기간행물 등에는 겹낫표(『 』)를 사용했으며, 회화·사진·단편·논문·영화 등에는 낫표(「 」)를 사용했다.

.서문.

이 책은 현대사회를 포괄적으로 소개하기 위해 기획되었다. 우리는 근대성에 대한 포괄적인 개요에서 시작하여, 자본주의의 몇 가지 핵심적인 요소들과 근대사회를 구성하는 몇 가지 요소들을 두 개의 축으로 삼아 '모던'이라고 불리는 하나의 시대에 대한 포괄적인 접근을 시도할 것이다. 그리고 그런 바탕 위에서 대개 '근대'라고 번역하게 만드는 '모던'과 구별되는, 종종 '포스트모던'하다고 불리는 현대사회의 '현대적인' 양상들에 대해서 분석하고자 했다. 이를 통해 현대사회의 다양한 면모를 전반적으로 이해하고 이에 대해 생각할 것들이 소개될 수 있을 것이라고 생각한다.

다른 한편, 이런 소개는 나름의 이론적인 분석 없이는 불가능하다는 점에서, 이 책에서 소개되는 현대사회의 중요한 몇 가지 현상들을 통해 다양한 이론적인 관점이나 논점의 개요를 제공할 수 있을 것이라는 점 역시 고려되었다. 여기서 다뤄지는 이론은 맑스나 베버 등의 '고전적인' 연구에서부터 아리에스와 같은 역사가들의 연구, 그리고 들뢰즈·가타리와 푸코, 네그리나 비릴리오 등 '현대적인' 첨단의 연구에 이르기까지 다양하다. 그러나 책의 성격상 여러 가지 이론을 소개하고 개설하는 방식보다는 현대사회의 중요한 측면과 관련된 특정 주제를 다루는 가운데 그들의 이론적 개념이나 사유의 방법을 '이용'하는 방식을 선택했다. 오히려 그것이 각 이론의 유효한 요소들을 구체적으로 이해하는 데 더 쉽고 효과적일 것이라는 생각에서다.

여기서 다뤄지는 주제의 선별이나, 그 주제를 다루는 방향 등에는 편저자의 주관적인 의견이 강하게 반영되어 있다. 다양한 주제를 소개하고 개괄하는 책이 자칫 각 주제를 일관성 없이 나열하는 것으로 되어선 곤란하다는 생각에서였다. 이를 위해 모든 필자들은 집필을 위해 여러 번 만나서 토론을 했고, 씌어진 원고를 함께 검토하며 고치고 다시 썼다. 집필과정에서 자신의 개인적인 의견이 있었을 텐데도 이론적 일관성을 위해 편저자의 강한 개입을 허용해 주고, 호흡을 맞춰준 필자들에게 이 자리를 빌려 진심으로 감사드린다. 덕분에 적어도 편저자가 보기엔 나름대로 일관성이 있는 책이 만들어졌다고 믿는다. 그렇기에 각각의 글에 어떤 문제가 있다면, 거기에는 각각의 필자만큼이나 편저자가 책임이 있으리라고 생각한다.

이런 종류의 책을 '감히' 기획·출판하게 된 것은 대학에서 학생들에게 유사한 제목의 강의를 해야 했던 편저자의 경험이 크게 작용했을 것이다. 사실 특정 주제에 대한 이론적 연구가 아닌, 전반적 주제에 대한 이런 포괄적 개요는 이론적 관점에서 보자면 사회 전체에 대한 총체적 분석을 시도하려는 것이라는 점에서, 또 다른 거대이론을 꿈꾸는 것처럼 보일지도 모른다. 그리고 이는 어쩌면 '포스트모던'이라고 불리는 지금 시대에는 시대착오적인 것인지도 모른다.

그러나 현대철학이나 사회이론에서 그 사유의 심도가 깊어지고 분석의 의외성이 확장되면서 이론적으로 훈련되지 않은 사람들이 그것과 대면하고 대결하는 것이 점점 더 어려운 것이 되고 있음은 분명한 듯하다. 그것이 이론으로부터, 무언가를 배우고자 하는 사람이란 의미에서 '학인들'을 '소외'시키고 있는 셈이다. 그것은 아주 중요하고 유효한 분석이나 연구결과조차 접근하기 어렵게 만들어 그것이 현실 속에서 작용할 여지를 좁히고 있다는 점에서 거꾸로 이론 자체의 소외로 나아가고 있는 건 아닐까? 이는 사유하는 사람들이나 학인들 모두에게 불행하고 유감스런 사태라고 생각한다.

그래서 대학에 들어온 사람이라면, 혹은 자신이 살고 있는 사회에 적극적인 관심을 가진 사람이라면, 사회 전반에 대해서, 동시에 그것을 보는 다양한 이론적 시야에 대해서 어렵지 않게 접근할 수 있는 길을 만들어 주는 것이 필요하리라고 생각했다. 이를 위해서라면 거대이론을 꿈꾸는 시대착오라도, 포괄적 분석을 위해 치밀함을 잃는 허술함이라도 감히 감수할 필요가 있을 것이라고 믿는다. 이론적으로 고고한 이론가보다는 허술함을 감수하며 대중에게 다가가는 이론가, 이론이 대중과 결합함으로써 세상을 바꾸게 만들 것이라는 꿈에 훨씬 더 가까우리라는 믿음에서다. 이전에 철학자가 아니면서도, 그리고 '철학사를 깊이 연구한 것도 아닌 주제에 『철학과 굴뚝청소부』라는 약간 쑥스러운 제목의 책을 감히 쓰려고 했을 때의 문제의식과 연장선상에서 시도된 이번 책 또한 널리 혜량(惠諒)해 주시길 부탁드리고 싶다.

2007년 2월 14일
필자들을 대신하여
이진경

:: 차 례

제4부 현대자본주의

제1부

근대성의 이론

.1강. 근대사회와 모더니티

이진경

1. 모더니티와 합리성

흔히 말하듯이 근대는 '이성'(reason)의 시대다. 어떤 것이든 '이유' (reason)가 있어야 받아들여지는 시대, 그래서 '합리적'(rational)이라고 불리는 시대다. 이런 이유에서 근대와 대비되는 근대 이전의 사회, 혹은 근대와 다른 종류의 사회들은 어느새 '이유 없이' 무언가가 행해지고 강요되는 사회, 그래서 '비합리적'인 사회라고 간주된다. 따라서 그런 사회에서 근대사회로 변화되는 것, 즉 '근대화'되는 것은 비합리적인 것에서 합리적인 것으로의 '발전'이라고, 쉽게 말해서 '좋은 것'이라고 간주된다.

그리고 종종 이런 근대화를 위해선 어떤 비싼 대가를 치르는 것도 용납될 수 있다고들 믿는다. 가령 제국주의의 식민주의적 침략이 여러 가지 문제가 있지만, 그래도 그것이 우리 사회를 근대화시킨 것이라고 한다면 충분히 정당화된다고 믿는 사람들이 있다. 아니 역으로 자신들의 침략과 약탈을 전근대적인 사회를 근대화시키고 미개사회를 문명화시키기 위한 것이었다는 것이 서구 식민주의자들의 주장이었다. 혹은 박정희 정권처럼 수많은 사람들을 강압과 폭력 아래 통치했던 군사독재조차 '근대화'에 기여했다는 이유로 '좋은 정부'였고, 박정희를 훌륭한 인물이었다고 믿는 사람들이 있다.

그러나 유심히 살펴보면 근대란 '제대로 된 정신'을 뜻하는 이성이나 합리성이 행동이나 사건을 만들어내는 이유가 되는 시대라기보다는, (그것이 침략이나 약탈처럼 용납하기 힘든 것일 때조차도) 어떤 행동이나 사건에 언제나 그럴 듯한 '이유'를 대고 합리화하는 시대인 것처럼 보인다. 혹은 그럴 듯한 이유를 대고 합리화할 수 있다면 어떤 행동이나 사건도 정당화될 수 있다고 믿는 그런 시대인 것처럼 보인다. 그럴 듯한 이유, 특히 경제적인 이득과 결부된 어떤 이유를 대기만 하면, 그에 가려 어떤 행동이나 사태로 인해 야기된 여러 가지 결과들을 모두 쉽게 잊거나 무시할 수 있는 시대, 그리하여 그 '정당성'이나 '합리성'에 부합하지 않는 모든 것들이 쉽게 망각되고 배제되는 시대.

이런 점에서 '이성'이나 '합리성'이라는 말은 종종 '폭력'이라는 말로 표현되기도 하는 강력한 권력을 행사하는 문법의 환상을 포함하고 있다. 그것이 실제로 담고 있는 이유가 무엇이든 간에 그 단어로 표시되는 순간 그것이 마치 제대로 된 정신이나 어떤 절대적인 진리를 의미하며, 그와 대비되는 것은 '비합리적인 것'이 되어 턱없는 거짓이나 순진한 공상 혹은 제거되어 마땅한 어떤 낭비나 망상을 뜻하게 되는 언어적 환상 말이다. 예컨대 새만금의 갯벌을 간척하겠다는 어이없는 공상도 그로 인해 얻을 수 있는 경제적 이득을 계산하여 제시하면 합리적인 것이 된다. 그리고 그에 대한 반대는 그 계산이 잘못된 것임을 증명하는 것, 즉 경제적 이득이 별로 없음을 증명하는 것이 되어야 '합리적'이다. 가령 그 갯벌에서 사는 조개·낙지 등의 생명을 지키기 위해,

혹은 그 거대한 만을 메우기 위해 무너져 내릴 산들과 그 산의 나무와 동물들을 위해 새만금 개발을 반대한다면, 그것은 그러한 문제의식이 얼마나 진지하고 실제적인가와 상관없이 합리성을 결여한 우습고 순진한 공상으로 간주된다. 그 생명들이 아무리 소중해도, 적어도 그러한 개발로 인해 야기될 문제를 개발로 인해 얻을 수 있는 경제적 이득과 비교·계산할 수 있는 것으로 제시하지 못한다면, 그것은 '이유'를 제시하지 못한 것, '비합리적인 것'이 되고 만다. 그러나 그 생명의 가치를 어떻게 경제적 이득으로 계산할 수 있단 말인가!

근대 이전의 사회 혹은 서구(근대의 실질적 이름!)와 다른 사회가 '합리적 이유' 없이 어떤 일을 하는 사회란 생각은 너무도 근대중심적인 발상이다. 가령 근대의 부르주아들은 왕정시대의 궁정귀족들이 대저택을 짓고 화려하게 장식하는 것이나 일주일에 두세 번 연회를 열어 사람들을 모으고 먹이는 일을 '비합리적인' 낭비라고 비난했다. 그러나 엘리아스가 『궁정사회』에서 말하듯이, 궁정귀족들은 그렇게 함으로써 자신들 주변에 능력 있는 사람들을 모을 수 있었을 뿐 아니라 자신의 영향력을 과시할 수 있었으며, 이는 그가 정치적 영향력을 획득하는 데 결정적인 요인 중 하나가 되었다. 만약 어떤 귀족이 궁색하다거나 인색하다는 평판이 돌게 되면, 그는 모든 것을 잃게 된다. 따라서 그들로선 빚을 내가면서라도 화려한 저택을 지어야 했고 연회를 베풀어야 했다. 즉 부르주아들로선 이해할 수 없었던 거대한 사치와 낭비는 결코 비합리적인 게 아니라 '궁정적인 합리성'을 갖고 있었던 것이다.

이는 '미개인'이라고 불리던 이른바 '원시인'의 사회에서도 마찬가지였다. 북아메리카 서부해안 지역에 사는 콰키우틀족은 '포틀래치' (potlatch)라고 부르는 일종의 '선물게임'을 한다(모스, 『증여론』,

147~157쪽). 가령 혼인이나 성인식 등 잔치가 있을 때마다 많은 사람을 초대해서 많은 선물을 하는 것이다. 그러면 그 선물을 받은 사람은 그보다 더 큰 선물을 해야 한다. 그렇지 못하면 그는 그 게임에서 지는 것이고, 성공한 사람에게 주어지는 명예와 위세를 얻지 못하게 된다. 반면 누구도 초과할 수 없는 선물을 한 사람이 최고의 명예와 위세를 얻는다. 많은 경우 그가 추장이나 지도자가 된다. 그 와중에 소중한 물건을 이 정도는 전혀 아깝지 않다는 식으로 파괴하기도 한다.

이러한 낭비와 파괴 역시 서구의 백인들은 이해할 수 없는 비합리성과 미개함의 증거로 간주했다. 그러나 그것은 궁정인들의 낭비 이상으로 중요한 '이유'를 갖고 있었다. 그런 상호적인 선물은 선물을 주고받는 사람들을 하나의 공동체로 연결해 주고 결합해 준다. 그것은 자기만의 이익을 고려하고 계산하는 삶의 방식을 넘어서고 파괴하는 메커니즘이기도 하다. 나아가 이런 방식으로 추장이 되는 경우, 추장이 된 사람은 정치적 권위는 얻을 수 있지만 그것은 언제나 경제적 권력(재산)을 대부분 파괴하거나 선물하여 소모해버린 다음에야 가능하다. 이로써 그들은 경제적 권력과 정치적 권위가 하나로 결합되는 사태를 방지하고자 했던 것이다. 이를 인류학자 클라스트르라면 '국가권력의 출현을 방지하는 메커니즘'이라고 불렀을 것이다.

따라서 어떤 사회든 대부분의 일들이 나름의 '이유'와 '합리성'을 갖는다. 이런 점에서 합리성은 근대사회에만 고유한 것이 아니다. 어떤 사회나 문화를 이해한다는 것은 그들이 행하는 일들의 이유와 합리성을 그들의 입장에서 이해하는 것이다. 자기가 아는 이유, 옳다고 믿는 것을 척도로 다른 사회나 문화를 이해하려는 순간 우리는 아무것도 이해하지 못하게 되며, 다만 그들을 '비합리적'이라고 비난하게 된다.

그렇지만 근대에 출현한 합리성이 어느덧 합리성의 개념이나 척도를 독점해버린 것 같다. 근대적인 합리성 이외의 것에 대해서는 '비합리적'이고 '비이성적'이라고, 따라서 '미개'하거나 '야만적'이라고 매도하는 경우가 너무도 비일비재하기 때문이다. 근대사회가 '합리성'을 특징으로 한다고, 따라서 그와 다른 것은 '합리성'을 결여하고 있다고 너무도 쉽게 간주되는 것이다. 그렇다면 근대에 출현한 합리성이란 대체 어떤 것인가? 어떤 이유로 인해 그것은 근대성의 중심을 차지했으며, 나아가 합리성의 자리 자체를 독점하게 되었던가?

근대적 합리성조차 사람에 따라 여러 가지 방식으로 다르게 정의된다. 신이나 신비한 것으로부터 벗어나는 '탈신비화'로 정의되기도 하고, '절약과 축적을 위한 합리적 생활방식'으로 정의되기도 한다. 그러나 그러한 정의 모두를 관통하는 것을 들라면 무엇보다 '계산가능성'(calculability)이란 개념을 들어야 한다. 자연현상을 수학적으로 계산하고 예측하고자 했던 것이 근대과학이라면, 그런 과학을 통해 신이나 신비적인 것을 계산가능한 것으로 바꾸고자 했던 것이 근대적 이성이었고, 그런 계산을 통해 삶의 방식을 통제하고자 했던 것이 '근대적 생활방식'이었기 때문이다. 이런 이유에서 합리성의 시대로서 근대는 '과학의 시대' 내지 '이성의 시대'라고 간주되기도 한다. 계산과 예측, 그리고 그에 따른 통제의 가능성, 그것이 근대적 삶의 합리성을 가능하게 했던 것이고, 그것이 근대적 삶을 합리성이란 형태로 단일화했던 것이며, 쉽게 계산될 수 없는 다른 종류의 '합리성'을 비합리적인 것으로 간주하여 매도케 했던 것이다.

이는 종종 어원학적으로 정당화되기도 한다. '합리성'(rationality)의 어원이 되는 라티오(ratio)는 원래 '비'(比)를 뜻하는 말이었다. '유리수'(有理數)로 번역되는 rational number는 사실 '비(ratio)로 나누어지는 수'를 뜻하는 단어였다. 이런 점에서 서양의 '이성'이란 원래부터 '비'나 '수', 계산과 결부된 것이었다고 할지도 모른다. 그렇다고 해도 그것은 서양에 고유한 이성이나 합리성 관념에 불과하다고 말해야 한다. 좀더 냉정히 말하자면, 거꾸로 이성이란 말을 계산과 연결하게 만든 어떤 조건 속에서 그런 의미가 이성에 부과되었다고 말해야 할 듯하다. 왜냐하면 어떻게 생각을 해도 고대적인 용법에서 유리수가 원래 '이성이 있는(rational) 수'였고, 무리수는 '비합리적인(irrational) 수'나 '이성이 없는(irrational) 수'였다고 말하기 어려울 것이기 때문이다. 계산가능성이 이성을 대표/표상(representation)하게 되면서 이성이란 말에 원래부터 계산이란 의미가 포함되어 있었다고 해석됐음이 분명하다. 이는 '르네상스'라는 이름으로 서양의 오래된 '고전적 전통'을 발명했던 것이 식민지 지배의 '합리적 이유'를 찾고자 했던 19세기였다는 것을 안다면, 즉 서구의 오래된 고전적 전통에 대한 환상에서 자유로울 수 있다면 좀더 이해하기 쉬울 것이다.

이러한 계산의 중요성이 표면으로 부상했던 것은 과학혁명이라는 사건을 통해서였지만, 그것을 실질적으로 준비했던 것은 계산이 필수적이었던 시장과 상업의 발전을 통해서였다고 해야 할 것이다. 상품의 교환과 생산 자체를 계산하도록 만들었던 화폐야말로 그런 계산을 삶의 필수적인 요소로 만들고, 사고 자체의 중심적 축으로 만들어간 숨은 주역이었다. 화폐가 지배하는 세계, 바로 그것이 정확하게 근대, 아니 지금 우리가 사는 '현대'의 핵심적인 특징이다. 과학은 직접 돈을 세지는 않는다. 그러나 자연현상을 계산가능한 것으로 만들고자 했던 근대 과학의 꿈이, 화폐화된 삶의 효과 아래서 계산가능한 영역을 좀더 확장하려는 욕망과 무관하다고 할 수 있을까?

우리가 '현대(사회)'라는 말로 표시하는, 지금 우리가 사는 이 시대는 이런 근대사회와의 어떤 연속성을 가지고 있다. 물론 '탈근대'라는 말로 표현되는 어떤 근본적 단절과 불연속성을 주장하는 사람들이 있지만, 그렇게 말하는 경우에조차 지금 현대사회를 이해하기 위해서는 '근대'(modern)라고 불리는 세계의 특징을 이해해야 한다. 그리고 그러한 특징들이 '현대'라고 불리는 우리 시대에 어떻게 지속되고 있는지, 또 어떻게 달라지고 있는지를 이해해야 한다. 그것이 우리가 '근대성'(modernity)이란 대체 어떤 것인지 질문하면서 시작해야 하는 일차적인 이유다.

2. 과학혁명과 모더니티

지식에서 '근대'를 특징짓는 것은 과학이다. 즉 지식에서 근대는 과학의 탄생과 더불어 시작되었다. 과학의 탄생과 더불어 철학이나 다른 지식들의 관계, 배치 전체에 근본적인 변화가 발생했다. 과학의 탄생, 그것은 분명 지식의 영역에서 하나의 거대한 '혁명'이었다. 이를 흔히 '과학혁명'이라고 부른다.

이 과학혁명이 한두 사람에 의해 이뤄진 게 아니라는 것은 두말할 필요가 없다. 하지만 흔히 그러하듯이 수많은 사람들이 연관된 사건들이 거기서 결정적인 역할을 한 어떤 하나의 이름으로 대표/표상되는 경우가 많다. 과학혁명의 경우도 그렇다. 아마도 근대 과학혁명을 표상하는 하나의 이름을 적어야 한다면, 우리는 '갈릴레이 갈릴레오'라고 적어야 할 것이다. 그러나 17세기를 하나의 문턱으로 만든 이 사건을 제대로 이해하기 위해선 여기에 최소한 몇 개의 이름을 더 적어야 한다. 케플러, 데카르트, 뉴턴이 그것이다.

알다시피 케플러는 태양을 중심으로 운행하는 별들의 운행법칙을 찾아낸 사람이다. 그는 스승이었던 티코 브라헤의 천문관측자료를 갖고 코페르니쿠스의 이론을 증명하고자 했지만(티코 브라헤는 원래 천동설을 증명하고 싶어했다), 자료는 그 이론에 따라 계산된 궤도를 따라 배열되지 않았다. 양자를 합치시키려는 오랜 노력 끝에 그는 이론 자체를 수정하지 않으면 안 된다는 생각을 했고, 그래서 별들이 태양 주위를 원이 아니라 타원형의 궤도를 그리며 돈다는 것을 알아냈다(태양은 그 타원의 한 초점이다). 더불어 그 운행의 속도가 태양으로부터의 거리에 따라 달라진다는 것, 공전주기와 그 거리 사이에 어떤 법칙이 있음을 밝혀냈다.

이러한 근대 과학혁명의 절정은 잘 알다시피 뉴턴이었다. 그는 케플러가 발견한 별들의 운행법칙과 갈릴레이가 찾아낸 지상에서 사물의 운동법칙을 하나로 통합하여 이른바 '만유인력의 법칙'이라는 통일된 보편적 운동법칙을 찾아냈다. 그러나 우주에서의 운동법칙과 지상에서의 운동법칙을 어떻게 하나로 통합할 수 있었을까? 그것은 일단 갈릴레오가 찾아낸 지상의 운동법칙이 공기의 저항을 0이라고 가정했기 때문에, 다시 말해 진공에서 일어난다고 가정했기 때문에, 공기 저항이 없는 우주에서의 운동법칙과 쉽게 통합될 수 있었다고 할지도 모른다. 그러나 정말 본질적인 것은 그것이 가능하기 위해선 공간의 모든 이질성을 제거하여 오직 위치·거리·속도, 그리고 운동하는 물체의 궤적으로 통합해서 다룰 수 있게 했던 데카르트 공간, 그리고 그 거리나 궤적 같은 기하학적 요소를 대수적인 함수로 치환하려고 했던 데카르

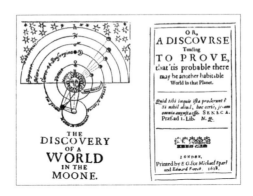

<근대과학의 마술적 혈통, 원격력과 중력> 근대과학을 대중적으로 소개하는 데 재능을 보였던 윌킨스(John Wilkins, 1614~1672)는 중력을 일종의 자기적인 힘이라고 보았다. 멀리 떨어진 물체가 서로 당길 수 있다는 '원격력'이라는 관념(중력이든 자력이든)은 사실 오랜 마술적 전통에 속해 있었다. 갈릴레오는 이런 생각을 끝내 받아들이지 않았지만, 마술에도 관심이 많았던 뉴턴은 이를 쉽게 받아들여 '중력'으로 개념화할 수 있었고, 이것이 그가 거둔 성공의 중요한 요인 가운데 하나였다. 이런 점에서 근대과학의 결집점인 '만유인력의 법칙'에는 운동을 계산가능하게 하려는 근대과학적 태도와 함께 원격력이라는 마술적 관념이 혼합되어 있었던 셈이다. 근대과학의 마술적 혈통! 하지만 원격력은 받아들이면서 마술에 대해서는 비과학으로 단죄하여 대대적 '마녀사냥'의 대상으로 삼았다는 점에서, 마술은 '씨받이' 같은 운명에 처하게 된다(위 도판은 윌킨스의 1638년 저서 『달세계의 발견』에 수록된 '지구와 우주'의 삽화이다).

트의 해석기하학이 있어야 했다는 사실이다. 즉 뉴턴은 데카르트 공간을 통해서 케플러가 찾아낸 별들의 운행법칙과 갈릴레오가 찾아낸 지상의 운동법칙을 하나로 통합할 수 있었다는 것이다. 물론 그러기 위해선 운동을 다룰 수 있는 새로운 종류의 수학(미적분학)이 필요했지만 말이다.

그런데도 근대 과학혁명의 요체를 말하기 위해 하나의 이름을 적어야 한다면 갈릴레오라고 적어야 하는 이유는 무엇인가? 그것은 근대과학의 본질을 그의 기획이 적절하게 포착하고 있었기 때문이다.

근대과학의 본질을 묻는 질문에 대해 우리는 '실험과학'이라든가 실험을 통한 증명가능성을 갖는 지식이라는 식으로 대답한다. 그것은 자연과학에 대한 우리의 통념에 아주 충실하기 때문에 별다른 의심 없이 받아들여진다. 이러한 통념적 믿음을 확인해 주는 것이 이른바 '피사의 사탑'에서 갈릴레오가 했다는 실험이다. 쇳덩어리와 나무덩어리처럼 질량이 다른 물체를 동시에 떨어뜨렸더니 똑같이 땅에 떨어졌다던가 하는. 그러나 그것은 어떤 것의 위대한 출발을 기념하기 위해 만들어지는 허구적 기원이라는 의미에서 하나의 신화(!)였다. 그것은 일단 사실에 부합하지 않는다. 무거운 물체와 가벼운 물체는 공기 중에서 결코 똑같은 속도로 떨어지지 않는다. 공기의 저항(부력) 때문에 가벼운 물체는 나중에 떨어진다. 갈릴레오 말대로 똑같이 떨어지려면 공기의 저항이 없어야 한다. 즉, 진공 중에서만 가능하다. 이 실험적 증명의 신화를 순진하게라도 믿고 싶다면 피사의 사탑 주변에 공기가 없었다고 가정해야 한다. 역으로 공기가 있었다면, 피사의 사탑 실험은 갈릴레오의 자유낙하법칙을 반박했을 것이다! 또 하나, 진공을 만드는 게 불가능했으니 역으로 누군가 다르게 떨어지는 것을 증명하고 싶다고 해도 실험에 필요한 기초장비가 그것을 받쳐주지 못했을 것이다. 가령 측정장치인 시계만 해도 그렇다. 그 당시 기계적 시계에는 초침은커녕 분침도 없었고, 통상 시계의 오차가 하루에 1시간 가량 났었다고 한다. 그런 시계로, 초를 다투며 떨어지는 물체들의 속도를 측정한다는 것은 불가능했을 것이다. 시계보다는 차라리 맥박이 더 나았지만, 그것의 측정능력을 우리는 과연 얼마나 신뢰할 수 있을까?

물론 실제로 실험이라고 명명될 활동이나 실험적인 지식이 있었다. 그러나 그것은 차라리 '과학'이 아니라 '마술'의 영역에 속한 것이었다. 즉 실험의 기술이나 능력, 실험적 지식을 발전시켜갔던 것은 흔히 '마술사'로 불리기도 하던 연금술사들이었다. 지금도 실험실을 표상할 때 가장 먼저 떠오르는 비커나 스포이트, 플라스크 등은 모두 그들의 발명품이었다. 그들은 근대의 과학혁명 이후 탄압과 배제의 시도에도 불구하고 적어도 화학의 영역에서는 라부아지에에 의해 근대과학에 편입된 19세기 초까지 계속 존속하고 있었다. 지금은 뉴턴조차 '만유인력의 법칙'을 제시한 『자연철학의 수학적 원리』 이후 몰래 마술을 연구했다는 것은 잘 알려진 사실이다. 만약 실험과학이 근대과학의 요체라고 한다면, 갈릴레오보다 훨씬 먼저인 13세기에 자석의 성질을 관찰하고 실험했던 페트루스 페레그리누스에게 그 기원의 자리를 넘기는 게 더 나을 것이다.

그렇다면 갈릴레오는 어떻게 '근대 과학혁명의 아버지'가 되었던 것일까? 아니, 갈릴레오가 그 '아버지'로 간주된다는 것을 통해 확인할 수 있는 근대 과학혁명의 요체는 무엇일까? 현상학을 창안했던, 수학자이기도 했던 철학자 후설은 근대과학과 관련된 갈릴레오의 기획을 '자연의 수학화'라고 파악한다. 자연의 운동법칙을 수학화하는 것, 그것이 갈릴레오의 기획을 그 이전의 모든 '과학적' 지식과 구별케 해준다는 것이다. 이런 점에서 실험적 지식의 선행자였던 페레그리누스, 심지어 과학혁명의 주역으로서 그보다 선행했던 케플러가 아니라 갈릴레오가 그러한 새로운 종류의 지식을 구성하려는 일반적 기획의 창안자로서 '근대과학의 아버지'가 될 수 있었던 것이다(케플러는 아버지보다 먼저 태어난 아들이었던 셈이다!).

자연의 수학화란 자연현상이나 운동을 수학적으로 계산가능한 것으로 만드는 것이다. 가령 강을 따라 흐르는 물의 힘이나 유속의 변화를 계산가능하게 만드는 것, 혹은 거세게 부는 바람의 힘과 속도를 계산가능한 것으로 바꾸는 것, 그런 것이 '자연현상을 수학화'하는 기획에 속하는 사례다. 그렇게 어떤 사물이나 현상을 수학화하고 계산가능케 할 수 있다면, 아직 발생하지 않는 것 역시 그에 기초해 계산할 수 있으며, 이로써 이후 발생할 사태를 예측할 수 있다. 앞으로 한 시간 지나면 그 물체는 얼마의 속도로 어디에 가 있을 것이며, 거세게 밀려가는 저 강물의 힘이 아마도 2시간 뒤면 방조제를 무너뜨리게 될 것이다 등등. 잘 알다시피 지금은 일기의 변화까지도 컴퓨터(이 말 역시 '계산하다'라는 말에서 나왔다)로 계산하여 예측한다.

만약 이렇게만 된다면 우리는 이후 발생할 사태에 적절하게 준비하고 대책을 세울 수 있을 것이고, 하늘을 나는 데 필요한 힘을 계산한 크기로 만들어낼 수만 있다면 하늘을 날게 될 수 있을 것이다. 그것은 예측불가능하게 인간을 덮쳐오는 자연의 '습격'에 적절히 대처할 수 있는 힘을 인간에게 제공할 것이며, 나아가 자연을 변형시키고 그것을 인간의 뜻대로 이용할 수 있는 능력을 인간에게 제공할 것이다. 이런 의미에서 베이컨이 과학을 염두에 두고 말했던 것처럼 "아는 것이 힘이다". 즉, 과학은 인간에게 자연을 지배하고 통제할 수 있는 힘을 줄 것이다.

이 경우 남는 것은 과학이 계산한 힘을 실제로 만들어내고 그 힘을 통제할 수 있는 것일 게다. 전통적으로 '기술'(technology)이란 이처럼 자연을 통제할 수 있는 능력을 만들어내는 활동영역을 지칭했다. 이는 19세기 후반 이래 '공학'(engineering)으로 분화되고 체계화되었다. 이런 점에서 과학이 '계산가능성'을 추구한다면, 기술이나 공학은 '통제가능성'을 추구한다고 말할 수 있을 것이다. 물론 그 통제가능성은 과학이 제공하는 계산가능성에 기초한다. 그래서 운동법칙을 계산하는 자연과학은 '기초과학'이 되고, 그것을 이용하여 통제가능한 장치들을 생산하는 공학은 '응용과학'이 된다. '과학'이라는 말이 일차적으로 지칭하는 것은 이 두 가지 과학이다.

과학의 성공은 분명했다. 갈릴레오만 해도 종교재판소의 권위 앞에서 자신의 신념을 철회해야 했지만, 뉴턴은 누릴 수 있는 최상의 영광을 얻었다. 자연현상 전체를 하나의 이론으로 설명할 수 있다는 것도 놀라운 일이었지만(물론 일부 '비협조적인' 것들도 있었지만), 그것이 갖는 현실적 힘의 가능성이 점차 가시화됨에 따라, 그리고 거기서 파생된 새로운 연구들이 급속히 증식됨에 따라, 과학은 이제 진리의 전범이 되었고, 과학은 모든 지식이 지향해야 할 모델이 되었다. 이제는 어떤 지식도 자신이 참된 것임을 주장하려면 과학의 일종이 되어야 했다.

여기서 물리학이 다른 과학을 포함한 다양한 지식에 대해 행사한 영향력이 막강했다는 것은 길게 말할 필요가 없다. 모든 것은 기계적인 것의 역학적 운동으로 설명되었다. 자연은 하나의 거대한 기계(시계처럼 복잡한)였고, 동물도 모두 기계의 일종이었다. 그러나 단지 그것만

<계산된 예술, 계산가능한 예술> 세를리오(Sebastiano Serlio, 1475~1554)가 디자인한 '비극의 무대'를 가득 채우고 있는 격자들이 그 계산가능성의 공간을 제공한다. 이 그림이 수록된 그의 1545년 저서명("수학적 문제와 그와 관련된 재현의 투시법, 그리고 무대")은 이런 점에서 시사적이다.

은 아니었다. 과학이 계산가능성을 추구했고, 근대과학의 기획 자체가 자연의 수학화였던 만큼 물리학보다 훨씬 더 일차적이고 근본적인 지위를 차지했던 것은 수학이었다. 그 어떤 것도 수학적인 것이 되어 계산의 관념이 스며들 수 있게 되면 과학이 될 수 있었고, 역으로 과학이 되고자 하는 것이라면 무엇보다 먼저 수학을 도입해서 사용하는 방안을 추구해야 했다. 가령 지금까지 경제학에 대해 누구도 그것이 과학임을 의심하지 않은 것은 일차적으로 그것이 수학적인, 너무도 수학적인 것이라는 사실 때문이다. 사회학이나 심리학, 심지어 생물학이나 의학조차 수학적인 것에 대한 강박증을 갖고 있다. 통계학이든 게임이론이든 수학적인 방법을 사용할 수 있을 때, 그것은 자신이 과학적 지식으로서 정당화된다고 믿는다.

이런 태도는 17세기에 좀더 일반적인 형태로 출현했다. 자연만이 아니라 모든 것을 수학화하고자 하는 욕망이 나타나 지식의 새로운 배치를 형성하기 시작했다. 보편수학(mathesis universalis)이라고 부르는, 하나의 분과라기보다는 일종의 초분과적 기획이 그것을 잘 보여준다. 예컨대 라이프니츠는 모든 것을 수학화하기 위해서는 영역을 가리지 않고 수학적 언어로 바꿀 수 있어야 한다고 생각했고, 이런 이유에서 수학화에 적절한 기호학이나 기호들을 고안해냈다.

이뿐만 아니라 음악이나 미술처럼 수학과는 거리가 멀어 보이는 것도 수학의 일종으로 편입시켰다. 미술의 경우 르네상스 시대에 피렌체에서 발명된 투시법(perspective)이 지배적인 것이 되면서 사실의 정확한 재현을 미덕으로 삼는 미의 관념이 출현하게 되었고, 이로 인해 사람들의 근육에 대한 해부학이 미술에 입문하는 첫번째 관문이 되기까지 한다. 여기서 투시법이 두 번의 수학적 변형을 거쳤음을 안다면,

그에 바탕한 미술이 수학의 일종이 될 수 있었다는 사실을 이해하기는 어렵지 않을 것이다. 한번은 1435년『회화론』에서 알베르티가 투시법의 정확한 재현능력에 대해 제공한 기하학적 증명을 통해서였고, 다른 한번은 역으로 투시법을 수학의 일종으로 변형시킨 데자르그의 사영기하학을 통해서였다.

음악은 이미 베버가『음악사회학』에서 보여준 것처럼, 평균율의 성립을 통해 서양 음악의 음계가 피타고라스의 이론을 통해 '합리화'됨으로써 수학적인 현상에 포섭되었다. 피타고라스에 따르면 현의 길이를 반으로 자르면 음정이 1옥타브 올라가고, 2:3으로 자르면 5도 올라간다. 이를 이용해 8개의 음정으로 구성된 음계들을 12개의 반음으로 평균화한 것이 평균율인데(바흐의『평균율 피아노곡집』은 이를 음악적으로 증명한 것이다), 이런 점에서 음계 자체가 수학적으로 구성되었으며 음악이란 수학적인 화음 개념에 따라 수학화된 현상으로 간주되었던 것이다.

물론 박물학이나 의학처럼 수학화되지 않은 지식도 많이 있었지만, 이 역시 인간의 능력이 못 미쳐 '아직' 수학화되지 못한 것이지 머지않아 인식이 발전함에 따라 수학화되리라고 확신됐다. 이처럼 모든 지식을 수학의 일종으로서 하나의 보편적인 수학적 체계에 편입시키는 것이 바로 보편수학의 기획이었다. 이는 이미 푸코가 훌륭하게 보여줬듯이 17~18세기 서구의 사유구조 자체를 특징짓는 이론적 기획이었다. 이때를 전후로 하여 서구의 지식이나 인식론적 배치 전체가 근본적으로 변하게 된다. 푸코는 16세기까지 서구인들의 사고를 특징짓는 인식론적 배치(그는 이를 '에피스테메'〔épistémè〕라고 명명한다)를 '유사성의 에피스테메'라고 부른다. 유사성에 따른 사고방식이란 가령 호두를 먹으면 머리가 좋아진다든가 물개 거시기를 먹으면 정력이 좋아진다든가 하는 데서 드러나는 것으로, 유사성에 의해 사물들을 연결하고 관계짓는 사고방식이다. 돈키호테는 이런 사고방식을 보여주는 인물이다. 거대하다는 이유로 풍차와 거인을 하나로 생각하고, 붉다는 이유로 포도주와 피를 하나로 생각하는 것이 그것이다.

아마도 데카르트는 유사한 것에 속아서는 안 된다는 강박적 긴장을 보여준다고 해도 좋을 것이다. 유사한 것을 동일성과 차이로 세밀히 분류하고, 그 분류된 것들의 통합적 표를 만드는 것이 그 다음 시대에 출현한 새로운 사고방식을 특징짓는다. 이처럼 사물들을 분류하고 그것들을 수학적인 방식으로 관계짓는 종류의 사고방식이 과학적 지식의 성공과 더불어 인간의 인식에 모델이 되었고, 돈키호테와 달리 '제정신이 있다면', 다시 말해 '이성이 있다면' 의당 어디서나 사용되어야 할 사고의 규범이 되었던 것이다. 이성이나 합리성이라는 말이 계산이나 분류, 추론 등의 개념 없이는 불가능한 어떤 것이 된 것은 이런 조건에서였을 것이다. 물론 그것은 계산불가능한 것, 동일성과 차이를 가르는 분류표를 넘나드는 것과 같은 사고방식을 이성이란 말의 개념 바깥으로 추방하고 배제하는 방식으로 성립된 것이었다. 게으름뱅이나 부랑자, 구걸하는 거지나 방랑자 등과 더불어 광인들이 '종합병원'이라는 이름의 거대한 수용소에 감금되었던 거대한 사건이 정확하게 그 시기 유럽 전반에서 발생했었다는 것은 이러한 추방과 배제가 단지 논리적인 것이나 관념적인 것이 아니라 물리적이고 실제적인 것이었음을 보여주는 것이라고 할 것이다.

요컨대 근대가 이성의 시대요 합리성의 시대라고 한다면, 그것은 정확하게 이처럼 유사한 것들을 엄격하게 분류하고 사물들 사이에 수

<계산에서 이탈한 예술, 계산불가능한 예술> 콰키우틀족의
마을(위)에 위치한 집들 역시 항상-이미 투시적 시선을 던지
는 렌즈의 격자에 어느 정도 포섭되지만, 저 툭 튀어나온 토
템기둥(아래)은 그 선들의 체계에서 이탈한다. 거기 새겨진
형상들도 그렇다. 정확한 재현의 시선에서 벗어난 선과 형상
이 유머와 미적 감각을 만들어낸다.

학적인 질서를 부여하는 것을 본질로 하는 특정한 종류의 합리성 개념을 이성이나 합리성이라는 말 자체와 동일시하고, 그밖에 것들은 거기서 배제하고 추방함으로써 이성의 경계를 새롭게 수립한 시대라는 의미로 이해되어야 한다. 모든 것을 계산가능한 것으로 변환시키려는 의지, 그리고 계산불가능한 것을 이성의 범위 바깥으로 몰아내려는 의지, 그것이 바로 근대의 시대정신이요 시대적 징후라고 해야 한다. 모든 관계를 계산하려는 이런 태도가 이후 모든 관계를 계산가능한 관계만으로 한정하려는 태도로 이어질 것이라는 점은 길게 말하지 않아도 충분히 짐작할 수 있는 것이다. 이러한 변환에 결정적인 역할을 했던 것은 화폐경제라는 새로운 조건이었다.

3. 근대사회와 모더니티

소와 바이올리니스트가 등장하는 샤갈의 그림과 음악을 타고 별이 흐르는 고흐의 그림 중 어떤 것이 더 훌륭한 그림일까? 취향에 따라 샤갈 그림을 더 좋아할 수도 있고 고흐 그림이 더 좋다고 말할 수는 있겠지만, 어떤 그림이 더 훌륭하다고 말하기는 쉽지 않다. 아니, 엄밀하게 말하면 불가능하다. 왜냐하면 그것은 '질적인 것'이고, 질적인 차이는 비교할 수 없기 때문이다. 같은 자동차끼리 성능을 비교하는 것은 가능하겠지만 자동차 성능과 컴퓨터 성능을 비교하는 것은 불가능하다. 가령 맥킨토시 컴퓨터가 쏘나타 승용차보다 더 성능이 좋다고 말하는 것은 말도 안 되는 말이다. 사람의 활동도 그렇다. 밥을 하는 것과 빨래하는 것 가운데 어떤 것이 더 훌륭한 일인가를 비교할 순 없는 일이다. 마찬가지로 학교에서 학생들을 가르치는 일과 공장에서 밥통을 만드는 일

가운데 어떤 것이 더 훌륭한지를 비교하는 것도 불가능하다.

그러나 사실 우리는 이 비교할 수 없는 것들을 쉽게 비교하는 방법을 잘 알고 있다. 가령 여러분에게 둘 중 하나를 선택하라고 한다면, 열이면 아홉은 노트북 컴퓨터보다는 쏘나타 승용차를 선택할 것이고, 공장에서 밥통을 만드는 일보다는 학교에서 학생들을 가르치는 일을 선택할 것이다. 컴퓨터보다는 승용차가 더 비싸기 때문이고, 공장에서 일하는 것보다는 학교에서 가르치는 게 더 돈을 많이 받기 때문이다. 유명한 화가의 그림들 역시 마찬가지다. 가령 샤갈의 그림이 1억 원이고 고흐의 그림이 5억 원이라면, 아마도 앞의 질문에 쉽게 대답할 수 있었을 것이다. 고흐의 그림이 샤갈의 그림보다 더 훌륭하다고, 그것도 5배나 더 훌륭하다고.

이처럼 화폐는 모든 것을 쉽게 비교케 해준다. 화폐로 그 값을 표시할 수만 있다면 축구공과 형광등처럼 아무 연관이 없는 것들도 쉽게 비교할 수 있다. 좀더 나아가 모든 것을 그처럼 화폐로 표시하기 시작하면, 비교할 생각도 하지 않았던 것들이나 비교할 수 없는 것, 심지어 비교해선 안 되는 것까지 비교하고 계산하기 시작한다. 내가 준 선물은 10만 원짜리였는데 그가 내게 준 선물은 겨우 2만 원짜리였다며 선물 앞에서 삐치게 되기도 하고, 개 한 마리 값이 20만 원이고 사슴 한 마리 값이 100만 원이라면 사슴 한 마리의 가치가 개보다 5배는 더 비싸다고 계산하게 된다. 무대에서 노래 한 번 부를 때 50만 원을 받는 가수라면, 이제 누가 노래해달라고 부탁할 경우 '이거 한 번 하면 50만 원인데……'라고 계산하게 된다.

이런 점에서 화폐가 가치를 비교하는 척도로서 존재하고 작동하는 모든 곳에서 화폐는 모든 것을 계산하게 만든다. 화폐는 하나의 '사물'이지만, 그것이 끼어드는 모든 곳에서 그것은 모든 것을 계산 속에 끌어들이는 '계산공간'을 형성한다. 이처럼 계산공간 속에 들어간 것들을 우리는 '상품'이라고 부른다. 화폐는 모든 것을 상품화한다. 그것이 컴퓨터 같은 생산물이든, 사슴 같은 '생물'이든, 아니면 빨래하는 '노동'이든 간에. 근대는 모든 것이 이처럼 상품화되는 세계, 다시 말해 화폐를 통해 비교되고 계산되는 시대다.

화폐가 개입하는 모든 영역에서 계산이 작동한다. 그리고 그 계산을 통해서 사람들의 활동이나 그 활동의 생산물들이 관계를 맺게 된다. 그 관계는 대개 '비교'에 의해 형성되는데, 그러한 비교의 축을 이루는 것이 '등가관계'다. 즉, 같은 값을 갖는 등가성을 기준으로 좀더 높은 가치와 낮은 가치가 비교되고 그 차이가 계산된다. 등가성을 통해서 사물이나 활동을 계산가능케 해주는 기초가 '가치'라는 개념이다. 가치의 비교가 계산의 시작이고, 그처럼 가치를 갖는 것들이 관계 맺는 영역을 '경제'라고 부른다. 그리고 그렇게 비교된 가치를 통해서 관계의 양상을 규제하는 것이 '가치법칙'이나 '경제법칙'이라고 불린다.

자연의 운동법칙을 계산가능케 함으로써 근대과학 혹은 '자연과학'이 탄생했다면, 이와 비슷하게 사물의 '운동법칙' 내지 사물의 관계를 계산가능케 함으로써 사회와 관련된 과학이 성립된다. 여기서 무엇보다 일차적인 지위를 갖는 것은 '가치'를 다루고 계산하는 '경제학'이다. 그것은 사물의 가치뿐 아니라 사물을 생산하는 활동, 화폐나 상품의 흐름을 계산하고 통제하는 활동을 계산하고자 한다. 물론 잘 알다시피 자연과학처럼 그 계산이 잘 맞지는 않는다. 그럼에도 불구하고 계산하려는 의지가 작동하고 있으며, 그에 따라 계산할 수 없는 것을 계산가능한 것으로 만들기 위한 다양한 모델링 작업을 하고 있다.

덧붙이자면 '사회과학'을 자처하는 지식은 모두 경제학처럼 하나의 명확한 '과학'이 되고자 하지만, 경제학처럼 다양한 방식으로 수학을 사용할 수 없다는 사실에 안타까워한다. 그래도 '통계학'이 있어서, 그나마 가능한 수학화의 꿈을 실현하는 데 길을 열어주고 있다. 사회학, 심리학, 정치학, 교육학 등 거의 모든 영역에서 통계학적 분석이 그 지식의 '과학성'을 입증하며 사용되고 있다. 그러나 그러한 지식을 만들어내는 사람들만 그런 것은 아니다. 인구증가율에 관한 통계숫자 몇 개면 산아제한 정책에서 출생장려 정책으로 전환하는 데 충분하다고 믿는 정부관료들, 그리고 그런 숫자를 보면 어찌할 수 없는 '진실'로 믿고 따라가는 우리들 역시 '수학화'의 마술에 사로잡혀 있다는 점에서는 다르지 않다.

자연과학이 힘과 운동을 양화하고 운동하는 사물들의 관계를 그 양적인 것들 간의 관계(함수)로 바꿔놓음으로써 자연-세계를 수학화했다면, '사회과학'은 인간과 인간 간의 관계, 그리고 인간과 사물 간의 관계를 수학화하고자 한다. 그것을 통해 그것은 자연과학처럼 인간관계를, 그리고 인간과 사물 간의 관계를 계산하고자 한다. 그러한 계산의 목적은 이 경우 더욱더 분명하다. 그것은 그러한 관계를 통제하기 위한 것이다. 여기서도 계산가능성은 통제가능성의 근거와 수단을 제공해 주며, 통제가능성은 계산하려는 의지에 방향성을 부여한다.

하지만 경제학적 계산과 사회학적 계산이 그저 동일한 것은 아니다. 경제학적 계산은 무엇보다 우선 화폐가 제공하는 상품세계의 계산공간에서 이뤄진다. 사회적 계산가능성의 일차적 조건을 제공한 이러한 화폐와 상품의 세계는 근대성의 모델을 제공한 '도시'에서 탄생했다. 원래 도시는 제국의 수도 등이 자리잡은 곳에서 통치를 위한 '기계' 로 만들어졌지만, 지금 우리가 사는 도시의 기원이 되었던 도시는 서양 중세의 봉건적 지배영역 사이에서, 거기서 벗어나는 흐름들이 모이는 일종의 섬처럼 만들어지고 존재했다. 영주의 지배를 피해 도망친 농노들이나 영주들 사이에서 교역을 담당하던 상인들, 혹은 영주로부터 상대적으로 독립성을 획득한 수공업자들이, 그 지배에서 벗어난 곳에 '자치도시'를 만들면서 시작되었다.

처음에는 공동체의 성격을 갖고 있었기에 '코뮌'이라고도 불렸는데 거기서 중심적인 것은 장인과 직인들의 '공동체'였고, 그들이 생산한 물품이나 원거리 교역에서 거래되는 물품이 매매되는 상인들의 '공동체'였다. 곧 그곳은 그런 여러 물품이 거래되는 시장이기도 했다. 따라서 그 도시들은 공동체 이상으로 화폐가 지배하는 곳이기도 했다. 이렇게 중세의 도시들은 물품들을 필두로 하여 사람들의 활동이, 그리고 일하는 능력이 화폐화되는 근대적 메커니즘의 모태가 되었다. 그렇게 형성된 도시들은 다른 도시들과 '연대'하여 '한자 동맹' 등과 같은 도시들의 연합체를 형성했고, 이들은 교역과 생산을 독점하여 그로부터 거대한 이윤을 확보했다. 이는 상품들이 흘러가는 통로이기도 했지만, 동시에 화폐들이 흘러가며 모이고 집적되는 화폐들의 수로이기도 했다. 여기에도 사람들의 지위나 신분이 유지되고 있었지만 시장에서 행해지는 교환에서 그들은 단지 한 사람의 상품소유자에 지나지 않았고, 따라서 '등가적인' 존재가 되어야 했다. 화폐가 신분을 넘어서 '평등'을 창출했던 것이다! 그리고 그 모두는 모든 가치를 대신하는 화폐 앞에서 계산하고 계산되는 존재가 되어야 했다. 화폐는 모든 질적 차이를 양화된 계산대상으로 바꿔놓았던 것이다. 종종 '자본주의'라고도 불리는 우리가 사는 이 세계는 이러한 양상의 관계를 그 기본 모델로 삼고 있다. 이런 점에서 이는 '근대성'의 지반이었다고 해야 한다. 그런 의미에서 경제학은 무엇보다 우선 도시의 산물이라고 해야 할 것이다.

그러나 이와 다른 형태의 사회형태가 다른 한편에 자리잡고 있었다. 그것은 도시 단위의 '국가'가 아니라 여러 도시와 농촌지역을 포함하는 전국적인 영토를 경계로 하는 영토국가였다. 그것은 봉건영주를 지배하는 강력한 왕이 등장하여 여러 영주들이 통치하는 지역을 하나의 국가적 영토로 통합하는 경우에 가능했다. 서구에서 그것은 일찍이 영국, 프랑스, 스페인 등에서 출현했다. '절대군주'란 이처럼 영주들을 자신의 신하로 장악할 수 있는 왕을 지칭하는 말이었다. 이들 영토국가는 도시국가 내지 도시연합체와 대결하면서 독자적인 정치적·경제적 영토를 확보해야 했는데, 이는 도시를 넘어선 전국 단위에서 시장과 도로망 등을 확보하는 것을 통해서 가능했다. '중상주의'란 이러한 절대군주 국가의 통치전략 내지 통치기술을 표시하는 이름이었다.

이러한 전국적 영토국가가 도시연합체나 도시국가보다 강력한 힘을 획득하는 데는 많은 시간이 필요했다. 전국적 도로망이나 전국적 시장을 만드는 것은 도시 안에 그것을 만드는 것보다 훨씬 많은 비용과 시간을 필요로 했기 때문이다. 그러나 일단 그것이 만들어지자 그들의 힘은 도시국가로선 당해낼 수 없는 막강한 것이 되었다. 여기에 또 하나 결정적인 역할을 한 것은 산업혁명이었다. 산업혁명은 기계나 기술의 발명들이 집중되고 연계되며 발생한 것이지만, 그것이 갖는 막강한 힘이 발휘되기 위해선 도시 단위의 작은 시장으로선 너무 협소했다. 그것이 전국적 시장과 결합되었을 때 걷잡을 수 없는 거대한 힘을 만들어내게 된다. 영국이 거기서 선두주자가 되었다는 것은 잘 알려진 사실이다. 유럽의 헤게모니는 이제 영국으로 넘어가게 된다.

나폴레옹의 유럽 원정은 국민적 영토국가가 도시국가들과는 비교할 수 없는 우위를 갖는다는 것을 물리적으로 입증했다. 이에 대항하기 위해선 이젠 다른 나라들도 도시가 아닌 영토국가, 즉 '국민국가'를 형성해야 했다. 이로써 프랑스 혁명기에 탄생한 '국민[민족]'(nation)이라는 관념이 산업혁명과 나란히 유럽의 새로운 정치적 방향을 가리키는 지표가 된다. 이제 국민국가 전체를 하나의 단위로 삼아 국가적인 부와 권력을 추구하고 경쟁하는 시대가 시작된다. 국가적 부 내지 국민적 부라는 관념, 한마디로 말해 '국부'(國富)라는 관념이 부상하는 것은 바로 이런 조건에서였다.

물론 애덤 스미스의 생각처럼 '국부'를 구성하는 가장 중요한 요인은 경제적 생산능력이었지만, 단지 그것만은 아니었다. 전쟁은 경제와는 다른(그와 무관하진 않지만) 종류의 힘과 권력이 필요하다는 것을 보여줬다. 특히 경제력의 기초가 되는 것이 노동력이라면, 그 노동력을 제공할 인구의 확보가 경제력의 바탕이 되리라는 것은 쉽게 이해할 수 있는 것이었다. 또 국가적 힘의 일차적 징표인 군사력은 군인들을 충원할 수 있는 인구의 확보 없이는 불가능한 것이었다. 그렇지만 당시 유럽의 높은 유아사망률은 유용한 인구의 확보가 결코 쉬운 문제만은 아니란 것을 보여줬다. 따라서 노동력과 군사력의 기초로서 인구를 확보하고 관리하는 것이 국가적 통치의 가장 중요한 관심사로 등장하게 된다. 사람들을 '살게 만드는 활동'이 통치의 중요한 영역으로 부상하게 되고, 이를 위해 인구와 관련된 자료를 조사하고 수집하여 분석하는 새로운 지식이 중요하게 된다. '통계학'이 바로 그것이었다. 정기적으로 인구 전체의 여러 가지 정보를 국가적으로 수집하는 센서스가 시작된 것도 이런 조건에서였다. 통계학(statistics)이라는 말이 국가(state)라는 말에서 파생된 것이고, 따라서 그 단어는 '국가학'을 의미하는 것이었다는 것을 안다면, 이는 훨씬 더 이해하기 쉬운 것이다.

요컨대 국가 단위에서 인민들의 탄생과 죽음, 질병과 생식, 그들의 생존조건 등에 대한 조사와 계산이 국가적 부와 권력을 관리하기 위해 긴요한 과제로 등장하게 된 것이다. 그것은 화폐와 시장, 혹은 상품의 생산과 유통을 계산하고 통제하는 것과는 또 다른 지점에서 계산과 통제가 주된 문제로 떠오르게 되었음을 의미한다. 사회학을 비롯해 통계학을 이용해서 계산하는 수많은 '사회과학'이 이런 조건을 그 발생배경으로 한다는 것은 굳이 길게 말하지 않아도 쉽게 알 수 있을 것이다. 이런 점에서 이것은 우리가 사는 이 세계를 이해하는 데 중요한 또 하나의 지반, 즉 '근대성'의 또 다른 한 면을 보여준다. 사회적인 관계 속에서 근대적 합리성이란 이런 이중적인 측면에서 계산가능성과 통제가능성이라는 두 개의 축을 따라 직조된 것이라고 할 수 있다.

4. 계산하는 삶, 혹은 공리주의

모더니티, 혹은 근대성이란 근대적 형태의 합리성을 뜻하고, 그것은 계산가능성을, 그리고 계산에 따른 통제가능성을 그 원리로 한다. 과학적인 것이 신적인 것 혹은 신비적인 것을 대체한 것('탈신비화')이나 상품의 교환이 선물의 증여를 대체하고 화폐가 모든 가치 있는 것을 대신하는 것('상품화')은 한편으로는 이러한 근대적 합리성이 사회적으로 자리잡게 되는 조건이지만, 다른 한편으로는 이러한 합리성에 의해 촉진되고 가속화되는 것이기도 하다. 이로써 우리의 삶은 급속하게 근대적 합리성 속에, 계산적인 삶 속에 포섭되게 되었다.

계산하는 것이 그저 계산하는 데 그친다면, 계산가능성을 추구하는 삶은 모든 질적인 것을 양적인 것으로 바꿔버리는 정도에서 그칠지도 모를 일이다. 그러나 사실 계산하는 것은 결코 계산에 멈추지 않는다. 그것은 계산에 따라 생각하고 행동할 것을 요구하는 명령문을 함축하고 있다. 이러한 명령문을 구체적으로 현실화하고 개개의 경우마다 실질적으로 작동케 하는 것은 생산성 내지 효율성에 대한 강박이다. 그것은 공리주의자들이 이념으로 삼았던 원리라는 점에서 '공리주의'라고 부를 수 있는 것이다.

생산성 내지 효율성이란 투입량에 대한 산출량의 비로 표시된다. 비용과 이득의 비 또한 비슷하다. 좀더 높은 생산성이나 효율성을 추구하는 것은 기업이나 관리들만이 아니라 우리 각자가 일을 하는 경우에도 동일하게 해당된다. 비용을 최소화하고 이득이나 결과는 최대화하는 것, 최소 비용으로 최대 효과를 얻는 것, 그것이 곧 생산성을 추구하는 것이고, 그것이 바로 공리주의의 원칙이다. 작은 일을 하나 하는 경우에도 우리는 최소한의 노력으로 최대한의 성과를 얻고자 애를 쓰며, 최소 비용으로 최대 효과를 얻고자 애를 쓴다. 이런 점에서 우리는 모두 '공리주의자'다.

계산하는 것은 바로 이런 종류의 태도를 함축하고 있다. 비용과 이득을 계산하는 것은 그것의 비율을 최대화하려는 생각에 의한 것이고, 그런 생각 없이 했다고 해도 그것을 계산하는 순간 그러한 생각이 어느새 작동하게 된다. 혹은 역으로 생산성을 극대화하기 위해 우리는 항상 투입량과 산출량, 노력과 결과를 계산하게 된다.

우리가 사는 이 근대라는 시대는 생산성을 극대화해야 한다는 것이 일과 에너지에 대한 물리적 원칙이 되고, 사람들의 활동에 대한 경제적 원칙이 된 시대다. 이것이 원칙이 되었다는 것은 기업이나 조직에서 돈을 들여 행하는 프로젝트나 작업은 물론 개인적인 활동, 심지어 개별적인 동작에 이르기까지 투입량과 산출량을 계산하고 그것의 사용을 생산성 극대화 원리에 따라 통제할 것을 항상 요구받게 되었다는 것을 의미한다. 좀더 적은 비용을 들일 것, 좀더 많은 결과를 산출할 것, 그것은 벽돌을 옮기는 조그만 동작 하나까지도 계산하고 통제하려는 의지 속에 포획되었다는 것을 의미한다.

이런 점에서 공리주의의 원리, 혹은 생산성 극대화의 원리는 계산과 통제가 일상적으로 결합되어 작동하게 만드는 연결고리이다. 그것은 계산가능성을 추구하는 과학과 통제가능성을 추구하는 공학이 '과학적으로', 즉 계산가능한 방식으로 결합하게 만드는 고리이고, 공장에서의 생산이나 도시에서의 도로 관리, 그리고 부엌에서의 요리에 이르기까지 근대적 합리성에 편입되게 만드는 연결고리이다. 그것은 계산하는 이성이 우리의 삶을 통제하게 만드는 촉수라는 점에서 근대성의 촉수이고, 그것을 통해 우리의 삶을 계산하는 삶으로 포획하는 계산하는 이성의 입이다.

계산하고 예측하는 것은 어떤 일을 매우 쉽고 편하게 할 수 있도록 해준다. 내가 지금 2억 원 하는 저 아파트를 산다면, 그걸 갚기 위해 한 달에 100만 원씩 20년을 모아야 원금을 갚을 수 있을 것이고 이자까지 포함하면 얼마를 더 갚아야 할 것이다. 이런 계산이 서면 그게 내 수입으로 가능한 일인지, 혹은 그렇게 반평생을 빚을 갚으며 살 것인지 등을 예측해서 '합리적으로' 자신의 삶을 선택할 수 있다. 이것만이 아니다. 도로를 만들고 그에 따라 번지수를 붙인 뒤 건물을 지은 서구의 '합리적' 도시라면, 번지수만 알려줘도 택시 운전수가 집을 찾아준다.

<계산공간의 창조자> 자신이 들어선 곳은 모두 계산공간으로 만들어버린다. "계산하라! 비교하라! 증식하라!" 이것이 칸트의 도덕철학을 대신하여 자본주의의 도덕철학을 만들어낸 정언명령이다(위 그림은 위홀[Andy Warhol, 1928~1987]의 1968년작 「달러」이다).

인구증가율이 얼마고 현재의 연령별 인구수가 얼마인지 안다면 몇 년 뒤 노동인구의 수를 예측할 수 있고, 그에 따라 필요한 일자리의 수와 그에 맞는 성장률 등을 계산할 수 있다. 이 모두가 합리적 예측과 합리적 정책을 가능케 해준다. 이런 점에서 근대성이란 계산이 제공하는 유용함과 편리함에 의해 생활이 합리적으로 조직될 수 있는 조건이기도 하다. 그리고 이것이 누가 시키기 이전에 우리 자신이 계산가능성을 항상 추구하는 이유 중 하나기도 하다.

바로 이런 편리함과 유용성이 계산적인 삶을 우리 개개인이 추구하도록 촉진하고 조장하는 요인이다. 물론 이에 더해 행동이나 그 결과의 손익을 계산하게 만드는 화폐의 권력이 우리로 하여금 계산하도록 만드는 또 하나의 결정적 요인이지만. 그런데 어떤 일도 그 대가나 비용 없이 이뤄질 수 없는 법이다. 계산하는 삶은 우리의 삶 자체를 냉정한 계산 속에 밀어 넣고, 우리의 행동을 계산 속에 복속시킨다. 가령 손해가 날 듯한 일은 하려 하지 않으며, 거꾸로 이익이 날 듯한 일이라면 무리해서라도 한다. 그것으로 인해 인간관계를 망치고 친구나 가족이 '웬수'가 되는 일도 빈번하게 발생한다. 사랑의 감정이나 연애조차 많은 경우 냉정한 계산 속에 끌려 들어가는 것은 또 얼마나 흔한가!

좀더 근본적으로는 계산불가능한 것을 사고나 행동에서 처음부터 '불합리한 것'으로 배제하려 들게 되고, 합리성을 위해선 그런 것이 있다면 파괴하고 부수려 하게 된다. 갯벌의 생명체나 숲 속 나무들의 생명은 계산불가능한 그 가치 그대로는 전혀 고려되지 않으면, 고려되어야 한다고 하는 경우에조차 경제적 이득과 비교되어 계산되는 방식으로만 그렇게 된다. 구불구불한 골목길은 곧게 펴서 합리적으로 번호를 붙여 배열된 도로로 바뀌어야 한다. 계산가능성을 추구하는 것으로서의 근대성은 이처럼 계산될 수 없는 것들을 우리의 사고와 삶에서 배제하고 제거하거나, 아니면 계산가능한 것으로 단순화된 방식으로만 살아남게 만든다. 이런 점에서 근대는 계산불가능한 것에 대한 대대적인 파괴의 시대였다. 지금 '환경문제'나 '생태문제' 등으로 불리는 것은 그렇게 파괴된 것들의 일부가 계산하는 인간에게 되돌아온 일종의 '사후복수' 같은 것인지도 모른다.

계산하는 삶의 편함과 유용함에 쉽게 안주한다면 아마 우리는 계산불가능한, 그러나 실제로는 우리 삶에 소중한 많은 것들을 이전보다 더욱 빠른 속도로 상실하게 될 것이다. 계산불가능한 것의 가치와 '합리성'을 생각하고 고려하며 그것이 계산불가능한 채로 존속할 수 있게 하려는 배려가 없다면 계산하는 합리성이 계산될 수 없는 속도와 강도로 우리의 삶을 잠식하고 단조롭게 만들 것이며, 결국 삶 자체를 황폐하게 만들 것이라는 사실은 이미 가시화되고 있는 그 사후복수들로 인해 조금씩 인지되고 있다. 물론 아직도 계산된 경제적 이득을 향한 욕망과 그것으로 인해 추동되고 또 쉽게 정당화되는 '개발'이란 이름의 많은 기획들(projects)이 그것들을 지우고 망각하게 만들고 있지만 말이다. 지금 우리가 사는 사회를 이해한다는 것, 현대사회를 이해한다는 것, 그것은 지금 우리의 삶을 만들고 추동하는 것을 이해하는 것이기도 하지만 동시에 그로 인해 지워지고 잊혀지는 것들, 계산되지 않기에 파괴되고 망실되는 것들을 이해하는 것이기도 하다. 눈에 보이지 않기에 보기 어렵고 합리적 이성에 포착되지 않기에 더욱 이해하기 어려운 그것들에 눈을 돌리지 않는다면, 우리는 자신의 꼬리를 먹어치우는 뱀처럼 우리 자신의 삶을 파괴하고 '잡아먹게' 되고 말지도 모른다.

제2부

근대자본주의

.2강. 자본주의, 혹은 자본의 공리계

이진경

1. 자본주의 : 생산양식과 욕망

현대사회는 '자본주의'(capitalism)로 불린다. 자본(capital)이 지배하는 사회, 혹은 자본가들이 지배하는 사회라는 뜻이다. 이러한 자본주의를 맑스는 하나의 생산양식으로 정의하고, 그 작동 메커니즘을 분석하여 보여준 바 있다. 생산양식 내지 생산방식이란 사람들이 필요한 물건을 생산하는 방식을 말한다. 가령 작은 규모의 땅을 경작하는 소농민들은 자신이 필요로 하는 것(쌀이나 농산물)을 자신이 직접 생산하고 소비하며, 남는 것은 팔아서 자신에게 필요하지만 자신이 생산하지 못하는 것을 산다. 이런 생산방식을 소농적 생산방식이라고 부른다. 이와 달리 노예를 이용해서 대규모 토지를 경작하는 방식도 있다. 플랜테이션이라고도 불리는데, 노예노동을 통해 생산하는 방식에 속한다. 대규모 토지에서 농사를 짓더라도 임금을 주고 사람을 고용해서 경작하는 경우도 있다. 그는 자신이 먹기 위해 생산하는 게 아니라 팔기 위해 생산한다. 이런 방식을 자본주의적 생산방식이라고 한다. 현대사회에서 생산의 대부분은, 특히 공업인 경우라면 더욱더 이런 자본주의적 방식으로 이뤄진다.

　자본주의는 생산수단(토지나 공장, 기계, 원료 등)을 소유한 자본가가 그것을 갖지 못한 사람들(노동자)을 고용하여 생산하는 체제다. 그러나 자본가는 자신이 사용하기 위해 생산하는 게 아니라 상품으로 팔기 위해, 팔아서 돈을 벌기 위해 생산한다. 이윤의 극대화, 그것이 생산의 이유다. 반면 노동자는 자신이 먹고살기 위해 필요한 것을 생산해야 하지만, 그러기 위해선 잘 알다시피 토지·기계·원료 등이 있어야 하거나, 그게 아니면 그것을 살 수 있는 돈이 있어야 한다. 아프리카인들처럼 빵나무 열매나 과일을 따먹으며 살면 되겠지만, 자본주의에선 그 나무나 숲마다 소유자가 있고, 따라서 먹고 싶다고 먹을 수 있는 게 아니다. 따라서 먹고살기 위해선 '노동'을 해야 한다. 노동이란 자본가들에게 돈을 받기로 하고 그들이 시키는 대로 일을 하는 것이다. '취직을 한다'는 것은 바로 이런 사태를 지칭한다. 취직을 해서 월급을 받아야 먹고살 수 있는 시대, 자본주의는 바로 그런 시대다.

　자본가는 이런 노동자들을 고용하여 이윤을 획득한다. 즉, 이윤을 획득할 목적으로 노동자를 고용하는 사람들이다. 노동자들에게 제공하는 임금이 노동자들이 먹고사는 데 필요한 재화의 가치라면, 이윤은 그것을 초과하는 생산물의 가치라는 점에서 '잉여가치'라고 불린다. 요컨대 노동자가 생산한 잉여가치가 자본가의 손에 들어갈 때 '이윤'이라고 명명되는 것이다. 그것이 지주나 임대업자 손에 들어가면 '지대'가 되고, 대부자본가 손에 들어가면 '이자'가 된다. 임대업자나 대부자본가가 직접 노동자를 고용하는 것은 아니지만, 그들이 얻는 이득(지대, 이자)은 노동자가 생산한 잉여가치에서 나오는 것이란 점에서 잉여가치의 일부다.

<포신 속의 여성 노동자> 그에게 아무 빚진 것이 없건만 그가 청소를 하라면 해야
하고 그가 나무를 해오라면 나무를 해다줘야 한다. 그는 귀족이고 나는 그의 땅을
가는 농민이기 때문이다. 이게 신분이라는 코드를 이용해서 착취하는 것이다. 자
본주의에선 이렇게 신분을 이용해 '비겁하게' 일 시키지 않는다. 대신 "돈을 줄테
니 저 포신 속에 들어가 청소 좀 하지" 한다. 싫으면? 안 해도 된다. 그러면 아마
누군가 돈이 아쉬운 놈이 하겠지. 돈이 아쉽다면? 그거라도 해야지. 그래서 아마
저 친구는 포신 속에 들어갔을 것이다. 흐름의 잉여가치가 좀더 신사적일 거라고
믿었다간 포탄처럼 날아가 죽음으로 내꽂힐지도 모르니 조심해야 한다.

이렇듯 자본가, 지주, 임대업자, 대부자본가 등은 노동자의 잉여가치를 착취하여 이득을 얻는다. 이런 착취가 가능한 것은 노동자들이 생산수단을 소유하고 있지 못하기 때문이다. 즉, 먹고살기 위해선 타인의 요구에 따라 일을 해야 하기 때문이다. 일을 시키는 자본가로선 '이윤'이 나오지 않는다면 고용할 이유가 없는 셈이고, 따라서 무엇보다 먼저 착취할 잉여가치를 확보하려 한다. 임금은 그 다음에 고려된다. 잉여가치를 착취하기 위해 노동자를 고용해서 노동하게 하는 생산방식, 그것이 바로 맑스가 말하는 자본주의적 생산양식이다.

그렇다면 그러한 자본주의는 어떻게 탄생했으며, 어떤 방식으로 작동하는가? 또한 그것은 어떻게 유지되고 재생산되는가? 더구나 어떤 자본주의사회에도 자본가 등의 착취자보다 착취당하는 노동자가 훨씬 많은데 어째서 이 착취체제는 무너지지 않고 지속될 수 있는가?

이는 무엇보다도 대중의 욕망이란 문제와 결부되어 있다. 자본가는 화폐증식에 대한 욕망, 즉 좀더 많은 돈을 벌고 싶다는 욕망에 의해 정의되는 존재다. 그러나 어디 그게 자본가들뿐인가? 노동자도, 빈민들도, 이른바 '중산층'도 모두 그와 동일한 욕망을 갖고 있지 않은가! 그런 점에서 그들은 자본가와 동일한 욕망을 가진 존재다. 따라서 그들은 돈이 없어도 돈을 욕망하는 만큼, 돈에 대한 욕망을 통해 작동하는 자본주의의 지속에 기여한다.

이런 점에서 자본주의의 문제는 단지 고용형태나 생산방식만의 문제가 아니라, 그러한 생산방식을 통해 생산되는 욕망의 문제이기도 하다. 즉, 자본주의는 특정한 양상의 욕망의 체제이기도 하다. 특히 현대 자본주의는 거대한 물량의 상품을 생산하면서, 아니 거대한 물량을 생산하기에 동시에 거대한 결여를 생산한다. 가령 집에 있는 옷장 안에

옷이 잔뜩 있어도 "우씨, 입을 옷이 없잖아"라고 투덜대게 만들며, 멀쩡한 자동차를 몰고 있으면서도 "아, 자동차를 사야 하는데……"라며 다시 자동차를 욕망하게 만든다. 광고는 그런 결핍감을 생산하는 기술이다. 그렇지 않다면 창고에 가득 쌓인 상품들을 대체 어떻게 팔 수 있을 것인가! 손에 있어도 없다고 느끼는 결핍감을 만들어낼 때에만, 새로운 상품에 대한 욕망 내지 돈에 대한 욕망을 만들어낼 때에만 현대 자본주의는 존속할 수 있다.

자본주의를 욕망의 체제라는 관점에서 새로이 연구했던 것은 질 들뢰즈와 펠릭스 가타리였다. 그들은 자본주의에 대한 맑스의 고전적 연구를 새로운 방식으로 해석하고 보충하면서 현대 자본주의를 이해하는 데 중요한 이론적 자원을 제공한다. 이제부터 이들의 관점에서 새로 해석된 자본주의 이론을 간략하게 설명할 것이다. 그러나 그러기 위해서는 욕망이나 자본주의와 관련된 몇 가지 중요한 개념들에 대해 간단하게라도 말해두지 않으면 안 된다.

2. 욕망의 배치와 기계

욕망은 간단하게 정의하면 무언가를 '하고자 함'이고, 그런 방식으로 어떤 관계를 유지하고 지속하려는 '의지'(Wille)다. 따라서 그것은 어떤 행동이나 활동을 생산하는 요인이다. 즉, 욕망은 활동을 생산하고, 어떤 것을 대상으로 생산하며, 사유를 생산한다. 능력이란 이러한 생산적인 활동을 가능케 해주는 힘이고 기초라는 의미에서 생산적인 힘이다. 이런 의미에서 들뢰즈와 가타리는 욕망이란 곧 '생산하는 욕망'이라고 정의한다. 그러나 그러한 생산은 전통적 통념이나 정신분석학자들이 말하는 것과 달리 결여된 것을 채우는 어떤 것이 아니다. 그것은 결여 없이 작동하며, 무언가 추가하고 산출하는 것이다. 따라서 욕망에는 결여를 표시하는 '마이너스'가 없다. 오직 '플러스'만이, 양의 부호만이 있을 뿐이다.

프로이트라면 이런 욕망 밑바닥에서 성욕을 발견하겠지만, 들뢰즈와 가타리는 관계와 무관하게 존재하는 욕망이나 의지란 없다고 본다. 실체적인 어떤 욕망이 있고 그것이 조건에 따라 다른 대상에 투여되는 게 아니라, 관계라는 조건에 따라 본성을 달리하는 욕망이 그때그때 만들어지고 소멸한다는 것이다. 그것은 관계와 무관한 어떤 본성을 갖지 않는다. 그것의 본성은 관계에 따라 달라지고, 그것의 존속은 관계의 존속과 함께 한다. 따라서 어떤 정해진 본질을 갖는 '순수한 욕망'이 따로 존재하는 게 아니라 이런 욕망, 저런 욕망이 존재할 뿐이다. 별도로 존재하는 순수욕망은 없다. 역사적 조건에 따라 가변화되는 특정한 욕망만이, 특정한 '욕망의 배치'만이 존재할 뿐이다.

배치란 무엇인가? 그것은 **어떤 요소들의 계열화를 통해 정의되는 사물의 상태**다. 다시 말해 계열화의 양상으로 포착되는, 이런저런 요소들의 관계가 바로 배치다. 가령 망치는 못이나 끌과 계열화되면 도구가 되지만, 사람의 머리와 계열화되면 무기 내지 흉기가 된다. 단(壇)은 성직자-신도-십자가와 계열화되면 교회의 배치를 구성하지만, 교사-학생-칠판과 계열화되면 학교의 배치를 구성한다. 여기서 망치라는 하나의 동일한 사물은 계열화되는 이웃한 항들이 무엇인가에 따라서 그 본성을 달리한다. 인간 역시 이웃한 항이 무엇인가에 따라 교사가 될 수도 있고 성직자가 될 수도 있다. 따라서 배치와 무관한 본성은 없다. 하나의 동일한 사물도 무엇과 계열화되는가에 따라, 어떤 '이웃'을 갖는가에 따라 다른 '사물'이 된다.

사물들이 어떻게 계열화되는가에 따라 전혀 다른 욕망의 배치가 형성된다는 것을 잘 보여주는 사례를 우리는 맑스의 유명한 분석에서 발견할 수 있다. 맑스는 『자본론』 1권에서 '자본'의 일반적 개념을 하나의 간결한 공식으로 정의한 바 있다. 즉 $M-C-M'$이 그것이다(M은 화폐, C는 상품, $M' = M + \Delta M$). 세 가지 사물의 계열화를 통해 제시되는 이 정의는 또한 '구매'와 '판매'라는 두 행위의 계열화를 뜻하기도 한다. 한편 이와 비슷한 또 하나의 계열이 제시되고 비교된다. 즉 $C-M-C'$이 그것이다. 이는 '판매'와 '구매'의 계열화다. $C-M-C'$은 구매하기 위해 판매하는 것이다. 이는 사용가치를, 최후에 오는 상품의 질을 획득하기 위해 이뤄진다. 이러한 배치 안에서 우리는 C'의 구매와 소비를 욕망한다. 이 경우 그것이 획득되면 이 변환운동은 중단된다. 반면 $M-C-M'$은 판매하기 위해서 구매하는 것이다. 여기에서는 끝에 오는 M' 자체가, 다시 말해 증식된 양의 화폐 ΔM이 목적이다. 따라서 이는 M'이 획득된 이후에도 다시 시작되며, 무한히 반복되는 끊임없는 운동으로 진행된다. 즉, 끝없는 화폐의 증식이 바로 이러한 배치 안에서 작동하는 욕망이다.

자본을 정의하는 바로 이러한 '욕망'이 바로 자본가의 욕망이 된다. "이윤을 추구하는 억누를 수 없는 정열, 금에 대한 거룩한 갈망이 항상 자본가의 행동을 규정한다"(맑스, 『자본론』 1권, 197쪽). 화폐의 무한한 자기-증식욕이라는 자본의 욕망은 자본의 이러한 배치 자체를 표현하는 것이며, '관계'로서의 자본이라는 범주가 존속가능케 하는 조건이지, 이런저런 자본가가 갖고 있는 욕망의 일반화가 아니다. 반대로 이러한 자본의 욕망이 바로 자본가의 욕망이 된다.

<부산항 부두에서 하역작업을 하는 노동자들> 다리-기계들을 따라 움직
이며 작동하는 운반-기계들. 이처럼 기계는 이웃하는 항, 다시 말해 접속
하는 항이 무엇인가에 따라 다른 기계가 된다.

이항적으로 접속하여 흐름을 절단·채취하는 방식으로 작동하는 모든 것을 들뢰즈와 가타리는 '기계'라고 정의한다. 앞서 말한 배치에서의 사물들과 마찬가지로 기계는 이웃하는 항, 다시 말해 접속하는 항이 무엇인가에 따라 다른 기계가 된다. 입은 식도와 접속하여 영양소의 흐름을 절단·채취하면 먹는-기계가 되고, 기도와 접속하여 소리의 흐름을 절단·채취하면 말하는 기계가 된다. 다시 다르게 말하면, 어떤 기계도 그것을 둘러싼 배치에 따라 다른 기계가 된다. 배치에 따라 노동-기계가 되기도 하고, 섹스-기계가 되기도 하는 사람의 신체, 배치에 따라 무기가 되기도 하고 도구가 되기도 하는 망치-기계 등등.

모든 배치가 욕망의 배치인 한, 배치 안에서 기계의 규정성은 배치로서의 욕망에 의해 주어진다. 요컨대 모든 기계는 욕망에 의해 규정되는 기계이고, 그와 동시에 그 배치 안에서 욕망의 양상을 결정하는 '욕망하는 기계'(desiring machine)이다. 욕망에 따라 각각의 기계는 특정한 기계가, 혹은 특정한 '기관-기계'가 된다. 따라서 이렇게 말할 수 있을 것이다. 욕망하는 생산은 욕망하는 기계를 생산하고 그 기계의 활동을 생산한다.

『앙띠-오이디푸스』에서 들뢰즈와 가타리는 이러한 일반적인 기계 개념과 다른 차원에서 '거대기계'(mega-machine), 혹은 '사회적 기계'라는 개념을 사용한다. 거대기계는 루이스 멈포드가 만들어낸 말인데, 수많은 기계들의 집합체를 뜻한다(멈포드의 경우에는 전제군주기계에 제한해서 이러한 표현을 사용하지만, 들뢰즈와 가타리는 기계들의 집합체에 대해서 모두 사용한다). 욕망하는 기계가 욕망과 기계의 직접성을 표현한다는 점에서 미시적 기계라면, 거대기계는 언제나 욕망하는 기계들의 '체제'를 이룬다는 점에서 거시적 기계이다. 특정한 배치가 하나의 집합적 기계의 체제를 이룰 때, 이를 '거대기계'라고 정의할 수 있다. 이 경우 그 기계 안에서 배치의 성분이 되는 요소들은 욕망하는 기계라고 말할 수 있다. 컴퓨터는 노동수단으로서 은행의 배치를 구성하는 하나의 요소가 될 때 하나의 욕망하는 기계지만, 입력장치·연산장치·기억장치·보조기억장치·출력장치 등으로 구성된 집합체로서 파악될 때 거대기계가 된다.

우리는 기계를 편의상 기술적 기계와 사회적 기계로 구별해야 한다. 기술적 기계가 비인간적 요소들을 부품으로 하여 동력장치·전달장치·구동장치 등을 통해 작동하는 기계라면, 사회적 기계는 인간적 요소들을 부품으로 하여 작동하는 기계이다. 가령 시계는 시간을 동질적 양으로 변환시키는 기술적 기계이기도 하지만, 공장에서처럼 사람들의 활동을 절단하고 채취하는 경우 사회적 기계가 된다. 가령 전제군주사회는 전체 신민을 전제군주의 신체의 확장된 일부분으로 다룬다는 점에서 하나의 사회적 기계이고, 자본주의는 자본가를 자본의 담지자(träger)로, 노동자를 노동수단과 결합해서 작동하는 노동력으로 다룬다는 점에서 하나의 사회적 기계이다.

전체로서의 사회적 기계는 그것을 구성하는 각각의 요소들의 작동이나 활동의 흐름에 일련의 규칙을 부과한다. 이를 일컬어 '코드화' (encoding)라고 한다. 그러한 코드화는 사용규칙을 통해서 사용의 양상을 동일하게 반복·재생산하게 만들지만 기계들의 작동은 고장을 막을 수 없으며, 그 활동양상의 코드화는 그 코드화된 양상에서 벗어나는 사용이나 활동을 막을 수 없다. 이러한 '탈코드화' (decoding)는 어떤 기계를 다른 배치, 다른 관계 속으로 들어가게 함으로써 다른 기계로 변형시킨다. 사회적 기계 역시 이와 다르지 않다.

2. 자본주의와 잉여가치

1) 자본주의의 발생

생활에 직접 필요한 부분이나 유예된 소비로서의 저장을 넘어서, 재화를 저장하고 직접적인 소비 이외의 방법으로 사용되는 경제적 자원을 들뢰즈와 가타리는 '스톡'(stock)이라고 정의한다. 이는 경제학에서 플로우와 대비되어 사용되는 개념이었지만, 그와 다른 차원에서 잉여가치와 포획의 발생을 설명하기 위해 변형된 개념이다.

원시사회는 이러한 스톡의 형성을 예견하면서 방지하는 메커니즘을 갖고 있었다. 포틀래치가 그랬다. 정치적인 위신과 권력을 가지려는 자는 경제적 부를 타인들에게 나눠주거나 파괴해야 했다. 그러나 부는 어디서든 특정한 코드화의 형식에 의해 존재하고 사용될 수 있었다. 가령 자본주의 이전에 토지는 대개 탈취될 순 있을지언정 매매될 순 없었다. 봉건적인 지대의 경우 그것은 신분적인 관계 속에서만 수취될 수 있었고(따라서 '지대'는 '지가'[地價]를 형성하지 않는다), 이런 점에서 그것은 정확하게 신분이라는 규칙('코드')을 이용해 획득하는 잉여가치였다. 화폐는 통상 대외교역에서 사용되었고, 교역을 통해 화폐를 모을 수 있는 것은 오직 제국적인 국가였다. 거기서 대외교역을 담당하는 특별한 관리들은 국가관리로서 그것을 행했을 뿐 개인으로선 화폐나 부를 모을 수 없었다. 그렇게 모인 화폐는 국내시장에서 사용되지 않고, 국내시장을 위한 화폐는 필요한 경우 따로 만들어졌다.

화폐 자체도 부의 흐름으로 일반화되지 못했고, 신분이나 교역의 범위 등에 대한 복잡한 코드들에 따라 코드화되어 있었다. "고대 바빌로니아에서 화폐는 보편적 현상이었다. 그러나 그것은 [일반적 교환수단이 아니라) 특정 목적의 화폐였다. 즉 곡물은 임금, 지대, 조세 등의 지불에 널리 쓰인 대체물이었다. 은은 물물교환과 기본 물자재정에 사용되는 일반적인 가치척도였다. …… 티브족(族)의 경우 …… 식량과 수공예품은 가장 낮은 서열(의 화폐)에 속했다. 가축, 노예, 청동제 봉이 그 위에 온다. 아내로서 소유할 수 있는 여자가 최상급에 해당된다"(폴라니, 『인간의 경제』, 167쪽). 그래서 화폐들 간에도 구매할 수 있는 것에 근본적 차이가 있었다. "예를 들면 언제 어디서든 조개화폐로는 여자를 매수할 수 없었지만 가축으로는 매득할 수 있었으며, 이에 비해 작은 거래에서는 조개화폐가 사용되었다"(베버, 『사회경제사』, 254쪽).

부가 이러한 코드들의 벽을 벗어나 일반화된 흐름이 되지 않고선, 다시 말해 부가 탈코드화된 흐름이 되지 않고선 부가 증식 자체를 목표로 하는 화폐인 자본이 될 순 없다. 그렇지만 이러한 부의 탈코드화된 흐름이 존재한다는 것으로는 자본주의-기계가 존재할 수 없다. 그런 흐름은 거대한 재산의 형성에 의한 부의 탈코드화가 존재했던 로마제국에서도, 원격지무역으로 거대한 부의 흐름을 형성했던 유럽의 중세 도시들에서도 이미 존재했지만, 그것이 자본주의-기계로 나아가지는 못했기 때문이다.

또 하나의 중요한 조건은 생산자인 노동력이 노예나 농노 등의 신분(code!)에서 탈코드화되어야 하며, 토지에 긴박된 존재에서 벗어나 자유로이 이동할 수 있는 존재로 탈영토화(토지라는 '영토'에서 벗어난다는 의미다)되어야 한다는 점이다. 이를 맑스는 '이중의 의미에서 자유'라고 말한 바 있다. 자본주의적 프롤레타리아트란 단지 재산의 상실에 의해 형성된 무산자가 아니라 신분과 토지에서 자유로운 무산자를 뜻하는 것이었다.

자본주의는 이 두 가지 흐름의 만남에 의해 탄생한다. 탈코드화된 부의 흐름이 생산수단을 갖지 못한 채 탈영토화되고 탈코드화된 노동력의 고용에 의해 잉여가치를 생산할 수 있을 때, 역으로 말하면 그런 무산자가 부의 흐름을 소유한 자본가들에 의해 고용됨으로써만 생산할 수 있을 때 비로소 성립된다. 이것이 거대한 부의 집적이 존재했던 많은 제국적 국가에서도, 혹은 거기에 덧붙여 재산을 상실한 많은 무산자들이 존재했던 로마제국에서도 자본주의-기계가 탄생하지 않은 이유다.

탈코드화된 화폐와 탈영토화된 노동자의 존재가 만나면서 다른 종류의 탈코드화와 탈영토화를 진행시킨다. "자유노동자의 경우 사유화에 의한 토지의 탈영토화, 사유에 의한 생산수단의 탈코드화, 가족과 공동체의 해체에 의한 소비재의 상실, 기계의 이용에 필요한 노동 자체의 탈코드화 등이 그것이다. 자본의 경우 화폐의 추상화에 의한 부의 탈영토화(탈토지화), 상업자본에 의한 생산의 흐름의 탈코드화, 금융자본과 공공부채에 의한 국가들의 탈코드화, 산업자본의 형성에 의한 생산수단의 탈코드화 등이 그것이다"(들뢰즈·가타리, 『앙띠-오이디푸스』, 338쪽).

2) 코드화와 잉여가치

사회적 기계의 작동에 관여하는 코드란 서로 통분불가능한 성질의 흐름들 간에 간접적인 관계를 수립하는 것이다. 이로써 사회를 통과하는 요소나 흐름을 각각의 방식으로 규정하고 규제한다. 가령 봉건제에는 노동의 흐름, 재산의 흐름, 활동의 흐름을 규정하는 상이한 코드들이 있다. 노동의 흐름은 토지나 화폐 같은 재산의 흐름과 섞이지 않으며,

재산의 흐름은 활동의 흐름을 규정하는 회로와 부분적으로 겹치기는 하지만 구별되는 회로를 갖는다. 평민이나 농노의 노동과 기사들의 활동, 영주들의 행동은 신분적 코드에 따라 통분불가능한 것으로 구별된다. 신분적 코드는 노동이나 활동이 서로 간에 넘지 못할 벽을 형성한다. 양반은 노동을 해서는 안 되고, 농민은 과거를 봐선 안 되는 것이다. 심지어 신분에 대응해 행동·언어·의복은 물론, 사용할 수 있는 색깔에 이르기까지 일정한 규칙(코드)이 만들어진다.

이런 코드들은 서로 간에 비교가능한 척도를 갖지 않으며, 따라서 등가관계를 갖지 않는다. 반대로 등가화될 수 없는 구별과 벽을 통해서 작동한다. 가령 영주와 농민이 '인간'이라는 하나의 범주 아래 묶일 수 있다는 것(등가화)은 생각할 수 없는 일이었다. 영주와 농민은 다른 종류의 존재였기에 해야 할 활동도, 활동하는 방식도 다르다. 이는 카스트의 경우 좀더 극명하게 드러난다. 거기서는 카스트라는 코드의 벽을 뒤섞는 행위가 최악의 비난받을 행위가 된다. 브라만이나 크샤트리아가 수드라와 결혼하면 불가촉천민이란 신분이 자식에게 할당된다.

이러한 코드들은 경제적인 것이 아니며 경제적인 것일 수도 없다. 차라리 그것은 경제외적 강제고, 초경제적 심급에 의해 규정된다. 그렇지만 각각의 회로, 각각의 코드 안에서 생산적 활동은 경제적인 결과를 산출하며, 그 경제적 결과는 다시 코드의 규정에 따라 수탈되고 이용되며 착취된다. 코드 자체가 경제적인 것은 아니지만 코드는 그런 식의 경제적 수탈과 이용을 위한 여백(코드의 여백)을 포함한다. 이처럼 코드화된 활동의 경과가 경제적으로 수탈되고 이용되는 경우 발생하는 잉여가치를 '코드의 잉여가치'라고 부른다. 코드의 잉여가치는 이런 점에서 경제적 부와 간접적으로 관계를 맺고 있다.

한편 이와 달리 재화는 원래 위치하고 있는 하나의 코드체계에서 분리되어 다른 코드체계로 이전됨으로써 잉여가치를 획득하기도 한다. 가령 서양에서 사슴의 뿔은 아무런 가치(또는 사용가치)도 없는 것이었지만, 이를 싼값에 사다가 한국에 들여올 경우 '녹용'이라는 아주 비싼 상품이 된다. 이러한 이전으로 발생한 잉여가치는 코드의 잉여가치가 아니라 '코드변환(trans-code)의 잉여가치'라고 해야 적절할 것이다. 가라타니 고진이 『마르크스, 그 가능성의 중심』에서 말하는 잉여가치 개념은 코드변환의 잉여가치에 속한다. 코드의 잉여가치는 상업이나 교역의 개입 없이 행해지지만, 코드변환의 잉여가치는 교역을 전제로 발생한다.

자본주의 이전의 사회구성체에서 지배계급이 자국민에 대해 수탈하는 잉여가치는 모두 코드의 잉여가치에 속한다. 노예의 노동, 농노나 농민이 바치는 봉건적 지대, 혹은 거대한 토목공사를 위한 동원에서 획득하는 잉여노동의 수탈은 모두 이런 코드의 잉여가치를 수탈하는 것이다. 여기서 '필요노동'과 '잉여노동'은 통상 시간적·공간적으로 구별된다. 혹은 유전자 코드의 변형이나 조작을 통한 잉여가치의 획득 역시 코드의 잉여가치를 수탈하는 것이다.

3) 흐름의 잉여가치

자본주의는 코드화하는 체제가 아니라 탈코드화하는 체제라는 점에서 이전의 모든 사회구성체와 구별된다. 그러나 코드 없는 흐름 자체를 허용할 수는 없기에, 흐름을 규제하는 일반화된 규칙을 통해 그 흐름을 규제한다. 그러한 규칙을 들뢰즈와 가타리는 '공리'라고 부르고, 자본주의를 그러한 공리들의 체계라는 점에서 '공리계'라고 부른다.

자본주의를 하나의 공리계로 본다는 것은 가령 교환의 공리(모든 상품은 등가교환된다), 소유의 공리(모든 재화의 처분권은 한 사람의 소유자에게 귀속된다), 가치의 공리(모든 상품은 노동시간에 의해 정의되는 가치를 갖는다), 노동의 공리("일하지 않는 자는 먹지도 말라"), 시장의 공리(가격은 수요와 공급의 균형점에서 결정된다), 생산의 공리(최소한의 비용으로 최대한의 생산물을 생산하는 것이 가장 생산적이다) 등의 공리들이, 때론 이것들이 때론 저것들이 모여서 구체적인 경제의 양상을 규정하고 만들어내는 체계로 보는 것이다.

　　한편 자본주의 공리계는 각각의 체계 안에, 필요와 조건에 따라 새로운 공리를 추가하거나 제거하는 방식의 가변성을 갖는다. 가령 사회민주주의가 자본주의의 통상적 공리계에서 노동의 공리를 바꾸거나 아니면 복지의 공리(국민들의 최소한의 생활은 국가가 보장해줘야 한다)를 추가한 경우라면, 이른바 '신자유주의'는 케인스주의적 체계에서 복지의 공리 등을 제거하는 경우라고 해야 할 것이다.

　　자본주의를 공리계로 만드는 것은 가장 먼저 모든 부가 화폐라는 단일한 형식으로 추상화된다는 사실이다. 화폐는 흐름들의 질적 본성과 무관한 추상적 양이란 점에서, 모든 질적 형태를 넘어서 부를 탈코드화한다. 이제 화폐의 운동을 규정하는 규칙(가령 가치법칙의 공리)은 모든 부의 흐름을 규정하는 단일한 보편성을 획득한다. 화폐의 도입이 모든 질적 형태의 흐름들을 교란하고 그 흐름을 규제하는 코드들을 파괴한다는 것은 매우 잘 알려져 있다. 다음으로 자본주의는 모든 코드들을 벗어나 생산활동을 흔히 시간으로 환산되는 추상노동으로 탈코드화함으로써, 경제외적 요인의 관여 없이 직접적인 경제적 관계를 모든 영역에 수립한다. 이로 인해 화폐는 자본이 되는 순간 항상 잉여가치를 낳는 직접적 관계 속에 들어가며(M-M′이라는 이자 낳는 자본의 '선험적 가상'!), 활동(노동)은 화폐와 교환되자마자 '가변자본'이라는 직접적인 경제적 형식을 취하게 된다.

이런 관계 아래서 자본은 활동의 흐름이나 재화의 흐름, 화폐의 흐름 등을 직접적인 잉여가치로 획득한다. 자본의 정의를 제공하는 핵심적인 계기 M′=M+ΔM은 모든 재화나 활동을 화폐로 표시되는 추상적 흐름으로 바꿔 잉여가치(ΔM)를 획득하려는 자본의 욕망을 간결히 보여준다. 이런 잉여가치는 질적인 성격의 코드화된 관계를 거치지 않고 직접적으로 채취된다. 자본주의에서 자본의 잉여가치는 언제나 흐름 자체의 잉여가치를 착취하는 것이다. 이런 점에서 자본주의에서 잉여가치는 코드의 잉여가치가 아니라 '흐름의 잉여가치'이다.

코드의 잉여가치는 코드 자체의 질적 성격으로 인해 필요노동과 잉여노동이, 그리고 가치와 잉여가치가 명료하고 뚜렷하게 구별되었다. 그러나 이미 맑스가 정확하게 지적한 것처럼 흐름의 잉여가치는 모든 것을 항상-이미 양화된 추상적 흐름 자체로 변형시켜 착취하기에 필요노동과 잉여노동, 가치와 잉여가치 사이에 질적·형식적 구별이 사라진다. 잉여노동과 필요노동이 동일한 공간에서, 연속적인 시간 안에서 이뤄지는 것이다. 이로 인해 모든 잉여노동이 필요노동으로 나타나고 모든 잉여가치는 가치의 일부인 것처럼 나타난다. 그러나 사실은 (필요)노동은 언제나 잉여노동의 일부일 뿐이고, 가치는 언제나 잉여가치의 일부일 뿐이다. 왜냐하면 가치의 형식을 취하는 순간, 혹은 노동의 형식을 취하는 순간, 그리하여 가치나 노동의 공리 아래 들어가는 순간 이미 착취가 발생하기 때문이다(가치화는 잉여가치 획득을 위해 행해지는 것이다).

<포탄의 이윤, 여성들의 잉여가치> "우리에게 일할 권리를 달라!" 제1차 세계대전
이 시작되었을 때 여권운동가들이 했던 말이라고 한다. 전쟁과 함께 본격화된 포탄
이나 무기의 생산을 위해 자본가들은 일하지 못하고 있던 여성들을 대거 끌어들였
다. 산업혁명 이후 기계들에 의해 숙련이나 힘이 대체됨으로써 여성들도 이 험하디
험한 공장에서 일할 수 있게 된 것이다. 이런 일이 싫다구? 그럼 나가! 일할 사람은
얼마든지 있어! 노동력은 개개의 노동자와 무관하게 공급되고 유출되는 하나의 흐
름이 되었고, 그에 따라 잉여가치 역시 흐름이 되었다. 흐름의 잉여가치.

3. 자본주의 공리계에서 국가와 계급

자본주의는 탈코드화와 탈영토화를 통해서 만들어진 두 가지 흐름의 만남에 의해 탄생했으며, 또한 부의 요소들과 노동의 요소들을 탈코드화하고 탈영토화하는 방식으로만 작동한다. 이런 점에서 탈코드화가 다른 코드로의 재코드화로 대체되고, 탈영토화가 재영토화로 귀착되는 다른 사회구성체와 다르다. 이처럼 탈코드화와 탈영토화를 통해 작동한다는 점에서 자본주의는 사회구성체의 극한이다. 그러나 그것은 탈코드화된 흐름과 탈영토화된 흐름을 공리계의 형식 아래 포섭하고 제한한다는 점에서 상대적 극한이지 절대적 극한이 아니다. 자본주의 공리계의 외부는 공리계에서 코드화로 되돌아가는 회귀에 의해서는 불가능하고, 역으로 공리계를 벗어나는 지점으로까지 탈코드화와 탈영토화를 더욱더 가속하는 것에 의해 가능하다.

1) 공리계와 법

어떤 사회, 가령 자본주의를 하나의 공리계로 정의하는 것과 코드화된 체계로 정의하는 것은 어떻게 다른가? 공리계를 구성하는 공리들은 흐름을 규제하는 규칙이란 점에서 분명 일종의 코드임에 분명하다. 그러나 공리란 수학의 공리들이 그렇듯이 적용되는 것과 그렇지 않은 것을 구별하지 않으며, 모든 것의 통분불가능성을 넘어서 보편적으로 적용되어야 할 단일한 추상적 규칙이란 점에서 코드와 다르다. 즉, 공리계란 모든 활동을 통분가능하고 비교가능한 단일한 추상적 흐름으로 통접할 수 있을 때 비로소 성립된다. 따라서 그것은 모든 코드를 해체하는 탈코드화를 전제한다. 또한 공리계의 공리들은 코드들과 달리 생산이나 활동 등의 이득을 낳는 모든 것에 직접적인 관계를 수립한다. 나아가 코드들이 대개는 비인격적인 것조차 인격적 유비를 통해서 규정하는 데 반해, 공리들은 인격적인 것조차 비인격적 보편성의 형식 아래 포섭한다.

> 공리계란, 그 본성을 특정화하지 않은 채 아주 다양한 영역에서 동시에 직접적으로 실현되는 순수하게 기능적인 요소나 관계를 그 자체로 다루는 것이다. 반면 코드란, 그 영역이 상대적〔제한적〕이며, 질을 갖는〔양화되지 않은〕 요소들 간의 특정화된 관계를 언표하며, 초월적이고 간접적인 방식으로만 상위의 형식적 통일성에 도달(초코드화)할 수 있을 뿐이다(들뢰즈·가타리, 『천의 고원』 2권, 244쪽).

예컨대 중세도시에서는 상업이나 교환조차 공리계처럼 일반화되지 않았다. 즉 상인들은 원격지무역에 대해서는 초과이윤을 크게 붙였고 상인들 간의 거래나 수공업자와의 거래에서는 대체로 시장의 공리에 따랐지만, 농민들에게는 초과이윤을 붙여서 팔았고 그들의 생산물은 가치 이하로 싸게 구입했다. 이 경우 상이한 교환의 코드들이 각각의 영역에서 상인들이 맺는 특정화된 관계를 표시해 주고 있다.

공리계화란 상이한 영역마다 각각 다르게 주어진 코드들로부터 탈코드화하여 하나의 단일한 코드 아래 포섭하는 것이란 점에서 차라리 초코드화(overcoding)의 일종이다. 어른이나 아이나, 내국인이나 외국인이나, 농촌이나 도시나, 취업자나 실업자나 동일하게 "일하지 않는 자는 먹지도 말라"는 노동의 공리를 적용한다는 것은 하나의 규칙이 초월적 코드의 자리를 차지하고 있음을 잘 보여준다. 그러나 가령

<보편성을 획득한 요리, 혹은 식욕의 보편성> 워홀은 양파, 토마토, 아스파라거스, 버섯, 셀러리 등등이 모두 동일한 형태, 동일한 포장의 깡통에 동일한 형태로 '포섭된' 캠벨 수프를 격자적인 질서 속에 배열하여 보여준다(「200개의 캠벨 수프 깡통들」, 1962년). 여기서 요리는 그 재료가 무엇이든 동일한 형태의 '보편성'을 획득한 셈이고, 어떤 중심도 없는 격자적 질서 속에서 공리적 형식으로 소비되게 된다. 그에 따라 이제 우리의 식욕도 보편성을 획득하게 된다. 자본주의는 우리의 식욕조차 이처럼 공리적 보편성 속에 포섭한다.

전제군주기계가 혈통적인 코드화나 지방적인 코드화를 넘어서(탈코드화하여) 하나의 단일한 코드 아래 통합하는 초코드화에서는 비교되거나 등가화될 수 없는 코드의 벽 내지 통분불가능한 상이한 코드들의 집합을 포함하지만, 공리계는 통분불가능한 그러한 내부적 벽을 만들지 않는다. 신분도, 재산의 많고 적음도, 혈통이나 출신도 가리지 않는, 모든 영역을 관통하는 단일한 보편적 규칙이란 점이 통상적인 초코드화와 공리계적인 초코드화를 구별해 주는 특징이다. 예를 들어 도시동맹체의 상인들이 조합규칙에 의해 어음과 이자에 관한 규칙을 정해서 그것을 조합에 속한 상인들에게 지키라고 요구하는 경우처럼, 특정 영역 안에서 조합이 제정하는 규칙에 의해 그에 속한 상인들에게 강제되는 간접적이고 초월적인 방식으로 작동한다는 점이다.

이러한 형식이 가장 잘 드러나는 것은 자본주의에서의 법적 형식이다. 자본주의 이전에 법은 통상 주관적이고 범례적인(topique) 것이었다(들뢰즈·가타리, 『천의 고원』 2권, 240쪽). 다시 말해 보편성과 객관성의 형식을 취하는 근대적 법과 달리 인격적인 의존관계에 기초하기 때문에, 당사자가 '누구인가'에 따라 다른 양상의 규칙들이 분배되기 마련이고(즉 '코드화'에 상응한다), 그에 따라 이런 국가의 법은 '주관적'이라고 할 수 있다. 여기선 다른 경우들에 적용하는 데 일종의 '기준' 역할을 하는 대표적인 사례들이 법적 보편성을 대신하기에 '범례적'이라고 할 수 있다.

반면 자본주의에 이르면 법은 이제 원칙적으로는 모든 경우에 해당되며 모든 사람들에 대해 동일하게 적용되는 보편적 형식을 향해 나아가게 된다. 근대적 법은 로마의 상례적인 법과 달리 공리적인 형식을 취하게 된다. 법이 관련된 사항들 전체에 동등하고 동일하게 적용되는 최소한의 보편규칙이고, 개별적인 경우들이 그것에 기초해야 하는 그런 최상위 규칙이란 의미에서 '공리적'이란 것이다. 하위법은 상위법에 따라야 하고, 그 상위법은 가령 민법의 경우 일물일권주의(一物一權主義)를 비롯한 몇 가지 규칙을 통해 구성된다. 이런 식으로 법은 하나의 공리적 질서에 따라 만들어지고 배열된다. 근대적 법의 기원으로 간주되는 프랑스 민법이 그것의 대표적인 경우일 것이다. 더불어 공리적 법은 피지배계급에 대한 명령문의 형식이 아니라 객관적이고 서술적인 문장으로 쓰여지고, 완벽하고 포화된 합리적 체계를 형성하는 듯이 가장하며, 새로운 공리들이 추가될 수 있는 방식으로 만들어진다(들뢰즈·가타리, 『천의 고원』 2권, 243쪽).

2) 공리계와 국가

자본주의 국가는 경제적 공리계에 내재하며 그 안에서 작동하고 기능한다는 점에서, 경제를 비롯한 다양한 심급 위에서 그것을 초코드화하며 작동하던 이전의 국가들과 구별된다. 이전 국가들은 생산하지 않으며 반대로 생산된 것을 분배하고 소비하는 장치란 점에서 '반(反)생산 장치'고, 이는 자본주의 국가 역시 다르지 않지만, 자본주의 국가의 '반생산'은 군사적 소비나 뉴딜 등이 잘 보여주듯이 생산을 위해 기능하는 반생산이고 생산의 경제에 내재하는 반생산이다.

　이를 공리계와 관련해서 다시 말하면, 자본주의 국가는 자본과 일체를 이루고 있는 공리계로부터 태어나며, 그 안에서 공리계의 작동을 위해 기능하고 공리계 내부적인 조정을 수행하는 장치라고 할 수 있다. "이 국가는 공리계의 작동의 조건이 되는 부적합함을 조정하거나 심지어 조직하기까지 한다. 이 국가는 공리계의 포화의 진행과 이에 따른 극한의 확대를 감시하거나 지도한다. 어떠한 국가도 경제력의 징후에 봉사하기 위해 이렇게까지 힘을 들인 적이 없었다." 이는 자본주의가 봉건적이고 군주제적인 조건 속에서 배태되고 자라날 때부터 국가가 갖고 있던 것이다.

이런 점에서 자유경쟁 시장을 떠올리게 하는 "자유로운 자본주의란 있어본 적이 없다". 국가가 특권의 폐지에 관여할 때조차 그것은 전국적 시장의 형성이라는 공리계의 요구, 혹은 상인단체의 특권과 충돌했던 '산업자본의 요구'에 따른 것이었다. 국가적 통제가 감소하는 것은 통상 일손이 넘쳐나고 시장이 전례 없이 확장되는 시기인데, 이는 노동자계급이 강력하게 조직됨에 따라 그에 대한 공리들을 추가해야 했던 시기, 특히 러시아 혁명 이후에는 불가능한 것이 되었다(들뢰즈·가타리, 『앙띠-오이디푸스』, 374~375쪽).

3) 공리계와 계급

들뢰즈와 가타리는 자본주의 공리계와 관련하여 또 하나의 중요한, 어쩌면 '충격적인' 명제를 제시한다. 자본주의 공리계의 관점에서는 오직 하나의 계급만이 있는데, 그것은 보편주의를 사명으로 삼는 부르주아계급이다(들뢰즈·가타리, 『앙띠-오이디푸스』, 375쪽). 이는 부르주아지와 프롤레타리아트라는 두 계급의 적대를 통해서 자본주의를 이해하던 통상적인 맑스주의 계급이론과는 아주 다른 명제다.

여기서 '공리계의 관점에서'라는 말을 염두에 두면서, 계급이란 개념이 사용되는 맥락을 세심하게 봐야 한다. 여기서 '공리계의 관점에서'의 계급이란 탈코드화한 신분 내지 카스트를 뜻한다. 즉, 자본주의 공리계에서는 신분이나 카스트 같은 모든 경제외적인 코드에서 탈코드화된, 오직 자본주의 공리계의 보편규칙(공리)에 따라 규정되고 그에 따라 행동하는 그런 계급만이 가능하게 된다. 부르주아지란 바로 이런 계급이고, 공리계 안에 존재하는 유일한 계급이다.

이 명제의 의미를 이해하기 위해선 부르주아지와 더불어 새로이 등장한 사실을 봐야 한다. 그것은 프로테스탄티즘과 자본주의에 대한 베버의 연구를 통해 유명해진 것으로, 부르주아지의 경우 다른 사회적 기계의 지배계급과 달리 부를 이용한 향락을 포기한 채 오직 부의 증식만을 유일한 욕망으로 삼는다는 점이다. 맑스가 '자본가란 자본의 담지자'라고 불렀던 것과 정확하게 대응하는 이러한 양상은 부르주아지가 부를 지배하는 계급이 아니라 증식을 목표로 하는 자본의 논리에 지배되는 계급, 자본의 공리에 복종하는 노예계급이라는 것을 보여준다. 공리계의 공리에 복종하는 계급, 자본의 공리를 자신의 욕망으로 삼는 계급, 그것이 바로 부르주아지다.

이런 의미에서 자본주의 공리계 안에서는 지배계급과 피지배계급이 존재하는 것이 아니라 오직 하나의 피지배계급, 오직 하나의 노예계급만이 존재할 뿐이다. "거기에는 이제 더 이상 주인이 없고 다만 노예들이 다른 노예들에게 명령을 내리고 있다. …… 부르주아지는 가장 천한 노예보다도 더 천한 노예요, 굶주린 기계의 마름이며, 자본을 재생산하는 짐승이고 무한한 부채의 내면화다. '나 또한 종이다'라고 하는 것이 주인이 하는 새로운 말이다"(들뢰즈·가타리, 『앙띠-오이디푸스』, 376~377쪽). 따라서 이렇게 말해도 좋을 것이다. 부르주아지란 일반화된 노예계급이다.

그런데 우리는 여기서 좀더 밀고 나아가야 한다. 자본가가 자본의 담지자·대리자고, 관리자가 자본가의 대리자란 점에서 자본가계급의 일부라면, 자본가에 고용되어 자본의 의지대로 노동하는 노동자는 어떤가? 그 역시 자본에 포섭되어 그의 의지에 따라 노동하는 한에서는 자본의 의지를 대행하는 자본가의 대리자 아닌가? 즉 그런 조건에서 노동자는 '가변자본'이고, 따라서 자본의 일부다. 자본에 포섭된 노동자, 그들은 자본가계급에 포섭된 존재고, 부르주아계급에 포섭되어 가치법칙에 따르게 된 존재다. 반드시 자본에 고용된 것은 아니라고 해도, 부르주아지와 마찬가지로 가치법칙이나 가치증식의 공리를 삶의 척도로 삼고 그에 따라 행동하는 사람이라면 모두 자본의 저 보편적(!) 공리의 노예인 부르주아지에 속해 있다고 해야 한다. 여기서도 소득수준이나 직업 등은 어떤 근본적 차이를 만들어내지 않는다. 즉 아무리 가난한 사람이라도 자본의 공리를 욕망하고, 그러한 공리에 복속되어 행동한다면, 그는 부르주아지라는 단일한 보편적 계급에 속한다는 것이다.

물론 그 공리계 안에서도 계급적 대립이나 적대, 혹은 충돌이 있다. 하지만 들뢰즈와 가타리가 보기에 동일한 공리적 규칙 아래 지배되는 집단들의 대립은, 가령 가치법칙에 따라 이해득실을 따지며 싸우는 두 집단의 대립은 정확하게 공리계 안에서 공리의 효과 아래 있다는 점에서 오히려 부차적이다. 그것은 공리계 안에서의 대립에 지나지 않는다. 차라리 중요한 것은 공리계 안에서 두 '계급'의 대립이 아니라 공리계의 요구에 충실한 하나의 계급과 거기서 벗어나는 비-계급 간의 대립이다. 그것은 탈코드화된 두 가지 흐름의 대립이다. 계급의 공리계에 들어가는 탈코드화된 흐름과 그 계급적 공리계에서 벗어나는 탈코드화된 흐름의 대립. 이 양자는 탈코드화라는 차원에서는 근본적으로 친밀한 관계에 있지만(근대의 혁명들에서 양자의 친화성!), 공리계의 차원에서는 근본적으로 적대적인 관계에 있다(들뢰즈·가타리, 『앙띠-오이디푸스』, 377~378쪽).

4. 자본주의의 외부

자본주의를 벗어나는 길, 그것을 전복하는 것은 어떻게 가능한가? 자본주의는 하나의 사회적 기계지만, 특정한 하나의 상태로 고정되지 않는 기계다. 왜냐하면 그것은 공리들의 추가나 제거를 통해 변할 수 있는 공리계기 때문이다. 즉, 기존의 공리계 안에 담을 수 없는 요인이 출현할 경우 그것을 다룰 새로운 공리를 추가함으로써 그것을 다시 공리계 안에 포섭한다. 탈영토화와 탈코드화를 통해 성립되고 작동하는 사회적 기계로서 자본주의 공리계는 새로운 탈코드화와 탈영토화에 언제나 적극적으로 대응하며 그것을 공리계 안에 포섭하려 한다. 물론 그것은 새로운 공리의 출현을 불가피하게 만드는 활동과 능력의 산물이다. 그렇지만 새로운 공리의 출현을 통해 재공리계화되는 능력이기도 하다. 그리고 또 다시 새로운 운동과 조건이 형성되면 또 다시 새로운 공리로 대응하게 될 것이다. 물론 그것이 언제나 쉬운 것은 아니라고 해도 말이다. 그렇다면 이 공리계는 대체 언제까지 새로운 공리를 추가할 수 있을 것인가? 새로운 공리의 추가가 더 이상 불가능한 지점, 공리계가 포화상태에 이르는 지점은 없는가?

그러나 애석하게도 그런 포화상태는 없다. 수학적 공리계가 새로운 공리의 추가를 허용하면서 자신의 한계, 자신의 경계를 확장하듯이, 자본주의 공리계 역시 그렇게 확장된다. 괴델이 증명했듯이 어떤 공리계 안에서 결정불가능한 명제는, 사실상 기존의 공리들에 대해 독립적인 명제이기에 새로이 공리로 채택하면 된다. 물론 이렇게 성립된 공리 계는 새로운 결정불가능한 명제를 포함하지만, 이 명제 역시 새로이 기 존 공리계에 새로운 공리로 채택하는 게 가능하다. 자본주의라는 사회 적 공리계 역시 이와 다르지 않다고 보는 셈이다.

이미 보았듯이 자본주의 국가는 그러한 공리의 추가와 제거, 혹은 공리적 메커니즘의 부조화를 조정하는 장치다. 사회민주주의 국가가 공리를 추가하고 증식하는 방식으로 작동하는 국가유형을 표시한다 면, 전체주의 국가는 공리의 숫자를 최소한으로 제한하는 방식으로 작 동하는 국가유형을 표시한다.

사회주의운동의 경우는 어떠한가? 들뢰즈와 가타리에 따르면 사 회주의운동이란 공리계의 유일한 계급인 부르주아지로부터 프롤레타 리아트를 분리하려는 운동이고, 부르주아지로부터 구별되는 경계선을 만들고 고정하려는 운동이다(들뢰즈·가타리, 『앙띠-오이디푸스』, 378 쪽). 자본주의 공리계의 유일한 계급이 부르주아지라는 명제의 의미를 안다면, 이러한 분리의 의미와 이유를 이해하기 어렵지 않을 것이다. "만국의 프롤레타리아트여, 단결하라!"라는 맑스의 슬로건은 바로 이 런 분리의 선을 그리려는 시도를 집약하여 표현한다.

그것은 무엇보다도 유일한 계급에서 벗어나는 지대를 창출하려는 것이고, 그것을 통해 탈코드화의 운동을 공리계에서 벗어나는 운동으 로 밀고 나가려는 운동이라고 해야 할 것이다. 경제주의에 대한 비판, 심지어 경제투쟁조차 정치투쟁을 위해 이용하고 그것으로 '발전'시켜 야 한다는 유명한 명제는 정확하게 이런 맥락에서 이해할 수 있을 것이 다. 자본주의적 공리의 지배 자체, 자본주의적 척도의 지배 자체에서 벗어나지 못하는 한 경제투쟁은 하면 할수록 노동자를 자본의 노예로,

자본주의적 욕망의 노예로 만들 것이라는 것. 자본주의적 체계, 그 공리계를 벗어나는 선을 그리는 운동만이 진정 혁명적일 것이라는 것.

　　그러나 이러한 문제설정은 혁명이 국가장치의 정복으로 귀결되자마자 공리계 안에 다시 갇히는 긴 우회로를 그린다. 왜냐하면 자본주의의 국가장치란 바로 공리계를 관리하는 장치기 때문이고, 그것을 이용하려 하는 한 공리계의 관성에서 벗어날 수 없기 때문이다. 여기서 통상 사회주의 혁명을 규정하는 중심고리로 설정되는 '국가장치의 정복'이 무엇을 뜻하는가 다시 물어야 한다. "사회주의를 표방하는 국가는 생산, 생산의 단위들, 경제계획의 변형을 전제로 하고 있다. 그러나 이 변형은 이미 정복된 국가로부터 출발해야만 이뤄진다. 이 국가 역시 잉여생산물이나 잉여가치의 유출, 축적, 흡수, 시장과 통화계획이라는 공리계에 관한 동일한 문제들에 직면해 있다"(들뢰즈·가타리, 『앙띠-오이디푸스』, 378~379쪽).

　　이 문제를 프롤레타리아트의 전위당이 수행하는 경우, 그 전위당이 공리계의 문제를 해결하면서 공리계 안으로 재편입되는 경로를 밟게 되는 사태가 발생한다. 부르주아지의 새로운 대역? 그것을 부르주아 전문가들에게 맡길 경우, 그들은 프롤레타리아트를 승인하기 위한 새로운 공리를 추가하면서 공리계의 요구에 부합하는 방식으로 국가를 이용하고 운영한다. 레닌이 『국가와 혁명』에서 국가의 이용보다는 국가의 파괴가 차라리 낫다고 말할 때, 그래서 '국가의 소멸'이라는 어쩌면 절충적인 해결을 선택하고자 했을 때, 그가 예견했던 것은 이런 것이 아니었을까?

　　그렇다고 또 다시 전제군주 국가처럼 초월적 심급으로서 국가, 초코드화하는 국가로 돌아갈 순 없는 일이다. 그것은 자본주의의 특성상

불가능하다. 자본주의 사회구성체는 하나의 코드를 다른 코드로 대체하는 게 아니라 탈코드화를 통해 성립되고 유지된다는 점에서, 동시에 탈영토화를 통해 성립되고 유지된다는 점에서 다른 사회구성체와 구별된다. 즉 특정한 질적인 흐름을 대신하는 다른 질적 흐름이 아니라, 질적 흐름을 추상화된 양적 흐름 일반으로 보편화하여 공리계화한다는 것이다. 이런 점에서 자본주의적 공리계는 또 다른 코드에 의해 대체될 수 없다. 물론 국지적으로 계산과 비교에 의해 추상화되는 흐름에 반하는 질적 흐름의 재코드화가 등장할 순 있겠지만, 그 전반적 경향을 뒤집는 재코드화는 불가능하다. 그래서 자본주의는 '사회구성체의 극한'이라 불린다. 이는 자본주의적 계산과 비교, 증식의 논리, 가치법칙의 공리에 포섭된 과학이나 예술의 운명을 생각한다면, 안타깝지만 쉽게 납득할 수 있는 것이다. 이는 자본주의에 대한 투쟁이 새로운 재코드화나 재영토화를 통해 이뤄질 수 없음을 의미하는 것이다. 이런 점에서 자본주의야말로 '돌아올 수 없는 강'을 건넌 것이라고 하겠다.

따라서 자본주의에 대한 투쟁은, 비록 그것이 공리계의 포화에 이르지 못할지라도, 자본주의가 야기하는 탈코드화와 탈영토화를 더욱더 밀고 가는 것이어야 한다. 공리계에서 벗어나는 새로운 탈코드화운동, 새로운 탈영토화운동을 가속화하는 것. 상상해 보자. 가치의 공리에 반하는 교환, 노동의 공리에 반하는 활동, 생산성의 공리에 반하는 생산, 소유의 공리에 반하는 재화의 이용과 영유, 국민국가의 한계를 벗어나는 노동의 자유로운 흐름을 가속화하는 것, 노동시간과 노동의 리듬에 대한 새로운 권리의 획득.

이런 투쟁을 통해 자본주의-기계의 내부에 공리계의 외부들이 구성될 수 있다. 생산의 장에서도, 교환의 장에서도, 예술과 창작의 장에

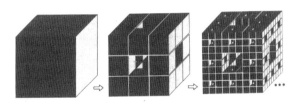

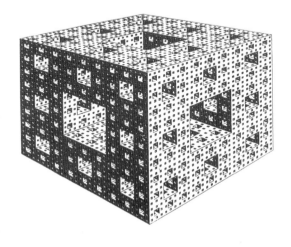

<멩거의 스폰지, 자본주의이기를 그친 자본주의> 멩거(Karl Menger, 1902~1985)의 스폰지를 만드는 방법은 이렇다. 정육면체의 각 면을 9등분하여 가운데 있는 정사각형을 뚫어낸다. 그리고 그렇게 남은 8개의 정사각형을 다시 각각 9등분하여 다시 중앙의 정사각형을 뚫어내고, 이런 과정을 6개의 면에 모두 무한히 계속하면 여기 보이는 스폰지처럼 된다. 이 입체는 표면적으로는 무한하지만 부피는 0에 수렴하는 기이한 입체다. 자본주의에 이처럼 여기저기 무수하게 구멍을 뚫어나간다면, 거기서도 자본주의의 부피가 사라진 가볍디 가벼운 스폰지-자본주의를 만들 수도 있지 않을까? 더 이상 자본주의이기를 그친 자본주의? 물론 그 과정을 무한히 반복하지 않아도 좋소. 그래서 그 부피가 꼭 0이 되지 않아도 좋소. 하지만 구멍을 뚫지 않아도 좋은 것은 아니오.

서도, 학문과 연구의 장에서도. 그 외부들은 자본주의 공리계 안에서 자본의 운동이나 공리계화된 흐름들과 끊임없이 접촉하고 교환하지만, 거기서 채취한 것들의 공리적 규칙에서 벗어난 용법을 창안하고 지속시킬 수 있지 않을까? 자본주의-기계 안에 존재하는 그 외부. 여기에다 '내재하는 외부'라는 개념을 들이밀 수 있지 않을까? 이런 외부들의 접속을 통해 외부적 활동의 여지가 확장될 수 있지 않을까? 다시 상상해 보자. 이런 외부들이 여기저기서 만들어지고 서로를 촉발하며 증식되는 장면을, 그리하여 자본주의-기계가 마치 구멍이 숭숭 뚫린 치즈덩어리가 되는 장면을, 아니 '멩거의 스폰지'처럼 부피 없는 입체가 만들어지는 장면을. 거기서 본질적인 것은 부피 없이 남은 '치즈'일까, 아니면 그 모든 '부피'를 가득 메우고 있는 구멍-외부들일까?

.3강 . 자본주의와 노동의 체제

이수영

1. 활동과 노동의 차이

'노동'하면 떠오르는 것은 공장에서 힘겹게 일하는 노동자들의 신체적인 움직임이다. 가구공장에서 의자를 만들기 위해 애를 쓰는 노동자를 생각해 보자. 그가 만든 의자는 우선 근사할 것이다. 왜냐하면 그는 그 분야에서 전문가일 테니깐. 이 전문가의 노동은 훌륭한 성능의 의자를 만드는 데 투여되어야 하고 동시에 그 의자는 많은 사람들에게 팔려야 한다. 그렇지 않을 경우 그 노동자는 직장에서 곧 쫓겨날 것이다. 그렇다면 그가 자신의 전문적인 기술을 활용해서 자신의 아들을 위해 근사한 의자를 만들었다고 해보자. 아들을 위해 의자를 만든 이 아버지의 활동도 '노동'일까? 그렇지만 우리는 이 아버지의 노고를 '노동'이라고 하지는 않는다. 왜 그럴까? 노래방에서 친구들과 즐겁게 노래하는

이수영(comtrans@naver.com) | '연구공간 수유＋너머' 연구원. 연구실의 이론학교에서 '니체읽기'를 강의 중인데 그야말로 엄청나게 고전 중이다. 원래 전공이 문학이라서 그렇다. 하지만 학문의 경계를 넘어 철학을 강의할 수 있다는 사실에 곤혹스러움과 함께 기쁨도 느끼고 있다. 「1920년대 초기소설의 병리성과 고백적 서술 연구」라는 박사논문이 있다.

것을 노동이라 규정하지는 않지만, 무대에서 관중들을 보며 노래하는 것은 노동이라 부른다. 집에서 사랑하는 가족을 위해 밥을 짓는 것도 노동이라 불리지 않지만 음식점에서 손님들을 위해 서비스하는 경우는 노동이 된다. 노동이란 무엇일까?

흔히들 노동이라 하면 인간의 의식적인 활동을 떠올리는 경우가 많다. 꿀벌이 아무리 집을 잘 짓는다 해도 거기엔 인간과 같은 목적의식이 없기 때문에 노동이라 불리지 않는다. 의식적인 인간의 활동을 노동이라 부를 수 있다는 이런 생각을 훨씬 근사하게 개념화한 사람이 바로 근대 관념철학의 대가인 헤겔이다. 그는 노동에 대해 정의하길, 세계를 변화시키는 인간의 합목적적 활동이라고 했다. 비를 막으려는 목적성이 지붕을 만들고, 바람을 피하려는 목적성이 벽을 만들듯이, 정신 안에서 형성되는 의도나 목적성은 노동을 통해 정신 외적인 존재로 변화된다. 이처럼 헤겔은 노동을 '외화'(外化)라는 개념과 관련짓는데, 이 관점에 따르면 인간이 합목적적 의식을 가지고 행하는 그 어떤 활동도 노동이 될 수 있게 된다.

그렇다면 애인을 기쁘게 해주기 위해 노래방에서 노래 부르는 사람의 활동도 노동이라고 불러야 하지 않을까? 그리고 결혼상대를 찾기 위해 맞선 보는 것도 노동이라 불러야 할 것인가? 이처럼 헤겔의 노동 개념은 행위자의 의도나 목적 그리고 그 행위에 중점을 두고 있다. 헤겔처럼 합목적적 활동을 노동이라 정의하게 되면 범죄자의 범죄조차 노동이라고 불러야 할지도 모른다. 범죄자의 치밀한 목적성이야말로 헤겔의 노동 개념에 가장 어울리는 것일지도 모르기 때문이다. 헤겔의 관점은 노동이라는 개념을 그 관계 속에서 해명하고자 하기보다는 외적으로 드러난 인간의 활동만을 파악한 것에 불과하다. 왜냐하면 인간의 활동이 노동으로 전환되기 위해서는 노동을 둘러싼 특별한 관계가 선행되어야 하기 때문이다.

우선 우리가 노동이라 부르는 행위들은 그 행위의 대가로 임금이 주어진다는 점에 특징이 있다. 임금을 받는 것이기에 노동은 싫어도 참으면서 해야만 하는 고통스런 행위가 된다.

그런데 노동이라는 행위에 임금이 대가로 주어지는 까닭은 그것이 가치를 생산하기 때문이다. 혼자서 즐겁게 노래를 부르는 행위나 가족을 위해 밥을 짓는 행위는 그 자체로 보았을 때 가치 있는 활동임에도 불구하고 가치를 생산했다고는 하지 않는다. 다시 말해 이러한 활동들은 남에게 팔기 위한, 즉 교환가치를 생산하기 위한 활동이 아닌 것이다. '가치'란 다른 상품과 교환할 수 있는 것이어야 하며 새로운 가치, 즉 잉여가치의 생산과 관련되는 것이다. 그리하여 동일한 행위도 교환가치를 생산하기 위해 행해질 때만 노동이 되는 것이다. 아이들의 춤추는 활동은 그 자체만으로는 노동이 아니지만, 돈을 받고 가수의 노래를 치장하는 댄스가 되면 노동이 된다. 밥을 짓는 활동도 식당에서 행해지면 노동이 되고, 바느질도 세탁소에서 행해지면 노동이라고 부를 수 있게 되는 것이다.

이처럼 어떤 활동도 가치를 생산할 수 있는 것이 아니면 노동이 되지 못한다. 그렇다면 가치를 생산하기 위해서는 어떤 조건이 필요할까? 우선 그 활동을 직장이나 공장에서 행하면 모든 것이 충족되는 것일까? 바느질거리를 들고 세탁소로 찾아가면 그 활동이 바로 노동이 되는 것인가? 그렇지 않다. 노래방에서 노래부르던 학생이 무작정 공연장으로 찾아가서 맘대로 노래부른다고 해서 가치를 생산하지는 못하기 때문이다. 어떤 활동이 노동이 되기 위해서는 우선 자본가나 화폐

<자본주의를 끌고 가는 말> 레핀(Ilya Repin, 1844~1930)의 그림 「볼가 강가에서 배를 끄는 인부들」(1870~73)에서 헐벗고 누추한 항구노동자들은 띠를 두른 채 배를 끌고 있다. 이 노동자들은 더 이상 인간으로 보이지 않는다. 그들은 마차를 끄는 말이다. 아니, 배를 끄는 말이다. 말이 끄는 것은 배가 아니라 바로 자본주의이다. 자본주의를 끌고 가는 말, 노동자란 바로 이런 존재이다. 이 존재 앞에는 굶주림과 무력함이 가득하다. 그들이 가슴에 달린 띠를 풀어버릴 수 있는 날은 과연 언제인가.

소유자에게 인정받을 필요가 있다. 자본가가 보기에 상품가치가 있다고 판단할 수 있는 그런 능력을 보여줘야 하는 것이다.

물론 능력을 갖고 있다고 해서 모두 다 노동이 되는 것은 아니다. 동일한 활동을 노동으로 만드는 것은 활동을 하는 사람이 아니라 그것을 구매하는 사람, 곧 자본가인 것이다. 자본가의 구매 욕망을 자극하는 능력, 그리하여 그 능력에 따른 임금이 주어지는 활동이 노동이 되는 것이다. 그러므로 노동은 단지 도구를 사용하는 인간의 합목적적인 활동일 수는 없다. 노동은 자본에 의해 구매되는 활동이자 자본에 의해 결정되는 활동이어야 한다. 조금 더 어렵게 말하자면 노동은 '자본에 의해 가치화된 활동'이라고 할 수 있다.

이처럼 아무리 좋은 목적을 가진 행위라고 해도 그것이 자본가에게 고용되어 잉여가치를 생산하는 활동이 되지 않을 때 그것은 노동이라 부를 수 없는 것이다.

헤겔과 달리 맑스는 노동에 대해서 다음과 같이 얘기하고 있다. "노동력의 사용이 바로 노동이다. 노동력의 구매자는 노동력의 판매자에게 일을 시킴으로써 노동력을 소비한다. 이것에 의해 노동력의 판매자는 실제로 활동하고 있는 노동력으로 된다"(맑스, 『자본론』 1권, 235쪽). 요컨대 맑스는 노동자가 목적의식을 갖고 행하는 활동이 노동이라는 우리의 일반적인 통념을 깬다. 노동자의 노동력을 상품으로 구매한 자본가가 그 노동력을 사용하는 것이 노동이다. 그리고 그런 사용에 의해 노동력의 판매자는 비로소 노동자가 되는 것이다. 노동이란 이처럼 노동력을 구매하여 사용하는 사회적 관계 안에서 구체적으로 정의되는 것이다. 우리는 노동력을 둘러싼 이러한 사회적 관계를 노동의 체제라고 부를 수 있다.

2. 이중의 해방과 본원적 축적

그렇다면 자본가가 돈을 소유하고 있다고 해서 모든 사람의 노동력을 구입할 수 있을까? 만약 이 세계가 노예들의 활동으로 운영된다고 해보자. 그렇다면 자본가는 어디서 노동자의 노동력을 구매할 수 있을까? 노동력에 대한 구매 욕구가 있어도 노예제 같은 사회적 관계 아래에 있다면 자본가는 자본가로서의 지위조차 발휘할 수 없게 된다. 자신의 노동력을 자유롭게 처분할 수 있는 인간이 있어야만 하는데 노예라는 존재는 애초부터 그런 자유가 없는 존재이니 말이다. 이처럼 노예제도나 봉건제도 같은 신분적 제약이 사라져야 인간이 비로소 노동자가 될 수 있는 것이다. 자본주의란 이처럼 신분적 제약 조건에서 해방되어 인간이 자신의 노동력을 자유의사에 따라 처분할 수 있는 사회를 말하는 것이다. 인간의 활동이 노동으로 전환되기 위해서는 우선적으로 신분적인 조건에서 자유로운 인간이 탄생되어야 하는 것이다.

그러나 이런 조건만으로 모든 것이 충족되는 것은 아니다. 만약 노동력에 대한 자유로운 처분권을 갖고 있는 노동자가 먹고사는 데 아무런 불편함이 없다면 어떻게 될까? 그는 자본가에게 자신의 노동력을 절대 팔지 않을 것이다. 임금을 받지 않아도 살 수 있는데 누가 힘들고 고통스러운 노동을 기꺼이 감수하겠는가. 노동자로 하여금 노동력을 팔게 하려면 그 노동자에게 어떤 생산수단도 없어야 할 것이다. 다시 말해 노예와 같은 신분에서 자유로워야 할 뿐 아니라, 몸이라도 팔지 않으면 살 수 없는 존재가 되어야 하는 것이다.

노동력이 상품으로 전환되기 위해서는 이처럼 노동력 처분권을 제한하는 신분적 조건에서 벗어나게 하는 과정과 더불어, 노동력을 가

<구두는 구두이다, 그러나 …… > 마그리트(René Magritte, 1898~ 1967)의 「빨간 모델」(1934)은 이상한 그림이다. 구두를 그린 것인지 발을 그린 것인지 애매하다. 구두는 구두다워야 구두일 텐데, 이 그림은 그 명확한 경계를 무시해버렸다. 구두는 구두이다, 그러나 어떤 조건에서 그것은 발과 다름없다. 인간은 인간이다, 그러나 어떤 조건에서 인간은 노예이다. 존재의 본질은 선천적으로 정해져 있는 것이 아니다. 그것은 늘 관계 속에서 탄생하는 것이며, 관계가 해체될 때 그 본질은 사라진다. 그러므로 본질은 없다기보다 늘 새롭게 만들어지는 것이다. 자본주의적 기계의 배치 속에 있는 인간은 인간이 아니라 이제 하나의 노동하는 기계이다.

진 사람들에게서 생산수단과 생계수단을 빼앗는 과정이 동시에 진행되어야 한다. 맑스는 이를 신분으로부터의 해방과 생산수단으로부터의 해방이라는 의미에서 '이중의 해방'이라고 불렀다.

그렇다면 이 '해방'은 일제 식민지로부터의 해방처럼 몹시도 기다리던 즐거운 것이었던가. '이중의 해방'은 그 말 자체에 값하는 자유로운 인간의 탄생을 의미했던가. 그러나 신분으로부터의 해방과 생산수단으로부터의 해방이라는 일견 근사해 보이는 역사적 과정은 사실 "피로 얼룩진 역사"였다.

소위 '본원적 축적'이라고 불리는 이 과정은 한마디로 "생산자와 생산수단 사이의 역사적인 분리과정 이외의 아무것도 아니다"(맑스, 『자본론』1권, 981쪽). 그것은 멀쩡히 평화롭게 살아가던 사람들에게서 모든 생산수단과 생존수단을 박탈하여 죽음과도 같은 궁핍과 고통으로 몰아간 역사였고, 그들을 길들이기 위해 모든 국가적 폭력을 동원했던 역사였으며, 그들의 삶의 기초를 이루던 모든 토지의 약탈을 통해, 또 노예무역을 비롯한 식민지의 착취 등을 통해 '본원적 자본'을 형성했던 역사였다. 그렇다면 노동력을 상품화할 수 있게끔 했던 과정, 다시 말해 근대적 무산자의 창출과정을 구체적으로 살펴보자.

15~16세기경 도시간 교역의 중심지 가운데 하나였던 플랑드르 지방에서 양모 매뉴팩처가 발전하면서 양모 수요가 급증하자 영국의 양모 가격이 급등했다. 그러자 대지주나 귀족들이 경작지를 양을 키우는 목장으로 바꾸기 시작했다. 그러기 위해서 토지에서 농민들을 마구잡이로 몰아내기 시작했다. 토마스 모어는 『유토피아』에서 이런 사태를 "양이 사람을 잡아먹는" 괴상한 나라에 관해 언급하는 것으로 표현할 정도였다. 토지에서 완전히 "청소"되어버린 농민들은 그야말로 "무

일푼의 자유로운 프롤레타리아트"가 될 수밖에 없었던 것이다.

이런 과정은 사유지에서만 진행되었던 것이 아니었다. 개방경지라고도 불린 공동용지, 공동지, 공동황무지, 공동목초지에 울타리를 치면서 국민의 공유지를 사유지로 전환시키기도 했다. 교회재산이었던 토지뿐만 아니라 씨족 전체의 재산인 토지조차 목장으로 전환되었다. 이처럼 농지를 목장으로 바꾸면서 울타리를 둘러치며 진행된 농민의 축출과정을 인클로저라 부른다.

그러나 농민들이 토지에서 쫓겨났다고 바로 노동자가 될 수는 없었다. 노동력의 상품화, 다시 말해 노동자가 자본이 요구하는 규율에 순응하는 신체가 된다는 것은 하루아침에 이뤄지는 것이 아니기 때문이다. 이에 따라 일하지 않고 떠도는 농민들은 부랑자와 실업자 신세로 전락하게 되었으며 온 나라에 걸쳐 걸인, 소매치기, 도둑이 들끓게 되었다. "사회적 해충"으로까지 명명된 이들이 물론 일하고 싶지 않은 것은 아니었다. 그러나 이들을 고용하기 위한 충분한 일자리나 자본이 아직 턱도 없이 부족했다. 결국 쫓겨난 농민들이 할 수 있는 것은 부랑이나 구걸, 도둑질밖에는 없었다. 이들의 출현은 사회 전체에 일종의 위협으로 느껴졌고, 이에 따라 부랑과 도둑질을 방지하기 위한 법이 생겨나기 시작했다. 노동할 조건이 전혀 없었음에도 불구하고 사회는 그들이 노동하지 않는다는 사실을 그들의 사악하고 게으른 의지의 문제로 간주했다.

이에 따라 15세기 말~16세기에 걸쳐 서유럽의 모든 나라에서 부랑자에 대한 "피의 입법"이 제정되기 시작했다. 1530년 영국에서는 늙고 노동력이 없는 거지는 거지면허를 발급 받아야 했으며, 건강한 부랑자는 태형과 감금을 당했다. 이들은 달구지 뒤에 결박되어 몸에서 피가 흐르도록 매를 맞은 다음, 그들의 출생지 또는 최근 3년간 거주한 곳으로 돌아가 노동에 종사하겠다고 맹세해야 했다. 이 법령은 나중에 한층 더 가혹한 형태로 보충되었는데, 부랑죄로 두 번 체포되면 다시 태형에 처하고 귀를 절반 자르며, 세 번 체포되면 중죄인으로 또 공동체의 적으로 간주되어 사형에 처해졌다고 한다.

1547년 제정된 법령에서는, 노동을 거절하는 사람은 그를 게으름뱅이라고 고발하는 사람의 노예가 되어야 했다. 주인은 채찍과 쇠사슬로 노예가 아무리 싫어하는 일이라도 시킬 수 있는 권리를 가지게 된다. 만약 노예가 도주해 2주일이 지나면 종신노예의 선고를 받았고, 이마나 뺨에 S자의 낙인이 찍히며, 만약 그가 세 번 도주하면 반역자로 사형을 당했다. 누구나 부랑자의 자녀를 빼앗아 남자는 24세, 여자는 20세까지 도제로 사용할 권리를 가질 수 있었다. 엘리자베스 여왕 시절인 1572년 제정된 법령에서는 14세 이상의 면허 없는 거지들은, 만약 2년간 그들을 사용하려는 사람이 없는 경우 매를 맞고 귀에 낙인이 찍혔다. 심한 경우에는 물론 사형에 처해졌다.

이와 유사한 법령은 프랑스에도 있었는데, 1777년 칙령에 따르면 16세에서 60세에 이르는 건강한 사람으로 생활수단과 일정한 직업이 없는 사람은 갤리선에서 노를 젓는 형벌에 처할 수 있었다. 이와 같이 처음에는 폭력적으로 토지를 수탈당하고 추방되어 부랑자로 된 농민들은 그 다음에는 무시무시한 법령들에 의해 채찍과 낙인과 고문을 받으면서 임금노동의 제도에 필요한 규율을 얻게 된 것이다.

자발적인 의지로 부랑자가 된 것이 아니라 강제적 폭력에 의해 극빈상태에 떨어진 농민들에게 게으르고 사악한 인간이라 규정하며 죽음에까지 이르게 할 수 있는 이 전도된 사태야말로 자본의 반인간적 역사를 다시금 확인케 해준다. 위에서 열거한 법령들은 거창하게도 '빈민법'(The Poor Law)이라고 불렸는데, 이 법은 우리의 일반적인 생각과는 달리 빈민들의 인간적 삶을 고려해 만들어진 것이 아니었다. 그 법은 빈민을 만드는 법이었으며, 빈민을 죽음에 이르게 하는 법이었던 것이다. 바로 이 '빈민법'이라는 이름에 담긴 아이러니야말로 우리가 '이중의 해방'이라고 말하는 역사적 과정의 아이러니를 적나라하게 드러내 주는 것이다.

부랑을 막기 위해 사용된 방법이 이처럼 태형을 가하고 귀를 자르고 낙인을 찍으며 사형에 처하는 것만은 아니었다. 17~18세기 유럽에서는 실업자, 가난뱅이, 게으름뱅이, 거지, 광인, 범죄자 등을 잡아서 감금하는 방법이 널리 사용되기 시작했다. 인구 10만도 안 되는 도시 파리에서는 3만 명 이상의 거지가 있었다고 한다. 그렇다면 감금된 부랑자의 숫자가 얼마나 많았을지 쉽게 추측할 수 있을 것이다. 이들을 감금하기 위해 거대한 수용소들이 만들어졌는데 프랑스에서는 이를 '종합병원'으로, 독일이나 영국에서는 '교화소'라고 불렀다. 푸코의 말대로 종합병원이 의학적인 목적이 아니라 인간을 감금하고 노동시키는 일종의 사법적인 조직이고 행정 단위였음을 알 수 있는 것이다.

감금된 부랑자들은 노동이라는 형벌을 선택하지 않을 수 없었다. 이것만이 유일하게 구원받는 길이었던 것이다. 노동하지 않고 떠도는 인간들이 감금되기 시작하자 노동하지 않음은 악(惡)의 상징이 되었고, 결국 도덕이라는 영역조차 경제나 상업처럼 행정의 대상이 되기 시작했다. 이렇게 하여 생산수단을 빼앗긴 농민들은 감금과 노동의 규율을 따라 차츰 노동자의 신체로 전환되기 시작했다. 신체의 습속의 변화는 인간의 자발적인 의지에서 기인하는 것이 아니라 바로 이와 같은 폭력적 각인에 의한 것이라는 니체의 언급이 사실로 확인되는 시대였던 것이다. 농민에서 부랑자로, 다시 노동자로의 흐름은 인간의 자연사나 진보의 역사라기보다는 한마디로 피 튀기는 폭력의 역사였던 것이다. 이 당시 토지에서 쫓겨난 부랑자들에게는 오직 두 가지 선택권밖에 없었다. 죽거나 혹은 갇히거나.

농민들이 토지로부터 자유로워진 부랑자(노동자)로 전환된 과정이 이와 같다면 또 다른 과정이 설명되지 않고서는 노동을 정의하기가 어렵다. 활동이 노동이 되려면 자본에 의해 구매되어야 한다는 사실은 이미 지적했다. 이 구매된 노동력과 기계(불변자본)의 결합은 잉여가치를 산출하게 될 것이다. 도대체 자본가는 어떤 수단을 통해 노동력과 기계를 구매할 수 있는 자본을 획득했을까? 그들은 대부분의 사람들이 베짱이처럼 놀고 있을 때 개미처럼 열심히 일하고 저축했던 것일까? 생산수단으로부터 자유로워진 노동자가 이제 노동하지 않으면 삶을 지속할 수 없는 존재가 되었을 때 그 많던 생산수단은 다 어디로 간 것일까?

농민들이 자신의 생산기반에서 폭력적으로 추방되기 시작할 때 이런 현상은 당연히 새로운 토지귀족과 대금융업자, 부르주아적 자본가들을 형성하는 동력이 되었다. 농민에게서 박탈된 생산수단이 모조리 자본가의 수중으로 흘러 들어갔던 것이다. 자본의 본원적 축적이란 개미의 근면함이 아니라 바로 인간에 대한 폭력적 추방과 생산수단의 독점에서 비롯된 것이었다. 바로 이를 두고 "피로 얼룩진 역사"라 부르는 것이다. 요컨대 '이중의 해방'이란 농민이 토지로부터 쫓겨나는 과정이면서 동시에 그 농민이 노동자의 규율을 배우는 과정이고, 이는 동시에 자본이 축적될 수 있는 과정이었다고 할 수 있다.

3. 노동의 형식적 포섭과 절대적 잉여가치

그렇다면 노동력을 갖는 노동자들이 대량으로 양산되고, 자본가가 이 노동력을 상품으로 구매했다고 해서 자본가는 노동력을 마음대로 쓸 수 있는 것일까? 가령 우리가 볼펜을 하나 샀다고 한다면 이 볼펜은 우리의 의지에 따라야 할 것이다. 쉽게 말해 우리는 우리 마음대로 볼펜을 쓸 수 있을 것이다. 그러나 노동력이라는 상품은 그와 같지 않다는 점에서 특수하다. 왜냐하면 노동력이라는 상품은 노동자의 신체와 욕망이 작동하는 특수한 상품이기 때문이다. 12시간 노동하는 데 대한 대가를 주고 노동력을 구입했다고 해서 노동자에게 12시간 내내 일을 시킬 수는 없는 법이다. 노동자는 기계가 아니기 때문이다. 노동력을 최대한 사용하려는 것이 자본가의 의지라면, 노동자는 그 사용에 따른 고통을 감내해야 한다는 점에서 자본가의 의지에 반하는 의지를 갖고 있기 때문에 노동력 사용의 현장에는 근본적인 대립과 충돌이 발생할 수밖에 없다. 잉여가치는 노동자가 일한 만큼 지불 받지 못한다는 것보다는 근본적으로 노동력의 사용을 둘러싼 이런 적대관계를 표현하는 개념이다.

노동과정은 자본가에 의한 노동력의 사용과정이기 때문에 자본가는 노동과정에서 지휘자로 참여한다. 노동의 흐름은 자본에 포섭되어 훈육되고, 효율성과 생산성이란 척도 아래 조직되고 평가된다. 반면 자본에 포섭되지 않은 노동의 흐름은 무규율과 비효율, 비생산적 소모, 낭비 등의 말로 비난받게 된다. 그런데 자본에 의한 노동의 포섭이 쉽게 달성되는 것은 아니다. 가령 도자기 제조에 있어 장인적인 숙련기술을 갖춘 사람이 고용되었다고 해보자. 아무리 능력 있는 자본가도 그들의 노동방식에 대해 이래라 저래라 간섭하기는 힘들 것이다. 이처럼 노동자가 자본에 포섭되어 있지만 그의 노동과정 자체가 포섭된 것은 아닌 이런 형태를 자본에 의한 노동의 '형식적 포섭'이라고 한다. 즉, 형식적으로만 포섭되었다는 의미다. 그러므로 형식적 포섭 아래서 잉여가치가 생산되는 방식은 단지 노동시간의 연장에 의해서만 달성된다. 물론 그것 역시 뜻대로 되지는 않지만, 이처럼 노동시간의 절대적 길이를 연장함으로써 발생하는 잉여가치를 절대적 잉여가치라 부른다.

자본가는 맑스의 말대로 인격화된 자본에 지나지 않는다. 그의 혼은 자본의 혼이다. 이 자본에게는 오직 하나의 충동이 있는데 그것은 자신의 가치를 증식시키고, 잉여가치를 창조하고, 자기의 불변부분인 생산수단으로 하여금 가능한 한 많은 양의 잉여노동을 흡수케 하려는 충동이다. 자본가는 자신이 구매한 노동력을 통해 될 수 있는 한 많은 이익을 짜내려고 한다. 그런데 이 시기 자본가들은 노동자들의 노동 자체를 자신의 뜻대로 장악하고 통제할 능력이 없었다. 노동은 노동력의 사용이지만 그것은 노동하는 노동자의 의지와 능력, 노동방법에 따른 것이었다. 이에 따라 자본가는 노동자들의 게으름이나 태업 혹은 자의적인 휴식과 중단 등에 대해 실질적으로 대응할 방법이 없었던 것이다.

E. P. 톰슨에 따르면 18세기에 이르기까지 노동자들의 생활이 얼마나 '제멋대로'였는지 알 수 있다. 이 시기 노동은 자본가가 부여한 과업을 각자가 알아서 완수하는 방식으로 행해졌다. 그래서 노동자 자신이 자신의 노동 리듬이나 생활을 조절할 수 있었다. 이들의 생활은 한바탕 일하고 한바탕 노는 것의 반복이었다. 이 경우 화폐적 유인책도 별로 소용이 없었다. 사람들은 일을 해서 돈을 벌면 그것이 다 떨어질 때까지는 노동보다는 노는 데 더 관심을 갖고 있었던 것이다. 그리하여

<바니타스, 인간의 운명> 부패한 시체를 묘사하는 중세의 그림이나 조각을 가리키는 미술 용어를 '마카브르'라 한다. 이 시기에 죽음은 아담이 지은 원죄의 대가라고 간주되었다. 시체는 곧 죄의 표현이며, 이를 통해 자신의 죄를 신 앞에 고백하고자 했던 것이다. 바로크 시대에 가서는 썩은 시체 대신 해골 모습이 자주 등장하는데 이를 '바니타스'라고 부른다. 바니타스는 죽음이란 도저히 피할 수 없는 인간의 운명이라는 사실을 표현하는 그림이었다. 스텐비크(Harmen Steenwyck, 1612~1656)의 「정물, 바니타스의 알레고리」(1640)도 그런 그림이다. 해골 옆에 놓인 시계가 인간 운명의 덧없음을 상징하는 듯하지만, 그 뒤에 놓인 칼은 이 죽음에 그런 형이상학적 의미만 있는 것은 아니라는 사실을 보여주기도 한다. 죽음의 공포에 노출된 근대 초기 인간의 운명이란 바로 시간의 관리를 둘러싼 현실적인 투쟁의 장에 존재하고 있지 않았을까.

노동시간은 매우 불규칙했으며, 음주와 유회로 인해 일을 시작해야 하는 '성(聖) 월요일'은 화요일까지 이어지기 십상이었다.

이에 따라 노동일을 강제로 연장하려는 노동법규들이 동원되기 시작했다. 노동자들을 실질적으로 장악하지 못한 자본가들은 국가의 법을 이용해서라도 억지로 그렇게 할 수밖에 없었던 것이다. 따라서 노동의 형식적 포섭은 노동과의 계급투쟁에서 자본 권력의 형식적 우위만을 보여줄 뿐이었던 것이다.

형식적 포섭과 절대적 잉여가치의 개념은 잉여가치의 생산에서 시간이 중요한 역할을 한다는 사실을 알려준다. 시간 단위에 따라 임금을 지불한 자본가는 지불된 노동시간 안에 노동력을 최대한 사용하려고 할 것이다. "시간은 돈이다." 이렇게 임금의 시간적 형식을 통해 시간 자체가 화폐화되는 것이다. 절대적 잉여가치의 생산은 노동일의 길이를 연장하는 방법에 의해 결정된다는 점에서 착취의 시간적인 방법이지만 이 경우 시간과 노동방식 간의 관계는 외면적이다. 그러므로 당연히 한계가 있기 마련이다. 쉽게 말해 아무리 시간을 늘린다고 해도 24시간을 초과할 수는 없는 법이다. 그리고 24시간 전체를 쓸 수도 없다. 생물학적 한계를 넘어서면 노동자가 노동력을 재생산할 수 있는 가능성 자체가 봉쇄되어버리고, 이는 자본가에게도 큰 타격을 주기 때문이다.

그럼에도 주어진 시간 내에서 최대한 노동력의 사용을 이끌어내려는 자본가는 국가의 도움을 받아서까지 이를 달성하려 했다. 역으로 이것이 바로 형식적 포섭이라는 사실을 증명하는 것이기도 하다. 노동에 대한 실질적 포섭에까지 이르지 못했기 때문에 국가의 강제력의 지원이 필요했던 것이다. 그러나 19세기가 되자 산업혁명과 더불어 노동방식에 근본적인 변화가 일어난다. 노동은 이제 숙련노동의 성격을 점차 잃어갔으며, 노동과정의 리듬은 기계에 의해 장악되기 시작한 것이다. 자본가들은 기계의 운동을 장악함으로써 노동의 리듬을 실질적으로 장악할 수 있었고, 노동에 대한 실질적인 포섭이 가능하게 되었다.

4. 노동의 실질적 포섭과 상대적 잉여가치

자본가들은 노동력의 사용과정을 실질적으로 장악하려는 의지를 강하게 내보였다. 그렇다면 이 실질적 장악의 가능성은 어디에서 나올 수 있을까. 맑스는 협업과 분업에까지 소급해서 이 동력을 찾아낸다. 협업은 생산수단과 노동자를 하나의 장소에 결합함으로써 노동과정을 집합적인 것으로 만든다. 많은 노동자가 같은 시간에, 같은 장소에서, 같은 상품을 생산하는 데 동일한 자본가의 지휘를 받는다면 그 자체로 숙련된 장인에 의한 독자적 생산보다 훨씬 효율적인 것은 당연하다.

그러나 협업에는 이런 이득만 있는 것이 아니다. 협업에서 필수적인 것은 이제 자본가의 지휘이다. 그리하여 노동자들의 협업으로 인해 야기된 생산력의 향상은 그들을 집결시켜 지휘한 자본가의 생산력으로 나타나게 되고, 노동자들은 자본의 특수한 존재양식에 지나지 않게 되는 것이다. 그러나 이것만으로 실질적 포섭이 이뤄지는 것은 아니다. 협업은 동시에 분업을 수반해서 진행되었다. 협업과 달리 공간적인 배열 자체를 통해 한 사람이 하던 노동이 여러 과정으로 분할되고 재구성되는 것이 분업이다. 자본가가 단순협업에서는 단순히 지휘자였다면 이제 분할된 부분작업들을 결합하고 통일하는 정신적인 능력으로까지 상승하게 된다.

그러나 협업과 분업만으로는 아직도 갈 길이 멀다. 자본가가 노동을 완전히 자신의 손아귀에 장악하고 포섭하는 계기는 대공업의 등장이었다. 대공업은 기계와 공장체제의 결부와 관련된다. 산업혁명에 의한 기계의 전면적인 도입은 물론 생산성의 향상이라는 측면에서 엄청난 영향을 미쳤다. 그러나 기계의 영향은 여기서 그치지 않는다. 노동력의 사용을 노동자의 활동이기 이전에 기계의 작동이 되도록 만든 것, 다시 말해 노동자가 도구로서 기계를 사용하는 것이 아니라 기계가 노동자를 사용하게 만든 것, 이것이 기계의 영향에서 중요한 사항이다. "공장에서는 하나의 생명 없는 메커니즘이 노동자로부터 독립해 존재하며, 노동자는 살아 있는 부속물로 그것에 합체되어 있다."

산업혁명을 통해 노동과정에 도입된 기계는 인간을 노동의 지옥으로부터 구해 준 은인이 아니다. 산업혁명이 혁명이라면 이전에는 인간이 기계를 지배하는 관계였지만 이제는 인간이 기계에 의해 지배당하는 관계로 변혁되었다는 사실에 있는 것이다. 산업혁명에서 그저 대대적인 기술혁신만을 보는 기술주의적 통념은 기계의 도입이 야기했던 피의 흔적을 보지 않으려는 것에 다름 아니다. 기계의 전면적인 도입은 노동 자체에 결정적인 변환을 야기했다. 노동자의 숙련적 활동이 아니라 기계적이고 역학적인 노동의 리듬이 도입된 것이다. 이제 노동은 기계의 리듬에 따라 움직이는 동작들로 분해되고, 각각의 동작은 지칠 줄 모르는 기계의 움직임에 따라 반복하는 것이 된다. 노동하는 신체는 자신의 리듬을 따르지 못하고 기계의 리듬에 종속되며, 최대의 효용을 달성할 수 있는 동작과 동선에 따라야 되는 것이다.

이를 반영하듯 F. W. 테일러와 그 제자 F. B. 길브레스는 생체공학적으로 시간이 가장 적게 걸리는 동선과 최소 시간의 노동규범을 만들기 위해 과학적인 작업에 뛰어든다. 형식적 포섭과 달리 이제 시간은 노동방식과 내재적인 관계에 들어가게 된 것이다. 시간을 외연적으로 무한히 늘리는 방식이 아니라 최소 시간에 최대 효율의 동작이 결합되는 방식이 도입된 것이기 때문이다. 테일러에 의해 개념화된 '시간관리'는 시간에 대한 관리를 목적으로 한다. 그것은 노동을 다수의 요소 동작으로 분해하여, 각각의 요소 동작에 허용되는 최대 시간을 대응시키는 것이고, 그 대응의 양상을 감시하고 감독하는 관리를 직접적인 내용으로 한다. 이로써 노동의 통제가 효율적으로 이뤄질 수 있으리란 것이다.

테일러가 분할된 동작이 수행되는 시간을 최소화하고자 하는 데 집중했다면, 길브레스는 요소 동작을 누가 하든 동질적인 양상으로 하는 데 연구의 중점을 두었다. 즉, 길브레스는 테일러의 시간관리와는 구별되는 동작관리를 독자적인 영역으로 확립했다. 이를 위해 그는 동작을 극한적으로 분할하여 요소 동작으로 분해하고, 각각의 요소 동작이 그리는 동선에 대해 치밀하게 연구했다. 이를 위해 그는 손수건을 접는 동작, 끈을 묶는 동작 등의 다양한 동작을 사진과 영사기 등을 이용해 연구했고, 그 동선을 공간적 좌표 안에서 철사줄을 이용해 표시했다. 이는 공간 안에서 동작을 동질화하기 위한 동선의 연구라고 할 수 있다. 나아가 구체적인 노동형태와 무관한, 하지만 모든 노동형태를 그것으로 구성할 수 있는 23개의 기본 동작을 찾아낸다. 길브레스는 이를 마치 작업이라는 건물을 짓는 벽돌 같은 기본 요소라고 보며, 자신의 이름을 거꾸로 써서 서블릭(Therblig)이라고 부르기도 했다.

한편 1870년경 도입된 어셈블리 라인은 물체를 작업상의 한 단계에서 다음 단계로 기계적으로 이동시키는 작업방식으로서 노동과정을 새롭게 전환시키게 했다. 고가식 레일을 통해 노동대상이 움직일 때 노동작업은 공간적으로 분할되고 고정되며, 작업순서에 따라 공간적으로 배열된다. 이제 노동자는 공간을 이동할 필요가 없어지며, 작업대에 위치가 고정된다. 개별적인 공간의 분할과 배정, 그리고 그 공간의 기능적 배열, 이로써 노동자와 작업의 공간적 대응은 기계적 수단을 획득하게 되는 것이다.

어셈블리 라인은 기계를 통해 노동대상을 이동시키는 것이지만 아직 시간이 기계와 내포적으로 결합되지는 못했다. 다시 말해서 노동자가 이동하지 않아도 노동대상이 기계에 의해 움직이지만, 이 흐름은 기계적인 리듬보다는 한 단위의 작업을 완료한 노동자의 리듬에 맞춰져 있었던 것이다. 이와 달리 컨베이어 시스템은 노동대상을 기능적으로 배열된 작업을 따라 공간적으로 이동시키면서 운반장치의 움직임이 자신의 시간적 리듬을 가지도록 만든 것이 가장 큰 특징이다. 이에 따라 작업은 운반장치의 리듬과 속도를 중심으로 이뤄지게 된다. 운반장치의 속도와 리듬에 작업자 전체의 속도와 리듬이 맞춰져야 하기 때문에 분할된 작업 각각이 표준화되고 동작이 동질화되어야 한다는 사실은 아주 중요한 조건이 된다. 이로써 규율화된 시간적 리듬을 장악한 기계는 스스로 그것을 강제할 수 있는 물질적 장치가 된다. 여기서 기계의 중심성과 독재가 완성되는 것이다.

이런 기술들은 특정한 형태로 노동을 강제하며, 그런 방식으로 노동할 수 있는 신체를 일상적으로 만들어낸다는 점에서 근대적인 노동의 체제를 만들어내고 유지하는 기술이다. 동시에 그것을 통해 노동자의 신체에 작용하는 권력을 작동시키는 기술이기도 하다. 이런 기술들은 언제나 산 노동의 생산적이고 창조적인 의지에 작용하며, 그것이 갖

<거인의 '철의 율법'> 고야(Francisco Goya, 1746~1828)의 「거인」(1816)
을 보면 주먹을 쥐고 등을 보이고 있는 거대한 인간 아래 난쟁이 같은 사람
들과 역마차들이 보인다. 모든 것 위에 군림하는 이 거인의 정체는 무엇인
가. 암울하고 공포스런 분위기를 자아내는 거인, 그가 바로 자본주의라는
폭력이라고 할 수는 없을까. 인간을 한낱 기계 부품으로 만들어버리는 거
인, 일하지 않는 자 먹지 말라고 윽박지르는 거인. 그 거인의 철의 율법을
거역한 자, 이제 노동자도 아니고 인간도 아니며, 오직 죽음만이 기다리고
있을 것이다.

<자본주의사회에서도 마음껏 뛰어놀 수 있을까?> 아이들이 마음껏 뛰어노는 브뢰겔
(Pieter Brueghel, the Elder, 1525~1569)의 「어린이들의 놀이」(1560)에 등장하는 놀
이는 과연 몇 가지나 될까? 어떤 연구자에 의하면 91가지라고 한다. 어린아이는 모두
2백30명이다. 자본주의사회에서 어린이들은 과연 마음껏 뛰어놀 수 있을까. 이제 어
린 시절부터 아이들에겐 사회적 규율이 가해진다. 성인이 되어 좋은 직장을 구하고
행복한 가정을 꾸리는 것이 아이들의 삶의 목표로 제시되어 있다. 이를 거부하는 아
이들은 당연히 문제아로 통하게 된다. 아이들은 유치원 들어가기 전부터 벌써 내면적
인 통제를 당하고 있는 것이다. 그렇다면 아이들이 맘놓고 뛰어노는 세상이란, 성인
이 사회적 억압에서 해방되는 세상과 함께 오는 것이라고 할 수 있을 것이다.

는 생산적 능력의 자유로운 흐름을 규범화·표준화하며 동질화된 동작으로 고착시키고 가두는 방식으로 작용한다는 점에서 처음부터 이탈과 저항, 혹은 투쟁과 조우할 운명을 갖고 있었다.

이처럼 기계의 도입을 단순히 생산의 효율이나 생산비 절감을 위한 기술적인 문제와만 관련시키는 것은 피상적인 분석에 불과하다. 대신 기계는 노동과정 자체를 장악하기 위한 자본가의 의지에 따라 도입된 것이며, 이에 따를 때 기계의 도입 자체는 노동의 실질적 장악을 위한 자본가와 노동자의 계급투쟁인 셈이다. "기계는 노동자의 적대세력"이며, "자본의 독재를 반대하는 노동자들의 주기적 반항인 파업을 진압하기 위한 가장 유력한 무기가 된다". 기계적 리듬으로 가득 찬 공장은 그러므로 노동자에게 있어서는 일종의 거대한 규율의 공간이 된다. 기계적 리듬에 맞춰 불규칙적인 노동습관을 버리고, 복잡한 자동장치의 변함 없는 규칙성에 적응해야 하기 때문이다.

이렇게 노동자의 신체를 기계적인 요소들로 분할하고 결합함으로써 노동과정 자체를 실질적으로 장악하는 것을 실질적 포섭이라 부른다. 그리고 이런 식으로 생산성이 높아지고 노동력의 가치가 감소되면서 획득되는 잉여가치를 상대적 잉여가치라고 부른다. 그렇다면 노동에 대해 실질적으로 포섭할 수 있었던 자본가들은 노동시간을 줄일 수 있었을 것이다. 왜냐하면 적은 시간에도 기계적 노동을 통해 더 많은 생산이 가능해진 시대가 되었기 때문이다. 그러나 역사적 사실은 그렇지 않았다. 노동에 대한 실질적 포섭이 가능해지고, 이를 통해 노동력의 가치를 감소시켜 상대적 잉여가치를 확대할 수 있었던 자본은 오히려 노동시간을 절대적으로 연장시키려 한다. 이에 따라 노동시간을 제한하려는 노동자들의 투쟁이 훨씬 격화되었던 것이다.

이와 같은 역사적 사실은 노동자의 인권을 위해 노동시간 연장을 제한하는 노동법을 장애물로 인식한 자본가가 생산성 향상을 위해 실질적 포섭의 형태를 고안하게 되었다는 가설의 오류를 말해 준다. 요컨대 형식적 포섭의 시기에 노동시간 연장이 잉여가치 획득의 유일한 방법이었기 때문에 노동시간을 연장하려는 자본가의 움직임에 대해 노동자들의 인간적 권리를 위해 노동시간 연장을 제한하는 노동법이 마련되었다는 것, 노동시간이 제한되자 생산성 향상을 위한 노력이 결국 착취의 주된 형식인 절대적 잉여가치에서 상대적 잉여가치로 이전되었다는 것은 착각이다. 역사적 사실이 증명하듯이 노동시간의 제한이 내포적 생산을 가능하게 한 것이 아니라, 내포적 생산이 노동시간의 극한적 연장을 가능케 했기 때문이다. 이렇게도 말할 수 있을 것이다. 노동과정에 대한 실질적 포섭이 가능했기 때문에 더 많은 생산을 위해, 더 많은 잉여가치를 위해 자본가들이 노동시간을 극한적으로 연장하려고 시도했다고. 적당히 생산하고 마는 자본은 없다. 그러므로 노동과정 자체는 늘 노동자의 노동을 둘러싼 계급투쟁의 장이 될 수밖에 없는 것이다.

5. 근대적 노동의 체제와 노동의 정치

근대적 노동의 체제는 이처럼 노동자를 형성하는 강한 규율 권력의 작동을 전제한다. 그러므로 노동하고 싶다고 생각하는 사람이 마음대로 노동자가 될 수 있는 것이 아니다. 공장에서의 노동은 고통스러운 과정인데, 그것은 노동자의 신체에 엄청난 규율 권력이 각인되고 있기 때문이다. 근대적 노동이란 한마디로 기계적 리듬에 복속되는 신체가 되어

일한다는 것이다. 그것과 다른 자유로운 신체적 활동은 공장과 자본의 규율이 용납하지 않는다.

그렇다면 이 규율이 싫은 자는 어떻게 될 것인가? 자본가들은 그들을 언제든 공장 밖으로 축출할 준비가 되어 있다. 왜냐하면 공장 밖에는 공장에서 일하고 싶어하는 노동자들이 가득하기 때문이다. 산업예비군이라고 하는 이들의 존재는 노동자들로 하여금 근대적 노동의 규율을 순순히 받아들이게 한다. 공장의 근대적 규율과 습속을 받아들이지 않으려는 노동자는 언제든 쫓겨나고 산업예비군에 의해 대체되기 때문이다.

이들 산업예비군은 자본주의적 생산방식에 특유한 인구법칙을 설명해 준다. 이 인구법칙은 자본의 유기적 구성이 상승함에 따라 고용되는 노동력이 절대적으로 감소하면서 나타나는 현상이다. 쉽게 말해서 기계의 도입과 생산성의 향상에 따라 실업자가 늘어나면서 상대적 과잉인구가 형성되는 것이다. 자본주의에서는 이렇게 늘 과잉인구가 형성된다. 그것은 결코 식량 생산에 비해 빠른 속도로 증가하는 인구 때문에 발생하는 것이 아니다.

상대적으로 과잉된 인구는 한마디로 실업자들과 같은 존재들의 발생을 의미한다. 노동하지 못하는 실업자들이 처한 삶의 조건이 얼마나 열악한지 우리 모두 알고 있다. 이런 실업자들의 압력은 취업자들로 하여금 더 많은 노동을 수행케 한다. 이처럼 실업화 압력은 실업자라는 비참한 삶의 존재를 통해서 노동하는 사람들로 하여금 스스로를 더욱더 자본의 지배 아래 묶어놓는 내면적 속박이 된다.

노동하지 않는 사람들은 이제 인간의 범주에 들지 못한다. 비인간적인 삶을 원하는 자들은 노동하지 않아도 좋다. "일하지 않는 자, 먹

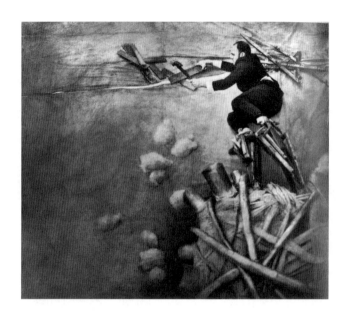

<하늘을 깁다> 구름이 떠 있는 하늘에 구멍이 났다고 해보자. 이 하늘을 빨리 수
선해야 할 것이다. 그렇다고 이 남자처럼 해서는 곤란하다. 기다란 나무를 얼기설
기 엮어서 만든 뾰족 신발을 신고, 뭘 어떻게 하겠다는 것인가. 그런다고 찢어진
하늘이 원상태로 돌아갈 것인가. 우리는 자본주의 속에서 늘 위기를 느낀다. 아니
자본주의는 위기를 생산하면서 자신의 생명을 이어간다. 위기 때문에 죽어나는 것
은 인간들이다. 자본주의는 이 인간들의 죽음을 먹고 사는 괴물이다. 그러니 괴물
이 위험하다고 외친다고 해서 우리가 희생할 필요는 없는 법이다. 괴물도 언젠가
는 자신의 죽음을 받아들여야 한다. 하늘도 언젠가 한번은 찢어진 틈으로 천둥을
내리쳐야 하는 법이다(위 사진은 파크-해리슨[Robert Parke-Harrison, 1968~]의
1997년작 「하늘을 깁다」이다).

지도 말라." 대신 인간적 삶을 원하는 자들은 자본의 지배를 받을 각오를 해야 한다. 맑스에 따르면 노예제 아래에서는 사람들을 근면하게 일하게 하는 폭력적인 방법이 존재했다. 그러나 자본주의에서는 그렇게 폭력을 쓸 필요가 없다. 비인간적 삶을 원하지 않는 개인들이 자발적으로 노동력을 팔려고 자본 앞에 무릎을 꿇기 때문이다. 이제 사람들은 모두 "자기 자신의 욕망의 노예"가 된다. 이런 상황에서 자본과 노동의 적대는 경쟁하는 노동자들 간의 적대로 이전된다. 이는 서로 취업하기 위해 경쟁하는 청년 실업자들을 생각해 보면 쉽게 알 수 있다.

이제 선택지는 두 가지밖에 없다. 비인간적인 삶을 견디거나 끔찍한 노동의 규율을 따르거나. 다르게 표현해, 죽거나 자본의 지배를 받거나. 그렇다면 노동자들의 투쟁은 단순히 임금을 더 받기 위한 것, 혹은 조금 더 많은 임금을 통해 부유하고 풍족한 삶을 살고 싶은 욕망의 표현일 수 없다. 그것은 우선 노동의 현장에서는 노동하는 신체를 만들어 거기에 노동자들의 습속을 주입하는 '생체권력'에 대한 투쟁이 된다. 이는 노동자의 신체에 각인된 미시적인 생체권력의 흔적에서 벗어나 권력의 새로운 배치를 창출하기 위한 투쟁이다. 동시에 노동자들의 투쟁은 노동하지 않으면 살 수 없게 만드는 자본의 지배를 넘어서고자 하는 투쟁이 된다. 이는 노동자들 간의 적대를 넘어서는 자유로운 인간들의 공동체를 위한 투쟁이다. 자본의 욕망이 우리의 욕망이 되는 사회를 넘어, 자본의 지배가 철폐된 사회를 만들려는 사람들의 투쟁, 이것이 바로 노동자들의 투쟁이자 노동의 새로운 정치가 될 것이다.

.4강. 화폐의 권력, 반화폐의 정치학

1. 투이아비의 질문

『빠빠라기』라는 책이 있다. 젊은 시절 유럽을 여행했던 남태평양 작은
섬의 추장 투이아비가 자기 부족 사람들에게 들려준 연설을 묶은 일종
의 여행기다. 한 선교사가 1920년대 독일에서 출간한 이 여행기에는
문명세계에 대한 경이로움과 감탄이 아니라 의문과 경고가 가득하다.
그 중에서도 투이아비를 가장 경악하게 만들었던 것은 빠빠라기들이
"반짝이는 둥근 쇠붙이나 묵직한 종이에 불과한" 사물에 지배되는 삶
을 살아간다는 사실이었다. 그는 말한다. "돈이야말로 빠빠라기들이
믿는 진정한 신"이라고.

돈을 세느라 눈이 먼 사람까지 있다. 돈을 거머쥐기 위해 웃음, 명예,
양심, 행복, 심지어 아내와 자식마저 내준 사람이 부지기수다. 거의

한경애(wildeyed76@gmail.com) | '연구공간 수유+너머' 연구원. 학교에서 아이들을 가르
치고, 퇴근 후 연구실에 와서 활동한다. 최근엔 FTA를 반대하는 싸움에 슬쩍 관여. 왜? 그거
체결되면 인생이 훨씬 더 피곤해질 것 같아서. 어떻게 하면 잘 놀 수 있는지를 나누고 싶어서
인문학으로 놀이를 말하는 『놀이의 달인, 호모 루덴스』를 썼다.

모든 사람이 그것을 위해 건강을 내팽개친다. 오직 둥근 쇠붙이와 묵직한 종이를 갖기 위해서다. …… 다들 그렇다! 아이들까지도! 아이들조차도 돈에 대해 걱정해야 한다. 백인들의 나라에서는 돈이 없으면 살 수 없다. 돈이 없으면 머리가 없는 것과 마찬가지다. 손발이 없는 것과 똑같다. 아무것도 없는 것과 똑같다.

투이아비의 말처럼 돈은 이 세계의 신일지도 모른다. 부자가 되는 것이야말로 아이부터 어른까지 전 국민의 소망이 아니던가. 셰익스피어는 말했다. 돈은 검은 것을 희게, 추한 것을 아름답게, 늙은 것을 젊게 만들고 문둥병조차 사랑스러워 보이도록 할 수 있다고(맑스, 『1844년의 경제학–철학 초고』, 357쪽). 돈에 대한 욕망은 돈이 상징하는 이 모든 가치에 대한 욕망, 돈의 전지전능함에 대한 욕망인 것이다. 반대로 돈이 없다면 우린 무엇 하나 소유할 수 없다. 투이아비의 말 그대로 "아무것도 없는 것과 똑같다". 그러니 모두가 돈을 벌기 위해 노력하는 건 당연한 일이 아닌가. 투이아비는 이런 당연한 사실에 왜 경악하는 걸까? 그가 가치의 상징인 화폐와 무가치한 종잇조각도 구분하지 못하는 미개인이기 때문에? 그의 부족들이 살고 있는 섬은 '아직' 화폐가 출현하지 않은 원시적 물물교환의 세계였기 때문에 그는 화폐에 대한 우리의 숭배를 이토록 폄하할 수 있었던 것일까?

바로 여기에 '화폐'를 둘러싼 우리들의 해묵은 오해가 있다. 학창 시절에 배운 정치경제학 교과서의 설명을 기억해 보자. 인간은 홀로 살 수 없는 존재이기에 생활에 필요한 물건들을 다른 사람에게 얻어야만 한다. 자신의 생산물 중 남는 부분을 다른 사람이 만든 다른 생산물의 일부와 바꾸는 것이다. 하지만 내게 필요한 물건 A를 갖고 있으면서 마침 내가 가진 물건 B가 필요한 사람을 찾는 일이 생각처럼 쉽지는 않다. 이러한 물물교환의 불편을 해결하기 위해 소금이나 금 같은 일반화된 등가물이 생겨나게 되었고, 이것이 발전된 형태가 바로 화폐다. 인간은 살기 위해 교환할 수밖에 없으며, 경제의 역사는 교환이 발달해온 역사라는 이야기. 그런데 정말로 인류는 태초부터 교환하는 인간이었으며, 화폐는 자연히 발생해서 모든 재화의 대표가 되었을까?

많은 인류학자와 사회학자들이 전혀 다른 사실을 전한다. 원시사회에서는 경제활동의 주체가 개인이 아니라 공동체였다는 것이다(그런 의미에서 '사회'라는 말 자체가 합당하지 않다). 타 부족과 '거래'하는 경우는 있어도, 부족 내부에서의 거래나 교환은 금지되어 있었다. 분배는 나름의 질서를 통해서 이뤄졌다. 경제활동을 잘못해 굶어죽는 부족 구성원은 있을 수 없다. 부족 전체가 망하기 전에는 말이다. 즉, 살기 위해 타인과 재화를 교환하는 원시인은 근대인의 빈곤한 상상이 만들어낸 허구일 뿐 결코 존재한 적이 없다. 만약 투이아비가 '불편한' 물물교환의 세계에서 왔다면, 그가 목격한 사회는 자신들이 경험하고 있는 어려움을 해결한 '발전한' 사회였을 터, 화폐를 놀라운 발명품으로 여기고 감탄했을지언정 화폐를 숭배하는 사람들을 보고 경악하지는 않았으리라.

우리는 너무 쉽게 투이아비의 반응을 '미개함'으로 치부해버리지만, 그의 경계는 그가 화폐가 매개하는 교환과는 전혀 다른 방식으로 재화를 소통하는 곳에서 왔기 때문에 가능했다. 그의 질문은 '미개사회'에서가 아니라, 우리가 문명이라 믿고 있는 곳의 바깥에서 던져졌던 것이다. 그리고 그 질문들은 우리에겐 너무나 당연한 삶의 방식이 사실 얼마나 기괴한 것인지를 더할 나위 없이 명확하게 보여준다.

2. 선물과 교환

오 헨리의 유명한 단편소설 「크리스마스 선물」에서 젊고 가난한 부부는 서로에게 선물을 주기 위해서 각자가 소중하게 여기던 것을 판다. 남편은 아버지의 유물인 금시계를 팔아서 아내의 탐스러운 머리카락을 위한 머리빗을 사고, 아내는 자신의 머리카락을 잘라 남편을 위한 시계줄을 산다. 이 물건들이 서로에게 전해지는 순간 그들에게는 무엇이 남았을까? 그들은 이제 무용지물에 불과한 머리빗과 시계줄에 낙담하지 않으며, 그것의 가치를 가격으로 환산해 교환의 손익을 따지지도 않는다.

애당초 그들은 무언가를 받고자 하지 않았다는 점을 기억해야 한다. 소설 속에서 그들은 다른 물건을 받기 위해 어떤 물건을 내주지 않는다. 언뜻 보기엔 여기서도 '주고-받는' 행위가 일어났지만, 이 '주고-받음'은 '교환'과 다르다. 남편이 주는 머리빗을 아내가 받은 것, 혹은 아내가 준 시계줄을 남편이 받은 것. 이는 두 명의 개인 사이에서 벌어진 교환이 아니라, 두 갈래의 다른 방향으로 전달된 가치를 잴 수 없는 선물이며 화폐가 매개하는 교환과는 전혀 다른 '주고-받음'이다. 우리는 이것을 '주고-받음'이라기보다 차라리 두 번의 '주는 것'(giving)이라고 말해야 하지 않을까. '주고-받음', 즉 교환은 자신이 받을 것에 대한 기대와 계산 속에서만 이뤄지기 때문이다. 이 소설 속에서 벌어진 일은 한 번의 교환이 아닌 두 번의 증여이며, 그 자리에 남는 것은 가격이나 유용성으로 잴 수 없는 행복과 유대감이다.

공동체에 관한 많은 연구들이 '선물'을 공동체의 원리로 발견한다. 선물은 교환과 다르다. 철물점에 가서 못을 사고 돈을 냈다면, 그것

<쿨라와 증여의 메커니즘> 과연 쿨라를 교환이라고 부를 수 있을까? 교환
에서는 A가 B에게 무엇인가를 주면, B도 A에게 무엇인가를 주어야 한다.
물론 주고받은 물건의 가치는 동일해야 한다. 반면 쿨라에서는 A가 B에게
선물을 하면, B는 A가 아닌 C에게 다시 선물을 한다. 그리고 C는 다시 D에
게 선물을 한다. 이렇게 거대한 선물의 순환이 만들어진다. 교환은 적어도
'자연스러운' 경제행위는 아니다(위 사진은 쿨라교역에 사용되던 카누이다).

은 어디로도 연결되지 않는 하나의 완결된 거래이다. 그러나 옆집에 가서 못을 빌리고 그것을 갚으려 했는데 옆집 사람이 사양한다면? 그것은 선물이 된다. 선물, 즉 대가를 바라지 않는 증여가 남기는 것은 누군가 나에게 무엇을 구하러 왔을 때 이번엔 내가 그것을 선뜻 내줄 가능성이다. 국제금융학자인 베르나르 리에테르의 표현처럼 선물을 통해 "공동체라는 천을 직조하는 한 올의 실"이 만들어진 것이다.

원시부족들은 선물 증여의 사례를 무수히 보여준다. 더 많이 주는 사람이 이기기 때문에 재화의 파괴와 유기가 대규모로 벌어지는 북서부 아메리카 인디언들의 '포틀래치'(potlatch)는 이미 유명하다. 상대방보다 더 많은 선물을 하기 위해 경쟁하는 포틀래치에서 이기적인 교환의 모습은 찾아보기 어렵다. 트로브리안드 제도에 있는 여러 섬들 사이에는 '쿨라'(kula)라고 불리는 거대한 선물의 순환이 있다. 조개 껍데기로 만든 팔찌 '음왈리'(mwali)와 '술라바'(soulava)라는 이름의 자개 목걸이가 한 부족에서 다른 부족으로 성대한 잔치 속에서 증여되는데, 한 부족이 그것을 오래 가지고 있는 것은 금기이다. 이 장식물들은 다시 시끌벅적한 잔치와 함께 또 다른 부족으로 전해진다.

선물과 교환은 전혀 다르게 작동한다. '교환'에서는 두 주체가 자신이 주려는(팔려는) 재화(상품)에 대한 합당한 대가를 기대한다. 그러므로 교환을 지배하는 것은 이 물건이 얼마의 가치를 갖는다는 관념이며 교환을 통해 얻어지는 이익이다. 반면 선물에서 중요한 것은 아량과 관대함이며, 그것을 통해 얻어지는 위신이다. 때로는 이를 위해 정교한 형식이 고안되기도 한다. 이를테면 받은 것 이상을 되돌려 주려는 위신의 경쟁 포틀래치에서 선물을 주는 사람은 자신이 주는 걸 하찮게 여기는 듯한 포즈를 취한다. 심지어 자기가 선물하는 것이 쓸모 없는 것임을 나타내기 위해 그것을 버리는 형식으로 증여하는 경우도 있다.

답례가 따르는 경우에조차 선물은 증여와 답례 사이에 '시간적 유예'를 두거나 선물을 다른 방향으로 순환시킴으로써 스스로를 교환과 구분한다. 쿨라가 여러 섬들 사이에 커다란 원을 그리며 한 방향으로만 이동되는 거대한 선물의 순환이라면, 멀리 떨어진 두 섬 사이의 증여인 우발라쿠(uvalaku)에서는 답례가 1년 후에야 이뤄진다. 훨씬 풍성한 선물로 말이다. 농경부족과 어로부족 사이의 선물 증여인 '와시'(wasi)는 서로에게 부족한 산물을 거래한다는 점에서 물물교환을 연상시키지만, 시간적 유예를 통해 엄격하게 선물의 '형식'을 유지한다. 가령 농사를 짓는 쪽이 물고기 잡는 이의 집 앞에 농산물을 살짝 놓아둔다. 그리고 다음 번에는 물고기 잡는 사람이 자신의 어획물을 받은 것 이상으로 갚으러 농경 마을에 간다.

공동체(community)라는 단어 자체가, 공동체가 선물로 만들어진다는 사실을 보여준다. 라틴어 com은 '함께'(together) 혹은 '서로 간에'(among each other)라는 뜻이다. 그리고 munis는 '선물'(gift)을, munis의 어원인 동사 munere는 '주다'(to give)를 의미한다. community란 "서로 선물하는 관계"를 뜻하는 것이다. 그렇기에 사모아 섬의 추장 투이아비의 섬에는 '내 것' 혹은 '네 것'이라는 단어가 아예 없었다. 대신 그들에겐 '라우'라는 단어가 있는데 그건 '우리 것'인 동시에 '신의 것'이라는 뜻이다. "신이 우리에게 야자수, 바나나, 맛있는 타로(토란의 일종), 숲에 사는 새와 바다에 사는 생선을 모두 주셨다는 것, 우리들이 모두 그것을 기뻐하고, 행복해해야 한다는 것"이 바로 그들 공동체의 원리이기에 투이아비의 눈에 유럽인들은 그토록 기이한 존재였을 것이다.

빠빠라기는 자기와 자기 가족들이 몇 년을 먹어도 다 먹지 못할 만큼 많은 먹거리를 움막에 가득 채워놓을 정도로 많이 갖고 있어도 먹을 것이 아무것도 없어서 허기에 시달리는 사람을 돌아보지 않는다. 실제로 얼굴이 창백하고, 허기에 시달리는 빠빠라기는 아주 많다.

야자수는 익으면 잎과 열매를 떨군다. 빠빠라기는 잎과 열매를 언제까지라도 붙들고 놓지 않으려는 야자수처럼 소리친다.

"이것은 모두 내 꺼야! 아무도 이것에 손대지 말고 먹지도 말아야 해!"

그러니 야자수가 어떻게 새로운 열매를 맺겠는가? 야자수가 빠빠라기보다 훨씬 더 지혜롭다.

3. 가치와 교환

이익을 계산하지 않는 선물과 달리 교환은 각각의 물건이 가진 '가치'를 비교하면서만 이뤄진다. 부인에게 암소를 팔아오라는 부탁을 받은 바보 이야기를 떠올려 보자. 바보는 길을 가다가 만난 사람들과 차례차례 교환을 수행한다. 암소를 돼지로, 돼지를 닭으로, 닭을 달걀로 바꾸는 교환을. 사람들은 모두 이 교환을 비웃는다. 그가 막대한 손해를 입었다고 생각하기 때문이다. 이러한 생각의 이면에 자리한 것은 각각의 물건들이 일정한 '가치'를 가지고 있으며, 그 가치를 다른 물건의 가치와 객관적으로 비교할 수 있다는 믿음이다.

하지만 서로 다른 물건들의 가치를 비교하는 게 정말 가능할까? 장인이 오랫동안 공들여 만든 한 자루의 칼과 최첨단 기술공학의 산물인 컴퓨터의 가치를 대체 어떻게 비교할 수 있을까. 레오나르도 다 빈치가 그린 「최후의 만찬」과 현대 미술계를 발칵 뒤집어놓은 뒤샹의 작품 「샘(변기)」의 가치는?

우리는 '이 물건은 얼마짜리' 라는 말이 그 물건의 가치를 나타낸다고 믿지만, '가치' 란 언제 어디서나 존재한 초역사적 산물이 아니다. 그것은 아주 특정한 조건 속에서만 생겨나고 작동한다. 맑스의 『자본론』은 그 스스로 '자본주의의 세포' 라 부른 상품 분석을 통해 가치의 형식/형태를 분석했다. 이는 우리를 사로잡고 있는 가치의 경제가 어떻게 작동하기 시작했는지, 서로 다른 상품의 가치를 비교하기 위해 무엇이 필요한지 보여준다. 분석은 가장 단순한 가치형태에서 시작된다.

목걸이 = 한 통의 벌꿀.

어떤 사람이 직접 만든 수공예 목걸이를 벌꿀 한 통과 바꿨다고 하자. 이 사람은 자기의 목걸이가 적어도 벌꿀 한 통 만큼의 가치를 갖는다고 여길 것이다. '며칠이나 공들여 만든 목걸인데, 적어도 벌꿀 한 통만큼의 가치는 있지.' 말하자면, 목걸이에 한 통의 벌꿀과 교환될 만한 가치를 부여한 것은 이 목걸이를 만들어낸 '활동' 이다.

그렇지만 이러한 가치를 객관적으로 수량화하는 것은 불가능하다. 가치는 타자와의 교환 이전에 미리 존재하는 어떤 실체가 아니기 때문이다. 목걸이는 벌꿀 두 통과 교환될 수도 있지만, 한 통의 벌꿀과도 교환될 수 없을지 모른다. 맑스가 말했듯이 이러한 가치(value)는 '~할 만하다', '유의미하다' 는 뜻을 함축하는 값어치(the valuable)라고 부르는 게 더 타당할 것이다. "상품 B를 상품 A와 등치하는 것이 상품 A의 가치를 표현하는 방식이라는 것을 나타내는 데 독일어 베르트

자인(wertsein)은 라틴어 계통의 동사 발렐레(valere), 벨레르(valer), 발로이르(valoir)보다 적절하지 못하다"(맑스, 『자본론』 1권, 67쪽). 단순한 가치형태는 교환관계 속에서 표현되는 가치를 나타낸다. 목걸이를 만든 활동, 즉 타자에 대해 유의미한 활동이 바로 이러한 가치로 표현된다.

물론 목걸이는 다른 재화들과 교환될 수도 있다. 목걸이를 두 개의 반지와 바꾸거나 직접 짠 스웨터와 바꾼다면, 이번에는 두 개의 반지 혹은 스웨터 한 벌이 각각 목걸이의 가치를 표현할 것이다.

$$\begin{aligned} \text{한 개의 목걸이} &= \text{한 통의 벌꿀} \\ &= \text{두 개의 반지} \\ &= \text{한 벌의 스웨터} \end{aligned}$$

이것이 바로 확대된 가치형태이다. 그런데 주의할 것. 목걸이와 교환된 벌꿀 한 통이나 반지 두 개, 스웨터 한 벌의 가치는 서로 동일하지 않다. 어쩌면 반지의 주인은 자신의 반지를 목걸이와는 바꿔도, 벌꿀 한 통과는 바꾸지 않을지도 모른다. 다시 말해 확대된 가치형태에서 오른쪽에 오는 재화들은 목걸이와 교환되었기 때문에 제각기 목걸이의 가치를 표현할 뿐, 그 재화들의 가치가 서로 동일한 것은 아니다. 가치는 교환에 성공할 때 비로소 표현되는 것이지 미리 정해져 있는 것이 아니기 때문이다. 확대된 가치형태가 보여주는 것은 자신을 표현하려는 재화(여기서는 목걸이)가 다양한 표현물을 가질 수 있다는 것이다.

세번째, 일반적 가치형태. 단지 확대된 가치형태가 뒤집힌 것처럼 보이는 이 도식에 근본적인 비약이 존재한다.

한 통의 벌꿀　　＝　한 개의 목걸이

두 개의 반지　　＝

한 벌의 스웨터　＝

　확대된 가치형태에서 사물들은 무수한 타자와의 관계 속에서 스스로의 가치를 다양하게 표현할 수 있었다. 그러나 일반적 가치형태로 오면 정반대의 일이 벌어진다. 여기서는 어떤 사물이건 목걸이 '몇 개짜리'로만 가치가 표시된다. 이와 함께 전에는 가치를 비교할 수 없었던 한 통의 벌꿀, 두 개의 반지, 한 벌의 스웨터에 모두 동일한 가치가 매겨진다. 목걸이라는 하나의 척도가 등장하면서 재화의 가치를 획일적으로 비교할 수 있는 공간, 모든 물건이 '얼마짜리'로 환원되는 계산 공간이 탄생한 것이다. 화폐가 등장한 것이다. 그것이 목걸이건, 소금이건, 종이조각이건 말이다. 이제 수량화할 수 없던 다채로운 값어치들은 사라지고, 하나의 척도-화폐로 비교되는 가치가 남는다.

　바로 이것이 경제학자들이 말하는 '가치'이다. 확대된 가치형태와 일반적 가치형태 사이의 근본적인 단절에도 불구하고 그들은 화폐가 교환 속에서 자연스럽게 등장했으며, 모든 재화의 객관적인 가치를 보여준다고 믿었다. 그러나 화폐는 교환 속에서 등장한 게 아니다. 오히려 화폐가 교환을 가능하게 만들었다. 모든 상품의 가치를 양적으로 비교하기 위해서는 다양한 생산물의 다양한 가치(값어치)를 폭력적으로 수량화하는 일반적 등가물이 있어야만 하기 때문이다.

　화폐는 사물의 객관적인 가치를 반영하는 거울도 아니다. 우리는 여기에 작동하고 있는 이상한 권력을 보아야만 한다. 확대된 가치형태에서 가치는 타자와의 관계 속에서 표현되는 것이며, 각각의 재화는 자신의 가치를 표현할 사물을 선택할 수 있었다. 반면 일반적 가치형태에서는 모든 재화의 가치가 오직 화폐를 통해서만 표시된다. 화폐가 가치의 유일한 담지자가 된 것이다. 이는 어떤 재화도 화폐로 표시되지 않는 한 가치를 인정받을 수 없다는 말이기도 하다. 화폐가 재화의 가치를 나타내는 것이 아니라, 가치를 인정받기 위해서 각각의 재화가 화폐의 승인을 얻어야 하는 역전이 발생한다.

이런 역전을 가장 잘 보여주는 것은 화폐의 승인을 받지 못한 재화들이 빠르게 도태되는 현실이다. "국광이나 홍옥, 인도, 스타킹 같은 사과들은 모두 뿌리 뽑혀 사라지고 사과는 후지 하나로 단일화되어 간다. 품종을 보호하는 대학이나 연구실이 아니라면 그 '이상한' 사과들을 보는 것은 이미 거의 불가능해졌다. 화폐는 이처럼 '자연도태'라는 생물학적 진화의 법칙도 자신의 명령에 따라 '화폐도태'의 법칙으로 바꾸어놓는다"(이진경, 『미-래의 맑스주의』, 131쪽). 화폐의 승인을 통해서만 재화들은 교환가능성을 인정받고 상품이 될 수 있기 때문이다.

'가치'는 화폐가 매개하는 교환 속에서만 상품 속에 내재하는 실체가 된다. 그리고 화폐만이 이러한 가치를 부여한다. 화폐는 두 상품이 원래 갖고 있는 가치를 비교하고 교환을 매개하는 유통수단이 아니라, 모든 것에 가치를 부여하고 서열을 정하는 초월자인 것이다. 그리하여 모두가 화폐를 동경하고 가치를 승인받고자 하는 욕망에 헐떡인다. 바로 이것이 투이아비가 목격한 세계였다.

4. 화폐와 시간

한동안 『아침형 인간』이라는 책이 불타나게 팔리더니, 급기야는 『저녁

형 인간』이라는 책까지 등장해 맞불작전을 펼쳤다. 서로 다른 내용을 말하는 것처럼 보이지만 사실 두 책은 동일한 내용을 주장한다. 시간을 잘 관리하는 것이야말로 성공의 관건이라는 말씀. 우리는 "시간은 금이다"라는 익숙한 교훈을 가슴에 새긴 채 인생을 세세한 단위로 나누어 계획하고, 흘려보낸 시간을 반성하며 일기를 쓴다. 그런데 사모아 섬의 추장 투이아비는 시간에 대한 현대인의 애착에도 깜짝 놀랐던 모양이다. 그들의 시간은 금쪽처럼 아껴야 하는 어떤 것이 아니었다. 대체 어쩌다가 우리 시대의 시간은 금이 되었을까?

누군가 대장장이에게 선금을 주고 50개의 쟁기를 주문했다고 생각해 보자. '언제까지' 라는 시간적 형식을 취한다 해도, 납품일까지 대장장이의 모든 시간이 돈을 지불하는 사람에게 속하는 것은 아니다. 대장장이는 하루에 몇 개씩 꾸준히 쟁기를 만들 수도, 내내 푹 쉬다가 마감을 코앞에 두고서야 일을 시작할 수도 있다. 그러나 대장장이가 쟁기 공장에 취직한다면 어떨까. 공장주, 즉 자본가는 일정한 시간의 단위로 임금을 지불하고 그 시간 동안 대장장이의 노동력을 구매할 것이다. 만약 자본가가 7시간 분의 돈을 지급했는데 대장장이가 이래저래 한 시간쯤을 어영부영 보낸다면, 자본가로서는 한 시간 분의 돈을 고스란히 날린 셈이다. 노동력을 구매한 자본가에게 있어서 시간은 문자 그대로 금이고 돈이다.

인간의 활동이 사고 팔 수 있는 상품이 되고, 그 상품의 가격(임금)이 시간의 형식으로 지불될 때만 시간은 그 자체로 화폐가 된다. 이때 시간은 특정한 단위로 나누거나 더할 수 있는 동질적이고 선형적인 것이다. 자본가가 노동자에게 지불하는 임금은 시간에 따라 달라지지 않기 때문이다. 시원한 아침나절에 일하다가, 더운 낮에는 새참을 먹고

한 숨 돌리는 농부의 시간과 달리, 노동자의 시간은 언제나 같은 강도의 노동으로 채워져야 한다. 화장실을 다녀오거나 동료와 수다를 떠는 짧은 시간들을 다 합치면 몇십 분의 노동시간이 낭비될 것이므로, 자본가들은 노동자들이 1분 1초도 낭비하지 못하게 하기 위해 필사적으로 노력한다. 근대 초기 유럽에서, 그리고 1970~80년대 한국의 공장에서 지각을 하거나 자리를 비우면 일당의 대부분을 벌금으로 내곤 했던 것을 떠올려 보라.

> 자본은 식사시간을 깎아내고, 가능하다면 그 식사시간까지도 생산과정에 편입시켜 (마치 보일러에 석탄을 공급하고 기계에 윤활유나 석유를 공급하듯이) 식사를 노동자에게 제공한다. …… 자본은 노동력의 수명을 문제삼지 않는다. 자본이 관심을 가지는 것은 오로지 1노동일 안에 운동시킬 수 있는 노동력의 최대한도일 뿐이다(맑스, 『자본론』 1권, 354쪽).

노동만이 화폐로 표시되는 가치를 만든다. 그러나 이는 인간에 대한 예찬도, 노동에 대한 찬사도 아니며 만고불변의 진리는 더욱더 아니다. 이는 다채로운 인간의 활동을 어떤 하나의 방식으로 환원하고, 오직 그것만을 가치 있는 것으로 여기는 병적인 상황을 가리킬 뿐이다. 이를테면 어떤 사람이 부르는 노래가 아무리 아름다워도 그 활동이 화폐로 환산되지 않는 이상 그것은 노동이 아니며, 당연히 어떤 가치도 갖지 못한다. 만약 그 사람이 음반회사와 계약을 맺는다면? 그의 활동은 비로소 노동이 되고 그의 노래도 가치를 갖는다. 어떤 활동이 노동인지 아닌지를 결정하는 것은 활동을 하는 사람이 아니라 그 활동을 구

<모든 사물은 돈으로 값이 매겨져야만 한다> 전쟁통의 구직자 가슴
에 걸린 '구직'이라는 글자가 애처롭다. 오늘날도 다르지 않다. 인터
넷 구직 사이트나 각종 시험점수가 가슴의 종이를 대신하고 있을 뿐.
이제 모든 사물은 돈으로 값이 매겨져야만 가치를 갖는다. 인간도 마
찬가지이다. 현대인은 무엇보다 자신이 얼마나 연봉을 받을 수 있는
지 증명해야만 한다.

매하는 자, 즉 자본가라는 것. 이런 조건 속에서 가치 있는 활동, 가치를 생산하는 활동은 자본에 의해 구매되는 활동뿐이다.

기억하자. 시간은 금이라는 말은 시간에 대한 찬사와는 거리가 멀다는 것을. 그것은 인간의 활동을 시간 단위로 구매해야 하는 자본의 조건이며, 그 시간을 1분 1초도 낭비하지 않기 위한 자본의 명령이고, 인간의 모든 활동을 노동으로 바꿔 가치를 생산하려는 자본의 욕망이다. 그러나 화폐가 삶의 목표가 될 때 우리는 우리의 모든 활동을 노동으로 바꾸려 하고, 노동하지 않는 시간조차 스스로를 더 좋은 상품으로 만들기 위해 투자하며 시간은 금이라는 자본의 명령을 내면화한다.

빠빠라기들은 하루를 24조각으로 나누고 그 조각들에는 각기 이름이 붙여져 있다. 이 조각을 다시 쪼개 분, 초로 나눈다. 이런 조각들이 60으로 나눠진다는데, 어찌나 복잡한지 머리가 돌 지경이다. 남녀 할 것 없이 조개껍질만 한 둥근 기계를 손목에 걸고 다니면서 수시로 이를 들여다보고 시간에 쫓겨 헐떡거린다. 빠빠라기들의 다급해 하는 모습은 실로 가관이다. 시도 때도 없이 이리저리 몰려다니는 빠빠라기들의 일정을 보면 그들은 마치 악령에 사로잡힌 마귀처럼 보인다. 모든 게 혼란으로밖에 보이지 않는다.

5. 화폐, 국가, 사회

이제 하나의 질문이 필요하다. 물물교환이 발전하는 과정에서 화폐가 발생되었다는 경제학자들의 설명은, 원인과 결과를 바꿔놓은 어처구니없는 전도에 불과하다는 것을 우리는 이미 살펴보았다. 확대된 가치형태와 일반화된 가치형태 사이에는 저절로 이뤄졌을 리 없는 근본적인 비약이 존재한다. 그렇다면 모든 생산물들을 상품으로, 모든 활동을 노동으로, 모든 시간을 균질한 황금으로 바꿔버리려 하는 절대적인 권력자, 등장과 동시에 군림하고 모든 관계를 재편해버린 이 폭력적인 이방인은 대체 어디서 온 것일까?

원시공동체들은 화폐적 교환과 전혀 다른 방식으로 재화를 소통시켰다. 교환할 수 있는 것조차 선물의 형식으로 바꾸거나, 자기가 증여하는 물건의 가치를 오히려 낮추는 등의 여러 사례는 원시공동체들이 '교환'을 거부하고 있었음을 보여준다. 그들은 교환을 몰라서가 아니라 교환을 너무도 잘 알기 때문에 그것을 추방하고 봉해버렸던 것은 아닐까(들뢰즈·가타리, 『앙띠-오이디푸스』, 280~281쪽).

화폐, 혹은 화폐가 만들어내는 관계는 공동체와 결코 양립할 수 없다. 함께 사는 가족의 구성원끼리 재화를 사고 팔며 서로의 이익을 계산하지 않듯이, 화폐적인 관계는 애초부터 서로 간에 낯선 타인들, 이질적인 주체들을 요구한다. 일반적인 교환수단으로서의 화폐가 발생한 곳은 공동체의 내부가 아니라 공동체와 공동체의 '사이'였다. 맑스는 이렇게 말한다. "사실 상품들의 교환과정은 원래 자생적인 공동체들의 품안에서 현상하지 않고 그것이 멈추는 곳, 그것의 경계에서, 그들이 다른 공동체들과 접촉하는 소수의 지점에서 현상한다"(맑스, 『정치경제학 비판을 위하여』, 38쪽). 베버 또한 일반적 교환수단으로서의 화폐가 대외교역에서 시작되었음을 보여준다(베버, 『사회경제사』, 255쪽). 그러나 이런 경우에조차 교역은 두 나라 사이의 평화를 위한 증여의 형식과 뒤섞여 있었다.

화폐에서 증여의 형식을 벗겨내고, 상업적인 교환수단으로 만든 것은 16세기의 원격지교역 상인들이다. 자본주의의 발상지로 여겨지는 중세도시의 상업적 발달과 부의 축적을 이룬 장본인인 이들은, 유럽과 아시아를 연결하는 광범위한 상업적 교역망과 독자적인 화폐거래 네트워크를 구축하고 있었다. 그러나 교환을 위해 그들이 발행한 화폐들조차 일반적인 등가물은 아니었다. 여러 화폐들 간의 환율은 그때그때 사적인 협의를 통해 결정되었으며, 상업적 교환과 부의 축적은 오히려 가치의 부재, 일반화된 척도의 부재를 바탕으로 이뤄졌다. 예를 들어 이탈리아 상인들은 당시 금보다 은을 더 귀하게 여겼던 동방을 상대로 은을 주고 금을 받는 원격지교역을 했는데, 여기서 이익은 가치를 양적으로 비교할 수 있는 공통의 척도가 없기 때문에 발생하는 것이었다(고병권, 『화폐, 마법의 사중주』, 85쪽). 화폐는 일반화된 가치척도로 한 사회 내부에 자리잡기 위해서 또 하나의 힘을 필요로 했다.

화폐는 국가의 조세(租稅)를 통해서 일반적 등가물이 된다. 16세기의 영토국가들은 원격지교역 상인들에게 전쟁자금과 궁정의 사치를 위해 필요한 막대한 돈을 빌리는데, 이때 담보로 이용된 것이 다름 아닌 조세였다. 즉 조세권을 할당하거나, 미래에 예상되는 조세를 통해 빚을 갚기로 한 것이다. 세금을 통해 자신의 빚을 인민에게 전가한 국가는 노동력이나 경작물보다 안정적이며 계산가능한 화폐로 조세를 거둬들인다. 인민들은 난데없이 화폐가 없으면 곤란한 상황에 내던져진 것이다.

에두아르 윌 역시 그리스 도시 코린트의 사례를 통해 화폐가 조세에서 파생되었음을 주장하고 있다. 코린트 국가는 지주들의 토지를 빈민들에게 분배했다. 빈민들에게는 화폐를 주면서 그것으로 지주들에게 대가를 지불하게 했다. 그리고 마지막으로 지주들에게는 그 화폐로

〈공동체의 모습을 뒤바꾼 화폐〉 김치를 팔고 있는 1951년의 시장 모습이다. 김치가 팔리기 시작한 것은 꽤나 오래되었다. 무엇이든 돈이 될 만한 것은 시장에 가지고 나와서 팔고, 그 돈으로 악착같이 자식들을 키워온 우리 어머니 아버지들. 하지만 이런 장면이 인간사회에서 원래 자연스러웠던 것은 아니다. 공동체의 구성원이 어떻게든 살아남기 위해 돈을 벌어야 했던 것은 근대 이후의 일이다. 적어도 과거의 공동체는 구성원이 각자 알아서 살아남도록, 실패하면 굶어죽게 내팽개치지는 않았다. 우리는 근대가 만들어낸 야만을 경험하고 있는지도 모른다.

세금을 내게 했다. 그로써 화폐는 유의미한 유통을 할 수 있게 되었다 (들뢰즈·가타리, 『천의 고원』 2권, 231쪽). 국가가 발행한 화폐로 세금을 내라는 명령은 그 국가가 통치하는 범위 내에서 하나의 화폐에 권력을 부여하고, 다양한 화폐들을 하나의 화폐(일반화된 등가물)로 통합한다. 화폐는 물물교환이 발전하며 만들어낸 자연의 산물이 아니라 등장하는 순간부터 명령하는 입법자, 초월적 군주였던 것이다. 화폐에 새겨진 군주의 얼굴이 보여주듯이.

오히려 우리는 16세기 브르타뉴의 한 늙은 농부가 자신을 불편하게 만든 화폐에 대해 불평하는 것을 자연스럽게 생각해야 한다. 그는 이전에는 쉽게 받을 수 있었던 이웃의 도움이 이제는 돈을 내야만 얻을 수 있는 것에 대해 분개한다. 물건도 돈을 내야 살 수 있고, 세금을 내기 위해서도 돈을 구해야 한다. 그러다 보니 "닭이든 거위든 다 크기도 전에 내다 팔아야만 한다". 화폐를 사용해야 하는 현실에 대해 그는 "완전히 딴 세상에 사는 것 같다"고 말한다(고병권, 『화폐, 마법의 사중주』, 51쪽).

한편 공동체 사이에서 이뤄지던 교환이 공동체 내부로 침투함으로써 교환은 점차 정상적인 사회적 관계로 자리잡는다. 동시에 공동체 내부의 관계도 바꾼다. 화폐가 공동체 안에서 재화를 소통시키던 전통적 코드를 해체하면서, 스스로를 원리로 하는 새로운 교환방식을 조직하기 때문이다. 이를테면 1949~53년 사이에 콩고 지역의 렐레족 공동체는 완전히 붕괴되었다. 젊은이들이 공동체 외부에서 돈을 벌고 재화를 사들이자, 연령을 기준으로 재화를 유통하던 렐레족의 독특한 분배의 원리가 파괴된 것이다.

폴라니가 전하는 이야기는 화폐관계가 가장 폭력적으로 공동체를 해체한 사례 중 하나일 것이다. 아프리카에 온 유럽의 식민주의자들은 흑인들을 사고 파는 관계 속으로 밀어 넣기 위해서 흑인들의 식량인 빵나무를 베어버리고 공유지를 몰수한다(폴라니, 『거대한 변환』, 204~205쪽). 공동체 속에서 먹고 살 수 있는 조건을 파괴함으로써 공동체를 실질적으로 무력화해버린 것이다. 생산조건을 파괴당한 흑인들은 식민주의자들이 파는 재화를 살 돈을 벌기 위해 자신의 노동력을 팔아야 하는 처지가 된다. 이밖에도 화폐가 도입되면서 공동체가 해체된 예는 무수히 많다. 서유럽 사회는 물론 애리조나의 호피 인디언, 콜롬비아의 코기족과 페루 국경 내 아마존 유역의 치피보 인디언까지 모두가, 젊은 세대들이 점점 공동체에 대한 감각을 잃고 점점 더 이기적으로 변한다고 호소하는 현실. 바로 거기에서 화폐적 관계라는 근본적인 원인을 봐야 한다고 리에테르는 말한다(리에테르, 「공동체 화폐」).

그러나 오해하지 말자. 문제는 공동체가 해체되고, 낯선 관계에 무차별적으로 노출된다는 것이 아니다. 문제는 차라리 화폐관계 속에서 우리가 낯선 것과 대면하는 방식일 것이다. 화폐라는 척도가 작동할 때 타자와의 관계 속에서만 표현되던 다양한 질적 가치는 사라지고, 가치는 애초에 그 상품이 가지고 있는 실체와 같은 것이 되어버린다. 화폐는 하나의 척도로 비교할 수 없는 다채롭고 이질적인 차이들을 폭력적으로 동질화하고 수량화하면서만 교환을 수행한다.

화폐는 자신을 매개로 사람과 사람을, 사람과 사물을 연결하는 새로운 '공동체'를 만든다. 언뜻 보기에 사람들이 화폐를 매개로 자유롭게 교환하는 듯한 이 새로운 공동체는, 사실 화폐가 갖는 초월적 권력으로 통합되고 서열화된 세계이다. 기존의 공동체에서 "공동체 전체가 궁핍에 빠지지 않는 이상 결코 굶주릴 위험에 처하지 않았던"(폴라니, 『전세계적 자본주의인가 계획적 지역경제인가』, 33쪽) 개인은 화폐가 조직한 공동체에서는 자신의 활동을 가치화하는 데 성공하는 한에서만 살아남을 수 있다. 화폐공동체는 화폐로 환산되지 않는 모든 것을 도태시키고 잘라내는 비정한 공동체인 것이다. 퇴니에스는 화폐가 매개하는 새로운 공동체를 이전의 '공동체'와 구분해 '사회'라고 명명했다. 사회라는 단어의 어원인 '소키에타스'(societas)가 대외적 교역상인들을 지칭하는 말이었듯이(고병권, 『화폐, 마법의 사중주』, 189쪽), 오늘날의 사회는 교환하는 관계, 상업적 이익을 계산하는 관계를 뜻한다.

6. 화폐와 자본, 그 외부

다들 살기 힘들다고 야단이다. 돈이 돈을 낳고, 집값은 하룻밤 새 펑펑 치솟으니 불릴 돈도, 부동산도 없는 사람들은 그저 암울할 수밖에 없다. 이과장의 부동산 재테크 100배 불리기, 적은 돈으로 큰 돈 만드는 재테크, 생활인의 재테크, 디지털 시대의 종횡무진 재테크 등 생활의 기술, 아니 싸움의 기술을 알려주는 책들이 서점마다 쏟아져 나온다. 돈 없으면 그저 죽어야 하는 이 살벌한 자본주의에서 돈을 벌기 위해선 종자돈부터 만들어야 한다고 속삭이는 자본주의의 경전들. 살아남기 위해 우리는 모두 이 아티스틱한 테크닉을 익혀야만 하는 것일까.

　돈을 낳는 돈, 자기 스스로를 목적으로 하는 특수한 화폐. 이것이 바로 자본이다. 자신이 만든 목걸이를 벌꿀과 바꾸던 사람을 기억해 보자. 화폐가 교환의 매개라면 그는 목걸이를 화폐와 바꾼 후 그 화폐로

<화폐와 종잇조각의 차이?> 1953년 2월 15일부터 실시된 제2차 통화개혁 당시의
모습. 이때부터 '환'이라는 화폐의 호칭이 '원'이 되었다. 그리고 정해진 기간 동안
사람들은 '환'으로 된 돈을 새 화폐로 교환했다. 사람들은 은행에서 긴 줄을 기다리
며 새로운 화폐를 교환해갔다. 통화개혁에 대한 소식을 늦게 들었거나 알지 못했던
사람들은 종잇조각이 된 '환'을 들고 망연자실해 했다. 1백만 환이 있어도 이제 그
것은 쓰레기나 다름 없었다. 아니, 오히려 화폐는 원래 종잇조각에 지나지 않았을지
도 모른다.

벌꿀을 사야 한다(C-M-C′). 이 과정을 통해 그가 얻는 것은 자신이 원래 갖고 있던 것(목걸이)과 질적으로 다른 사용가치(벌꿀)이다. 하지만 자본가는 다르다. 그는 우선적으로 화폐를 가지고 있으며, 어떤 상품을 구매해서 사용하는 것이 아니라 그것을 다시 판다(M-C-M′). 화폐를 매개로 상품을 교환하는 것이 아니라 상품을 매개로 화폐를 교환하는 것이다. 여기에서는 어떤 질적인 변화도 일어나지 않는다. 이 교환은 오로지 화폐의 양적 증식을 위해 이뤄진다.

상품의 유통(C-M-C′)과 자본의 유통(M-C-M′). 맑스가 이 두 공식을 비교하며 보여줬듯이 이 두 과정은 전혀 다른 욕망의 선을 그린다. C-M-C′, 즉 무언가를 사기 위한 판매는 행위자의 특정한 욕망을 충족시키면서 매번 그 자체로 완결된다. 그러나 M-C-M′, 팔기 위한 구매는 결코 멈추지 않는다. 화폐라는 수단이 곧 자기 목적이기 때문이다. M은 교환을 통해 M′을 낳는다. M′ 또한 새로운 교환에 투입되어 M″을 낳을 것이다. 교환의 규모는 점점 커진다. 동일한 자기목적을 향해 무한히 반복되는 이 교환 속에서, 화폐는 스스로를 증식시킬 뿐 아니라 증식된 부분으로 태어나 또 다시 증식을 위해 투여되는 자본이다.

M-C-M′은 자본의 운동을 표시하는 공식이지만, 화폐가 자본으로 바뀌는 배치 속에서 자라나는 우리의 욕망을 표시하는 공식이기도 하다. 오직 화폐만이 교환의 유일한 가능성일 때 다양하고 구체적인 욕망들은 화폐를 향한 단일한 욕망으로 환원되고, 돈은 아무리 많아도 모자라는 어떤 것이 되기 때문이다. 화폐를 향한 욕망은 결코 채워지지 않는다. 더 많은 돈에 대한 갈망 속에서 우리는 자본의 충실한 대행자가 된다. 치부욕은 원초적인 욕망이 아니다. 그것은 "화폐가 있음으로써만 생기는 욕망이다"(맑스, 『정치경제학비판 요강』, 213쪽). 어떤 일이

건 대가를 기대하며 자신에게 돌아올 이익을 따지고, 돈은 굴려야만 하는 것이라는 믿음으로 재테크와 투자의 물결에 올인하며 우리는 자본의 욕망을 구현한다.

　그러나 모든 활동을 노동으로 만들고, 모든 생산물을 화폐로 환산하며, 모든 관계를 손익의 대차대조표로 계산하는 삶, 1분 1초까지 가치 있게 쓰기 위해 노력하는 삶이란 얼마나 피곤한가. 잠시나마 위안을 얻을 곳은 누군가 '무정한 세계의 안식처'라 표현했던 가정, 그리고 가끔 만나는 옛 친구들뿐이다. 하긴 세상이 각박해질수록 드라마도 광고도 가족과 친구의 소중함을 설파한다. 원래 세상은 냉혹하고, 돌아갈 곳은 오직 거기뿐이라는 듯이. 역설적인 것은 가족과 친구들이야말로 모든 것을 가치화하는 데 필사적인 우리의 삶에서 가장 가치화되지 않은 영역이라는 점이다. 서로의 이익을 계산하지 않고, 대가를 바라지 않는 선물이 일상적으로 주어지는 공간. 자본의 욕망에 충실한 삶을 사는 동안에도 우리는 여전히 가치화되지 않은 부분에 의지하고 있으며 그것을 지키고자 하는 것이다. 이는 어쩌면 모든 것을 화폐로 환산해버리는 삶에서 벗어나고픈 우리의 욕망을 보여주는 것은 아닐까? 세상은 원래 냉혹하고 가정만이 유일한 안식처인 것이 아니라, 화폐적 욕망으로 치닫는 삶이 계속된다면 더 이상 가정조차 안전할 수 없을 것이라는 사실을 더 늦기 전에 직시해야 하는 것은 아닐까?

　가사노동, 육아와 노인복지 등 가장 오랫동안 가족이나 공동체가 담당하던 부분들이 점점 더 화폐화되고 있다. 그 외에도 많은 징후들이 이미 가족조차 화폐적인 관계에서 자유롭지 못하다는 것을 보여준다. 바로 그렇기 때문에 지금 화폐와 자본의 욕망에서 탈주하는 삶의 가능성을 묻는 것은 절박한 일이다. 자본의 욕망을 우리 자신의 욕망으로

<공산당 간부와 코카콜라> 1993년 중국. 하얀 옷을 입고 부채질을 하고 있는 여성은 공산당 간부이다. 그녀는 옆에 있는 소년에게 코카콜라가 후원하는 상하이 여행을 시켜주겠다고 말하고 있다. 공산주의 역시 본질적으로는 '가치'에 대한 욕망, '화폐'에 대한 욕망을 벗어나지 못했던 것일까? 화폐의 위력은 그만큼 강력하다. 오늘날 화폐와 그 화폐를 쥔 다국적 기업은 세계 구석구석으로 퍼져 사회 전체를 장악하고 있다.

환원해버리는 이 관계를 변화시키는 것, 그리하여 화폐화되지 못하는 것들도 함께 살 수 있는 관계를 구성하는 것, 경제적인 '가치'와 무관하게 가치 있는 삶의 가능성을 실험하는 것이야말로 모든 것이 화폐화될지라도 가족만은, 친구만은 그대로 있어주길 바라는 것보다 차라리 현실적일 것이기 때문이다.

리에테르는 대가를 바라지 않고 베푸는 호혜적 관계를 깨뜨리는 건 단지 근대적인 화폐관계일 뿐이라고 말한다. 어떤 화폐는 오히려 호혜성을 내재적인 요건으로 하고 있으며, 그것은 국가화폐보다 증여경제와 더 잘 어울릴 수 있다(리에테르, 「공동체 화폐」). 그러므로 화폐의 성격을 바꾸고 화폐를 사용하는 전혀 다른 용법을 만들어냄으로써 모든 걸 화폐로 환원하는 관계와 욕망마저도 바꿔낼 수 있으리라는 제언. 이를테면 이런 화폐를 생각해 보자. 사람들마다 자신이 제공할 수 있는 활동과 재화의 내역을 소식지에 싣는다. 그것을 보고 연락해온 사람에게 무언가를 주면 나에겐 일정량의 +기록, 즉 화폐가 생긴다. 나는 그 화폐를 가지고 다른 도움을 얻을 수 있지만, 사실 화폐가 없어도 도움을 얻는 것은 가능하다. 화폐는 개인들 사이의 이익과 손해가 아닌 나와 공동체의 관계를 표시할 뿐이기 때문이다. 이것이 지금 많은 곳에서 실험되고 있는 공동체 화폐의 기본적인 시스템이다. 이 실험들은 화폐가 전혀 다른 관계를 조직할 수도 있다는 것을 보여준다.

단순한 방식으로 사람들의 활동과 재화를 연결하는 이 화폐들은 장기불황 속에서도 지역의 재화를 활발하게 유통시켰을 뿐만 아니라, 이러한 화폐가 조직하는 관계 속에서는 일반적인 의미의 경제활동을 할 수 없던 사람들조차 자신의 활동과 재화를 나눌 수 있는 존재가 되었다고 한다. 무엇보다 중요한 것은 이 화폐들이 결코 자본이 되지 않는다는 점이다. 시간이 지나면 자연히 소멸되는 이 화폐들은 권력이 될 수 없다. 뿐만 아니라 이 화폐들은 사람들의 활동을 척도로 계산하지 않은 채 연결한다. 한의사의 진료 1시간과 청소 1시간의 가치를 고민하기 시작할 때 이러한 화폐는 결코 존재할 수 없기 때문이다. 이 실험들은 아직 작은 단위의 공동체에 머물러 있을 뿐이지만, 우리는 이 속에서 자본주의의 외부를 엿볼 수 있다.

화폐를 바꾸는 실험들은, 바꿔야 할 것이 교환하는 재화의 가치가 아니라 교환하는 인간의 관계임을 보여준다. 사회적 관계와 욕망을 바꾸지 않는 이상, 교환관계와 화폐는 유령처럼 되돌아올 것이기 때문이다. 반면 화폐가 가진 권력의 성분이 사라질 때 화폐는 교환 그 자체를 바꾸면서 사람들이 서로에게 줄 수 있는 활동과 재화를 연결하는 선물이 될 수 있을지도 모른다. 척도가 되지 않는 화폐를 사유하고 이러한 가능성을 더 적극적으로 밀고 나가는 것, 감히 화폐로 환산할 수 없는 다양한 질적 가치로 가득 찬 새로운 관계의 가능성을 실험하는 것, 그리하여 지금 여기서 자본주의적이지 않은 교환의 외부를 더 많이 만드는 것이야말로 우리가 우리 모두에게 줄 수 있는 가장 큰 선물이 아닐까? 자신에게 남을 이익을 계산하지 않으며 자신의 존재와 활동을 타인에게 베푸는 선물로 만들 때, 나 또한 수많은 타인들의 선물 속에서 살고 있음을 발견하게 될 테니 말이다.

조원광

1. 계급은 셋이다?

계급이라는 단어를 들을 때 무엇을 떠올리는가? 시위대와 전경들의 먼지 날리는, 많은 시민들에게 불편을 끼치는 어지러운 싸움? 나와는 상관없는, 게다가 조금 이상해 보이는 사람들이 외치는 시대착오적인 구호? 무엇이 되었든 '계급'이란 단어는 자주 들어 익숙한 듯하면서도 그 의미를 가늠하기 어렵다. 나아가 계급에 '좌파'나 '빨갱이'란 단어가 오버랩되는 순간, 그 의미는 모호할 뿐만 아니라 알고 싶지 않은 것이 되고 만다.

그러나 하나의 단어에 대해 꺼림칙한 느낌을 가지는 이유는 좋든 싫든 그것이 나에게 영향을 미치기 때문이 아닐까. 조금 냉정하게 질문을 던져보자. 계급은 뭔가? 나는 무슨 계급인가? 계급은 몇 개나 있는가? 우선 계급은 동질적인 공동체를 가리킨다. 19세기 후반에서 20세

조원광(thinkera@naver.com) | '연구공간 수유+너머' 연구원. 프롤레타리아트를 자기극복 메커니즘을 가진 열린 집단으로 재구성하는 데 관심이 많다. 특히 이주노동자나 난민(refugee)에 대해 공부하며, 관련된 사회운동에 참여하고 있다.

기 초반까지 활동했던 미국의 사회학자 C. H. 쿨리는 계급을 "가족과는 별개의 것으로서 …… 다소간 안정된 모든 집단을 가리킨다"라고 정의했다(나델·풀란차스 외, 『사회계급론』, 100쪽). 하지만 안정된 모든 집단을 계급이라 할라치면 곤란한 일이 발생한다. 가족이 아닌 안정적 집단이 어디 한둘인가? 그래서 우리는 '경제적 요소를 중심으로 파악된 동질적인 집단'을 계급이라고 부른다. 이렇게 보면 계급은 생각보다 매우 가까이에 있다. 무엇보다 부와 소득을, 즉 돈을 중시하는 요즘, 계급적 시각을 갖추지 않는 것이 오히려 더 어려우리라.

경제적 요소를 기준으로 하더라도, 계급을 마구잡이로 나누고 규정할 수 있는 것은 아니다. 무엇보다 그렇게 규정된 계급이 사회의 특성을 설명하는 유의미한 성격을 가져야 한다. 그래서 언론 등에서는 통상적으로 계급을 상층계급, 중간계급, 하층계급으로 나눈다. 상층계급은 상당 정도의 자산을 가지고 있는 상대적으로 소수인 개인이나 가족을 뜻한다. 이들은 막대한 재산을 기초로 권력을 장악하고 있다. 고위 권력층이 상층계급의 사람들로 구성되는 것은 그 때문이다. 이들은 산업자본과 금융자본을 통제하고 활용한다. 중간계급은 소규모 사업가나 자영업자, 혹은 화이트칼라 등을 가리킨다. 이들은 경제적으로 어느 정도 안정적인 조건을 가지고, 자기보다 나은 처지에 있는 사람들과 동일시하며 실제로 상향 이동하려 한다. 따라서 예측할 수 없는 급격한 변화보다 안정적으로 더 나은 삶을 추구할 수 있는 사회안정을 선호한다. 중간계급이 늘어나면 사회안정성이 높아진다고 보는 것도 그 때문이다. 마지막으로 하층계급은 블루칼라 노동자나 실업자 혹은 단기 취업자 등을 가리킨다. 이들은 경제적으로 매우 불안정하며 사회에 불만을 가지기 쉽다.

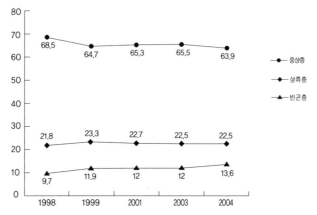

〈도표 1〉 계층별 소득분포추이

출처 : 임현진, 「사회적 양극화, 해법은 없는가?」(미간행 발표문), 2006.

상층과 하층, 그리고 중간층으로 이뤄지는 계급인식의 핵심은 연속성과 이동가능성이다. 상층에 속한 사람들도 하층으로 떨어질 수 있다. 하층에 속하는 사람들 역시 중간층을 거쳐 상층으로 올라갈 수 있다. 상·중·하의 분할은 그런 의미에서 연속적이다. 물론 이동가능성은 사회의 개방성에 따라 천차만별이다. 하지만 이동이 아예 불가능할 경우, 계급은 더 이상 계급이 아니라 신분이나 카스트라고 불려야 할 것이다(기든스, 『현대 사회학』, 254쪽).

물론 세 개보다 더 세분하는 경우도 있다. 각 층을 다시 그 안에서 상·중·하로 분할하거나(상상·상중·상하), 하층계급을 절대 빈곤층이라는 이름으로 따로 분류하기도 한다. 하지만 모든 세분화의 핵심은 집단에 양극단과 그것을 매개하는 중간층이 존재한다는 점이다. 그로써 개인은 한 계급에 영구적으로 소속되는 것이 아니라, 끊임없이 이동할 수 있게 된다. 상층을 지향하지만 상층은 아닌, 하층계급에게 '나도 저

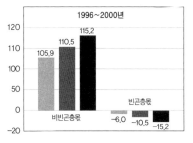
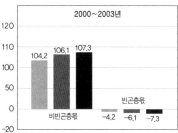

■ 40 ■ 50 ■ 60 ※ 40, 50, 60은 빈곤층을 기준으로 중위소득 40%, 50%, 60% 이하를 뜻함

출처: 『한겨레』, 2006년 4월 17일자

렇게 될 수 있다' 라는 희망을 주는 중간계급은 현대사회에서 매우 중요하다. 그 중간계급이 자유주의적 경향을 띠는 신(新)중간계급인지, 보수적 경향을 띠는 구(舊)중간계급인지는 부차적인 문제이다.

그런데 최근 한국에서 벌어지고 있는 현상은 이런 세 개의 계급도식으로는 설명하기가 매우 곤란하다. 중간계급이 사라지는 양극화의 현상이 나타나고 있는 것이다. 1997년 IMF 외환위기를 기점으로 나타나기 시작한 양극화는 큰 사회적 문제가 되었다. 우선 소득이 뚜렷하게 양극화되고 있다(도표 1). 중위 소득의 50~150%로 분류된 중산층은 지속적으로 하락하는 가운데, 상류층은 비슷한 수준을 유지하고 있고, 빈곤층은 점점 늘어나고 있다. 경제가 성장하면 회복되리라는 기대가 없지 않지만, 적어도 그간 성장의 분배는 상류층에 집중되어 있었다. 경제가 성장할수록 양극화가 강화된다는 뜻이다(도표 2).

고용시장도 마찬가지이다. 상위 일자리와 하위 일자리는 늘어나는 반면, 중간 일자리는 줄어들고 있다. 하위 일자리로 분류되는 비정규직은 2004년 현재 816만 명(전체 노동자의 약 57%)에 이른다(민주노

〈도표 3〉 일자리 10분위별 증감

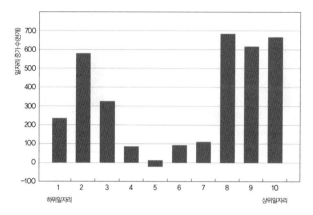

출처 : 한국노동연구원, 「일자리 양극화 경향과 빈곤정책의 방향」, 2003.

총 추산, 노동부 추산은 519만 명). 이들 비정규직의 임금수준은 정규직
의 60% 정도이다. 더 큰 문제는 하위 일자리에 종사하는 사람들이 상
승 이동을 할 가능성이 줄어들고 있다는 것이다(도표 3). 상층으로 이
동할 징검다리, 중간 수준의 일자리가 없기 때문이다(고병권, 「한미FTA
와 한국사회의 양극화」, 87~88쪽).

　최근의 양극화는 세 개 계급도식의 핵심이라 할 수 있는 '중간계
급'과 '이동가능성' 두 가지 모두를 무색하게 만든다. 더 이상 중산층
도, 상층으로의 상승도 없다. 중산층 복원을 꾀하는 각종 대책과 논의
는 이런 위기감의 산물이다. 전에 없이 많은 논의가 생산되고 있다. 그
리고 대부분의 대책이 더 큰 경제성장으로 귀결된다. 최근의 양극화는
IMF 이후 주춤한 경제성장 때문이라는 것.

　하지만 앞서 살펴봤듯이 IMF를 벗어나면서 이뤘던 경제성장의 열
매는 대부분 비빈곤층의 몫이 되었다. 게다가 양극화는 최근 경제성장

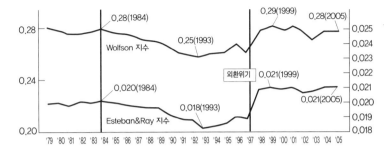

※ 울프슨(Wolfson) 지수는 중산층의 소멸 정도를 나타내는 지수이며, 에스트반-레이 (Esteban-Ray) 지수는 특정 소득계층으로 소득이 집중되는 정도를 나타낸다. 즉, 둘 다 양극화 정도를 나타내는 지수라 할 수 있다.

출처 : 삼성경제연구소, 「소득양극화의 현상과 원인」, 『CEO Information』(제547호), 2006년 4월 5일.

이 주춤하며 나타난 특이한 현상이 아니다. 한국사회의 양극화는 고도 경제성장을 하던 1970~80년대에도 지금과 같이 높은 수준이었다. 양극화가 일시적으로 완화된 1980년대 후반~1990년대 중반의 시기는, 경제성장이 활발했던 시기가 아니라 노동운동이 활발했던 시기이다 (도표 4). 성장과 양극화 완화는 직접적인 정비례관계가 아니다.

세 개의 계급도식 자체는 양극화 같은 현상에 대한 대책을 마련해주지 못한다. 각각의 계급이 탄생한 원인과 그들의 관계에 대한 통찰이 상대적으로 부족하기 때문이다. 세 개의 계급은 사회를 바라보는 분류학일 수는 있지만, 사회의 움직임과 미래를 예측할 수는 없다. 몇 년 전 서울대 사회과학연구원에서 1970년부터 2003년까지 서울대 사회과학대학교에 입학한 학생들 가정의 소득수준을 분석한 일이 있었다. 그 결과 입학생들의 학부모 중 고소득층과 비고소득층의 비율이 약 16 : 1로 추산되었고, 이는 큰 사회적 파장을 일으켰다(『동아일보』, 2004년 1월 26일자). 그리고 이에 대한 두 가지 의견이 제출되었다. 한쪽은 중·고교 평준화 정책이 저소득층의 교육을 통한 계층상승 통로를 막았다고 보고, 중·고교 평준화 폐지를 주장했다. 반면 다른 한쪽은 평준화 정책이 제대로 시행되지 않고 사교육 등으로 실질적인 위계화가 진행 중이니 더욱 강도 높은 평준화와 공교육 정상화를 이뤄야 한다고 주장했다. 같은 현상을 보고 대책이 전혀 다르게 내려진 셈. 이렇듯 분류학은 세련되게 현상을 파악할 수 있지만, 그 결과의 원인과 전망에 대한 통찰을 제공하지 못한다.

2. 계급은 둘이다?

1) 적대하는 계급

이처럼 날이 갈수록 벌어지는 격차와 이동불가능성을, 맑스주의자들은 계급의 본성이라고 봤다. 맑스주의자들이 보기에 궁극적으로 계급은 두 개이다. 부르주아지(자본가계급)와 프롤레타리아트(노동자계급)가 그들이다. 이 둘은 기본적으로 적대하는 집단이다. 맑스주의자들의 계급론은 부르주아지와 프롤레타리아트의 적대를 중심으로 성립한다. 물론 쁘띠 부르주아지나 룸펜 프롤레타리아트 등 여러 계층을 인정하나 장기적으로, 그리고 "경향적으로는 프롤레타리아트와 부르주아지라는 두 개의 현실적 계급밖에 존재하지 않는다"(발리바르, 『역사유물론 연구』, 140쪽). 나머지는 결국 양 계급으로 분해되기 때문이다.

왜 둘이고 왜 적대하는가? 맑스주의자들에 따르면, 그것은 자본주의의 가치생산 구조 때문이다. 자본주의는 잉여를 추구하는 체제이다.

즉, 자본주의는 이전보다 더 많은 재화와 가치를 생산할 것을 요구하고 추구한다. 성장만이 살길이라는 익숙한 목소리가 이를 증명한다. 자본주의사회는 그 성장의 목소리에 충실히 부응하여 쉼 없이 잉여를 추구해왔고, 그 결과 이전 사회에서는 꿈도 꾸지 못한 거대한 문명을 만들어냈다. 물론 전(前)자본주의사회에서도 잉여를 추구했다. 종주국이 종속국에게 조공을 받는다든가, 영주가 농민의 생산물을 빼앗아 가는 것이 그것이다. 이런 잉여는 체제 외적인 폭력이나 강제를 통해 이뤄졌다. 반면 자본주의사회에서 잉여는 고용과 생산이라는 체제 내적인 논리를 통해 생긴다.

부르주아지, 즉 자본가계급은 재화를 만들어내는 생산수단을 가지고 있는 자들이다. 공장이나 기계 혹은 토지를 가진 자들이 바로 부르주아지다. 이들은 지니고 있는 생산수단을 이용하여 지금보다 더 많은 부를 얻으려 한다. 하지만 생산수단만을 가지고서는 정상적인 시장에서 잉여를 남기는 것이 불가능하다. 시장에서 모든 상품은 등가교환되기 때문이고, 생산수단 역시 궁극적으로는 상품이기 때문이다. 누구도 가치 이상의 값으로 물건을 사지도 않고, 가치 이하의 값으로 물건을 사지도 않는다. 아무리 좋은 기계를 가지고 있어도, 그 기계는 자신의 가치만큼 기능한다. 100원짜리 기계는 100원만큼의 재화와 가치를 만든다. 100원짜리 생산수단으로 만든 재화를 100원보다 더 비싸게 받고 판매하거나 교환하는 것은 등가교환의 법칙을 어기는 사기다(물론 100원짜리 기계로 만든 물건을 100원 받고 판다는 뜻은 아니다. 기계의 경우 기계가 마모된 정도, 감가된 비율만큼 가격이 책정된다. 기계가 상품 100개를 만들 수 있다면, 그리고 고장이 날 때까지 기계를 쓸 수 있는 사회적 환경이라면, 상품 1개의 가격은 100/100원, 1원이다).

등가로 거래가 이뤄지지 않는 경우도 있다. 만약 10% 바가지를 씌워서 상품을 팔았다고 가정해 보자. 하지만 내가 판매만 하는 사람이 아니라면, 나 역시 언젠가 10% 바가지를 쓰고 구매할 것이므로 가치는 증식되지 않는다. 나는 바가지를 절대 쓰지 않는 악독한 놈이라고 해도, 나의 이득은 곧 상대방의 손해이기에 사회 전반적인 가치증식은 일어날 수 없다. 자본주의사회에서 생산수단을 비롯한 상품들은 가치를 이전할 뿐, 증식시키지는 않는다(맑스, 『자본론』 1권, 208~209쪽).

그래서 부르주아지는 프롤레타리아트를 이용한다. 프롤레타리아트는 생산수단을 소유하지 못한 자들이다. 프롤레타리아트는 살기 위해서 부르주아지가 가진 생산수단에 기대야 한다. 부르주아지는 이런 약점을 이용한다. 이들은 프롤레타리아트를 고용한다. 그리고 자신이 가진 생산수단을 이용해 재화를 생산케 한다.

하지만 고용의 결과로 생산된 재화와 가치는 고용할 때 노동자에게 지불한 금액과 동일하지 않다. 대부분 고용될 때의 금액을 훨씬 뛰어넘는다. '잉여'가 발생한 셈이다. 그리고 부르주아지가 그 잉여의 대부분을 가진다. 프롤레타리아트에게는 일부만이 돌아간다. 생산수단을 사용하여 노동하고 가치를 생산한 것은 프롤레타리아트이지만 그 결과물은 부르주아지가 가져간다. 예를 들어 100원을 주고 노동자를 고용했을 때 300원의 가치가 생산되었다고 하자. 그러면 나머지 200원의 가치는 부르주아지가 가지고, 프롤레타리아트에게는 100원만 지급되는 것이다. 즉, 프롤레타리아트는 자신이 지급 받은 금액보다 더 많은 일을 하고 있는 셈이다.

바보가 아닌 이상 프롤레타리아트는 부르주아지에게 따질 것이다. 자기가 생산한 재화에 해당하는 돈을 더 내놓으라고. 이에 대한 부

<배를 끌고 있는 모녀> 두 개의 계급론은 가치를 생산하는 것이 결국 노동자라고 생각했다. 부르주아지는 프롤레타리아트를 착취함으로써만 이윤을 남길 수 있다. 즉, 부르주아지와 프롤레타리아트는 근본적인 적대적 생산관계에 기초해서 성립한다. 부르주아지와 프롤레타리아트의 화해는 '정의상' 있을 수 없는 일이다.

르주아지의 대답은 직접 듣지 않아도 충분히 상상할 수 있다. "하기 싫으면 나가. 내가 미쳤다고 이득도 안 남는데 고용하냐?" TV드라마에서야 프롤레타리아가 용감히 직장을 박차고 나오겠지만, 현실에서 그러기란 참으로 힘들다. 생산수단이 없는 프롤레타리아트는 부르주아지의 고용 없이는 자신의 생존을 유지할 재화를 생산할 수 없다. 굶느냐, 참고 일하느냐. 어느 쪽을 택하든 부르주아지에 대한 적대와 분노는 커진다.

부르주아지는 잉여를 생산하기 위해 프롤레타리아트를 고용한다. 잉여가 생기지 않는다면 노동자는 필요 없다. 정리해고 한다. 즉, 자본가가 노동자를 고용할 때 착취는 항상 이미 전제되어 있다. 그리고 착취 끝에 생기는 잉여, 이윤은 자본주의사회의 기본 동력이다. 자본주의가 그 힘을 획득할수록, 더 큰 성장을 이룰수록 부르주아지와 프롤레타리아트의 구분은 분명해지고 공고해진다. 자본주의의 성장은 부르주아지에게는 더 큰 잉여를, 프롤레타리아트에게는 더 많은 착취를 가져다 줄 것이기 때문이다. 그리고 부르주아지와 프롤레타리아트가 공고해짐에 따라 그 둘 사이의 '적대' 역시 커져갈 것이다. 맑스주의자들에게 계급은 착취와 적대를 기초로 성립된, 넘을 수 없는 심연(Abgrund)을 사이에 둔 두 집단을 말한다.

2) 깊어지는 심연

두 계급 사이의 끝없는 심연은 여러 가지 요인에 의해 더욱 깊어진다. 반면 계급 내부의 동질화나 연합은 더욱 공고해진다. 맑스주의자들은 이런 적대적인 계급의 완성과 성립이 새로운 사회운동의 동력이 될 것으로 전망했다.

우선 프롤레타리아트를 살펴보자. 노동과정의 양상 변화는 그것이 점점 비참해지고 동질화되는 모습을 잘 보여준다. 자본가가 최초에 노동자를 고용했을 때, 당장 노동과정이 전과 다르게 변한 것은 아니었다. 노동자들은 이전과 같은 생산방식을 여전히 유지했다(맑스, 「직접적 생산과정의 제결과」, 89~90쪽). 물론 자본가는 노동과정을 맘대로 통제하고 싶었지만, 생산방법과 기술을 여전히 노동자가 장악하고 있으니 어쩔 수 없었다. "언제까지 얼마만큼 만들어 달라" 같은 요구만 할 수 있을 따름이었다. 초기 노동자들은 분명 자본주의에 포섭되었지만, 형식적으로 포섭되었을 뿐이다. 형식적으로 포섭된 노동과정은 노동자의 입장에서는 자유로웠으며, 자본가의 입장에서는 엉망이었다. 노동시간은 매우 불규칙적이었고, 일요일 다음이라 예의상 놀아주는 '성(聖) 월요일'은 '성 화요일'로 이어지곤 했다(Thompson, *Customs in Common*, pp.357~385). 그 안에서 프롤레타리아트는 보유하고 있는 기술에 따라 천차만별의 지위를 가졌다.

하지만 자본주의의 발전에 따라 기계가 도입되고 분업이 확대되면서 상황이 달라지기 시작했다. 기계와 분업은 극도의 탈숙련화와 노동강도의 강화를 동반한다. 이제 노동과정은 한 명은 나사만 조이고, 한 명은 선반에서 절단만 하고, 한 명은 용접만 하는 식으로 재편된다. 작업이 아주 작은 단위로 쪼개진다. 그리고 애덤 스미스가 말했듯이 이는 엄청난 생산력으로 이어졌다. 뿐만 아니다. 절단만 하고 나사만 조이는 일은 여자나 어린아이라도 약간의 훈련만 받으면 할 수 있는 일이다. 과거에 한 장인이 수행했던 작업을 이제는 수많은 프롤레타리아트가 기계에 매달려 수행한다.

이제 자본가는 장인 노동자의 노동과정을 존중할 필요가 없다. 기계를 사서 공장을 지은 다음, 노동자를 고용해 분업시키면 장인이 생산하던 상품을 훨씬 빠르게 대량으로 만들어낼 수 있다. 자본가는 기계와 분업을 통해 노동과정을 장악할 수 있는 힘을, 구시대의 생산자가 지니고 있던 힘을 효과적으로 분쇄할 수단을 얻었다. 노동과정은 분 단위로 계산되어 관리되었고, 14시간을 넘나드는 과도한 노동이 행해졌다. 쉼 없이 돌아가는 기계에 맞춰 노동자도 기계가 되어야 했다. 이제 "노동자가 생산수단(기계)을 사용하는 게 아니라 생산수단(기계)이 노동자를 사용한다"(맑스, 『자본론』 1권, 417쪽). 노동자는 이에 저항할 수 없었다. 그를 대체할 사람, 탈숙련화된 노동자는 어린아이와 여성을 포함해 무궁무진하게 있다. 기계와 분업을 통해 자본가는 업무확대와 옛 생산자들의 분쇄, 그리고 노동유연화까지 이뤘다. 더불어 프롤레타리아들은 '비참함'과 '단순노동'이라는 공통점을 얻었다.

물론 훨씬 고급기술을 가진, 숙련노동의 차원을 뛰어넘는 고급기술을 수행하는 노동 분야도 생길 수 있다. 특히 생산이 첨단화되고 있는 요즘 이런 분야는 필수적이다. 예를 들어 한 기업의 핵심 연구진이나 전문 경영인 혹은 기업컨설팅 전문가들이 그들이다. 하지만 이들은 프롤레타리아트의 분화를 보여준다기보다 부르주아지가 프롤레타리아트의 힘을 빼앗아 가는 과정에 가깝다. 즉, 한 사람 혹은 집단이 생산체계의 설계에 대한 지식을 독점함으로써 대다수 프롤레타리아트가 스스로의 생산을 조정하거나 변경할 수 없게 만든다(브라이튼 노동과정그룹, 「자본주의적 노동과정」, 96~97쪽). 아무리 잘난 노동자라 하더라도 전문 경영인이 짜놓은 로드맵에 이의를 제기할 수 없고 작업라인을 바꿀 수 없다. 그리고 그렇게 지식과 권력을 독점한 자들은 애초에 부르주아이거나, 부르주아지에 포섭된다. 고급 연구인력들의 억대 연

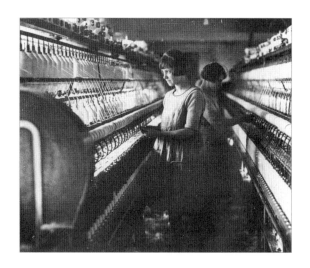

<공장에서 일하고 있는 소녀들> 자본주의의 발전에 따른 기계의 도입은 숙련노동자를 몰아내고 간단한 작업으로도 상품을 만들어낼 수 있게 했다. 그 결과 어린아이들이나 여성들까지 공장에서 일을 하게 되었다. 뿐만 아니라 노동자들은 쉼 없는 기계의 리듬에 맞춰 하루 14시간이 넘게 노동을 해야 했다. 기계의 일부가 된 노동자들은 점점 가난하고 비참해져갔다.

봉을 보라. 극소수의 연구인력 외에는 생산 전반을 알 능력도, 알 필요
도 없다. 단순작업만 하면 된다. 극소수의 고숙련노동이 생기고 분리되
는 현상은 프롤레타리아트를 더욱 자본에 종속시켜버린다.

그에 따라 프롤레타리아트는 더욱 부르주아지에게서 멀어진다.
조금 더 잘 살아보려고 발버둥치지만, 생산수단을 장악한 자본가를 당
해낼 수가 없다. 그나마 있던 노하우마저 기계에게 빼앗겨버린 프롤레
타리아트에게 남은 건 가난뿐이다. 프롤레타리아트는 점점 늘어간다.
거대한 생산수단과 자본을 보유한 자본가는 소상인을 포함한 다양한
계층을 점점 프롤레타리아트로 몰아낸다. 대형 유통업체가 동네 구멍
가게를 몽땅 몰아내는 것과 같은 이치이다. 구멍가게 사장님들은 어딘
가의 노동자로, 혹은 그런 대형 유통업체의 계산대로 들어갔으리라. 바
코드만 찍을 줄 알면 다 할 수 있는 일이 아니던가. 그만큼 월급도 짜겠
지만 말이다. 점점 늘어나는 가난을 공유한 프롤레타리아트. 몸뚱이 하
나밖에 없는 프롤레타리아트가 부자가 되기 위해 건너야 할 심연의 강
은 너무 깊고 넓다.

프롤레타리아트뿐만 아니다. 부르주아지 역시 자신들의 기득권을
지키기 위해 연합하고 그 심연의 강을 더욱 깊게 굴착한다. 사실 부르
주아지에도 다양한 분파가 있다. 자동차를 파는 기업인이 있는가 하면,
식품산업에 종사하는 기업인도 있고, 전자산업에 종사하는 기업인도
있고, 금융사업에 종사하는 기업인도 있다. 하지만 이들 각 부르주아지
가 서로 신경 쓰지 않고 이익을 추구하면 곤란한 일이 생긴다. 각 산업
이 밀접히 연계되어 있어서 서로 영향을 미치기 때문이다. 예를 들어
식품산업체들이 이윤을 남기겠답시고 식품가격을 엄청나게 올려버리
면, 다른 산업들은 임금상승 압력에 직면하게 될 것이다. 혹은 한 산업

체가 이윤을 남기겠다고 다른 사업 분야에 대책 없이 뛰어들면, 공급과
잉으로 산업 전체가 붕괴할 수도 있다.

온 국민이 고통을 겪은 IMF 외환위기도 따지고 보면, 부르주아 분
파들 간의 문제 때문에 발생했다. 모 기업의 묻지마 식 '세계 경영'과
모 기업의 무리한 자동차산업 진출은 국내시장과 기업질서 전체를 뒤
흔들었다. 해당 기업들이 한국을 이끄는 대표 기업이기에, 또 그만큼
무시무시한 규모를 갖추고 있었기에 그 충격은 매우 컸다. 결국 "세계
는 넓고 할 일은 많다"던 해당 기업주는 국내시장을 죄다 흔든 뒤 또
다른 할 일을 찾아 해외로 도피해버렸고, 모 기업의 야심 찬 자동차산
업은 프랑스의 기업에 헐값으로 넘어가 버렸다. 두 개의 큰 기업이 쓰
러지거나 흔들리자, 그 기업에 부품을 납품하던 중소 산업체가 줄줄이
넘어가기 시작했다. 은행은 자금을 회수하기 위해 대출이나 어음상환
을 촉구했고, (일시적일지라도) 지불능력을 잃어버린 기업들은 더욱 줄
줄이 도산했다. 결국 급하게 금융지원을 받을 수밖에 없었던 일이 바로
IMF가 아닌가.

이런 일을 방지하기 위해 거대 부르주아의 조정이 필요하다. 즉,
헤게모니를 쥔 한 분파의 부르주아가 다른 부르주아들을 지배하고 조
정함으로써 그 분열의 난점을 넘어선다. 예를 들어 최초에는 상업자본
과 토지자본이 매뉴팩처자본 및 수공업적·농업적 소생산을 지배했으
며, 근래에는 금융자본이 산업자본과 은행자본을 집적하고 지배한다
(발리바르, 『역사유물론 연구』, 172쪽). 그를 통해 부르주아 분파들 간의
이익이 조정되고 전체의 잉여가치 생산이 유지된다. 다시 IMF 시절을
떠올려 보자. IMF라는 거대한 금융자본은 통화량 조절을 통해 기업들
의 이익을 조정하고 개혁을 이끌어냈다. 금융자본의 등쌀에 조정을 겪

지 않은 기업은 없다시피 하다. 금융자본은 전체 자본의 견지에서 개별 기업의 구조와 경영에 개입했다. 그 과정에서 극단적인 경우 시장에서 아예 퇴출당하는 기업도 있었다. 즉, 금융자본이라는 대자본이 개별 기업의 논리를 넘어 부르주아지 전체의 이익과 운영을 조절한 셈이다.

국가는 이 과정에 깊이 관여한다. 김대중 정부 없이 IMF가 구조조정을 단행할 수 있었을까? 언제든 노동자를 해고할 수 있는 정리해고 법안 없이 대외 신용등급 상향조정이 가능했을까? IMF에서 봤듯이 차라리 국가는 부르주아지, 특히 금융 부르주아지의 의도를 관철시키는 수단으로 기능한다. 맑스가 의회를 부르주아지의 이익을 조정하는 기구로, 정부를 그 의도를 집행하는 기구로 묘사한 것은 이 때문이다. 국가를 통해 부르주아지는 서로의 이익을 조정하고 유지한다. 정치적 적대는 경제적 생산과정 깊숙한 곳에 자리잡고 기능한다.

이는 부르주아지의 탄생에서부터 나타난 현상이다. 우리는 보통 중세의 소생산자가 자연스럽게 부르주아지가 됐다고 생각한다. 생산 규모를 조금씩 확장하고 잉여를 축적해 부르주아지가 되었다는 식이다. 하지만 중세의 장인이나 길드 같은 소생산자는 너무나 독립적이고 안정적이어서 부르주아지처럼 끝없이 이윤을 추구하는 것과는 거리가 멀었다. 오히려 명확히 시장을 한정하고 카르텔을 만들어 초과이윤을 얻으려 했다. 새로운 기술을 개발하거나 시장을 개척하기보다, 지금 있는 생산자의 수를 억제하고 다른 사람이 산업에 진입하지 못하게 하며 가격을 인위적으로 높게 유지하는 것이 길드의 방식이지 않았던가?

따라서 부르주아지의 기원은 자본주의사회의 초기 공유지와 교회 재산을 몰수한 국가에 붙어 그 자본을 분배받은 귀족 혹은 상인에서 찾아야 한다. 이들은 분배받은 자본과 국가권력을 통해 전국적 시장을 형성했다. 전쟁을 거듭하던 국가에 붙어 그 자금을 지원하는 한편, 공유지에 대한 사적인 권리를 얻고, 특정 산업에 대한 독점권을 얻어 새로운 부를 축적하기 시작했다. 부르주아지는 원래 있던 계층이 아니다. 국가에 붙어 국내의 시장을 형성하고 팽창하는 방식으로 이윤을 추구한 여러 이질적 계층의 융합으로 '형성'되었다(이진경, 『미-래의 맑스주의』, 215~219쪽).

기업하기 좋은 나라를 외치고 기업인이 아무리 나쁜 짓을 해도 병보석이나 집행유예로 풀어주는 국가, 정치자금을 제공하고 나아가 정치권을 조정하려는 거대 기업은 자본주의의 병폐가 아니라 조건이다. 국가를 경유한 단결로 부르주아지 역시 더욱 공고해지고, 프롤레타리아트는 더욱 효율적으로 착취당한다.

3) 계급, 적대의 파노라마

맑스주의자들이 말하는 두 개의 계급론은 세 개의 계급론에 비해 크게 세 가지 차별점을 가진다. 첫번째로 두 개의 계급은 단절과 적대라는 관계를 기초로 형성된 집단이다. 단순히 소득수준에 따라 분류된 집단이 아니다. 둘은 한쪽이 한쪽을 착취함으로써 잉여를 생산하는 적대적 관계를 중심으로 만들어졌다. 서로는 서로에게 기대고 있다. 부르주아지는 프롤레타리아트를 착취함으로써만 부르주아지일 수 있고, 프롤레타리아트는 착취당함으로써만 프롤레타리아트일 수 있다. 이들은 소득수준만 다른 상호무관심한 집단이 아니다. 잉여가치를 둘러싸고 서로 싸워야 하는 운명을 그 탄생부터 간직한 적대적 집단이다.

두번째로 계급은 불연속적인 집단이다. 쉽게 부르주아가 프롤레타리아트가 될 수도, 프롤레타리아가 부르주아지가 될 수도 없다. 부르주아지와 프롤레타리아트는 적대할 뿐만 아니라, 더 격화된 방식으로 그 적대를 재생산하기 때문이다. 부르주아지는 국가를 통해 자신들의 지배질서를 더욱 공고히 하고 프롤레타리아트를 착취하려 한다. 프롤레타리아트는 점점 생산과정에 대한 통제를 잃고 주변화된다. 발리바르가 지적하듯이 맑스는 생산 한가운데에 적대가 있으며 그것은 감축 불가능하다는 점을, 경향적으로 그것은 더욱 강화됨을 설명했다(발리바르, 「맑스의 계급정치 사상」, 232쪽). 두 계급 사이에는 더 깊어지는 심연과 더 큰 충돌이 있을 뿐이다.

세번째로 계급은 계급투쟁을 통해 사회의 변화를 설명한다. 여기서 계급은 단순히 집단을 식별하는 정태적 기준이 아니다. 그 충돌은 사회의 잉여를 생산하는 과정과 방식을 규정한다. 한 가지 덧붙일 점은 계급이 존재하고 계급투쟁이 생기는 것이 아니라, 생산과정에서 적대와 투쟁이 생기고 그 적대를 중심으로 계급이 형성된다는 점이다. 원래 동일하지 않았던 여러 사람들은 생산과정에 내재한 적대, 그 계급투쟁을 통해 두 개의 집단으로 뭉치고 규정된다. 예를 들어 '농민'과 '부랑인'처럼 전혀 다른 집단이 자본주의적 생산과정을 통해 프롤레타리아트로 형성되고, 국가를 통한 공유지의 착취와 프롤레타리아트를 고용해 이윤을 남기려는 생산과정이 여러 사람들을 부르주아지로 만들어낸다. 적대의 양상인 계급투쟁이 발생하고 달라짐에 따라 계급이 생겨나고, 사회가 재구성되는 것이다(발리바르, 「계급투쟁에서 계급 없는 투쟁으로?」, 272쪽). 맑스주의자들이 지금 일어나고 있는 계급투쟁의 성격과 전망을 중시하는 것은 이 때문이다.

그래서 두 개의 계급론은 '혁명'을 결론으로 내놓는다. 끊임없이 강화될 뿐, 소거될 수 없는 적대는 결국 자본주의사회의 근간을 흔드는 혁명으로 발현된다. 자본주의사회는 적대를 함축하는 생산과정 때문에, 스스로를 몰락시킬 프롤레타리아트라는 폭탄을 점점 키운다. 자본주의사회가 성숙할수록 그 폭탄, 프롤레타리아트는 동질화되고 거대해지며 힘을 획득할 것이다. 그리고 결국에는 부르주아지를 몰아내고 사회를 뒤엎을 것이다. 계급은 자본주의 앞에 펼쳐질 계급투쟁의 파노라마를, 그 혁명을 예견하고 있다.

3. 계급은 하나다?

1) 혁명의 위기

두 개의 계급론이 정태적인 분류학을 넘어, 적대를 중심으로 요동하는 요소로 계급을 자리매김한 것까지는 좋았다. 하지만 결정적으로 두 개의 계급론이 예언한 미래는 오지 않았다. 자본주의의 최첨단을 달리는, 그래서 혁명이 터져 나와야 정상인 선진 자본주의일수록 변혁은 일어나지 않았다. 심지어 기존의 사회주의 국가마저 무너졌다. 두 개의 계급론이 바라본 미래와 다르게 자본주의는 그 형태를 달리하며 더욱 공고해져갔다.

왜 그런 걸까? 최근 한국의 상황은 여러 면에서 시사적이다. 앞서 말했듯이 날이 갈수록 양극화가 심해지고 있다. 그런데 이 양극화가 부르주아지와 프롤레타리아트로의 양극화뿐 아니라, 프롤레타리아트 내부의 분열과 그에 따른 보수화를 동시에 가져왔다. 두 개의 계급론에서 프롤레타리아트는 자본주의가 발전할수록 동질화되고 단결해야 한다. 하지만 현실에서는 프롤레타리아트가 부르주아지에서 멀어짐과 동시에, 프롤레타리아트 자체가 분열되고 분화되고 보수화되었다.

<무너지는 베를린 장벽> 베를린 장벽의 철거는 자본주의가 공산주의에 승리를 거두었음을 알리는 신호탄이 되었다. 소련을 필두로 하여 공산권의 동유럽 국가들은 도미노처럼 무너져갔다. 계급적대가 심해져 혁명이 일어날 것이라는 맑스주의자들의 예언은 빗나가버린 듯했다. 공산주의 국가의 인민들은 풍요로운 서방을 꿈꿨고 그들의 생활양식과 가치를 기꺼이 받아들였다.

정규직과 비정규직의 갈등이 이를 잘 보여준다. 처음 비정규직이 사회적으로 큰 이슈가 된 것은 한국통신 계약직 노조의 파업을 통해서였다. 한국통신 계약직 노조, 즉 비정규직 노조는 2000년부터 2002년까지 517일이나 사측을 상대로 파업을 진행했다. 노조는 고공농성, 전화국 점거 등 가능한 모든 수단을 동원했지만 결국 패배했고 해산됐다. 그 일차적인 원인은 분명 부르주아지의 완강한 태도에 있었다.

하지만 한국통신 정규직 노조가 몇 차례나 비정규직 노조의 연대 제안을 노골적으로 거절한 것 역시 패배의 분명한 원인이다. "비정규직의 정규직화 투쟁은 비정규직의 증가를 막아내고 정규직의 구조조정을 막아내는 투쟁 …… 정규직과 비정규직이 공동으로 한국통신 자본에 대항하여 투쟁해야 한다"는 계약직 노조의 제안에 정규직 노조는 끝내 응하지 않았고, 예정된 연대 집회에도 불참했다. 애초에 계약직 노조가 파업을 시작한 이유가 정규직과의 임금 차별, 나아가 정규직 노동자의 무시하는 시선 때문인데 오죽할까(김원, 「신자유주의 하에서 노동조합의 균열구조 변화」, 82~89쪽). 정규직이나 비정규직이나 둘 다 프롤레타리아트다. 어찌되었건 부르주아지에 종속되어 노동할 수밖에 없는 존재들이기 때문이다. 하지만 더 이상 이들은 단결하지 않았다. 정규직은 비정규직을 같은 노동자나 동지라고 생각하지 않는다. 오히려 고용주와 다름없이 비정규직을 차별하고 박대한다.

부르주아지와 프롤레타리아트 사이에 있어야 할 심연의 강이 프롤레타리아트 내부에 생겨버린 형국이다. 상당수 노동자들은 더 이상 혁명을 지향하지 않는다. 대신 조금이라도 더 부르주아지와 가까운 위치에서 안정을 누리고 싶어한다. 정규직의 눈에 비정규직은 내 밥그릇을 위협하는 경쟁자일 뿐이다. 정규직은 비정규직을 동지로 바라볼 수

<개발 전의 강남> 무엇이 느껴지는가. 황무지를 개척한 위대한 개발정신?
근대화의 장엄한 기억? 끝없는 화폐증식의 욕망은 저 넓은 땅을 다시 건물
과 도로로 뒤덮었다. 부르주아지뿐만 아니라 프롤레타리아트도 그 욕망에서
자유로울 수 없었다.

있는 프롤레타리아트의 시선과 눈을 잃어버렸다. 대신 부르주아지의 시선과 눈을 마련했다. 그 시선과 눈은 부르주아적 삶에 대한 욕망으로 가득 차 있다.

부르주아적 욕망을 품은 프롤레타리아트를 발견하기란 어렵지 않다. 부유층이나 부르주아지가 아님에도 불구하고 우리는 부르주아적 삶을 욕망하지 않는가. 삶의 기품을 증명해 주는 명품 아파트에 살지 못함을 안타까워하고, 조금이라도 더 많은 돈을 벌기를 원한다. '부자 아빠'를 꿈꾸게 만들고, 새해가 되면 "부자 되세요~"라고 덕담을 건네며, 나아가 부자가 되는 체계적인 방법을 연구해 보여주는 TV 등의 미디어는 이 같은 욕망의 원인이자 결과이다. 이때 욕망은 환상이 아니다. 실제로 우리의 삶을 구성하고 영향을 미친다. 우리들은 그 욕망에 따라 같은 처지의 프롤레타리아트와 연대해 세상을 바꾸기보다, 같은 처지의 사람들보다 조금이라도 더 나은 소득과 위치를 점하고자 불철주야 노력한다.

그 결과 계급적대가 약화되고 프롤레타리아트 내부 대립이 생긴다. 부르주아지의 욕망을 한껏 품은 눈에 부르주아지가 밉게 보이겠는가? 이제 부르주아지는 '적'이라기보다 '지향점'이다. 또한 그 눈에 동료 프롤레타리아가 예쁘게 보이겠는가? 프롤레타리아는 '동지'라기보다 멀리하고 싶은 '패배자'이다. '지향점'과 '패배자' 사이에 선 노동자들의 행동이 어떠할지 설명할 필요가 있을까? 프롤레타리아트의 물질적 조건을 과감히 무시하고, 부르주아적 욕망을 품은 프롤레타리아트. 그들은 제1차 세계대전을 지지하는 노동자들의 모습으로, 나치를 지지하는 독일 빈민층의 모습으로, 노동당에서 극좌파를 축출하고 타협안을 지지한 영국 노동자들의 모습으로 역사에서 반복되었다.

2) 공리계와 계급

왜 우리는 우리를 비참하게 만드는 부르주아지의 삶과 가치를 욕망하는가? 정규직이건 비정규직이건 마찬가지다. 다른 물질적 조건을 가지고 있지만, 두 쪽 모두 부르주아지처럼 살기 위한 욕망에 가득 차 있다. '나 하나만이라도' 비정규직을 피하려 하고, '나 하나만이라도' 정규직이 되고자 한다. 정규직은 비정규직을 차별하고 그들의 이익을 돌보지 않는다. 거꾸로 비정규직은 부르주아지가 정규직에게 무리한 요구를 할 수 있는 근거가 된다. 보장해줘야 할 것도 많고 시끄러운 정규직 대신 비정규직을 고용하면 그만이다. 프롤레타리아트의 단결 대신 부르주아적 삶을 지향하기 시작한 프롤레타리아트는 서서히 그 힘을 잃고 부르주아지의 공격에 시달려야 했다.

덕분에 미래는 더욱 암담해졌다. '사오정'(45세 정년), '오륙도'(56세까지 직장 다니면 도둑놈) 같은 씁쓸한 유행어들. 정부가 발 벗고 나서 '성장'을 위해 고용유연화를 하겠다니 상황은 더 나빠질 전망이다. 있는 정규직도 비정규직이 되고, 그 퇴출의 와중에 살아남기 위해 휴일 없이 자기 계발에 목매고, 자식들은 어떻게든 공부시켜 공무원 만들려고 하는, 하지만 마음먹은 대로 되지 않고 결국 실패하고 절망하는 삶이 우리네 모습 아닌. 부르주아적 삶에 대한 욕망은 내 목을 위협하는 부메랑이 되어 돌아온다. 돈을 벌려고 아무리 기를 써도, 돈 버는 도사인 부르주아지를 이길 수 없다. 타짜 앞에 선 초보 도박꾼 같은 프롤레타리아트. 그들의 욕망은 스스로를 갉아먹는다.

들뢰즈와 가타리에 따르면 욕망이란 주체가 마음대로 무언가를 원하는 것이 아니다. 오히려 주체까지 생산해내는 사회구조의 효과이며 생산이다. 그렇다면 이렇게 물어야 하지 않을까? 도대체 자본주는 어떤 배치와 구조를 가지고 있기에 이런 자승자박의 욕망을 생산하는가? 자본주의의 배치 아래에서 프롤레타리아트와 부르주아지는 어떤 욕망을 가지는가?

우선 자본주의를 이전의 사회와 구분해야 한다. 자본주의가 이전 사회와 가장 크게 다른 점은 돈, '화폐'에 있다. 자본주의사회에서 '부'는 화폐를 통해 측정된다. 화폐가 가진 고유한 숫자를 통해 추상적으로 측정되는 '부'가 자본주의의 고유한 특징이다. 과거의 재화나 부는 추상적 양(量)으로 측정되지 않았다. 대신 특정한 규칙과 규율을 가지고 있었다. 예를 들어 자본주의 이전에 토지는 매매의 대상이 아니었다. 모든 토지가 왕의 것인데, 누가 감히 토지를 사고 판단 말인가? 토지는 뺏을 수는 있어도 살 수는 없는 것이었다. 모든 부는 나름의 규칙을 가진다. 화폐가 없었다는 말은 아니다. 하지만 화폐 역시 특정한 용도(대외교역의 지불수단 등)를, 화폐에 고유한 규칙을 가지고 있었다는 점에서 지금과 다르다.

전자본주의사회는 이처럼 시간과 공간, 그리고 주체와 대상에 따른 코드(규칙)로 가득 차 있다. '신분'이 대표적이다. 사회는 신분을 통해 유기체처럼 조직되었다. 머리부터 발끝까지 정해진 역할과 기능이 있는 유기체처럼, 각 신분은 특정한 역할을 담당한다(이진경, 『미-래의 맑스주의』, 223~224쪽). 왕과 성직자 같은 신분은 사회 전체의 방향을 설계하고(유기체의 머리), 평민이나 농노는 열심히 일한다(유기체의 팔과 다리). 머리와 팔·다리가 엄연히 다른 것처럼 왕과 평민은 아주 다른 존재이다. 더불어 그들이 부를 바라보는 관점과 다루는 방법도 아주 다르다. 평민이 아무리 기술이 좋고 옷을 잘 만들어도 귀족이 가진 권력이나 영지를 얻을 수 없다. 평민이 만든 옷이라는 부와 귀족이 가진

땅이라는 부는 근본적으로 다른 질을 가진다.

　　자본주의가 도입한, 혹은 자본주의를 성립시킨 화폐는 이런 공동체의 코드를 무너뜨린다. 맑스에 따르면 화폐가 '일반화된 등가물'의 지위를 획득하면서 모든 재화가 화폐를 통해 그 가치를 표현하기 시작한다. 어떤 것이 자신이 가치 있음을 증명하기 위해서는 스스로가 화폐로 환산될 수 있으며, 적지 않은 가격임을 보여야 한다. 모든 것에 가격이 매겨진다. 이전에는 귀족의 핏줄을 타고났다는 사실 하나만으로 충분했지만, 자본주의에서는 자신의 연봉이 얼마인지 증명해야 한다. '왕'이 사용했다는 사실 하나만으로 성스러웠던 찻잔이 '진품명품'에서 가격이 매겨진다.

　　화폐는 화폐로 교환되는 모든 재화와 주체에게 평등을 가져다줬다. 이제 신분은 의미가 없다. 시장에서는 왕이든 노예든 돈 많은 사람이 최고다. 왕의 100원과 노예의 100원은 똑같이 100원이기 때문이다. 이제 평민도 옷을 잘 만들어 땅을 살 수 있다. 둘 다 화폐로 환산될 수 있기에, 옷을 많이 팔아 돈을 많이 벌면 땅을 살 수 있다. 점점 커져가는 화폐와 시장의 질서는 부르주아 시민혁명을 통해 사람들에게 평등한 지위를 보장하기에 이른다. 모든 재화와 주체는 돈을 매개로 평등과 교환/비교가능성을 획득한다.

　　그리고 화폐로 환산되지 않는 재화와 주체에게는 죽음을 가져다준다. 자본주의사회에서 화폐와 교환될 수 없는, 화폐를 통해 자신의 가치를 표현할 수 없는 재화는 가치가 '없다'. 아무리 추억이 담기고 소중한 가치를 가진 물건이라도 시장에서 누군가에게 돈을 받고 팔릴 수 없다면 쓰레기일 뿐이다. 화폐는 자신과 교환될 수 없는 것들을 서서히 몰아낸다. 과거 과일 가게에서 흔히 볼 수 있었던 홍옥이 사라진 것도 그 때문이다. 홍옥은 후지에 비해 잘 팔리지 않고 남는 것도 그리 많지 않았기에 시장에서, 나아가 생태계에서 아예 퇴출당했다. 사람도 마찬가지이다. 돈을 잘 벌지 못하면 결혼정보회사가 매기는 점수의 최하등급을 차지하며, 인간시장에서 퇴출당한다.

반면 화폐 자신은 무엇이든 얻을 수 있고 만들 수 있는 '신'과 같은 위치를 차지한다. 돈만 있으면 낙타의 이빨이라도 구할 수 있다. 자본주의사회에서 돈은 그저 재화의 가치를 표현하는 존재가 아니다. 거꾸로 재화들은 돈을 통해서만, 돈과 교환됨으로써만 가치를 획득한다. 돈이 곧 가치고, 능력인 것이다.

부르주아지이건 프롤레타리아트이건 상관없이 돈을 벌고, 불리기를 원하는 것은 이 때문이다. 더구나 "돈에는 냄새가 나지 않는다". 어떤 과정을 거쳐 얻었든 100원은 100원이다. 동료를 배반했든 사기를 쳤든, 100원은 100원이다. 사람들은 그 안에서 수단과 방법을 가리지 않고 돈을 얻으려는 욕망을 가진다. 돈에 대한 욕망은 자본주의를 관통하는 보편적 욕망이다.

그리고 이런 자본주의적 욕망은 자명함의 옷을 뒤집어쓴다. 과거 신분사회에서 사회를 규정하는 코드는 시공간과 주체에 따라 종류가 매우 달랐다. 왕을 다루는 법과 노예를 다루는 규칙이 감히(!) 같을 수 있겠는가? 하지만 자본주의사회에서는 더 이상 이런 코드가 기능하지 않는다. 그래서야 시장이 성립하지 않는다. 시공간과 주체에 따라 적용되는 규칙이 달라서는 거래가 이뤄질 수도, 그것을 겨냥한 생산이 이뤄질 수도 없다. 자본주의 특유의 내적인 가치증식도 불가능하다. 대신 자본주의는 자명하다 여겨지는 몇 가지 보편적 규칙을 내세운다. 시장에서 가격에 따라 교환하고 거래해야 한다는 등가교환의 규칙, 내 물건은 내 맘대로 해도 되는 대신 남의 물건을 함부로 탐해서는 안 된다는 소유의 규칙 등이 그것이다. 우리 역시 단 한번도 그 정당성을 의심해 보지 못한 규칙들이 아닌가? 그 규칙이 자명한 만큼 누구도 그 권위에 도전할 수 없다. 대통령도 남의 물건을 함부로 빼앗을 수 없고, 왕이라 도 100원짜리를 50원 주고 살 수는 없다.

그 규칙들로 인해 화폐와 같이 질적 차이 없는 부의 흐름을 다룰 수 있게 된다. 부 자체가 아무런 질적 차이가 없는 만큼 그것을 다루는 주체도, 그 주체를 통제하는 규칙도 차이 없이 보편적이고 자명해야 한 다. 100원이 다 똑같은 100원인 것처럼 시장에서 그것을 사용하는 사 람도 다 똑같은 사람이고, 그들이 지켜야 할 규칙도 모두 동일하다. 들 뢰즈와 가타리는 이렇게 자명하다고 여겨지는 자본주의사회의 규칙 을, 수학에서 당연히 참이라고 여겨지는 명제를 일컬을 때 사용하는 '공리'(axiom)라는 용어로 지칭했다(예를 들어 유클리드 기하학에서 "평행선은 만나지 않는다" 같은 명제가 공리이다). 즉, 자본주의사회는 자본주의의 가치법칙을 구성하는 몇 가지 공리로 구성된 '공리계'이다 (들뢰즈·가타리, 『천의 고원』 2권, 237~250쪽).

자본주의 공리계는 그 자명한 성격을 근거로, 공리계가 허용하고 생산하는 욕망의 자명함을 보증한다. 질적 차이 없는 부의 흐름을 다루 기 위해 탄생한 공리는, 사람들의 치부욕에 면죄부를 주기에 이른다. 공리 이상의 규칙도, 공리보다 먼저 지켜져야 할 삶의 원칙도 없다. 나 머지 모든 규칙은 구체제의 잔재로, 봉건적 폐습으로 사라졌다. 자본주 의 공리계를 통해 칸트식의 정언명령이 사람들에게 내려진다. "돈을 벌어라. 그리고 불려라."

봉건사회의 '신분'과 대비되는 '계급'은 바로 이런 보편타당하고 자명

한 공리계에 종속된 자들을 말한다. 즉, 계급은 신분과 달리 사회의 보편적이고 자명한 법칙을 따르는 자들, 자본주의의 가치질서를 충실히 내면화한 이들을 가리킨다. 이들은 소득이나 물질적 조건보다 자본주의 공리계를 받아들이느냐 받아들이지 않느냐, 자본주의적 가치인 화폐를 욕망하느냐 욕망하지 않느냐로 규정된다. 이렇게 보면 계급은 두 개가 아니다. 공리계를 받아들인 집단은 하나일 뿐이다. 그리고 자본주의의 가치법칙을 충실히 따르는 계급을 우리는 부르주아지라고 부른다. 부르주아지는 역사상 유일한 계급이다.

그런 의미에서 우리는 앞서 혼용했던 노동자와 프롤레타리아를 구분해야 한다. 자본가에게 고용되어 노동하는 사람은 분명 노동자다. 하지만 그가 부르주아지의 욕망을 가지고 공리계에 포섭되어 있다면, 그를 프롤레타리아라 부를 수는 없다. 오히려 그는 부르주아이다. 그는 자본의 일부로서, 가치를 증식시키는 '가변자본'으로서 그 공리계에 포섭된 부르주아일 뿐이다. 그리고 프롤레타리아트 내부에 존재하는 수많은 노동자 부르주아들은 계급 단결과 부르주아지에 대한 투쟁을 방해하고 와해시켰다.

3) 비-계급

하지만 모두가 자본주의 공리계에 종속된 것은 아니다. 그 가치법칙에 따라 그것이 권장하는 삶의 방식을 거스르는 사람도 있다. 평생 모은 돈을 학교에 기부하는 할머니, 단지 재미있다는 이유로 돈도 안 되는 춤에 몰두하는 젊은 예술가, 더 괜찮은 세상 만들겠다고 집안도 직업도 버리는 시민단체 활동가들. 그들은 자본주의 공리계 밖에 있는 사람들이다. 그런 의미에서 그들은 계급이 아니다. 계급 밖에 있는 사람들, 즉 비-계급이다.

사실 자본주의가 내세우는 공리는 전혀 자명한 것이 아니다. 우리가 자명하다고 생각할 뿐이다. 그리고 스스로 그 공리를 받아들이기까지 수많은 폭력이 있었다. 잘 알려진 인클로저운동이 그것이다. 사람들은 잘 살고 있던 농지에서 영주들의 이익 때문에 억지로 쫓겨났다. 하루아침에 생산수단을 잃은 이들은 도시로 가 공장에 취직할 수밖에 없었다. 공장에서 먹을 걸 만들 리는 없으니, 월급을 받아 시장에서 음식과 옷을 사야 했다. 사람들은 가치법칙이 지배하는 시장에 억지로 편입된 셈이다. 게다가 그렇게 편입되지 않은 이들에게는 가혹한 폭력과 '비정상'이라는 굴레가 씌워졌다. 노동하지 않는 거지에게 내려진 빅토리아 시대의 '피의 입법'을 보라. 아무런 피해를 끼치지 않았음에도 공장에 취직해서 노동하지 않는다는 이유 하나만으로 귀를 자르고 목을 베었다. 게다가 감옥에 가둬놓고 '노동의 윤리'를 최우선으로 가르쳤다. 자명한 가치공리는 폭력을 통해 그 자명함을 얻었다(푸코, 『광기의 역사』, 142~157쪽).

프롤레타리아트는 이런 폭력에도 불구하고 자본주의 공리계 바깥에 존재하던 이들이었다. 발리바르는 맑스가 프롤레타리아트라는 용어를 쓰는 방식을 다음과 같이 정리했다. 1) 정상적인 사회적 실존에 대비되는 불안정한 상태거나, 2) 봉건제에서 자본주의로의 이행의 폭력을 유발하는 상태거나, 3) 결국 폐지될 운명을 나타낼 때. 이때 프롤레타리아트는 가치의 형성이나 잉여노동과는 무관한 존재이다(발리바르, 「맑스의 계급정치 사상」, 218쪽). 즉, 맑스는 자본주의 공리계에서 벗어나 있는 사람들을, 자본의 가치증식수단으로 이용되지 않던 사람들을 '프롤레타리아트'라고 칭했던 셈이다!

이들은 자본주의의 가치법칙을 벗어나 있기에 전혀 다른 삶의 원리를 꿈꿀 수 있다. 맑스가 프롤레타리아트를 주목한 것도 그 때문이다. 하지만 부르주아지 역시 그들의 힘이 무서움을 알았기에 이들을 포섭하려고 노력했다. 사실 '피의 입법' 같은 야만적인 국가폭력은 그 통제되지 않는 사람들, 프롤레타리아트에 대한 반작용이었다. 결국 많은 사람들이 노동자로, 가변자본으로, 궁극적으로는 부르주아적 질서를 욕망하는 부르주아지로 편입되어갔다. 그 끝에 기다리는 것은 앞서 봤듯이 비참한 가난과 절망이었다. 이에 맑스는 프롤레타리아트가 힘을 얻어 자본주의 공리계 자체를, 계급을 부숴버릴 수 있도록 프롤레타리아트의 조직화를 시도했다. 부르주아지에 대항하는 대항계급을 형성한 셈이다. "만국의 프롤레타리아트여 단결하라!"

하지만 그 조직된 프롤레타리아트가 오히려 부르주아지에 포섭되는 일이 생겼다. 단결하여 계급 자체를 없애기보다, 부르주아적 질서 안에서 더 많은 성과를 얻어내고자 노력하는 이들이 생겨났다. 오늘날 볼 수 있는 정규직과 비정규직의 갈등, 노조의 보수화 등이 그 징후들이다. 소련의 사례에서 볼 수 있듯이 대항계급으로 조직된 프롤레타리아트는 국가와 계급을 해체하기보다, 그 국가의 새로운 주인을 꿈꾸기 시작했다. 싸우면서 적을 닮아 간다는 말처럼 이들은 부르주아지가 되어버렸다.

그렇다면 지금이야말로 비-계급에 기초한 정치적 시도와 상상력이 필요한 게 아닐까? 프롤레타리아트의 힘은 부르주아지의 기준, 자본주의의 공리를 거부하고 새로운 기준을 창출할 능력이다. 그것은 공리 외부의 삶을 꿈꾸고 실험하는 것으로 드러난다. 돈을 벌어서 자본주의적인 증식을 위해 쓰는 게 아니라 함께 꿈을 꾸는 동료들을 위해 쓰는 것, 대가를 바라지 않고 친구에게 선물하는 것, 법적으로 용인된 사랑이 아닌 사랑(동물과 사물과 기계와의 사랑 등)을 꿈꾸는 것이 바로 그런 실험이다. 그 방법은 무궁무진하다. 부르주아지가 되는 방법, 즉 공리를 받아들이는 것은 한 가지 밖에 없지만 공리를 거부하는 것에는 다양한 방법이 존재한다.

물론 그렇다고 공리를 둘러싼 투쟁, 간단히 말해 체제 내적인 투쟁을 부정하라는 말은 아니다. 여성참정권을 둘러싼 요구, 임신중절을 둘러싼 요구, 교육평등을 위한 요구들은 하나같이 중요한 요구들이다. 그것은 분명 사회제도에 대한, 국가의 통치체제 내적인 요구이며 투쟁이다. 하지만 그럴 때조차 "그것은 공리계가 허용할 수 없는 지점을 구성한다"(들뢰즈·가타리, 『천의 고원』 2권, 261쪽). 예를 들어 장애인 이동권 보장을 요구하는 것은 '평등의 공리'에 기초한 체제 내적인 요구이다. 하지만 그것은 장애인을 배제함으로써 '정상성'을 구축하고, 효율적인 생산을 달성하려는 국가의 의도를 벗어난다. 자본주의 공리계가 포섭하지 못하는 영역을 공격하고 있는 것. 공리를 벗어나는 비-계급의 움직임은 '공리를 다룬다/다루지 않는다'로 결정되지 않는다. 그것을 다루건 다루지 않건, 공리계 외부를 지적하고 공격하는 것이 중요하다.

프롤레타리아트는 자본의 내부에서, 한정된 몫을 가지고 부르주아지와 투쟁하는 이들이 아니다. 오히려 그 '몫'을, '가치' 자체를 거부하고 새로운 가치와 부를 창출하면서 자본의 외부를 만들어내는 이들이다. 프롤레타리아트가 꼭 비정규직이나 비참한 이들일 필요는 없다. 자본주의의 외부를 꿈꾸고 창조하는 이라면, 누구나 프롤레타리아트라 부를 수 있다. 그러므로 계급투쟁은 계급간 투쟁이 아니다. 계급과

<영월? Young World!> 「라디오 스타」의 한물간 가수 최곤과 매니저 박민수. 처음 이들은 주류 사회에서 낙오하고 떠밀리듯이 영월로 온다. 하지만 그곳에서 주민들과 호흡하는 새로운 방송을 시도한다. 주류 사회는 이들을 다시 포섭하려 많은 돈다발을 들고 찾아오지만, 최곤과 박민수는 영월에 남을 것을 결정한다. 이들은 자본주의사회의 가치법칙을 벗어나, 영월에서 새로운 삶을 실험한다. 최곤과 박민수는 자본주의의 가치공리계를 거부하고 그 외부를 만들어낸다는 점에서 프롤레타리아트다. 그들이 노동자에 비해 부자고 연예인이라는 점은 문제가 되지 않는다. 부르주아적 욕망을 가지면 프롤레타리아도 부르주아이듯이, 부르주아적 욕망을 벗어난다면 누구도 프롤레타리아트가 될 수 있다. 이들에게 영월은 말 그대로 Young World, 새로운 세상이다.

비-계급의 투쟁이다. 그리고 비-계급의 모습은 자본주의 외부 도처에서 발견할 수 있으리라.

4. 비-계급 되기

세 개의 계급론은 경제적 자원을 중심으로 사회를 세밀하게 분류하고 분석했다. 하지만 아무리 세밀하고 다양한 변수를 동원할지라도 그것은 단순한 분류학에 머무르고 말았다. 세 개의 계급론은 집단간 관계의 특징이나 사회변동에 대해서는 상대적으로 무능한 모습을 보인다. 두 개의 계급론은 생산을 둘러싼 적대를 중심으로 계급을 포착하려 시도했다. 그것은 사회를 구성하는 근본적인 적대관계를 드러내고, 이에 따라 변화를 예측했다는 면에서 큰 의미가 있다. 그로써 계급은 정태적인 분류기준이 아니라 동태적인 사회구성 요소로 자리잡게 되었다. 하지만 두 개의 계급론은 '욕망'의 문제를 보지 못했다. 분명 물질적 조건이 부르주아지와 적대적인 사람일지라도 부르주아지의 가치를 욕망할 수 있다. 현실의 수많은 일들이 이를 증명했다. 하지만 혁명은 새로운 삶을 향한 강한 욕망이 동반될 때에 비로소 가능하다. 한 개의 계급론은 이런 욕망의 문제에 집중한다. 한 개의 계급론에 따르면 부르주아지의 욕망을 가진 자, 공리계에 포섭된 자는 물질적 조건을 불문하고 부르주아지이며 유일한 계급이다. 반면 공리계에 포섭되지 않은 자, 가치법칙 외부의 삶을 꿈꾸는 자는 비-계급, 즉 프롤레타리아트다. 혁명을 지향하고 더 나은 삶을 꿈꾼다면, 우리는 비-계급으로서의 프롤레타리아트가 되어야 한다.

그런데 이런 비-계급이 되는 것은 어떻게 가능하냐고 물을지도 모르겠다. 자본주의적 가치 이외의 것을 욕망하는 것이 쉽지 않아 보이기 때문이다. 현실의 정규직 노동자가 비정규직 노동자를 차별하는 것은 그들의 심성이 고약하고 사악해서가 아니다. 말 그대로 '어쩔 수 없기' 때문이다. 자식한테는 남들 다 하는 과외도 시켜야 하겠고, 전세가 아니라 내 집에서 발뻗고 지내고 싶고, TV에 나오는 좋은 음식이나 옷도 사야 하는데 악착같아질 수밖에 없지 않은가. 조금 딴 짓이라도 해볼라치면 부모님이, 장인장모가, 배우자가, 자식들이 먼저 나서서 말린다. 우리는 과연 자본주의적 욕망을 벗어날 수 있는가?

거꾸로 물어 보자. 그렇다면 우리가 완전히 자본주의 공리계 안에 머무르는 것이 가능한가? 세상 누구도 완벽한 부르주아지일 수 없다. 돈도 많고, 품격도 있고, 온갖 자본주의 도덕을 철저히 지키는 사람이 과연 있겠는가? 누구나 조금씩은 사회에 불만을 품고 벗어나고자 하는 욕망을 가진다. 자본주의 공리, 그리고 그것을 내면화한 계급은 추상적인 '기준'일 뿐이기에 이를 벗어나는 것은 지키는 것보다 훨씬 쉽다.

그럼에도 어렵게 느껴지는 것은 친구가 없기 때문이다. 혼자서 자본주의 공리계를 벗어나는 '실험'을 하는 것은 어렵다. 하지만 둘이라면, 셋이라면 보다 쉬울 것이다. 그 친구들과의 관계가 이미 새로운 사회이고, 새로운 욕망을 생산하는 구조이기 때문이다. 이미 수많은 친구들이 세상에서 공리계 외부를 실험하고 있다. 내국인 노동자의 차별을 넘어 오히려 내국인 노동자를 포용하고 한국사회의 변혁을 꿈꾸는 이주노동자들, 도시의 자본주의적이고 척박한 삶을 버리고 농촌의 친환경적 삶을 꾸려 가는 변산공동체와 풀무학교 사람들. 우리 역시 친구들과 함께 시작해야 하는 게 아닐까. 다만 그 공동체가 과거 사회주의 국가들에서처럼 부르주아지를 닮은 또 다른 국가기구가 아니라, 끊임없이 자본주의의 외부를 추구하고 그를 위해 새로운 것에 활짝 열린 공동체여야 한다는 점을 기억해야겠지만 말이다.

누구든 비-계급, 프롤레타리아트가 될 수 있다. 그 방법은 정해져 있지 않다. 난감해 보이는 것은 그 때문이다. 그것은 우리가 주어진 공리에 너무 익숙해진 노예라는 뜻이기도 하다. 주어진 법칙을 뛰어넘는 것은 과감하고 능동적인 실험을 통해서만 가능하다. 그것은 지금의 체계를 역행하고 극복해야 한다는 점에서 고통스러울 수도 있다. 하지만 새로운 삶을 창조하는 기쁨과 희열은 그 고통을 덮고도 남으리라.

제3부

근대적 체제

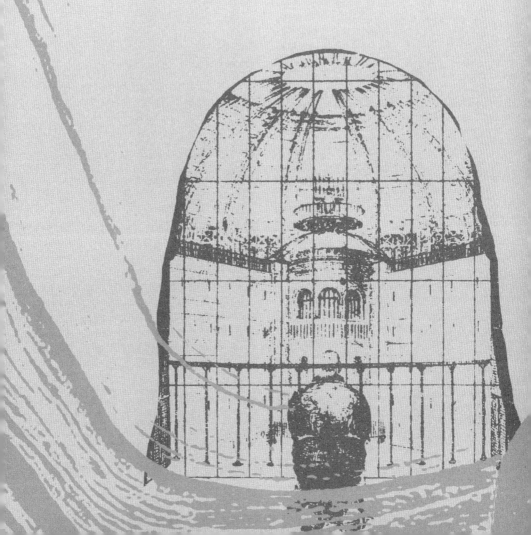

.6강. 역사 속의 어린이, 어린이의 역사

오선민

1. 어린이와 가족애(家族愛)

1923년 방정환은 개벽사를 통해 월간지 『어린이』를 발간한다. 우리에게 익숙한 어린이날(5월 5일)은 같은 해 방정환을 중심으로 한 색동회 회원들에 의해 제창되었다. 방정환은 기념일의 제창과 잡지의 지속적 발간을 통해 "어린이들이 마땅히 누려야 할 기쁨과 슬픔·재미를 제공하고자 했고 인간으로서의 존엄성, 그리고 애국의 사상을 고취하고자 했다"(김혜경, 『식민지하 근대가족의 형성과 젠더』, 189쪽). 특히 무산(無産)아동의 해방에 관심을 기울인 '조선소년총동맹'은 운동이라고 해도 좋을 여러 사업들을 펼치며 어린이의 건강과 보호, 해방의 기치를 높이는 데 큰 역할을 했다. 그리하여 1925년 5월에는 전국 소년단체의 수가 220여 개에 이르게 된다(『동아일보』, 1928년 3월 28일자).

 동네 어귀마다 하나씩 있곤 했던 사진관은 가족사진 없이는 장사

오선민(dalmanim@yahoo.co.kr) | '연구공간 수유+너머' 연구원. 근대 초기 동아시아 유학생들의 행보에 관심이 많고 언젠가는 이들을 주인공으로 하는 소설을 쓰리라 마음먹고 있다. 친구들과 함께 『국민국가의 정치적 상상력』(소명, 2003)을 썼다.

를 할 수 없었다. 사진관 창에 걸려 있었던 다양한 포즈의 가족들, 빙긋한 웃음을 띤 그들의 얼굴은 은근한 조명을 통해 부드럽게 화합한다. 이런 가족사진은 다른 인물사진들과 어딘가 다르다. 남녀 둘만의 사진은 '가족'이라기보다는 연인의 이미지에 가깝고, 남자들끼리 혹은 여자들끼리의 사진에서는 가족애라기보다는 우정의 감정이 감지된다. 무엇이 이들과 가족사진을 구별하는 것일까? 그렇다. '아이'다. 1939년 잡지 『문장』에 실린 영광사진관 광고는 한복을 입고 웃고 있는 젊은 어머니의 손에서 손가락을 빨며 안겨 있는 아이의 사진을 보여주고 있다. 심지어 아버지의 모습이 나타나지 않음에도 불구하고 여기에는 가족의 아우라가 흐르고 있다.

아이를 중심으로 한 가족애, 그 중에서도 어머니와 자식과의 특권화된 관계. 이것이 우리들 가족 이미지의 핵심을 이룬다. 하지만 '어린이날'이 제정되기 불과 몇 십 년 전까지 아이들은 『동몽선습』을 기본으로 한 조선시대 성리학의 가르침 속에 있었고, 이 지침서는 "부모가 사랑하시면 기뻐하여 잊지 못하고, 미워하시면 두려워할 뿐, 원망하지 않는" 아이, 심지어 "부모가 노하여 때려서 피가 흘러도 감히 원망하지 않는" 아이를 기대했다. 게다가 많은 전래동화는 여전히 부모의 병을 고치기 위해 자식을 버리는 매정한 효부의 이야기를 전한다. 이전 시기에 가족을 둘러싼 미담의 다수는 어려운 삶의 조건 속에서 조상(과거)과 후손(미래)을 잇는 끈을 어떻게 유지하고 이어갔던가를 다루고 있다. 그리고 이야기 속 아이들은 가문의 구성원으로서 활동하고 있었다. 그때의 아이는 어머니의 세계가 아니라 아버지의 법 안에서 교육받고 양육되고 있었다.

지고지순한 사랑에 대해선 아무래도 목숨을 걸고 사랑을 추구했

<가족, 모성애, 그리고 '어린이'> 『문장』에 실린 영광사진관 광고
(1939). 한복을 곱게 입은 젊은 부인이 따뜻한 미소를 지으며 아이
를 감싸안고 있다. 이 사진은 1939년 식민지 경성(지금의 서울)에
서 썩 잘 나가던 영광사진관의 광고이다. 가족의 기념일을 위해 사
진을 찍고, 모성애로 가득한 스위트 홈의 이미지를 만드는 일. 사
진관의 근대는 이렇게 아이에 대한 관심과 사랑을 전면에 내세우
면서 시작하고 있었다.

던 로미오와 줄리엣, 이도령과 춘향이의 이야기를 제외하고는 시작할 수 없을 것이다. 그런데 첫눈에 반하고, 그러자마자 곧장 열정에 휩싸이는 그들의 몸은 놀랍게도 13세를 전후로 하고 있었다. 성인의 전유물처럼 취급되는 정열적 사랑, 우리 시대 아동용 도서에서는 결코 직접적으로 다룰 수 없을 것 같은 이들의 뜨거운 감정표현을 어떻게 이해해야 할까? 어머니와 유대를 맺기보다는 연인을 갈구했던, 그들은 동년배들보다 특히 조숙했던 것일까?

동서양을 막론하고, 우리 현대인의 사회와 전통사회 속 아이들 모습에는 그들을 둘러싼 관계들과 감정들에 있어서 적지 않은 차이가 발견된다. 방정환이 주목했던 아이들은 어떤 시대에 속하는 것일까? 방정환 등은 '어린이'에게 그들 자신의 고유한 권리를 "되찾아줘야 한다!"라며 반복적으로 주장했다. 마치 상실되기 전에 어떤 완벽한 '어린이'의 상태라도 있었던 것처럼 말이다. 그러나 전근대사회의 아이들에 대한 약간의 회고에서도 알 수 있듯이, 현대 이전에는 '어린이'라는 관념이 없었다고 봐도 좋다. 천진난만하고 순진무구한, '우리 가족'의 한 아이. 이제 현대사회의 아이들은 행복한 가정을 지탱해 주는 필수 불가결한 감성장치가 되었다. 그렇다면 과연 이들이 인생의 여러 단계 속에서 특별하게 취급되게 되었던 것은 언제부터였을까? 그들을 둘러싼 감성과 제도의 변화과정을 추적함으로써 여기에 답해볼 수 있을 것이다.

2. 순진무구함의 탄생

1) 중세 : 작은 어른들

'어린이기'라는 특정한 기간이 개념화되기 위해서는 그와 동시에 어린이기를 제외한 인생의 다른 시기가 이해되어야 할 필요가 있다. 14세기까지 프랑스에서는 자연의 주기에 대한, 그리고 자연 속 인간의 생활에 대한 수많은 구분이 병존했다. 동일한 고장에서 농업이나 상업의 필요에 따라 시간은 12개월의 12기, 사계절의 4기 등 목적에 따라 다른 주기로 분절되었고, 이에 따라 생의 기간도 12개나 4개 등의 주기성을 갖다가, 14세기에 5개로 거의 확정된다. 장난감을 갖고 노는 연령, 학교 연령, 사랑-스포츠의 연령, 싸움의 연령, 마지막으로 법 혹은 지혜를 가진 사람으로서의 연령이 그것이다. 그러나 당시의 높은 사망률은 소수의 사람들만이 인생의 모든 단계를 통과할 수 있었다는 점도 보여주고 있다.

위의 다섯 가지 구분에서 아이로서의 활동시기는 정확한 나이값으로 구분되지 않았다. 게다가 '어린이'(enfant)라는 말의 용법도 지금과 달랐다. 이 단어는 주로 '의존'의 관념과 결부되어 있었다. 어린이에 해당하는 구어에는 시종, 숙련공, 군인과 같이 남에게 복종하는 지위 낮은 남자를 지칭하는 말들이 많았는데, 장인은 그의 도제에게 "Come Along, Children, Get to Work!"이라고 말했으며, 지휘관은 그의 부하들에게 "Courage, Children, Stand Fast!"라며 용기를 북돋우려 했다. 최전방에서 실종된 병사들은 "잃어버린 아이들"이었다. 18세기까지도 '어린이'라는 말의 용법은 인사할 때, 누군가를 쓰다듬을 때, 혹은 어떤 일을 시킬 때 다양한 계층의 사람들을 지시하며 쓰이고 있었다.

아이들에 대한 관심의 부재는 그들을 어른들과 그리 다르지 않은 처지로 생각했기 때문은 아니었을까? 중세의 회화들에서 발견되는 복장은 계급을 표시할 뿐, 연령을 구분하지는 않는다. 아이들은 오직 신

<아기에서 할아버지까지, 인생의 여러 시기> 15세기의 이 그림 속에는 한 사람의 일생이 다 들어가 있다. 생의 여러 기간을 인물들의 신체 사이즈가 표현한다. 그러나 오른편 아래쪽에 조용히 잠을 자고 있는 아이에게서나 중간 하단 부분에서 기구를 가지고 노는 아이의 표정에 천진하고 순수한 구석은 전혀 보이지 않는다. 심각하고 진지한 이들의 굳은 입술이 장년과 노년의 얼굴 위에도 나타난다. 15세기에 생의 여러 시기는 구분되고 있었으나 '어린이' 나 '청소년'의 것이라 할 만한 특별한 삶은 아직 구성되지 않고 있었다.

체 사이즈로 어른들과 차이를 나타낼 수 있었다. 실제로 젖을 먹을 때에나 입는 배내옷을 벗자마자 이 작은 어른들은 곧장 어른들의 옷을 줄여 입었다. 게다가 놀이문화를 통해서만 봐도 그들은 전혀 특화되지 않았다. 중세의 풍속화와 일화에서 아이들과 어른들은 일과 놀이를 함께 했다. 거리와 일터가 그들 모두의 활동무대였다. 이 점은 왕족의 경우도 마찬가지여서, 어른의 놀이와 구분되지 않는다는 점에서는 왕자의 놀이도 서민층 아이의 그것과 다르지 않았다. 바꾸어 말하면, 중세에는 어른의 놀이가 아이의 그것과 같이 유치했다고도 말할 수도 있겠다.

　　로미오와 줄리엣의 이야기를 앞서 언급했는데, 짐작할 수 있듯이 중세에는 아이들에게 들려주는 이야기에 성(性)과 관련된 것도 적지 않게 포함되어 있었다. 14세 소녀의 결혼이 흔했던 만큼 아이들이 어른들과 함께 거리에서 음담패설을 나누는 경우도 흔했고, 성과 관련된 문화를 경험하는 데에 충분히 대담한 행동을 취해도 괜찮았다. 도박 같은 것도 아이들에게 주어졌던 놀이 중에 큰 비중을 차지하고 있었다. 이러한 정황들은 중세의 아이들이 작은 어른들과 다름없었다는 사실을 계속해서 뒷받침해 준다. 그러나 중세에 어린이기와 그 시기를 통과하는 존재에 대한 관심이 없었다고 해서 그들에 대한 애정이 없었던 것은 아니다. 우리는 어린이기에 대한 의식과 아이에 대한 애정을 혼동하지 않아야 한다.

2) 17세기 : 외설스러움과 순수함 사이

우리가 사진관의 벽면을 장식한 가족사진을 통해 짐작할 수 있었던 것처럼, 어떤 존재가 특별히 중요하다면 일상 속에서 그들을 기념하고 장식하는 여러 가지 방식이 있었을 것이다. 아리에스가 회화나 조각과 같이 공들여 제작된 감상용 작품에서 어린이기의 출현과정을 살펴보려 했던 까닭이 여기에 있다. 그러나 12세기까지 중세예술은 어린이에 대해 거의 무관심했던 것 같다. 이러한 무관심은 당시의 어린이기란 실생활의 영역과 심미적 영역에서 빨리 지나가고 빨리 잊혀지는 전환의 시기였다고 해석해 보게 만든다.

최소 13세기부터 아이들이 도상에 출현하기 시작한다고는 한다. 그러나 특정한 연령기에 속하는 실감나는 아이의 모습을 보려면 적어도 16세기가 되기를 기다려야 한다. 16세기가 되면 죽은 아이의 초상화가 등장하는데, 묘비 등에 출현하는 이 아이들은 때로는 '귀엽게', 때로는 '안타깝게' 묘사되고 있었다. 이들은 서서히 부모들 중 한 사람 곁으로 다가가 자리를 잡으려 하고 있었다. 그 이전까지 주로 가족과 함께 나타났던 아이의 모습은 17세기에 이르러 독립된 주인공으로 초상화에 등장한다. 종교화의 다양한 국면에서 가족 초상화를 분리시킨 16세기까지의 도상적 관습은, 17세기에 이르러 가족으로부터 아이를 분리해냈다.

물론 푸토(Putto)라고 하는 벌거숭이 아이들이 회화 속에 등장하고 있는 사례는 14세 말까지 거슬러 올라가 확인할 수 있다. 헬레니즘 시대 에로스의 부활이랄 수도 있는 푸토 그림은 17세기까지 서서히 확장되어 장식예술의 한 기법으로 자리잡게 된다. 그러나 이 푸토들을 실제 존재하는 역사 속의 아이들이라고 할 수는 없다. 15~16세기 초상화의 아이들이 옷을 다 입고 등장했던 것과 대비해 보면, 이 어린 것들이 '순수'와 같은 어떤 이상적인 감성을 표상했던 것임을 알 수 있다. 장식성이 강한 나체의 푸토가 실제의 아이들을 묘사하는 데 이용된 것은 17세기가 되어서다.

복장에 있어서도 17세기가 되면 아이 전용복이라 할 만한 것들이 나타난다. 긴 치마라든가 가짜 소매 같은 것들로서 이것은 한 시대 이전까지 통용되던 성인 여성의 복장이었다. 더 이상 어른의 옷이 아닌 복색 관습이 아이들에게 이전된 셈이다. 17세기 회화에서 나타나는 아이의 옷에는 두 가지 경향이 있었는데, 첫째로 그것들은 어린 소년의 여성적 풍모를 강조하고 있었다. 17~18세기 초까지 등에 매는 리본은 남자아이나 여자아이 모두의 것이었고, 어린 소년들이 여자 복장을 하고 있는 한, 그는 여전히 아이로 받아들여졌다. 그러나 여자아이의 경우는 연령대별로 별다른 차이 없이, 여전히 성인 여성의 옷과 비슷한 것들을 착용했다. 여기에는 연령과 성에 대한 사회적 인식과 태도의 일단을 엿볼 수 있는 단서가 존재한다. 성인 남자와 구별되기 위해 성인 여자의 옷을 입는 아이들. 우리는 여자아이보다 남자아이가 '어린이'로서 먼저 특화되고 있음을 볼 수 있다.

두번째 경향은 부르주아지 출신의 아이들 옷에 서민복이나 노동복의 특징이 채택되어간 것이다. 17세기에는 서민만의, 혹은 그 지역만의 복장이랄 만한 것이 없었다. 하층민의 옷은 상층민의 옷을 재가공한 중고에 불과했다. 18세기를 거치면서 부유한 자들과 가난한 자들의 복색 차이가 커졌는데, 이들 사이에 존재하는 심리적 거리감을 가시화하기 위한 부자들의 꾀였다. 이 두 경향으로 미뤄볼 때 **최초로 발견되어간 '어린이'는 남자아이, 그리고 부유한 집안의 아이 이미지였다는 것을 알 수 있다.**

도덕성을 들어 아이들의 놀이 문화를 비판하고 교화하려는 움직임도 17세기에 활발해진다. 나쁜 놀이와 좋은 놀이의 기준에 대한 종교의 시선과 대학에서 콜레주로 이어지는 학제의 시선이 아이들이 어른들과 함께 뒹굴며 활보하던 거리를 비난하기 시작했다. 도덕교육 지침서가 출판되면서 품위와 예절을 중시하는 정숙함(decorum)의 개념도 등장했다. 모든 사람들이 도박과 같은 놀이를 즐기던 중세와 달리 아이들의 놀이에 대한 도덕적 요구가 관철될 수 있었던 데에는 다수 서민이 여기에 무관심했던 것과 소수 엘리트의 편협한 의식이 긴밀하게 관계되어 있었을 것이다.

17세기에 '순수함'이라는 감성의 관념적 형태였던 푸토가 실제 아이의 모습에 계속 오버랩되어갔던 것은 아이들의 복색에서 여성적 취향이 강화되고 놀이에서 도덕적 규제가 이뤄지는 것과 함께 '외설스러움'과 '순진무구함'이라는 가치가 서로를 상대화하며 관념화해갔던 점을 확실하게 보여준다. 이들 중에서 어린이의 것으로 존중받을 수 있는 지고의 가치로 '순진무구함'이 등극한 것이다.

3. 학교의 아이들

1) 중세 : 교육하는 학교, 방종하는 아이들

17세기에 이르러 비로소 우리 시대의 어린이와 비슷한 이미지의 아이들이 출현한다. 그것은 어른들의 세속적인 손에 더럽혀지지 않은 순백의 순수 그 자체로서였다. 그때부터 아이들을 둘러싼 문제는 "어떻게 이 '순수한' 것들을 더러운 세상으로부터 보호하고 올바르게 가르칠 것인가?"라고 하는 교육적 관심으로 이동한다. 순진무구한 상태로서의 아이는 찬양되지만, 바로 그 순수함 때문에 그는 성장에서의 자유를 잃어야 했다. 중세의 아이들은 외설스러웠을지언정 다양한 인간관계와 활동 속에서 어른 못지않게 삶을 영위할 수 있었다. 17세기의 어른들은 아이들의 '순수'를 마냥 귀여워했지만, 이것은 세상사에 시달린 어른들의 관점에서 제안된 추상적인 관념에 불과했다.

중세의 학교들은 삭발한 성직자들이나 수도사들에게만 개방되어 있었다. 18세기 중반까지는 라틴어 교육이 중심이었고 읽기, 쓰기, 말하기 등 사회생활의 기본이 되는 자질들은 교육내용으로 취급되지 않았다. 요즘의 관점에서 보면 초등교육은 없었던 셈이다. 마찬가지로 고등교육도 없었다 할 수 있는데, 인문학과 자연과학 분야에서 심층적인 수준으로 학생을 끌어올리려는 노력이 거의 없었기 때문이다.

중세의 학교들은 교사들이 자신의 선호에 따라 교과내용을 조절할 수 있었기에 교과과목이 난이도에 따라 배분되거나 단계화되지 않았고, 많은 과목들의 동시 교육도 빈번했다. 다양한 연령들이 배워야 하고 배우고 싶은 내용을 중심으로 모여 재주를 익혀나갔다. 게다가 학교를 벗어나면 곧장 사회의 다른 놀이들 속에서 어른들과 제각각 재미를 보는 방종한 행태를 늘 일삼을 수 있었다. 연령과 학업단계를 일치시켜야 한다는 관념은 거의 없었다. 학생들 중 고참이 없었던 것은 아니었지만 이들은 동일한 내용을 얼마나 반복해 익혔는가에 따라 대우받던 존재였다. 나이만 먹으면 인정받는 상급생이란 아직 없었다.

1학년에서 6학년으로 이어지는 우리의 학제에서 '학급'이란 중요한 의미를 갖는다. 각 학년에서 만나는 동급생들과 특정 기간 동안 학습과 놀이의 경험을 공유하며 서로 성장하기 때문이다. 그러나 연령기의 물리적 구별에 따라 학급을 배분하는 관행은 15세기 말이 되어서야 싹튼 것이었고, 17세기 초에 비로소 최종적 형태를 취하게 된다. 중세까지의 학급 구분은 교과목의 진행과정을 피상적으로 표시하던 것에 지나지 않았다. 지식의 정도에 따라 집단을 구별한다든가, 교사가 각각

<1900년대 서당풍경> 근엄하신 훈장님 앞으로 나이가 조금씩 다른 아이들이 머리를 맞대고 앉아 공부를 한다. 벽 뒤쪽에는 서양식 모자도 걸려 있다. 근대적 학교 시스템이 이 땅에 정착하기 직전에는 이렇게 연령에 구별 없이 아이들이 함께 지식을 익혔다. 뒤쪽에 앉아 있는 조금 나이 많은 '형님들'의 옷자락은 어른들의 한복 저고리를 닮았다. 이 시기 조선에는 아직 '어린이'라는 관념이 등장하지 않았다고 해도 좋겠다.

의 집단을 따로 가르치고 관리하는 일은 15세기 중반을 지나서야 가능해진다. 학급이 공간적으로도 분명하게 분리되어서 어떤 순서를 통해 배분되고 있었다면 그 배분의 순서에는 특별한 의미가 있다고 보아도 좋다. 만약 그 순서가 학습자의 나이를 따르고 있다면 어린이기나 청년기의 독자성을 교육계가 인정하는지, 그 전개과정은 어떠했는지 살펴보아야 할 것이다. 그러나 17세기까지의 학급은 연령대의 구별을 중요하게 취급하지 않았다.

중세에는 규율의 문제도 교사나 상급생의 권위에 의존하지 않았다. 고참과 신참의 관계야 물론 중요했지만 학생들은 학교의 위계질서에 종속되지 않았다. 그렇다고 해서 전적으로 자유로웠던 것은 아니었고, 견습 수업의 계약에 사로잡혀 있기는 했다. 학생들은 여러 단체들, 그리고 친구들의 무리 속에 있었지 학습하는 개인으로서 교실들을 이동하지 않았다. 중세의 학생들은 배워야 할 것이 있는 곳이면 어디든지 몇 년씩 떠돌아 다녔고, 귀족의 아이들도 다른 귀족의 밑에서 예절이나 교양교육을 익히기 위해 자신의 집을 떠나는 일이 다반사였다. 최고의 교육기관인 대학은 전 유럽을 대상으로 학생들을 모집하고 있었고, 주력 과목은 대학마다 달랐다. 모든 사람이 일정 수준까지 도달하지 않으면 안 되는 '보통' 교육이란 아직 상상되지 않았다. '학생'이란 본격적인 어른의 생활을 준비하는 자였으나, 그것은 단지 그들이 학습공간에 있을 때뿐이었고, 배우면서 장래를 준비하고 있다면 나이에 관계없이 '학생'일 수 있었다.

2) 15~18세기 : 난폭함의 거세, 훈육되는 아이들

12세기 말에 규율을 갖춘 학교의 최초 형태를 발견할 수 있다. 1452년이 되면 콜레주(collegium), 사설기숙학원(pedagogium), 교양학부의 집(domus artistorum) 같은 새로운 표현들이 등장하고, 콜레주 교장(magister principalis), 사설기숙학원장(pedagogus), 담임교사(regens) 같은 새로운 자격의 선생님 모습이 나타난다. 이와 함께 원하는 만큼 가르치던 교사와, 수업시간 이외에 무엇이든 할 수 있었던 학생들의 자유를 '방종'으로 평가하는 일이 빈번해져갔다. 교육과 학습을 제약하는 여러 가지 규칙을 통해 학생의 이미지는 사회의 여러 신분들 속에서 서서히 특화되어갔다.

중세교육의 최고 산실이었던 대학제도 옆에서 콜레주라고 하는 또 다른 형태의 교육제도가 등장했다. 원래 콜레주는 12세기 말 가난한 학생들을 위한 수용시설에서 출발한 것이었다. 그러던 것이 고위 공직자나 수도원장이 고향이나 출신 교구에 기부금을 냄으로써 돈의 수혜자가 될 만한 장학생들의 생활시설로 정착해갔다. 동시에 장학생들을 세속의 유혹에서 보호하기 위한 다양한 생활방식이 강구되어 권고되었다. 공동식사의 예절이라든가 취침과 기상시간의 준수, 통금 등이 그것이다. 적어도 12~14세기의 콜레주에는 적은 학생들이 생활하고 있었다. 그러나 16~18세기가 되면 이 콜레주는 대다수의 학생들을 집단적으로 수용하고 가르치는 장소가 된다.

1276년 파리대학은 문법과 논리학을 제외한 다른 과목을 세속적 장소에서 수업하는 것을 금지했고, 그 때문에 문법과 논리학 교습이 독자적으로 발전해 사설기숙학교로서의 모습을 띠고 있었다. 이 콜레주와 사설기숙학교의 형태가 서서히 융합되기 시작했는데, 철학과 자연과학의 교육은 14세기 말부터 15세기 동안 콜레주에 도입되었고, 다른 다양한 교양과목들도 콜레주의 필수교과로 정착되어갔다. 그리하여 아이들은 콜레주의 울타리를 통해 생활과 학습의 영역에서 어른과 점차적으로 분리되어갔다. 여기에 영향을 끼친 것이 연령대에 기반한 콜레주의 분리 교육이다. 콜레주에서는 연령대를 10세에서 15세 정도로 제한하려고 했는데, 연령대를 맞추기 위해 나이 많은 아이를 더 어리게 취급하는 일까지 있었다. 점차 콜레주 학생은 '어리다'라고 하는 관념이 콜레주의 울타리를 넘어갔고, 19세기가 되면 가정의 부모들도 공감하게 된다.

15~16세기에 구축되어갔던 콜레주의 담장 안에서 가장 확연하게 드러나는 특색은 '방종'에 대한 통제다. 출석의 점검, 탈선에 대한 벌칙, 출입금지 구역의 창설, 외출의 금지, 단정한 복장, 식사의 예절, 공공장소의 여자 출입금지, 그리고 무엇보다도 시간표의 활용. 장학생들의 생활을 규제하던 기본 원칙들이 학생들의 일과 전체를 조율하는 지배장치로 변신하고, 이 과정에서 규율을 감시·감독하는 교사와 그 지시대상이 되는 학생들의 분리가 확연해졌다.

위반에 대한 감시와 밀고 속에서 체벌의 형태도 확산되었다. 중세에도 태형과 같이 직접적으로 신체를 손상시키는 형벌은 있었다. 그러나 벌금을 내고 회초리를 맞는 일은 굴욕스러운 것이 아니었다. 15~16세기가 되면, 당시 프랑스 사회 전체에 퍼져 있던 절대왕정의 권위 속에서 중세와는 다른 규율적 차이가 발생한다. 귀족의 경우처럼 체벌을 피할 수 있는 계층이 부상하는 것이다. 신분에 따른 차별적 적용이 체벌 문화를 관통하기 시작했다. 그러나 이때에도 아이들과 젊은 이들은 신분에 관계없이 똑같은 규율을 통해 훈육되고 있었다.

체벌이 연약한 어린이에게는 어울리지 않는다는 의식이 구체화된 것은 18세기가 되어서다. 18세기에는 어린이의 연약함을 보호하려는 자유주의 교육관과 함께 군대적 사고가 등장한다. 나폴레옹 1세는 콜레주와 같은 중등교육에 군대 규율과 같은 엄격한 복종 원칙이 적용될 필요를 느꼈다. 교육의 군대화에 교회 당국은 반대했지만, 예비 신학교에서도 호루라기라든가 밀집 대형으로 이동하기, 종대 집합, 독방 감금과 같은 방식을 차용하는 등 어쩔 수 없이 군대문화가 교육공간 전체를 휩쓸고 지나갔다.

1762년이 되면 사설기숙학교의 학생들은 이전 시기에 가난한 장학생들이 입던 긴 성직자복 대신에 장교복을 본뜬 제복을 입기 시작한다. 라틴어는 조금 덜 중요해졌고 대신에 지리, 역사, 수학처럼 근대적이고 다분히 전쟁 수행을 염두에 둔 과목이 보다 많은 시간수를 할당받게 된다. 교육의 군대화는 사회 속에서 군대가 차지하는 위상과 맞물려 있는 현상이었다. 군대의 위상은 왕정복고기에는 실추되지만, 제2제정기에는 다시 회복되었고. 이것이 확고부동한 교육질서의 한 축을 담당하게 되었다. 이 과정에서 장교는 귀족의 이미지와 오버랩되었고, 청소년 초기의 모습과 하급병사라는 자격 사이에 불명료하지만 비슷한 요소들이 생겨났다.

18세기 장교와 병사의 모습은 제복을 입고 남성성을 강화하는 방식으로 사회 속에 들어왔다. 그리고 당시의 교육자들은 제복과 규율이 지니는 도덕적 가치를 설명하려 했다. 마침내 학교에서 청소년과 병사를 거의 동일하게 보게 되었고, 거칠고 남성적인 성격과 문화가 청소년이 익혀야 할 자질로서 예찬되기 시작했다. 17세기 이후 학교교육이 분명 계급에 의해 독점된 것은 아니었다고 해도, 이렇듯 성에 있어서는 남성 독점으로 출발한 것이 분명하다. 17세기에 어린이의 순진무구함을 상징했던 여성적 복장들은 이렇듯 18세기에 남성성으로 무장한 제

<초등학교 아이들의 행진> 1880년 프랑스 혁명 기념일에 행진을 하는 파리의 한 초등학교 아이들이다. 군대식 행진을 하는 이들은 그림 오른편에서 구경하는 한 군인의 군복 같은 것을 입고 있다. 왼편 앞쪽에서 삼색기를 들고 행진을 뒤쫓는 조금 더 어린 아이들은 해군의 세일러복 같은 것을 입고 있다. 집단 속에서 자기 신체의 리듬을 통제받아야 했던 이들 행진대와 함께 서유럽의 '청소년' 이미지가 구체화되어갔다.

복의 청소년기를 만나 서로 대조를 이루게 되었고 '청년기＝남성성',
'어린이기＝여성성'의 등식이 특수한 연령대의 이미지로 굳어졌다.

4. '거리의 아이'에서 '가정의 아이'로

1) 가정교육의 시작

서양교육의 역사만을 놓고 본다면 '대학교육에서 콜레주, 즉 중등교육
으로'의 전개가 있었다고도 말할 수 있다. 나중에 살피게 되겠지만 초
등교육이 콜레주에서 완전히 독립하게 되는 것은 20세기에 와서이다.
17세기까지 프랑스에서는 현재의 초등교육에 해당하는 소학교(petite
school)란 말이 없었다. 중세에서 기술교육의 하나였던 쓰기와 읽기는
17세기에 예비적이고 필수적인 교과로 취급되기 시작한다.

　　제복을 입고 훈련받는 남성으로 청소년기가 특화되자 그 이전 단
계 시기의 교육에는 체벌이나 강압적인 규율이 적당하지 않다는 관념
이 동시에 일어났는데, 이는 아이들의 양육방식에서 일어난 근대적 변
화와 연결되어 있었다. 중세까지 유럽 전체에서 공통되었던 양육방식
은 유모양육이다. 물론 로미오와 줄리엣처럼 유모를 집 안에 둘 수 있
었던 것은 극히 부유한 일부의 경우였다. 보통의 부자들은 조금 가까운
곳에 있는 유모 집에 아이를 맡겼고, 가난한 사람들은 먼 곳에 맡기곤
했다. 아이들의 양육에서 계급적 차이란 크지 않았던 셈이다. 대부분의
부모가 일단 맡긴 뒤에는 큰 관심을 두지 않았고 양육비를 지급하는 일
에도 소홀했다. 돈이 되지 않았으므로 유모들은 더 많은 아이들을 맡아
키우려 했고, 덕분에 아이들에게 골고루 온 정성을 쏟을 수가 없었다.
부모와 유모의 이런 무관심 속에 많은 영아들이 죽어가기도 했다.

18세기 말이 되면 상류층을 중심으로 유아에게 모유를 먹이는 가정이 등장한다. 19세기가 되면 유모양육을 하더라도 되도록 유모를 집 안으로 불러들이려는 경향이 나타나는데, 아이들을 집 안에서 보호하며 길러야 한다는 생각에 기댄 발상이었다. 이전 시기의 아이들이 유모의 집을 전전했다면, 이제는 유모가 아이들이 있는 집들로 이동하는 현상이 벌어진 것이다. 그리고 아이들의 교육에 있어서 어머니와 가족이라는 공간의 중요성이 커져가면서 점차 유모양육은 포기되어갔다. 이때가 되어서야 비로소 '어린이'가 가족관계의 핵심에 떠오르는 것이라고 볼 수 있다. 17세기에 출현한 '순진무구함'의 가치가 관념적으로 어린이를 귀여워할 뿐이었다면, 18세기 말부터는 어린이를 '잘 기르기' 위해서는 귀여워해야 할 뿐만 아니라 다른 행동 또한 필요하다는 의식이 여기에 동참하게 된다.

부모양육은 어린이를 건강하게 기르고, 또 그들이 건전하게 교육받을 수 있도록 위생과 도덕을 단속해 나가는 방향에서 이뤄졌다. 순수한 상태에서 자라나는 아이의 몸. 그것에 대한 어머니의 관찰과 배려는 그러나, 그들의 몸에 대한 관리와 감독이기도 했다. 가족애는 어린이에 대한 관리를 통해서 표현되고 증명될 수 있었고, 이것을 중심으로서만 부부애와 형제애를 확인하는 일이 가능해졌다. 가족 내부의 사랑은 '어린이'의 관리와 함께 공고해졌다. 종교적이거나 군사적인 이유로 집단을 구성하고 그 유대감 속에서 사회성을 확보했던 남성들과 일상적 노동과 놀이를 통해 유대를 이뤘던 여성들이 그들 각각의 조직들 속에서 빠져나와 이루게 된 근대적 가족은 '아이 사랑' 때문에 점점 배타적 공동체가 되어갔다. 이에 대해 아리에스는 "근대사회에서 승리한 것은 개인주의가 아니라 가족이다"라고까지 말한다.

2) 의학의 시선, 어린이의 신체

가족의 독립성이 중요하게 부각되면서 거리와 광장에서 무리를 지어 생활하고 활동하던 생활방식에도 변화가 찾아왔다. 그 독자성이 중요한 만큼 그들만의 독립적인 공간에 대한 요구가 생긴 것이다. 우리는 가족 구성원들의 사적 영역에 대한 당시 사회의 여러 가지 '배려들' 속에서 가정 내부의 공간적 변화도 추적할 수 있을 것이다. 어린이에 대한 관심에서, 당시의 교회와 의사들은 부부나 가족의 일부가 아이와 함께 자면서 그들을 압사시켜서는 안 된다는 권유를 강압적으로 제시했다. 즉, 어린이만을 보호하고 양육하는 공간이 가족 내 공간에서 중요하다는 것이었다.

어린이의 방을 특별한 건축적 대상으로 삼은 것은 1780년에도 있었다. 그러나 이 시기까지도 아이들의 방은 가정 내에서 하인들의 방과 다름없이 하찮게 취급받았다. '의존'이라는 관념 아래서 하인과 아이들을 함께 묶던 관습 때문이다. 그러나 전통사회의 관습에도 불구하고 아이들의 공간은 점점 독립해 나갔다. 조그만 크기로 제작되기는 했지만 그들의 공간은 평범하지 않았다. 그 장소 자체가 신체적으로나 정신적으로 도덕적이어야 한다는 요구가 수반되었기 때문이다. 때문에 가족 이외의 사람이 이 공간에 들어오기가 쉽지 않았다. 유모나 하인의 손길로부터도 아이들을 떼어놓아야 한다는 생각이 설득을 얻어가고 있었다. 아이와 유대감을 형성하고 그러기 위해 접촉할 수 있는 최초의 대상은 어머니가 되었고, 어머니와의 감정교류야말로 아이가 누려 마땅한 최고의 생활환경으로 칭송받게 되었다. 그렇지만 모자(母子)가 그 방안에서 그저 좋아라 껴안고 있을 수만은 없었다. 아이의 도덕적 관리야말로 그 방의 존재이유였기 때문이다.

19세기가 되면 아이들의 몸, 그 순수한 상태에 대한 보전과 관리가 강화된다. 이것은 특히 아이들의 성욕문제를 중심으로 이야기되었다. 아이들의 자위를 감시하고 방지하기 위한 노력이 부모나 성직자, 그리고 의사의 협동 속에서 구체화되었다. 이때부터 가족 공동의 방, 공동의 침대는 완전히 사라진다. 한 사람 앞에 하나씩의 침대를! 남매간의 근친상간, 아버지와 딸의 근친상간에 대한 공포 속에 가족들 내부에도 고립이 형성되었다. 비슷한 시기에 자위와 그 이상의 성적 충동들에 관한 정신질환적 분석도 많아졌다. 그 중에서도 어린이기의 성욕이 어른 정신병과 관계 있다는 설명이 강하게 부상했다. 덕분에 부모는 한시도 아이에게서 눈을 뗄 수 없게 되었다. 취침시간이나 기상시간에 침대 속에서 아이들이 빈둥거리지 않게 만드는 것도 관건이었다. 옷은 되도록 성기를 마찰하거나 자극하지 않도록 특별히 디자인되었고, 아이들의 책과 그림에서 성과 관련된 표현은 삭제되었다. 중세의 아이들이 누렸던 거리의 문화와 대비해 보면 놀랍도록 무성(無性)적인 배려가 발생한 것이다. 심지어 자신의 몸을 만지작거리는 아이의 손을 침대 난간에 묶어놓기도 했다. 여기에 더하여 아이들 스스로 자신들을 감시하고 반성할 수 있도록 하는 일기쓰기가 권장되었다.

학교의 안과 밖 어디에서도 아이들은 자유로이 그 순진무구함을 떨칠 수 없었다. '어린이'로서의 자격을 의심받지 않으려면 온갖 금기 속에서 생활할 수밖에 없었다. 아이에 대한 훈육과 통제의 규범을 뒷받침했던 것은 건강함이나 도덕적임에 대한 의학의 지식이었다. 이 시기의 의학은 과학으로서 절대적 권위를 행사했는데, 이것은 아이러니였다. 가장 사적인 공간으로 창출되었던 가정과 오직 부모에 의해서만 독점될 수 있었던 '그들만의' 아이들이 과학과 의학이라는, 공적이며 때로는 국가적이었던 시선의 통치를 받게 되었기 때문이다.

3) 노동자계급의 아이들

17세기 말 기독교 교회를 중심으로 많은 자선학교가 설립되었다. 세속적 직업교육에 높은 도덕성이 들어 있다는 믿음이 유포되어 있었기 때문이다. 당시에 자선학교는 장인이나 상인, 동시에 부유한 부르주아지도 받아들였다. 당시에는 가난에 대한 혐오가 지금과 같지 않았고, 아이들에 대한 관심의 증대가 계층을 막론하고 중요해졌다. 이 시기에 속하는 일부 사람들이 곧바로 교육을 부자들의 것으로 개념화해버리는 일도 있었다. 교육을 가난한 사람에게까지 확대하면 이들이 노동에 반발할 것이라는 공포가 싹튼 까닭이었는데, 이것은 교육이야말로 부랑아들에게 도덕을 가르쳐 하인과 노동자로 양성할 수 있는 수단이라고 생각했던 17세기 개혁가들의 사고와는 정반대의 것이었다. 이와 동시에 '장래의 직업 혹은 경력에 적합한' 학업이라는 근대적 관념이 등장해서, 각자가 신분에 따른 사회적 의무를 자각하고 교육받아야 한다는 생각이 학교교육에 첨가되었다.

　18세기 중엽 이후 프랑스에서는 도시로의 인구집중과 산업화 때문에 노동자계급의 건강과 위생이라는 문제가 노동의 안정적 수급을 위해 중요해졌다. 도시 하층민의 주거군은 공기의 환기, 하수의 배수, 오물처리에 있어 열악한 상황을 면할 수가 없게 되었다. 서서히 성장해 간 중간계급, 부르주아지는 노동자와 공유한 그들의 도시가 이들의 열악한 생활조건에 의해 더럽혀지는 것을 걱정했다. 그들은 계급과 무관하게 사람들을 죽음으로 내몰았던 콜레라의 창궐도 이러한 비위생적인 주거환경 때문이라고 간주했다.

중간계급에게 빈민과 노동자에 대한 공포는 이들의 주거공간을 둘러싼 이미지 속에서 더욱 기괴한 것으로 받아들여지기 시작했다. 그들은 이 더러운 집의 아이들과 자기 자녀들이 같은 공간에서 함께 교육받는다는 사실을 참을 수 없어 했다. 그리하여 19세기 초가 되면 부유한 학생들만을 위한 기숙학교 체제가 발달한다. 저렴하게 모든 계층의 아이를 받아들였던 콜레주들은 어디론가 사라지고, 대도시의 높은 생활비를 감당할 수 있는 집안의 자녀들 중심으로 학교들은 부르주아적인 것이 되어갔다. 도시의 학교란 계급적으로 독점화되어갔고, 신분을 드러내고 선별하는 수단으로 작동하기 시작했다. 작은 어른이었던 중세의 아이들은 콜레주를 통해 보다 큰 어른들과 구별되었으나, 이 과정은 빈자들을 부자들로부터 분리시키는 과정이기도 했다.

부르주아지의 아이들이 자기들만의 방과 학교의 담장 안에서 훈육받고 있을 동안, 가족 구성원의 방을 따로 마련할 수 없거나 자식을 학교에 보낼 수 없었던 서민층의 아이들은 중세와 마찬가지로 여전히 거리에서 뛰놀았다. 부랑자들과 함께 아이들은 산업화에 따른 도시의 시간질서에 구애받지 않고 언제고 거리를 활보할 수 있었다. 그러나 아이와 어른이 함께 도박을 즐기는 중세적 놀이 관습에 대해 사회의 시선은 더이상 너그럽지 않았다. 종교인들과 박애주의자들은 이들의 놀이에서 만악(萬惡)의 근원을 발견했다.

거리는 가난한 자들의 놀이터였으나 '그렇게 되어서는 안 된다!' 박애주의자들의 교육 목표는 이렇게 이들을 거리에서 쫓아내 학교나 집으로 밀어넣는 것이었다. 그리고 거리로부터 추방된 아이들을 찾아서 학교의 교실을 향해, 아이의 방을 향해, 사회 도처의 시선이 감시와 통제를 멈추지 않는 일이 벌어졌다. 영국에서는 1900년을 전후로 거리

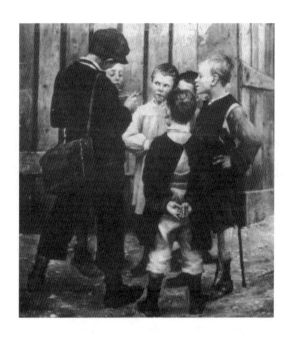

<Kids in the Back Street> 도시의 뒷골목에서 아이들이 함께 어울린다. 앞쪽에 모자를 쓰고 있는 키가 좀 큰 아이가 놀이를 주도하는 듯하다. 이들의 표정에서 흥미로움과 동시에 은밀함이 느껴진다. 어떤 금기가 이들을 자극했을까? 1883년의 이 사진에서 주목해야 할 부분은 아이들의 복장이다. 검은 앞치마와 같은 것을 당시에는 교복으로 입었다.

를 놀이 장소로 사용하는 것을 법적으로 금지했다. 아이들의 무절제한 거리 생활은 잔소리 몇 마디로 해결되지 않는 범죄가 되어버렸다. 1911년 버밍엄에서는 132명의 아이들이 단지 거리에서 축구를 했다는 이유로 잡혀서 처벌을 받았다. 다른 유럽에서도 사정은 비슷했다.

영국뿐만 아니라 유럽의 많은 도시가 거리에서 아이들을 회수하는 일을 어머니의 중요한 역할 중 하나로 다뤘다. 1837년 프랑스에서는 노동자나 빈민의 어머니들에게 보조금을 지급하는 정책이 행해졌는데 이것은 19세기 말이 되면 가족급여 정책이 된다. 노동자의 아이 양육에 국가나 위생관리자들이 적극 개입하는 과정에 다름 아니었다.

5. 현대사회의 제왕, 어린이

유럽의 어린이기는 근대적 가족주의의 발달과 자본주의 산업화 과정 속에서 특권화되어버린 인생의 한 시기에 불과했다. 어머니의 지극한 사랑과 아버지의 근엄한 교육이 필요한 존재로서의 '어린이'란 17세기를 전후로 해서 개념화되었다. 프랑스를 중심으로 한 유럽의 사례들은 우리나라에서 '어린이'란 말의 출현도 재고하게 한다.

20세기 초반 식민지 한국에서도 '어린이기'라고 불릴 만한 사회 현상이 구성되고 있었으며, '가족'이라는 형태가 그러한 사회적 조건에 적극적으로 대응하고 있었다. 일반적으로 비서구의 근대화는 유럽에서 서서히 구성되어간 관념과 제도의 고유한 역사성을 제거한 채, 그것 자체를 절대적인 것으로 받아들임으로써 이뤄져왔다고 한다. 앞서 언급했던 방정환의 '어린이들'도 하나의 제도로 이와 같은 경로를 밟았다. 'childhood'를 '어린이'라는 말로 옮겨옴으로써, 연령별 수준차 학습에 기반한 교육제도와 모성애를 중핵으로 설정하는 가족애의 창출이 가능했다. 게다가 한국에서 어린이기는 식민지 경영을 위한 제국 일본의 병원과 학교, 위생경찰 체제, 위생조합 등의 제도적 장치를 작동시키는 고리이기도 했다.

'어린이'라는 단어는 전통사회의 '유아'(幼兒), '영아'(嬰兒), '아동'(兒童)과 그대로 대응하지 않는다. 구전설화에서 '어린이'라는 말은 거의 발견되지 않고, 아이는 '아들'·'딸'·'누이' 같은 관계 지시어로 지시되었다. 아이의 독자적인 순수성과 개성은 중요하지 않았고, 가족과 공동체의 다양한 관계 속에서 그들의 도덕과 능력은 시험받아야 했다. 아버지를 아버지로 모실 수 없는 자식으로서의 안타까움과 율도국이라는 이상국 건설의 모험 속에서 펼쳐지는 홍길동 이야기는 어린 그의 나이를 의심케 한다. 신기한 능력을 지닌 전래동화의 아이들은 순수함의 극한을 보여주는 것이 아니라 어른도 감당 못할 재주와 기예로 이야기의 흥미를 자극한다. 사대부의 아이나 하층민의 아이는 부모나 스승의 가르침을 스스로 좇고 배워야 하지, 막연히 어머니의 손길을 기다려서는 안 되었다. 전통사회의 아이들은 순진하다고 해서 특별한 존재일 수 없었다.

5월 5일은 어린이의 순수함과 건강한 성장을 희망하기 위해 마련된 날이다. 그러나 이들 '어린이'의 보호와 양육에 기울이는 부모들의 애정 공세는 1년 365일을 어린이 날로 만들고 있다. 놀이공원이 행복한 가족의 마땅한 놀이터라는 듯 우리를 향해 손짓한다. 그 유아적 장식과 화려한 모양새는 방문하는 사람들을 모두 동화 속 왕자님과 공주님으로 만들어준다. 이 안에서 신데렐라와 미키마우스, 각종 동물우화와 아동만화의 경험이 돈과 교환된다. 도시의 한복판에 이렇게 오로지

<일과표를 통한 규율> 1920년대 식민지 시기 『수신』(修身) 교과서에 등장하는 삽화를 보면 학교에서의 규율과 가정의례가 동일한 일과표 안에 배분되어 있다. 때에 맞춰 이를 닦고, 체조도 하고, 심지어 부모님과 대화할 시각과 자세마저 친절하게 알려준다. 아이들의 몸과 마음이 학교와 가정 안에서 일률적으로 제작되고 있는 것이다. 저 멀리 오전 8시의 시계는 일장기와 만나는 방법까지도 알려주고 있다.

유년만을 찬미하는 공간이 있다. 커다랗게 색색깔로 번쩍이는 놀이기구들, 인형들의 세계는 순수함과 천진함이 결코 일상의 세계에서는 찾아볼 수 없는 것인 듯 사람들을 쳐다본다.

우리는 17세기 이래로 거리에서 아이들이 가정과 학교 안으로 쫓겨 들어가야 했던 역사를 환기할 필요가 있다. 순수함을 만끽할 수 있다고 선전되는 놀이공간과 훈육만을 권장하는 학교공간의 분리, 그리고 이 양쪽을 동시에 손에 쥐고 아이들을 휘두르는 어머니의 가정. 이 안에서 움직이는 '어린이만을 위한 문화'란 과연 중세 유럽의 거리에서보다 더 많은 웃음과 행복을 아이들에게 전해주는 것일까?

.7강. 근대적 주거공간의 계보학

이진경

1. 19세기의 노동자 주택문제

19세기 중반 이래 유럽, 특히 자본주의가 발전한 영국과 프랑스의 도시 인구는 급격히 증가했다. 1801년까지 영국에서 인구 10만 명을 넘는 도시는 런던뿐이었다. 그런데 1851년에는 인구 10만 명을 넘는 도시가 10개나 됐다. 프랑스 역시 마찬가지여서, 파리의 인구는 1801년 54만7천 명에서 1836년 89만9천 명으로, 1866년에는 182만 명, 1886년에는 234만 명이 넘게 되었다. 도시 인구의 급격한 증가로 인해 주택의 수요는 급증했지만, 주택 공급은 미미하게 증가했다. 그 결과 지대와 임대료는 급격히 상승해서 파리의 경우 1810년경부터 1850년대까지 지대는 거의 3배로 인상되었고, 나폴레옹 3세가 지원했던 오스망의 파리 대개조 사업이 시작된 이후에는 상승률이 증가하여 1870년대에 이르면 1810년의 거의 4~5배에 이르게 된다(Daumard, *Maisons de Paris et propriétaires parisiens au XIXe siècle*, pp. 121~123).

이러한 사정으로 인해 집 없는 노동자·빈민·부랑자가 급증했고 도시 곳곳에 슬럼이 만들어졌다. 지하실이 숙소로 개조되었고 남녀구

<거리가 집이요, 집이 거리다> 도레(Gustave Doré, 1832~1883)의 「더들리 가」
(1872)에 그려진 노동자들의 주택에는 안팎의 구별이 모호하다. 거리는 빈민들의
놀이터였을 뿐 아니라 삶의 공간, 즉 주거공간의 일부였기 때문이다. 그 거리에서
노동자의 아이들은 뒤섞여 놀며 자랐다. 또한 어른들 역시 거리에서 만나고 소통했
다. 19세기의 혁명의 이미지가 거리에 바리케이드를 치고 자신들의 공간을 확보하
는 형태를 취했던 것은 이런 이유에서가 아니었을까? 그래서 부르주아지는 이를 끔
찍이도 싫어했고, 그래서 거리에서의 놀이나 고성방가 등을 법으로 금지했다. 그리
고 거리를 마차나 자동차의 통과공간으로 만들어버렸다.

분도, 가족간의 구별도 없이 뒤섞여 좁은 공간에 기거하는 간이숙소가 난립했다. 새로이 지어진 집들의 상태 역시 급증하는 수요와 임대료를 겨냥해서 '최소 비용으로 최대 효과'를 얻기 위해 만들어지다 보니 하수, 오물, 변 등을 제대로 처리할 수 있는 조건을 전혀 갖추지 않은 채였고, 오직 등 붙이고 누워 잘 방에다 간단한 부엌 정도만을 덧붙인 집들이 빼곡빼곡 등을 맞대고 지어졌다. 공기의 환기, 하수의 배수, 쓰레기나 변 등의 오물 처리 어떤 것도 제대로 되지 않는, 숨쉬기조차 힘들게 빽빽한 이 끔찍한 환경에 부르주아지나 '중간계급'이 눈을 돌리게 된 것은 한편으로는 19세기 내내 끊임없이 일어난 혁명의 파고 때문이었고(따라서 이러한 주거 개량에 대한 관심을 노동자와 빈민에 대한 중간계급의 공포로 설명하는 사람도 있다. 즉, 그것은 '폭도들'에게 주는 작은 미끼였다는 것이다), 다른 한편으로는 1830년대 이래 유럽 사람들의 목숨을 대량으로 앗아간 콜레라의 광풍 때문이었다.

열악한 주거환경과 그로 인한 불결하고 비위생적인 상태는 계급과 무관하게 수많은 사람들의 목숨을 앗아간 콜레라의 발생 원인으로 간주되었고, 따라서 공중위생을 위해서는 이러한 끔찍한 주거환경을 개선해야 한다는 발상이 19세기 후반에 이르면 지배계급 내부나 보수적 개량주의자들 사이에서 광범하게 확산되었다. 1831년 말에 시작해 이듬해에 수많은 사람들의 목숨을 앗아간 콜레라는 영국에서도 위생에 대한 지배자들의 경각심을 환기시켰고, 그에 따라 그 질병의 발병지인 노동자들과 빈민들의 지저분한 주거환경에 눈을 돌릴 수밖에 없게 되었다. 1834년 제정된 신(新)빈민법에 따를 때, 세대주가 전염병에 의해 사망함으로써 그 법의 구빈제도에 의존하게 된 사람들의 수는 과부가 4만3천 명, 고아가 11만2천 명에 이르렀다고 한다(김동국, 『서양

사회복지사론』, 209쪽).

부르주아지는 한편으로는 이러한 빈민들이나 노동자들에 대한 공포를 갖고 있었고, 다른 한편으로는 이들이 자신들이 함께 사는 도시의 한 부분을 불결함과 악취로 오염시키고 자신들도 결코 피할 수 없는 전염병의 발생지가 된다는 점에서 노동자나 빈민들의 주거문제에 대해 관심을 갖게 되었다. "도시의 부패가 개혁가들의 관심을 야기했다면, 그것은 단지 냄새 때문이었다"(Gauldie, *Cruel Habitations*, p. 21). 공중보건의 E. 채드윅이 주도하여 1842년 작성된 『노동계급의 위생상태와 그 개선수단에 관한 보고서』는 1848년 공중위생법의 제정에 결정적인 역할을 하였는데, 이후 주택과 관련된 일련의 법과 법령이 만들어진다.

그러나 위생과 주택에 관한 입법들은 오히려 주택 사정을 악화시켰다. 예컨대 개인의 비위생적인 주택을 철거할 권력을 지방 당국에 부여했던 1868년의 토렌스 법령은 대책 없는 철거로 주택 사정을 더욱더 악화시켰고, 이로 인하여 과밀이 더욱더 심화되었을 뿐만 아니라 임대료 또한 상승하게 된다(Wohl, "The Housing of the Working Class in London, 1815~1914", p. 19). "주택문제를 경제적인 연구나 정치적인 행동의 문제가 아닌 공공위생의 문제로 다루는 것이 그에 대한 적절한 해결책을 찾는 데 실패하기도 한 원인이었다"(Gauldie, *Cruel Habitations*, p. 85).

다른 한편 위생가들과는 다른 관점과 관심에서 노동자나 빈민들의 주거문제에 접근하여 해결하려고 했던 다른 중요한 흐름이 있었다. 여기서 가장 중요한 두 가지 상반된 입장을 대비시킬 수 있는데, 푸리에의 사상에 기초한 코뮌주의자들의 방법이 그 하나고, 오귀스트 블랑

키의 형제였던 아돌프 블랑키 등의 박애주의자들이 시작하여 이후 국가의 지원 아래 진행되었던 박애주의적 방법이 다른 하나였다.

프랑스에서 이와 같은 두 가지 입장의 차이가 명시화되면서 논쟁이 벌어지게 된 계기는 로슈슈아르 가(街)에 '시테 나폴레옹'(La Cité Napoléon)이라는 대규모 노동자 주택단지가 만들어지면서부터다. 이 사업은 당시 대통령이었던 루이 나폴레옹과 프랑스 저축은행운동의 창시자인 B. 들레세르를 포함하여 사회의 수많은 저명인사의 지원을 받았는데, 그 협회의 발안자인 M. 샤베르를 비롯해 대부분의 사람들은 푸리에나 푸리에주의자들의 사회주의적 사상에 대한 방어의 일환으로 그것을 시작했다.

그런데 아이러니컬하게도 G. 뵈니가 설계한, 아직도 남아 있는 최초의 저가 임대주택인 그 아파트 단지는 그 디자인이나 공간의 배치에서 푸리에의 팔랑스테르(Phalanstère)의 영향을 강하게 받은 것이었다. 집합적인 아파트 단지를 통해 주택문제를 해결하려 한 발상은 말할 것도 없고, 투명한 유리지붕을 얹은 건물 중앙의 갤러리-통로나, 세탁소, 목욕실 등의 공동 편의시설 등은 누가 봐도 푸리에의 팔랑스테르를 떠올리게 하는 것이었다. 시테 나폴레옹은 그 즉시 푸리에주의자들이 만든 신문 『평화적 민주주의』에서 "연합(association)의 이점을 도입하여 사회주의로 인도하는 계획"으로 찬사를 받았다. 사업을 시작했던 협회의 사람들은 바로 동일한 이유로 인해 그 결과에 대해 만족하지 못했을 뿐만 아니라 사업 자체를 거부하게 된다. 그래서 사업은 원래의 계획과 달리 더 이상 확산되지 못했다. 그들 생각에 "노동자들을 사회의 다른 부분으로부터 떼어내서 군집화하는 것은, 그들이 수많은 상상된 결함을 그 탓으로 돌리는, 그들이 부자라고 부르는 사람들에 대한 질투심을 강화하지 않겠는가" 하는 것이었다(Bullock and Read, *The Movements for Housing Reform in Germany and France, 1840~1914*, pp. 313~314).

여기서 시테 나폴레옹은 노동자와 빈민들의 주택문제를 해결하려는 상반되는 프로그램이 현실적으로 부딪치고 충돌하는 계기가 되었고, 이후 이 문제를 둘러싼 논쟁이 격렬하게 진행되었다. 이 두 가지 상반되는 사상과 입장은 이후 각자 나름의 독자적인 경로를 밟게 된다. 이는 1800년대 후반의 노동자 주택과 관련된 전체적인 흐름을 규정하는 것이었다.

2. 코뮌주의

노동자와 빈민의 주택문제를, 그들의 삶과 생활의 문제로서 이해하고 그러한 관점에서 해결책을 제시하려고 했던 것은 코뮌주의자들이었다. 이와 관련해 직접적이든 간접적이든 가장 강력한 영향력을 행사한 것은 푸리에다(영국에서는 이미 오웬이 어느 정도 유사한 코뮌적 프로그램을 입안하여 실험한 바 있었다. 이는 나중에 오웬 자신에 의해, 그리고 다른 오웬주의자들에 의해 미국에서 실험되었다). 그는 알다시피 서로가 타인의 권리와 이익을 존중하면서도 개인 성향의 자유로운 만족을 보장하는 개혁된 사회를 꿈꾸었고, 이를 위해 합리적으로 구성된 기능적 단위으로서 팔랑크스(Phalanx)와 그 단위별로 생활과 생산이 이뤄지는 복합체인 팔랑스테르를 제안했다.

푸리에의 생각에서 팔랑스테르는 사회와 연계를 잃은 채 가족을 지향하는 도시나 농촌 도읍과 달리 가족과 사회, 생활과 생산이 결합되어 이뤄지는 사회를 건축적으로 기초짓는 것이다. 푸리에는 집합적인 주거형식을 취하는 건축물과, 그 중심에 자리잡은 공공 시설과 공적인 건물, 사람들이 모일 수 있는 집합적 공간을 이용해, 나아가 사람들의 순환이 이뤄지는 공간의 동선을 통해 그 건축물에 관련된 모든 사람들이 서로 쉽게 소통하고 교류하며 만나고 관련을 맺는 그런 코뮌적인 공간을 구상하고 있다. 그것은 단지 어떤 집합적 단위가 이용하는 건축물이란 점에서 코뮌적인 것이 아니라, 건축물의 공간적 배치 자체가 코뮌적인 그런 공간을 만들어내려고 하는 것이다.

이는 노동자나 빈민들의 어려운 삶에 주목했던 사람들과, 화폐와 계산이 야기하는 경쟁과 적대로부터 거리를 두려고 했던 사람들의 관심을 끌기에 충분했다. 더구나 대중적인 주택이나 노동자를 위한 건축이 만들어지기는커녕 설계도, 구상도 된 다른 사례가 거의 없었기 때문에, 프랑스에서 이 구상은 매우 강력한 영향을 남겼던 것이고, 급기야 사회주의에 대해 반대하려는 사업에서도 그것에 기대는 역설적인 사태가 발생했던 것이다. 박애주의자들은 이 코뮌적인 모델을 두려워했으며, 그것을 다른 모델로 대체하기를 원했지만, 1850년대 후반이 되기 이전에는 별다른 모델을 찾을 수 없었다. 나중에 언급하겠지만, E. 밀레의 뮐루즈 주택이 엄청난 인기와 영향력을 가질 수 있었던 것은, 푸리에나, 그 이후 푸리에주의자들의 다양한 모델과 설계와 다른 첫번째 모델이었다는 점과 무관하지 않을 것이다.

한편 푸리에의 이러한 제안은 단지 구상에서 끝나지 않고, 그것을 실현하려는 현실적인 노력과 결부되었다. 푸리에 당대에 프랑스에서 그것을 구현하려는 시도는 1832년 M. 보데 뒬라리에 의해 이뤄졌는데, 그는 랑부이예 숲 근처에 팔랑스테르를 위한 부지까지 구입했지만,

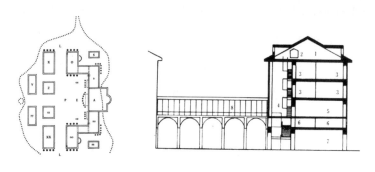

<군사적 공간에서 가족 공간으로> 팔랑스테르의 기능적 단위인 팔랑크스는 원래 고대 그리스의 전투대형을 의미하는 단어였다(아래 왼쪽은 팔랑스테르의 기본구상도이고, 오른쪽은 단면구성도이다). 이와 달리 파밀리스테르는 사적인 공간을 포함하고 있는, 말 그대로의 '가족 궁전'이었다. 정면에 보이는 미음형의 건물 세 동이 주거공간인 파밀리스테르이고, 그 앞에 있는 건물들은 학교·식당·극장 등이 있는 곳이며, 개천 오른편에 있는 공장은 이 사람들이 일하는 곳이다. 파밀리스테르 전체는 이처럼 푸리에의 구상에 따라 생산과 주거, 생활이 하나로 결합된 삶의 단위로 만들어졌다(맨위는 파밀리스테르의 조감도).

자본의 부족으로 실패했다(베네볼로, 『근대 도시계획의 기원과 유토피아』, 104쪽). 다른 시도들이 여러 나라에서 이어졌는데, 가장 성공적인 것은 미국이었다. 1840년에서 1850년까지 이 운동은 미국에서 최소한 41개의 코뮌이 만들어질 정도로 성공했다고 한다(베네볼로, 『근대 도시계획의 기원과 유토피아』, 105~107쪽). 다른 한편 푸리에 사후 사회주의운동을 이끌던 V. 콩시데랑은 푸리에의 이 정치적 이상과 새로운 주거문제에 대한 새로운 제안을 『팔랑스테리엥』(Palanstérien)이라는 신문을 발간하여 선전하고 발전시켰다. 그는 또 파리 근방에서 500명 정도의 사람들로 이뤄진 실험적 코뮌을 재정적으로 지원하는 안을 1849년 의회에 제출했지만 의회는 그것을 심의하는 것조차 거부했다(아리에스·뒤비, 『사생활의 역사』 4권, 524~525쪽). 콩시데랑의 친구였으며 유명한 건축가인 C. 달리는 1830년대 말에 4백 명의 아이들을 위한 팔랑스테르를 설계한 바 있다.

하지만 가장 중요한 시도는 자수성가한 사업가 J.-B. A. 고댕이 만든 가족궁전, 파밀리스테르(Familistère)였다. 1842년에 푸리에주의적인 신문을 통해 푸리에의 사상을 알게 되고, 이후 푸리에주의자들과 접촉하여 열렬한 푸리에주의자가 된 그는, 1846년 기즈(Guise)에 스토브 및 오븐을 만드는 주철 공장을 세우면서 이주하는데, 그의 사업이 성공하면서 재산을 모으게 되자, 1859년 자신의 공장 노동자들을 위한 주택을 짓는 사업을 시작한다. 이는 19세기에 있었던 모든 사회주의적 실험 가운데 가장 성공적인 사례로 간주되는데, 1859년부터 1870년대 말에 완성되었다. 고댕은 1880년 협동조합을 설립하여 공장과 파밀리스테르의 경영권과 관리권을 그곳의 노동자들에게 양도했고, 이 협동조합은 1939년까지 공장 규모를 확장하면서 계속하여 운영되었다고 한다(베네볼로, 『근대 도시계획의 기원과 유토피아』, 108~109쪽).

　　파밀리스테르의 평면을 보면 3개의 거대한 집합주택은 2열로 된 미음자 형의 아파트 내부에 회랑과 커다란 중정이 있고, 그곳은 푸리에 생각처럼 유리 지붕으로 덮여 있다. 이 중정과 발코니 역할을 하게 되는 회랑은 주민들이 다양한 집회나 기념식을 여는 데 사용되었다. 그 중앙의 건물 바로 뒤에는 보육원, 탁아소 등 아기와 어린이를 위한 건물이 이어져 있다. 반대 방향으로 내려오면 학교와 극장이 있는 건물, 부엌과 식당, 당구실, 게임실, 카페와 빵집, 공작실 등이 있는 건물이 있고, 오른쪽으로 개울을 건너면 세탁실, 목욕탕, 실내 수영장 등이 있는 건물이 있다. 그리고 다른 오른쪽 아래의 구석에는 공장이 있었다. 반면 각각의 아파트는 가족이 있는 경우 가족 단위로 독립되어 있다는 점이 푸리에의 모델과는 다르다. 다시 말해 집합주택은 사적인 공간과 코뮨적인 공간이 병존하는 형태로 만들어져 있다는 것이고, 이런 점에서 코뮨적인 것과 가족적인 것을 대립시켰던 푸리에와 달리, 양자를 유화시키려고 하는 셈이다. 이는 사업가 고댕의 현실주의적 감각의 한 면을 보여주는 것이다.

　　파밀리스테르의 건설은 당시 수많은 사람들에게 충격을 주었다. 푸리에주의자나 사회주의자, 코뮨주의자들에게 그것은 자신들의 구상을 확신하고 선전할 수 있는 강력한 실례였다면, 노동자나 빈민들에게 그것은 새로운 삶의 비전으로 보였다. 반면 박애주의자나 자유주의자들에게 그것은 한편으로는 끔찍한 집단주의적 병영으로 보였고, 다른 한편으로는 더 이상 노동자의 주택문제를 외면하거나 늦추기 힘들게 만드는 압력이었다. 그래서 전통적인 자유주의자들은 팔랑스테르의 집단 보육과 교육이 노동자의 아내에게서 가장 소중한 책임성인 모성을 빼앗는 것이며, 그 집합적 주거는 공산주의를 강요하는 병영이라는 표준화된 비난을 퍼붓기 시작하였다(Guerrand, *Propriétaires et locataires*, pp.149~150).

한편 파밀리스테르로 인해 주택문제가 더욱더 중요하게 부각되자, 부르주아지는 대안적인 노동자 주택의 모델을 만들기 위해 1867년 만국박람회(Exposition Universelle)를 개최하여 주택 전시회를 열었다. 하지만 주택문제에 대한 고댕의 기여를 부정할 수 없었기 때문에, 그에게 은메달을 수여해야 했다. 그렇지만 은메달 수상작인 파밀리스테르는 전시도 하지 못하게 했다.

부르주아지도 부정할 수 없었던 고댕의 성공에도 불구하고, 이 코뮌적인 모델은 더 이상 만들어지지 않았다. 그 이유는 무엇이었을까? 흔히 생각하기 쉬운 것처럼 집합적 모델이나 코뮌적인 모델이 가족적인 사생활이나 개인적인 사생활을 보장해주지 못한다는 점 때문이었을까? 그러나 당시에는 최소한의 주거조건이 마련되지 않은 상황이었다는 것을 논외로 한다 해도, 박애주의자들이 잘 보여주듯이 19세기 후반에까지도 노동자들은 가족적이어서가 아니라 반대로 가족적이지 않아서 문제였다. 즉 집 없는 노동자들은 말할 것도 없고, 집 있는 노동자들 또한 집보다는 선술집이나 카페에서 저녁 시간을 보내기 일쑤였고, 아이들은 하루종일 거리에서 놀고 몰려다니는 것이 일상사였다. 따라서 사생활의 공간이라는 관념이나 습속은, 귀족이나 부르주아지와는 달리 노동자의 경우에는 그다지 찾아보기 힘들었다고 하는 것이 더 정확할 것이다.

이 이유는 오히려 다른 방향에서 찾아야 할 것 같다. 그것은 첫째, 코뮌적인 모델 자체의 딜레마와 부르주아지의 계급투쟁에 기인한다.

코뮨적인 모델은 집합적인 대규모의 주택 단지를 만들어야 하기 때문에 초기에 엄청난 자금이 필요하다. 이는 원칙대로 말하자면 각자의 출자에 의해 조합을 구성함으로써 가능한 것이지만, 노동자나 빈민들은 그날그날을 사는 것이 버거운 상황에서 그것은 불가능한 요청이다. 그렇다면 정부의 지원이나 자본가들의 출자 내지 출연을 통해 자금을 조성해야 한다. 실제로 푸리에 당시에 프랑스에서 이뤄졌던 실험은 자금의 부족으로 실패했으며(그밖에 많은 실험이 미국에서 성공했던 것은 신대륙의 땅값이 매우 낮았기 때문에 가능했던 일이었다), 고댕은 자신이 부를 모은 자본가였기에 가능했다. 그러나 19세기 후반에 부르주아지는 코뮨주의 내지 사회주의로 대중을 흡인할 위험이 매우 큰 이 사업에 자금을 제공하려 하지 않았다. 반대로 그것을 깨기 위해서 그것에 대항하는 모델을 만들고, 그 모델에 따른 사업에 적극 투자했다. 따라서 노동자의 코뮨적인 주거공간을 만들려는 시도는 부르주아지의 사보타쥬와 계급투쟁 앞에서 더 이상 진전될 수 없었다.

둘째 이유는 사회주의자들에게서 찾을 수 있을 것이다. 즉 부르주아지의 비판과 사보타쥬와 다른 방향에서 노동조합을 중심으로 조직되었던 프롤레타리아운동은 두 가지 이유에서 이 성공적인 실험을 밀고 나가지 못하고, 반대로 비판했다. 한편으로는 엥겔스가 말하고 있는 것처럼 주택문제는 단지 노동자들에게 주택을 제공하는 방식으로는 근본적으로 해결될 수 없으며, 오직 자본주의적 생산관계를 근본적으로 전복함으로써만 해결될 수 있으리라는 전망 속에서, 국지적인 해결책에 대해서 무관심하거나 소부르주아적이라고 비판하였다(베네볼로, 『근대 도시계획의 기원과 유토피아』, 131~132쪽). 즉 도시계획에서의 변화나, 주택문제의 변화는 사회구조의 변화로 이뤄지리라고 보았기

때문에, 도시나 주택에 관한 새로운 실험이나 운동은 별다른 관심 대상
이 되지 않았던 것이다.

다른 한편, 생활이나 생활방식을 규정하는 주거공간의 문제를, 생
산관계 내지 생산양식으로 환원했기 때문에, 생활방식 자체를 변환시
키거나 주거공간 자체를 코뮌적인 것으로 변환시키는 문제는 생산양
식 내지 생산의 장을 변환시키는 문제로 환원되었다는 것이다. 즉 사회
주의자들이 보기에 주거공간의 변환은 독자적인 변수라기보다는 생산
관계에 결부된 종속변수였던 것이다. 따라서 고댕의 실험은 공상적 유
토피아 내지 소부르주아적 무정부주의로 간주되고 말았던 셈이다.

결국 푸리에주의자들의 프로그램이나 고댕의 훌륭한 실험은 이
두 가지 강력한 세력의 틈새에서 자신의 영향력을 차단당하고 제약당
할 수밖에 없었던 것이고, 이로 인해 그 모델은 새로운 운동과 결합되
지 못한 채 고립되고 묻혀버리게 된다.

3. 박애주의

박애주의적 개혁가들은 주택문제를 단지 주택문제만으로 보지는 않았
으며, 오히려 노동자나 빈민들의 빈곤 자체와 결부된 문제, 따라서 빈
곤을 근본적으로 치유할 수 있는 방향에서 접근해야 할 문제로 보았다.
즉 그것은 단지 주거환경의 개선 그 자체만으로는 해결될 수 없을 뿐만
아니라, 반대로 포괄적으로 접근하지 않으면 주거환경의 최소한의 개
선조차 불가능하리라고 보았다. 즉 광범하게 만연되어 있는 빈곤, 부분
적으로는 그와 무관하지 않은 아이들의 유기, 높은 유아사망율 등은 자
본의 입장에서는 생산적인 노동력을 확보하는 문제에, 또 국가의 입장

에서는 '건강한' 인구(population)를 확보하는 문제에 매우 결정적인 위협으로 보였다. 이러한 사태는 하나의 동일한 문제로 집약되었다. 즉 "인구를 보호하고 형성하는 실천을 어떻게 효과적으로 수행할 수 있을 것인가?" 하는 문제였다(Poovey, *Making a Social Body*, pp. 4~12). 그것은 동시에 노동자나 빈민들에 의한 폭동이나 혁명을 촉발할 수 있는 조건이기도 했던 만큼, 대중들을 정치에서 분리하여 통합하고 지배할 수 있는 방법을 어떻게 마련할 수 있을 것인가 하는 문제이기도 했다. 이와 같은 맥락에서 '박애주의'(Philanthropism)는 주택문제로 집약되었던 노동자계급의 문제에 대한 19세기 후반 부르주아지의 가장 중요한 전략이었다고 말할 수 있을 것이다(Donzelot, *The Policing of Families*, p. 55 ; Gauldie, *Cruel Habitations*, p. 187).

박애주의 전략은 대중적인 빈곤과 피폐에 대해서 한편으로는 일정한 보조정책을 사용하면서도 그것을 노동자나 빈민 스스로가 책임지고 해결할 계기로 삼을 것을 주장하고, 실제로 그런 한에서만 보조가 유의미하다고 보며, 이를 확인하고 통제하기 위해 그들의 생활에 관여하고 '충고'하며 또한 그것을 지속적으로 감시하려고 한다. 이런 점에서 박애주의 전략은 대중들의 빈곤을 국가가 직접 책임지는 국가주의적 복지전략과도 달랐고, 지원과정에 대한 감시 없이 부자나 자선단체들의 일방적인 지원과 원조로 이뤄지는 사적인 자선(charity)과도 달랐다. 박애주의의 중요한 전략적 발상은 대략 세 가지로 나눠 볼 수 있다. 그것은 빈곤을 대상으로 하는 것, 어린이의 보호와 관련된 것, 위생과 관련된 것이다.

첫째, 위생개혁의 문제. 19세기 내내 보수당에서 반지주적인 무정부주의자에 이르기까지 개혁적인 생각을 품었던 모든 사람들은 끔찍한 빈민들의 주거조건에 대해서 끊임없이 언급했고 비판했으며, 개선을 요구했다. 이는 앞서 언급했듯이 콜레라가 많은 사람들의 목숨을 빼앗아 갔던 1830년대 이후 더욱 강하고 절실한 문제가 되었다. 실제로 1832년 파리에서 콜레라에 의해 죽은 사람들의 사망률이 평균 19.25%였음에 비해, 도시의 가장 좁고 더러운 지역에서 그 비율은 33.87%에 이르렀다(아리에스·뒤비, 『사생활의 역사』 4권, 511쪽). 콜레라가 계급이나 지역을 가리지 않고 발병할 수 있다는 것이 분명해지면서, 노동자나 빈민들의 불결하고 지저분한 주거지역은 새로운 문제거리가 되었다. 이제 노동자들의 주거지는 죽음의 병이 발생하여 확산되는 진원지가 되었던 것이다. 따라서 부르주아지 자신을 포함해 다른 계급으로 전염병이 확산되는 것을 차단하거나 미연에 방지하기 위해서(Eleb-Vidal et Debarre-Blanchard, *Architectures de la vie priveé*, p.141) 이 전염병의 진원지는 제거되어야 했다.

한편 1870년대 말에 파스퇴르와 코흐에 의해 콜레라나 전염병이 단순한 오염이 아니라 세균에 의한 것임이 밝혀지면서, 위생의 문제는 단지 공공작업을 통해 지저분한 지역을 철거하는 식의 조치로는 근본적으로 해결되지 않으며, 그와 독자적으로 개개 주택이나 각자의 가정에서 위생적인 생활을 확립해야 한다는 점이 새로이 부각된다. 이를 위해 생활과 주거의 위생상태에 대한 항상적인 검열과 감시가 법적으로 도입된다. 1870년대 말에는 셋집에 사는 사람들이 급증하면서, 경찰은 1878년과 1883년에 이 집들을 검열할 수 있는 규제를 마련했다.

영국의 경우에도 경찰은 가족에 대한 이러한 감시와 통제, 검열의 권리를 갖고 있었다. 예컨대 1853년의 공공주택법은 모든 집에 대한 통제권을 확보하기 위해 경찰의 일부를 위생검열자로 이용할 수 있는 권한을 지방정부에 부여했다. 1888년에 관련 위원회에 보고된 자료에 따르면, 방들의 임차인들은 자신이 사는 건물을 깨끗이 청소하고 이를 잡을 의무가 있었으며 그곳에서 밤에 잠을 자는 사람의 수를 제한해야 할 의무가 있었다(Gauldie, *Cruel Habitations*, p. 243). 다시 말해 경찰은 집에 들어가 위생상태를 검사하고 그 집에 머무는 사람의 수를 물어볼 권리가 있었다는 것이다. 이러한 경찰의 감시는 위생적인 기능과 범죄에 대한 감시 기능이 중첩되는 성격을 갖는 것이었다. 이런 점에서 '위생'이란 말은 19세기의 가장 중요한 슬로건이었다. 이제 위생은 안락(comfort)과 더불어 주택의 건축에서 가장 중요한 원칙이 되었고, 위생은 주택의 설비와 분포의 규칙 내지 규범으로 승격되었다(Eleb-Vidal et Debarre-Blanchard, *Architectures de la vie priveé*, p. 157).

둘째, 빈곤의 문제. 빈곤을 대상으로 하는 박애주의 전략은 경제를 도덕화하는 것으로 요약된다. 박애주의자들은 이전의 자선이라는 방법은 비용이 많이 들 뿐만 아니라 빈민을 부자에게 의존하게 한다는 점에서 '나쁜 습관'에 길들일 수 있다고 비판하면서, 적은 비용으로 '좋은 습관'을 들이기 위한 방안으로 '충고' 내지 조언을 이용하며, 그 주된 내용은 '저축'이었다. 그리고 물질적인 도움은 도덕적인 영향력을 행사하기 위해서만 사용되었다.

이와 연관해 가장 중요한 것은 주택과 관련해서, 노동자용 주택을 대량으로 짓고 그것을 임대하거나 구입할 수 있는 돈을 박애협회에서 빌려주는 것이었다. 노동자들은 그것을 매달 월급이 나오는 대로 갚아야 했는데, 이로써 그들은 저축을 통해 스스로 자신의 빈곤을 극복하는 습관을 형성할 수 있으며, 빈곤과 비위생적인 주거를 동시에 개선할 수 있다고 믿었다. 뮐루즈 노동자 주택단지협회의 주도적인 멤버였던 프노 박사는 이런 박애주의의 목표를 다음과 같이 말했다. "노동자들에게 재산 소유의 매력과 자극을 제공함으로써 그들로 하여금 저축하는 습관을 기르게 하기 위한 목적을 지닌 자선사업이다"(아리에스·뒤비, 『사생활의 역사』 4권, 539~540쪽).

이 사업은 영국의 경우 처음에는 투자가들을 찾을 수 없어서 곤란을 겪었다(Tarn, *Five Percent Philanthropy*, pp. 15~16). 프랑스의 경우에는 나폴레옹 3세가 오를레앙 가문에서 몰수하여 주택개량사업에 투자하기로 한 자금으로 인해 이런 사업에 쉽게 착수할 수 있었다. 하지만 시간이 지남에 따라 이 사업은 자선과 달리 손해보는 장사가 아니라 반대로 이익이 되는 사업임이 알려지면서 수많은 상업적인 박애협회들이 나타난다(Tarn, *Working-Class Housing in 19th Century Britain*, pp. 24~29). 그러나 "수도[파리]에 있는 '자선 단체'는 수백을 헤아렸는데도 불구하고 가난한 이들의 진정한 친구는 드물었던 것 같다"(아리에스·뒤비, 『사생활의 역사』 4권, 518쪽).

다른 한편 박애주의자들이 빈민들에 대해 보조금을 주거나 하는 경우에, 그 대상은 성인보다는 어린이를, 남자보다는 여자를 지원했다는 점에서 자선과 다시 구별되는데, 이 경우에도 이들은 게으름이나 무관심, 의지의 결여와 같은 빈곤에 포함된 도덕적 결함을 제거할 수 있는 방법을 마련하려고 했다. 다시 말해 그들로서는 게으름이나 의지의 결여 등에 기인하는 '인위적인 빈곤'(artificial indigence)과 '진정한 빈곤'(genuine poverty)을 구별하는 것이 중요했고, 이런 점에서 빈곤에 포함된 그 도덕적 결함을 검사하려고 했다(Donzelot, *The Policing of Families*, pp. 68~69). 이로써 가족의 생활은 지속적인 감시의 대상이 되었고, 경제는 도덕화되었다.

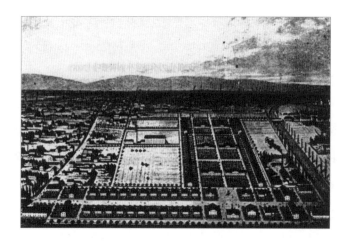

<밀루즈 노동자 주택단지 조감도> 노동자들은 노동자용 주택을 임대하거나 구입할 수 있는 돈을 박애협회에서 빌려, 그것을 매달 월급이 나오는 대로 갚아야 했다. 이로써 그들은 저축을 통해 스스로 자신의 빈곤을 극복하는 습관을 형성할 수 있으며, 빈곤과 비위생적인 주거를 동시에 개선할 수 있다고 믿었다.

셋째, 아이들의 문제. 아이들을 대상으로 하는 박애주의 전략은 노동자나 빈민의 아이들을 가정으로 끌어들이고, 위험한 행동이나 비도덕적인 범죄를 저지르지 않도록 직접적인 감시체제를 수립하는 것이다. 앞서 빈곤의 구제나 박애주의 사업이 노동자들의 주택을 만들고 보급하는 사업과 결부되어 있었고, 또한 가족의 생활에 대한 감시를 포함하는 것이었다는 사실은 이와 무관하지 않을 것이다. 서구의 경우 아이를 낳으면 다른 집에, 많은 경우 멀리 떨어져 있는 유모에게 맡기는 것이 일반적 관습이었는데, 이는 아이의 건강한 성장과 생존에 매우 불리한 조건이었다. 많은 경우 유모들에게 돈을 제대로 주지 않아서 아이들은 무성의하게 키워지거나, 제대로 돈을 주는 경우에도, 양육해야 할 아이가 많았기 때문에 제대로 먹고 자라기 어려웠으며, 키우기 힘든 경우 아이를 죽게 내버려두는 경우도 있었고, 심지어 유모 양육을 아이를 유기(遺棄)하는 수단으로 사용하는 경우도 비일비재했다(Shorter, *The Making of the Modern Family*, pp. 179~180). 이로 인해 아이들의 사망률은 매우 높아서 먼 곳에 맡기는 경우는 2/3에 이르렀고, 근거리에 맡기는 경우도 1/4에 이르렀다. 그래서 버려진 아이를 담당하는 행정 당국자는 국력을 이루는 이러한 '힘'들의 90%가 국가에 유용하게 되기도 전에 사망한다고 비난했다(Donzelot, *The Policing of Families*, pp. 10~11).

18세기 후반에 들어오면서 아이들의 양육과 교육이 귀족이나 부르주아지의 관심의 중심으로 부상하게 되면서(아리에스, 『아동의 탄생』, 33쪽 ; Farge, *La vie fragile*, p. 65), 부르주아지의 가정에서는 아이들을 하녀나 하인들의 잘못된 행동이나 영향으로부터 보호하고 건강하게 자랄 수 있도록 관리하는 것이 새로운 문제가 되었다. 동즐로는 이런 맥락 속에서 가정의학의 성립과, 가정에서 의사와 어머니의 연대가 특권적인 위치를 차지하게 된다고 본다(Donzelot, *The Policing of Families*, pp. 15~20).

반면 서민들의 아이들의 경우는 사정이 완전히 달랐다. 노동자나 빈민들은 아직 아이들을 위해 특별한 어떤 배려를 할 수 있는 조건을 결여하고 있었다. 반대로 이들 아이들은 거리에서 모여 놀았고, 부랑자들과 어울리고 종종 도박이나 도둑질을 하기도 했다. 거리는 아이들에 의해 점령당했고, 이런 아이들의 놀이나 '위험한' 행동에는 어른들이 함께 어울리기도 했다. "거리는 가난한 자들의 놀이터였다"(Daunton, *House and Home in the Victorian City*, p. 269). 학교를 가게 된 이후에도 이런 사정은 크게 달라지지 않았다. 그들은 수업이 끝나면 자유로운 거리로 나갔고, 거기서 거리의 장난꾼이 되거나 때로는 범죄를 저지르기도 했고, 위험천만한 범죄조직을 만들기도 했다. 아리에스가 '무서운'이라는 형용사를 앞에 달면서 거명했던 박애주의자들에게 이런 아이들의 생활은 만악(萬惡)의 근원과도 같은 것이었다(Ariès, "Das Kind und die Straße", p. 81). 이들을 거리에서 내몰아 학교나 집으로 밀어 넣는 것, 그리고 이 위험한 존재에 대해서 직접적인 감시와 통제를 수립하는 것이 이들 박애주의자들의 목표였다. 이는 프랑스에서는 이미 18세기부터 경찰들의 중요한 일이었다.

그때까지만 해도 거리는 축제나 일상적인 놀이, 운동 등이 벌어지고 아이들이 모여서 어울려 노는 가난한 사람들의 놀이터였다. 그러나 영국의 경우 1900년을 전후해서 거리를 놀이장소로 사용하는 것은 법적으로 금지되었고, 아이들의 무절제한 거리생활은 범죄로 간주되었다. 심지어 거리에서 축구를 하는 것조차 경찰의 눈을 피해야 계속할 수 있었고, 잡히면 즉결심판에 넘겨졌다. 일례로 1911년 버밍햄에서는 1백32명의 아이들이 거리에서 축구를 했다는 이유로 잡혀서 처벌되었다(Daunton, *House and Home in the Victorian City*, pp. 268~269). 이러한 사실은 앞서 아리에스나 파르쥬가 유사하게 지적한 것처럼, 영국뿐만 아니라 유럽의 주요 도시에서 마찬가지로 이뤄졌다. 이는 거리에서 아이들을 가정으로 끌어들이는 것을 노동자 가족의 부인에게 가장 중요한 임무 가운데 하나로 부과했던 박애주의적 전략과 짝을 이루는 조건이었다.

프랑스에서는 1837년에 노동자나 빈민의 어머니들에게 보조금을 지급하는 정책을 취하며, 이는 19세기 말에 이르면 가족급여정책으로 확대된다. 더불어 노동자의 아이들을 양육하는 데 국가나 위생관리자들이 직접 관여하고 통제권을 확대하게 된다. 즉 국가는 여기서 집합적으로 노동계급의 여성들에게 급료를 제공하면서, 어머니와 아이들 사이에 개입하여 그들의 생활이나 교육을 감독하고 통제하는 위치에 서게 되고, 노동자 가정의 어머니는 국가에 의해 고용된 간호사 내지 유모가 된 셈이다(Donzelot, *The Policing of Families*, p. 31). 그들은 이제 아이들을 '건강하고' 도덕적으로 키울 의무를 부여받게 된 것이다.

이 세 가지 문제와 관련된 박애주의자의 전략은 '가족주의'로 집약된다. 즉 그것은 위생과 빈곤의 문제, 아이들의 보호라는 문제를 통해서 노동자의 생활을 가족으로 영토화하려는 것이었다. 이를 위해 노동자로 하여금 일이 끝나면 돌아가서 쉴 수 있는 가족의 공간, 가족만의 공간으로서 집을 갖도록 만드는 것이 중요한 문제가 된다. 즉 노동자가 선술집으로 향하려는 발길을 되돌리게 하며, 아이들을 거리로부터 끌어들일 수 있는 포근한 가족, 위생적이고 안락한 가족적 공간을 통해, 그리고 이 집을 스스로의 노력에 의해 소유하게 함으로써 세 가지 문제는 동시에 해결될 수 있다는 것이다.

고댕의 파밀리스테르가 코뮨주의적 주거형태의 강력한 실례를 만들었다면, 그에 대항하려는 박애주의자들로서는 매우 주목할 만한 시도가 1850년대 중반에 시작되었다. 자본가인 주버의 제안에 따라 1852년에 프노 박사가 노동자 주택에 대한 조사 보고서를 발표했는데, 그는 거기서 병영형과 개인가정이라는 두 개의 형태를 대비시키면서 후자에 대한 지지를 확고히 했다. 다음해 뮐루즈 노동자 주택단지협회를 결성해 뮐루즈 출신의 건축가 에밀 뮐레에게 일단 4채의 집을 설계하도록 의뢰했다.

그 협회는 자신의 규약에 "각 주택은 단 한 가족만을 위해 건축될 것이며, 각 주택 사이는 연결되지 않는다"라고 명시함으로써, 개인을 코뮤니티가 아니라 가족 안에 안치(安置)하는 것을 기본적인 원칙으로 함을 분명하게 했다. 건축가 뮐레는 1층에 부엌과 방이, 2층에 2~3개의 침실이 있는 집을 설계했고, 협회는 1862년까지 약 560채의 집을 지어 팔았다. 집값은 1천8백50~2천8백 프랑 정도로, 구입자들은 3백 프랑에서 5백 프랑의 선금을 내고, 15년 정도 동안 매달 20~30프랑을 갚아나가는 것이었다(Guerrand, *Propriétaires et locataires*, pp. 114~115).

출자가들에게 약 3.5~5%의 배당금을 주기로 하고 기금을 모으고, 구입자는 월정액을 통해 집값을 갚아나가는 이런 방법은 이후 노동자 주택 분양의 일반적 형식이 되었고, 영국의 '타운하우스'를 참고로 만들어진 뮐레의 설계는 집합적인 노동자 주택에 대해 공포와 혐오를 갖고 있던 수 많은 박애협회들의 모델이 되었다. 그 결과 뮐레는 1867

년의 박람회에서 금메달을 받았고, 그의 도면은 참가한 많은 사람들의 관심을 끌었다. 뮐루즈의 이 모델은 고댕의 모델에 대해 대안을 찾던 프랑스의 박애주의자들에게 마치 하늘의 선물과도 같은 것이었고, 그 결과 뮐루즈의 모델은 땅 값이 비싸서 그대로 적용할 수 없었던 파리를 제외하고는 프랑스 전역으로 확산되었다.

박애주의 주택들의 전체적인 배열은 노동자의 집을 가족만의 공간으로 고립시켜 가족적인 독립성을 제공하는 한편, 연관된 '공적인 공간'을 협회가 장악하고 '공적인 기능'은 사유화하여 상업적인 교환망으로 포획함으로써 집합주의 내지 코뮨주의적인 여백을 최대한 축소시키는 것을 특징으로 한다. 또한 주택의 내부적인 공간 분포는 가족 단위의 분할과 가족 내에서의 재분할, 공간의 기능적 분화와 특정화, 그리고 프라이버시를 보장할 수 있는 사적인 공간의 확보와 그에 따라 나뭇가지처럼 분리된 동선의 배열이라는 특징을 갖는데, 이는 19세기 들어와 귀족이나 '중간계급' 자신의 주거공간에서 새로이 형성된 '사생활의 공간'을 모델로 한 것이었다.

그러나 주거공간을 사사화(私事化)하고 가정화했던 이러한 모델은, 모든 문제를 가족의 문제로 변환시키고, 가장이란 이름으로 노동자에게 그에 대한 책임을 대표하도록 했던 만큼 거기에 내포되어 있는 가족적인 프라이버시를 대가로 지불해야 하는 것이었다. 또한 이상과 같은 분포와 배치는 주거공간을 가정화하고 사사화하는 만큼, 프라이버시에 내포되어 있는 사생활에 대한 권리 혹은 내밀성의 권리를 대가로 지불해야 하는 것이었다. 이는 박애주의적 전략을 통해 형성된 노동자 주거공간의 새로운 배치, 혹은 그에 관한 새로운 욕망의 배치에서 탈주선이 발생할 수 있는 지대로 보였다. 더구나 노동자들의 '도덕'에 대한 근본적 불신에 기초하고 있었던 그들로서는 자신들이 생각하는 그러한 도덕이 실행되리라는 것을 믿을 수 없었다.

여기서 위생관리자나 박애주의자들은 또 다른 딜레마에 부닥친 셈이다. 위생의 관리는 물론 빈곤의 도덕화, 아이들의 '보호'를 위해서는 불결함과 게으름, 범죄의 위험에 대한 감시와 관리가 필요한데, 그것을 가족화 내지 사사화하는 가족주의 전략은 '공적인' 감시와 관리가 가능한 영역을 극소화하기 때문이다. 이에 대해 다양한 공간적 장치를 이용해서 집의 주변을 감시의 시선으로 감싸고, 경제의 도덕을 소유와 부채를 통해 장악하려 하지만, 그것은 결코 근본적인 해결책이 될 수 없다는 점은 분명하다.

주거공간의 근대적 배치가 이상과 같은 공간적 분포와 배열 이외에 또 다른 요소를 포함해야 했던 것은 아마도 이 때문이었을 것이다. 그것은 자신들이 외적인 감시와 통제, 그리고 위반에 대한 세밀하고 강력한 처벌과 더불어, 그러한 감시의 시선을 자신의 시선으로 대신하는 근대적인 시선의 배치를 이용하는 것이었다. 하지만 이보다 근본적인 것은 노동자들 자신의 욕망이 가족 내지 가정을 중심으로 회전하게 만드는 것이었고, 그것을 통해 마치 자신들이 그랬던 것처럼, 가족적 공간 안에서 작동하는 새로운 욕망의 배치를 부여하는 것이었다. 그럴 때에만 비로소 감시의 시선이 투과하지 못하는 저 내밀성의 공간 안에서, 스스로를 감시하고 통제하는 시선의 권력이 작동할 수 있을 것이기 때문이다. 이러한 조건으로 인해 박애주의에서 가족화 내지 가정화하는 전략은 표면적으로 뿐만 아니라 실질적으로도 결정적인 의미를 갖는다. 그것은 자신들이 형성한 '가족주의'라는 욕망의 배치를, 노동자들이 스스로 수용하고 스스로 욕망하는 모델로 만드는 것이었다.

4. 가족주의 전략과 노동자 주거공간

밀루즈 주택단지에서부터 박애주의자들이 단일 가족 소유의 주거형태를 강하게 고집했던 데에는 매우 중요한 이유가 있었다. 밀루즈 주택계획의 발기인인 프노 박사는 그에 대해 이렇게 말한다. "주거의 편의와 청결함은 한 가족의 도덕성과 복지에 흔히 생각하는 것 이상으로 강하게 영향을 미친다. 집에서 비참한 슬럼, 더러움, 불편함만을 발견할 뿐인 사람이라면, 그리고 거기서 진저리나는 불결한 공기를 들이마셔야 하는 사람이라면 그곳에서 아무런 즐거움도 찾지 못할 것이며, 그것을 포기하고 남는 시간의 대부분을 카바레에서 보낼 것이다. 그리하여 그는 자신의 가정에서 이방인이 될 것이며, 치명적인 낭비벽 속으로 빠져들 것이고, 그의 가족 역시 모두 곧 그렇게 될 것이며, 이는 필시 그들을 빈곤으로 이끌 것이다. 반면 만약 우리가 이들에게 깨끗하고 쾌적한 집을 제공한다면 …… 그는 신께서 우리에게 주신 자연적인 소유본능의 진정한 가치를 배우게 될 것이다. 그렇다면 이로써 사회경제의 가장 긴박한 문제 중 하나를 만족스런 방법으로 풀 수 있는 것이 아닐까? 가족의 신성한 굴레를 강하게 조이는 데 기여하는 것이 아닐까? 우리의 노동자들에게, 그리하여 우리가 바라듯이 사회 그 자체를 위해 진정한 봉사를 하게 되는 것이 아닐까?"(베네볼로, 『근대 도시계획의 기원과 유토피아』, 190~191쪽).

일찍부터 박애주의 협회들의 배후에서 지도적인 영향력을 행사하던 A. 드 믈렁 백작 역시 노동자를 가정으로, 가족의 품에 안기게 하는 것이 가장 중요한 문제임을 역설하였으며(Guerrand, *Propriétaires et locataires*, p. 158), 유명한 박애주의자였던 F. 르 플레 역시 마찬가지로 말하였다. "가족과 집 사이의 떼려야 뗄 수 없는 연합관계는 노동자 가족의 도덕성과 행복에 가장 바람직한 영향력을 행사하는 관행이다"(아리에스·뒤비, 『사생활의 역사』 4권, 538쪽). 그들에게 주거문제가 다른 무엇보다도 도덕과 결부되어 있었던 것은 바로 이런 의미였던 것이다. 이러한 전략적 목표를 위해 그들은 두 개의 축을 마련하려고 했던 것이고, 그 중 하나가 앞서 본 것처럼 "각자에게 쾌적한 자신의 집을!"이라는 슬로건으로 요약되는 셈이다. 그것은 코뮌주의자들의 집단주의에 반하여, 노동자들의 급진성이나 불안정성을 제거하여 안정화시키고 보수화시키는 하나의 전술적 방법이었다.

다른 하나의 축은 '소유'였다. 프노 박사는 『공산당선언』에 나오는 맑스의 유명한 말을 상기시킨다. 즉 노동자의 집이 자신의 소유가 아니라면, "그는 사회질서가 파괴된다고 해도 잃을 것을, 혹은 적어도 깨질 것을 전혀 갖지 않고 있는 것이다. 1848년에 분명해졌듯이." 반대로 그가 자신의 집과 정원을 소유하고 있다면, 자기 집을 개선하고, 자신이 소유한 것을 보호하기 위해 애쓰게 되리라 주장한다(Bullock and Read, *The Movements for Housing Reform in Germany and France, 1840~1914*, p. 321).

따라서 박애주의자들의 전략은 노동자 자신이 집을 소유하게 함으로써 한편으로는 가정적인 안락함에 안주케 하고, 다른 한편으로는 집이라는 소유물에 묶어두는 것이다. 그것도 노동자 자신의 근면한 노동과, 금욕적 검약, 개미 같은 저축으로. 즉 자신의 힘으로 자신의 집을 사야 하는 것이다. 실제로 뮐루즈의 노동자들의 경우 최소한의 생활비용을 제하고서 자신이 구입한 집을 살 월정금을 자신의 월급으로 낼 수 있는 사람은 거의 없었다고 한다. 따라서 집을 갖기 위해서 그는 밤낮 없는 근면함을 발휘해야 했고, 그들의 아내와 아이들도 그 근면한 노동의 대열에 동참해야 했다(아리에스·뒤비, 『사생활의 역사』 4권, 540쪽). 그들은 자신의 집을 소유하기도 전에 이미 집의 노예가 되어 버린 것이다. 박애주의자들이 즐겨 사용하는 '자조'(自助)라는 말은 이처럼 집을 소유하기 위해 노동자가, 아니 모든 가족이 스스로 채무의 노예가 되는 길을 뜻하는 것이었던 셈이다.

이런 점에서 그것은 박애주의자가 보기엔 너무나도 훌륭한 덫이었음이 틀림없다. 프노 박사는 자신의 보고서에서 이러한 자기 주장을 "가족을 통한 구원!"이라는 제목으로 요약한 바 있는데, 이는 표면적으로는 '가족을 통한 노동자의 구원'을 뜻하는 것이겠지만, 그 말의 숨은 의미는 '가족을 통한 사회적 질서의 구원'이었던 것이다. 1870년대 이래 박애주의 주택개량운동의 중심적 인물이었던 J. 지그프리트는 확신에 찬 어조로 이렇게 말한다.

> 만약 행복하고 만족한 인민과 진정한 보수주의자들을 동시에 만들고 싶다면, 빈곤과 사회주의적 오류에 대해 동시에 싸우고 싶다면, 질서와 도덕의 보증, 정치적·사회적 온순화의 보증을 증가시키고 싶다면, 우리는 노동자 주택단지를 만들어야 한다!"(Bullock and Read, *The Movements for Housing Reform in Germany and France, 1840~1914*, p.323).

집은 이제 가족의 절대적 공간인 만큼, 가족 이외의 사람이 함께 거주해선 안 되며, 출입을 제한해야 하고, 그들에 의해 가족적 통합이 교란되어선 안 된다. 노동자 가정에 하숙하는 독신자들은 박애주의자

<노동자 가족의 모델> '열쉬미' 저축한 덕분에 좋은 집과 훌륭한 가정을 이룬 노동자의 모델. 물론 이는 노동자 이전에 부르주아지의 꿈이었다. 부르주아지 자신의 이상적 가정을 모델로 하여 만들어진 모델. 이렇게 되면 노동자들의 저항도, 혁명도, 파업도 모두 사라지고 '평화로운' 세상이 될 거라고 믿었을 것이다. 그들은 정말 노동자들도 저축만 하면 자신들처럼 될 수 있으리라 생각한 걸까? 그러나 그들이 꿈꾼 모델은 이렇게 많은 것을 고려하며 만들어지지 않았다. 그러기엔 노동자들의 현실을 너무도 몰랐고(그게 자신이 초래한 것인데도!), 그들이 그렇게 저축할 수 있을 만큼 임금을 충분히 주지 않고 있다는 걸 생각하려 하지 않았다. 그것이 노동자 가정의 모델이었지만 부르주아지만의 꿈에 지나지 않았던 것은 이런 이유에서였을 게다.

와 위생가가 가장 증오했던 대상이었다. 이를 위해 집의 재임대는 금지된다(Murard et Zylberman, *Le petit travailleur infatigable*, pp. 203~205, 225). 집을 가족만의 내밀한 공간으로 만드는 것, 따라서 집 밖의 일이나 외부인을 끌고 들어오는 것은 새로운 금기가 된다. 또한 특별한 이유 없이 침실을 들여다 보는 것은, 부르주아지의 집에서와 마찬가지로 절대적 금기가 된다.

집에 대한 소유를 통해 노동자를 '가장'으로 만드는 것과 더불어, 새로이 생긴 가족의 공간을 깨끗하고 포근한 보금자리로 꾸미고 유지하는 새로운 임무를 통해 노동자의 아내를 '주부'로 만든다. 남편을 카바레나 카페에서 집으로 끌어들이는 것, 아이들을 위험스런 거리에서 집안으로 불러들이는 것은 여자의 능력과 책임에 속한다(Donzelot, *The Policing of Families*, p. 40). 설혹 노동자가 일시적으로 불끈하여 커다란 '실수'를 범하였다면, 부인이 사태의 책임을 져야 하며, "와서 남편을 대신해 용서를 빌어야 한다"(이 말은 스당에 위치한 퀴넹-그리댕 공장의 노동자들에게 박애주의자 L. 레이보가 했던 말이다).

여기서 여성들의 위상이 달라지는 것은 당연하다. 즉 부르주아 가족의 여성들이 위생이나 교육과 같은 가족과 사회적 활동 사이에 연속성을 수립하는 '사회적' 역할을 수행했다면, 노동자의 아내는 남편이나 아이들을 그 사회성의 장으로부터 분리하여 고립된 가족적 공간으로 재영토화하는 '반사회적' 역할을 수행해야 했다. 또한 부르주아지의 아이들이 하인들로부터 가해질 수 있는 나쁜 영향이나 자위와 같은 행위로부터 '보호받는' 해방을 얻게 되었다면, 노동자의 아이들은 범죄와 부도덕이 판치는 길거리의 과도한 자유에 대한 감시를 얻게 되었다(Donzelot, *The Policing of Families*, pp. 46~47). 이른바 '가족주의' 가 갖는 이러한 이질성은, 그것이 동일한 단어로 표현되면서 획득하는 표면적인 동질성으로 결코 환원할 수 없는 근본적인 균열과 차이를 봉합함으로써 획득된 것임을 보여준다.

이런 점에서 19세기 박애주의는 노동자를 새로운 욕망의 배치 속으로 유혹한다. 깨끗하고 쾌적한 자신의 집을 갖고자 하는 욕망, 자신이 사는 집을 자신의 소유로 만들고자 하는 욕망, 자신의 소유인, 혹은 자신이 소유하게 될 저 집을 지키려는 욕망, 그것을 포근한 가족의 공간으로 만들고자 하는 욕망, 그리하여 그것을 "무정한 세계의 안식처"로 만들고자 하는 욕망. 새로운 욕망의 배치가 형성된다. 이 새로운 욕망의 배치 아래서 이제 노동자는 자신의 가정을 지키기 위해, 혹은 자기 가족의 포근한 보금자리를 지키기 위하여 책임감 있는 가장이 되어야 하고, 순화되고 점잖은 모범적 근로자가 되어야 한다. "가정성이라는 관념은 19세기 초 영국의 복음주의자들(the Evangelicals)과 공리주의자들의 고안물"이라는 미셸 페로의 말은 이런 맥락에서 매우 시사적인 것으로 들린다.

이처럼 노동자계급에게 '가족주의'란 19세기의 박애주의자들이 코뮌주의자들의 위협에 대항하면서 노동자들의 욕망을 포섭하고, 그들의 생활을 가족으로 영토화하기 위하여 고안한 계급적 전략의 이름이다. 이제 우리는 부르주아지가 노동자의 주택문제에 그토록 집요하게 매달렸던 이유를 이해할 수 있다. 또한 이제 우리는 부르주아지가 그토록 집요하게 코뮌주의적 해법에 대해 거부하고 비난했던 이유를 이해할 수 있다. 노동자의 주택문제, 그것은 단지 노동자들이 주거할 공간을 만들어내는 문제가 아니라, 가족주의라는 이 새로운 전략의 유효한 침로(針路)를 형성하는 결정적인 고리였던 것이다.

<노동자 '주택단지'> 이런 주택 안에서 노동자들은 어떤 모습으로 생활을 할
까? 앞의 모델 같은 가정을 상상할 수 있을까? 가건물을 이리저리 끌어 모은 이
런 식의 '주택단지' 는 제1차 세계대전 이후에도 파리에서 흔히 볼 수 있는 것이
었다고 한다. 사실 19세기의 노동자 주거는 이보다 훨씬 더 끔찍했다. 다닥다닥
붙은 집, 하나뿐인 방에서 모든 것을 해결해야 했고, 하나뿐인 침대에 모두 뒤
엉켜 자야 했다. 뮐루즈 주택단지가 노동자 주택단지의 모델을 제공했다곤 하
나, 그것은 대개 모델이 그렇듯 그저 모델에 지나지 않았다. 그런 주택단지는
20세기 전반까지도 너무도 희귀했다.

가정을 책임지는 가장(家長), 가정과 아이를 위해 자신의 모든 것을 희생하는 가장, 따라서 그에 위협이 되는 어떤 것도 포기해야 하며, 또한 기꺼이 그러하려는 가장, 그렇게 행복한 가정을 모든 사회적 활동의 실질적 목표로 삼는 가장, 이것이 바로 19세기 후반에 탄생한 이 새로운 전략이 노동자들에게, 혹은 좀더 일반화하여 모든 직업적 활동을 하는 개인들에게 부여한 사회적 정체성/동일성(identity)이고, 그러한 정체성/동일성이 작동하고 재생산되는 자리다. 더불어 가정의 행복을 위해 오직 가정 안에 머물며 남편과 아이의 욕망을 가정으로 이끄는 인력의 중심으로서 여성, 가정적 안정성과 평화, 행복을 위협하는 일체의 외부적인 요소들에 대해 투쟁하는 여성, 때론 그러한 위협의 소지들을 내부에서조차 미리 발견하면서 미연에 방지하는 여성, 이것이 바로 이 새로운 전략이 노동자의 아내들에게, 혹은 좀더 일반화해서 모든 가정을 관리하고 보호하는 여성들에게 부여한 정체성/동일성이고, 그러한 정체성/동일성이 작동하고 재생산되는 자리다. 이것 없이 내밀성의 공간 속에 숨은 노동자의 삶을 어떻게 근대적 질서 안으로 포섭할 수 있을 것이며, 이것 없이 개인의 권리와 욕망이라는 이름으로 발산하며 탈주선을 그리는 노동자들의 삶을 어떻게 자본주의적 질서 안으로 포섭할 수 있을 것인가? 그렇다면 이러한 욕망의 배치를 형성하는 가족주의 전략에 대한 투쟁 없이, 혹은 이미 충분히 우리의 삶과 무의식을 장악하고 있는 가족주의적 욕망의 배치에 대한 변환 없이 어떻게 혁명이 가능하리라고 믿을 수 있을까?

.8강. 근대도시의 형성과 그 원천들

장보혜

흔적들을 전부 지우고 처음부터 시작하는 신도시가 아니라면, 대부분의 도시는 켜켜이 쌓인 과거의 도시들 위에 서 있다. 어떤 부분은 과거 그대로이고, 어떤 부분은 과거를 고치거나 허물고 다시 지은 것이다. 지층들은 위 아래로 쌓여 서로 맞닿아 있지만 각각의 층은 구성 성분이나 작용하는 힘이 다를 수 있다. 그 힘들의 성격 때문에 도시는 과거를 바탕으로 한다고 해도 시대마다 다른 도시가 된다. 거기에 그 시대의 사회, 정치, 경제, 기술, 문화, 가치체계 등이 고스란히 담겨 있다. 그래서 아무리 오래된 도시라도 도시는 언제나 현재형이다.

지금 우리가 살고 있는 도시는 어떤 지층 위에 서 있을까? 도시는 인류의 역사와 함께 시작되었지만 지금의 도시는 서양의 중세도시에서 출발했다고 보는 편이 적당하다. 그렇게 쌓이기 시작한 도시들의 지층 속에서 근대도시는 몇 가지 상이한 계보학적 혈통을 이어받았다. 도식적으로 말하면 바로크 도시와 산업혁명, 자본주의가 그것이다.

장보혜(bohyejang@hanmail.net) | '연구공간 수유+너머' 연구원. 서울대 환경대학원에서 박사과정 중. 이 글을 준비하다 만난 중세도시에 푹 빠져 마감을 수도 없이 넘겼다. 이제 천천히 읽을 수 있다니 기쁘다. 『봄, 조경 사회 디자인』(환경과조경, 2006)을 함께 썼다.

바로크란 원래 16세기 말~18세기 중엽에 걸쳐 유럽에서 유행한 예술양식을 가리키는 용어였는데, 범위를 넓혀 역사적 시대를 구분하는 이름으로도 사용된다. 바로크 시대는 정치, 경제, 사회, 예술 등에서 고유한 성격을 갖는다. 정치적으로는 절대왕권과 영토국가가 성립했고, 경제적으로는 시장경제가 대두했으며, 근대적 과학과 철학이 형성됐고, 바로크 예술이 발달했다. 이런 여러 분야의 변화와 특징들이 공간상으로 드러난 것이 바로크 도시이다. 중세도시와 결별하고 근대도시로 향하는 기본틀을 마련했다는 점에서 바로크 도시는 중요하다.

근대도시의 또 다른 '원천'인 산업혁명은 바로크의 이상을 현실화시켜줬다. 봉건제도가 붕괴하고 산업혁명으로 생산력이 증가하면서 사회는 자본의 질서로 재편되기 시작했다. 자본가계급과 노동자계급으로 사회가 구성되고, 직접 생산자인 노동자는 모든 생산수단에서 분리된 노동력이 된다. 이런 변화가 집약된 장소가 도시이다. 근대도시는 자본주의의 공간이다. 즉, 도시는 자본주의가 발달할 수 있는 구체적인 공간을 제공했으며 자본주의는 도시를 근대화시켰다. 이 변화를 짧은 기간 동안 극적으로 보여준 것이 프랑스 제2제정기의 파리였다.

1. 형태적 기원

중세도시에서는 성벽이 일차적인 구성요소였다. 도시의 외곽을 두른 성벽은 도시와 도시 외부를 나누는 경계였고 성문을 통해 출입을 통제했다. 방어를 위해 수직으로 성벽을 쌓고 그 바깥에는 해자를 파서 물을 채웠다. 중심부에는 성당, 시청사, 조합건물 등이 있었다. 성당과 시청 옆에는 넓은 광장이 있었고, 그곳에서 장이 서고 축제가 열리고 연

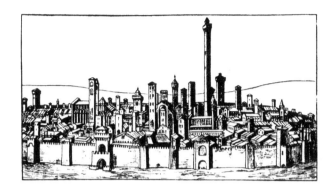

<중세의 도시와 성벽> 중세사회에서 성벽은 도시를 외부의 침입으로부터 보호해줬다. 성문을 사이에 두고 세계는 도시와 봉건제로 나뉘었다(위 도판은 16세기 초 볼로냐 시의 풍경이다).

극이나 토론 등이 벌어졌다. 광장과 공공 건물들은 상징적인 의미에서도 실질적인 의미에서도 도시생활의 중심이었다.

광장 옆으로는 주도로가 이어져 있었다. 이 시기의 도로는 주로 보행자를 위한 통행로였고 차량 통행을 위한 기능은 부차적이었다. 형태는 이후의 르네상스나 바로크 도시에 비하면 복잡하고 불규칙했다. 성문과 광장, 성당 등 큰 건물 사이를 연결하는 주요 도로가 놓였고 그보다 좁은 도로가 골목들을 연결했다.

중세도시는 봉건제의 주변부에서 발생하였다. 처음에는 성곽도시(burgs)라고 불리는 방어용 도시였는데, 인구가 증가함에 따라 성문 밖에 성밖(suburb)이라 불리는 지구가 형성되었다. 영주나 군주의 영향력에서 비교적 자유로웠던 장인들이나 상인들, 혹은 장원에서 도망친 농노들이 주된 구성원이었다. 이들은 도시에서 사는 사람들이라는 의미에서 '부르주아'(bourgeois)라고 불렸다. 도시가 성장함에 따라 이들은 주교나 영주와 싸워 자치권을 공인받았다. 부르주아들은 외부의 침입에 맞서 도시를 지켜내야 했다. 그들의 적이란 자신들의 자유를 위협하는 영주나 군주, '도시의 부를 탐내는' 농민 등, 성 밖의 모든 위협세력을 의미했다. 따라서 중세도시는 폐쇄적인 요새가 되었다(베네볼로, 『세계 도시사』, 291쪽).

성벽은 물자와 화폐를 도시 안에 가둬두고 성문은 그 흐름을 통제하는 수단이었다. 성벽은 도시 안의 재화가 도시 밖, 이를테면 농촌으로 빠져나가는 것을 방지했다. 농촌에서 생산한 작물들은 성문을 통해 도시 안으로 들어왔다. 봉건제의 영지들 사이에서 도시는 섬처럼 존재했고, 그 도시들 사이는 육로나 해로로 연결되어 있었다. 상품과 화폐 그리고 사람은 도시들 사이에 놓인 길을 따라서만 흘렀다.

르네상스 시대에 이르면 성벽의 방어기능은 한층 더 강화된다. 대포와 군사기술의 발달은 성벽의 구조와 형태를 변화시켰다. 철제 포탄은 중세 식의 성벽에 대단히 위협적이어서 축성기술이 발달하게 되었다. 가령 이때에는 보루가 있는 넓은 성벽을 축조하여 도시를 방어했는데, 그 벽의 안쪽을 흙으로 채움으로써 포탄을 맞더라도 폭발 충격을 흡수하여 피해를 최소화하도록 했다. 또한 성채와 시가지 사이에 충분한 거리를 두어 포탄 공격에 대비한 안전거리를 확보했다. 화살촉 모양의 보루는 포탄 공격에 대한 기술적 설계에 따른 것이었다. 또한 성벽에 규칙적으로 배치된 보루는 르네상스 도시의 성벽에 기하학적인 질서를 부여했다.

그러한 기하학적인 규칙성은 이상도시 계획안에서 완벽하게 형상화되었다. 새로운 대포의 위력과 패전 경험은 학자들과 예술가들을 자극하여, 특히 이 시기에는 전쟁으로부터 안전한 군사적 목적의 이상도시 계획안이 많이 출현하게 된다. 이 도시들의 형태는 원형이나 정다각형, 별형 등으로 르네상스 시대의 기하학적 이상을 보여준다. 도시 내부는 격자형이나 방사형의 도로망으로 조직되었다. 필라레테의 스포르진다, 카타네오의 이상도시, 로리니의 이상도시, 스카모찌의 팔마노바 등이 그런 사례이다(팔마노바처럼 실제로 건설된 경우도 있으나 대부분은 계획안으로만 남아 있다).

바로크 시대에 이르면 도시는 중세와 르네상스의 폐쇄성을 깨고 외부로 확장한다. 이 시기에 이르면 군사기술의 발달로 인해 적의 공격을 성벽으로 방어한다는 것이 사실상 한계에 도달했고, 영토국가의 형성이 진행됨에 따라 도시 단위의 방위 자체가 무의미하게 되었다. 성벽은 철거되고 그 자리에는 도로가 놓였다. 이제 성벽 없는 도로체계가

<베르사유 궁전과 정원의 배치도> 궁전은 아래에서 1/3지점 중앙, 세 개의 도로가 모이는 꼭지점에 있다. 궁전 뒤쪽으로 정원이 있고, 그 뒤로 공원이 펼쳐진다. 정원은 격자형 속에 다양한 기하학적 형태로 분할되며, 공원은 직선들이 방사상으로 복잡하게 분할하고 있다.

도시의 형태와 구조를 결정하게 된 것이다.

바로크 도시는 직선도로와 그 도로들이 방사상으로 조직된 도로망에 의해 통합되었다. 이미 16세기부터 마차는 주요 교통수단이었다. 대형 4륜마차의 통행을 위해 르네상스 시대에도 도로를 확장하고 직선화했다. 하지만 르네상스의 도로는 직선이라기보다는 선분에 가까웠다. 필요에 따라 도로를 확장하고 개통했지만 공사가 활발히 이뤄지지는 않았다. 바로크 시대로 들어오면 군사도로라는 이유에서도 넓고 곧은 도로가 필요해졌다. 바로크 도시에서는 도로가 직선대로일 뿐 아니라 그 직선도로가 방사상으로 조직되었다. 방사형 도로의 중심이나 광장 중심에는 오벨리스크나 동상 등의 기념물을 세워 그 중심성을 강조했다. 중심에서 밖으로 향하는 도로들은 시 경계를 넘고 교외를 가로질러 지평선으로 사라질 때까지 곧게 뻗어 있다. 바로크의 방사형 도로체계는 안쪽으로는 강한 중심성을 바깥쪽으로는 사방으로 뻗어나가는 확장성을 부여한다.

이와 같은 바로크 도시의 특징들을 잘 보여주는 사례가 프랑스의 베르사유이다. 루이 14세는 1670년부터 1710년에 걸쳐 궁전과 도시, 정원과 공원이 하나로 통합된 베르사유를 건설하였다. 궁전은 전체 구성의 중심이며 3개의 대로가 부채꼴의 정점인 궁전 앞에 집결한다. 대로 주변에는 궁정관료들이 거주하는 신도시가 있다. 정원 안쪽으로는 십자형의 운하가 있는데, 그 십자의 긴 변은 1.5km에 달하며 궁전을 지나는 세로축선상에 위치한다. 또한 그 축선상에는 10개의 방사형 도로가 펼쳐져 있다. 이 정원의 광활한 풍경을 가장 잘 조망할 수 있는 자리가 왕이 있는 곳, 바로 그곳이 절대권력의 자리이다(베네볼로, 『세계 도시사』, 669쪽).

베르사유의 존재를 가능케 하는 데에는 두 가지 힘이 필요했다. 하나는 각 분야의 전문가들로 구성된 질서 있는 조직이다. 도로에서 세부 장식에 이르기까지 모든 요소가 하나로 통합된 작품이 되기 위해서는 체계적인 조직과 각 분야의 전문가들이 필요했다. 정원과 도로는 르 노트르, 건축은 르 보와 망사르, 실내 장식은 르 브렁이 각각 맡았다. 또 하나의 힘은 그 조직을 움직이고 대규모 건설을 감당할 수 있는 부와 권력이다. 르 노트르 등은 원래 재정감독관 푸케의 보 르 비콩트 저택(1656~60년)을 위해 일했다. 17세기 중엽에는 푸케 같은 개인들도 재력만 되면 저택을 세울 수 있었던 것이다. 그러나 보 르 비콩트 저택에 초대된 루이 14세는 곧 푸케를 체포했고, 건설에 참여했던 사람들은 왕에게 봉사하게 되었다. 이때부터 이러한 조직을 움직이고 대규모 공사를 하는 것은 오직 군주만이 가능한 일이 되었다(베네볼로, 『세계도시사』, 662~669쪽).

또 다른 사례로는 독일의 칼스루헤가 있다. 1715년 독일 바덴 지방의 통치자 칼 빌헬름이 건설한 이 도시는 궁전과 정원, 숲과 도시를 하나의 환상방사형으로 엮은 유일한 사례이다. 그 중심에는 궁전과 탑이 있고, 그 탑으로부터 32개의 방사선 도로가 뻗어나가면서 강한 집중성과 확장성을 표현하고 있다. 이는 바로크 시대의 중앙집권과 그 지배력의 확장을 상징한다. 무엇보다 이러한 도시를 건설할 수 있었다는 사실 자체가 강력한 절대군주의 힘을 직설적으로 보여준다(대한국토도시계획학회, 『서양도시계획사』, 178쪽).

절대군주의 통제권력은 도시 안의 성벽으로 기능한다. 그 벽과 도로가 만들어내는 홈으로 물류와 인구의 흐름이 통제된다. 이와 관련하여 도시의 성벽이 헐리는 것과 때를 같이하여 경찰이 조직되었다는 사실은 의미심장하다. 프랑스의 경우 1667년 경찰장관이라는 직책이 만들어졌는데, 30년이 지나자 경찰조직은 '스스로 움직이는 기계처럼' 작동하게 되었다. 도시 외곽에 세운 방위와 통제기구가 성벽이 철거되는 것과 거의 동시에 도시 내부로 스며들었다. 이 내부에 흩어진 벽은 국가가 원하는 시간과 장소에 경찰이라는 벽으로 다시 세워진다(브로델, 『물질문명과 자본주의』 1-2권, 760쪽).

바로크 도시의 이러한 특징은 그 시대 특유의 시각체제와 밀접한 관계를 갖는다. 이와 관련하여 투시법은 바로크의 시각체제를 이해하는 데 핵심적인 위치를 차지한다. 투시법이란 시선과 평행한 모든 직선을 기하학적 원리에 따라 한 점에 모이게 하는 방법으로서, 원근을 나타내는 방법 중의 하나이다. 1425년 브루넬레스키가 피렌체의 산 지오반니 세례당 앞에서 투시법의 '과학성'을 증명한 이래, 투시법은 유일하게 올바른 시각체계가 되었다.

바로크의 투시법에서 소실점은 무한한 공간의 중심을 의미한다. 무한한 공간의 내부에 있으면서 그 무한한 공간을 통일시키는 하나의 점, 그것이 바로 바로크 투시법에서의 소실점이다. 바로크는 이 투시법으로 전체의 조망을 장악할 수 있는 특권적인 지점을 마련한다. 그 지점은 소실점이자 특권적인 주체가 서는 점이다. 이것은 철학적으로는 데카르트가 생각했던 주체이며, 정치적으로는 바로크 시대의 절대군주를 의미한다.

바로크 도시는 이러한 무한한 공간의 중심이자 전체를 파악할 수 있는 특권적인 주체의 위치를 분명하게 보여준다. 지평선까지 쭉 뻗은 도로는 무한성을 표현하며, 소실점은 그 무한의 중심성을 표현한다. 방사상의 도시 칼스루헤의 한가운데 우뚝 솟은 탑, 도시와 교외 지역에서 즐겨 사용된 방사형 도로의 중심들, 그리고 정원 전체를 조망할 수 있는 베르사유 궁전의 중심은 권력의 핵심점이다. 즉, 바로크 도시의 기준은 각각의 대상들에 있는 것이 아니라, 특권적인 시점에서 도시를 조망하는 절대적인 주체에게 있다. 바로크 도시에는 강력한 중심의 자리가 있고, 바로 그곳으로부터 힘의 선들이 사방으로 방사된다. 따라서 바로크적 공간은 결코 균질하지 않다.

지평선상의 소실점을 향해 거침없이 내달리는 직선도로는 자연에 명백하고 논리적인 기하학을 부과함으로써 경관을 지배하려는 주체의 통제의지를 나타내는 것이기도 하다. 바로크의 절대권력은 인간과 국가는 물론, 자연까지도 통제하기를 욕망한다. 직선도로들이 분절해내는 기하학적 형태의 정원과 그 안에 있는 기하학적 도형으로 오려진 나무들은 자연에까지 부과된 기하학의 질서이다. 통일된 외관을 위해 도입된 건물의 높이, 입면, 창 등을 규제하는 법규 또한 바로크의 지배욕망을 나타낸다. 이러한 바로크 도시는 하나의 전형으로서 권위를 과시하거나 기념비성이 필요한 곳에 적용되어 반복적으로 나타난다. 19세기 중반 오스망이 개조한 파리 역시 바로크 도시의 연장선상에 있다. 12개의 방사형 도로 중앙의 에뚜알 광장이나 지평선까지 곧게 뻗은 샹젤리제 거리는 바로크 도시의 이상이 권력과 자본의 힘으로 장대하게 실현된 것이다.

2. 산업혁명과 도시화

바로크 도시의 기획은 궁전이나 도로, 정원, 광장 등 도시 일부 혹은 교외에서만 실현될 수 있었다. 왕의 부와 권력이 아무리 강력하다 해도 거기까지가 그 시대의 한계였던 것이다. 바로크 도시의 이상은 오히려 근대에 들어와 그 정신에 알맞은 육체를 갖게 된다. 그것을 가능케 한 것은 산업혁명이 낳은 자본의 힘이었다.

산업혁명이란 에너지의 혁명, 기계의 발명과 기술혁신이 어우러져 발생한 생산양식의 변화와 사회·경제 구조상의 변혁을 말한다. 일반적으로는 18세기 중반부터 영국에서 진행된 일련의 기술혁신과 그것으로 인한 생산력의 증대와 사회경제의 변화를 가리킨다. 산업혁명은 사회의 성격을 농경사회에서 산업사회로 변화시켰으며, 사회구성을 자본가계급과 노동자계급으로 변화시켰다.

기술혁신은 산업은 물론 일상생활의 조건까지 변화시켰다. 필요한 동력을 사람이나 동물의 근력에 의존하는 대신 석탄이나 석유 같은 화석연료를 통해 얻게 되자 생산양식이 변하고 생산력은 증대하게 되었다. 교통수단도 발달하여 간선도로, 운하, 철도, 증기선 등은 물자와 사람의 이동을 촉진했다. 이동시간의 단축은 도시의 면적 팽창을 가능케 했고, 교외의 주거지에서 도심의 직장으로 출퇴근하는 생활패턴으로 바뀌었다. 이렇듯 산업혁명으로 도시의 물리적 환경과 사람들의 일상생활이 크게 달라졌다. 예컨대 그것은 걸어서 가거나 마차로 이동하던 시대와 자동차로 이동하는 시대의 차이이고, 촛불로 어둠을 밝히고 나무를 때어 밥을 하던 시대와 전기와 가스를 사용하는 시대의 차이이다. 그리고 앞의 시대가 집집마다 불을 피우는 개별 시스템이었다면, 산업혁명 이후에는 발전소에서 각 가정으로 전기를 공급하는 중앙집중형 시스템이다(최병두, 『근대적 공간의 한계』, 51쪽).

이러한 변화가 진행된 공간이 바로 도시이다. 산업화 이전의 사회에서 생산은 주로 농업이 담당했고 제조업은 부수적이었다. 이러한 배경에서 중세도시는 종교적 중심지이자 교역의 중심지였고, 바로크 도시는 권력의 중심지로 발달하였던 것이다. 산업혁명을 계기로 제조업이 사회적 생산의 주역으로 등장하자 도시는 제조업의 중심지로 부상하였다. 사회 전반에 걸친 변화는 시간이 흐름에 따라 산업의 양상을 변모시켰다. 생산 또한 2차 산업 중심에서 점차 행정, 유통, 서비스업 등 3차 산업의 비중이 커지는 방향으로 발전해갔다.

도시가 생산의 중심지가 된다는 것은 도시공간이 산업활동에 맞는 구조로 재편됨을 의미한다. 생산과정은 물자와 자본의 추상적인 흐름이 아니라, 실제 도시의 공간상에 구체적인 위치와 일정한 면적을 점유하는 것으로 나타난다. 단순하게 말하자면 노동자가 살고 있는 주택, 노동자가 출퇴근하고 도시 내부로 들여온 원자재를 운반하는 데 이용되는 도로, 기계설비를 갖춘 공장, 그리고 생산된 상품이 진열되고 판매되는 시장 등은 모두 도시공간상에 놓여 있다.

효율성을 위해 도시공간은 생산과 소비의 두 가지 기능으로 나뉘고, 생산 안에서도 다시 세부적으로 분할된다. 그렇게 공간적으로 구획되어 생긴 생산과 소비, 생산과 생산시설 사이의 공간적·시간적 거리는 교통과 통신에 의해 극복된다. 합리적으로 시설들을 배치하고 도로를 건설하여 노동력을 수송하고 원료와 상품을 운반한다. 또한 통신시설을 설치하여 공간적·시간적 거리를 단축한다. 도로와 항로, 철도 같은 교통수단의 발달은 산업화와 축적된 자본의 정도와 비례한다. 물자와 인력의 이동이 곧 자본의 흐름과 직결되기 때문에 교통이 중요해진다. 따라서 물류의 이동과 도로를 관리하고 그 흐름을 조절하는 것이 도시계획이나 도시 건설에서 중심적인 주제로 부상한다.

특히 19세기 철도망의 비약적인 증가는 자본의 순환을 가속화시

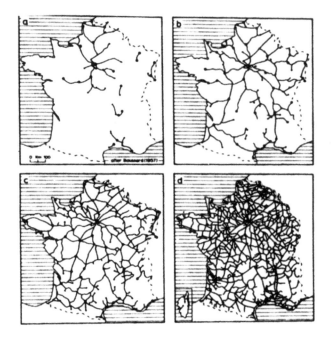

<프랑스 철로망의 변천> 근대의 철로망은 도시와 농촌 모두를 촘촘히 엮어갔
다. 반면 중세도시들은 봉건제의 바다 위에 섬처럼 존재했다. 그 섬들을 해로
와 육로가 연결해 주고 있었다. 도시 바깥에서도 사람들이 살고 있었지만, 도
시는 도시로만 통했다. a) 1850년, b) 1860년, c) 1870년, d) 1890년.

켰고 도시로의 집중을 심화시켰다. 채 50년도 안 되어 철도는 국경 내부 지역들을 실핏줄처럼 이어갔다. 철도 건설은 수많은 건설노동자를 탄생시켰고, 그들이 만든 철도는 농촌에서 도시로 더 많은 사람들을 운송했다. 그 길을 통해 원료와 상품이 운반되었고, 전국에 흩어져 있는 부가 국가의 중심으로 모였다(증기선을 타고 바다 건너 식민지에서 흘러들어온 재화가 쌓이는 곳도 유럽의 대도시, 특히 수도였다). 또한 산업혁명을 거치면서 폭발적으로 증가한 생산력은 상품을 판매할 더 넓은 시장과 더 값싼 원자재 시장을 요구했다.

3. 도시의 자본주의화

도시는 무엇보다 시장이다. 사람과 물자와 자본은 도시로 흘러들어 교환된다. 물품을 교환하고 화폐로 계산하는 시장의 역사는 아주 오래되었다. 특히 중세도시는 시장이 발달했고, 신분제 대신 화폐가 사회를 지배하는 질서였다. 도시 중심에 있는 시장은 다른 모든 측면에 있어서도 그 도시의 중심이었다. 도시로의 인구집중이라든가, 도심에는 그 도시에서 가장 높고 화려한 건물들이 있다는 것, 그리고 도심에는 부유층이 살고 빈민층은 주변부에 사는 것까지 중세의 도시 풍경과 생활상은 자본이 지배하는 지금의 도시와 닮았다. 하지만 자본주의나 근대의 시장은 이 중세의 시장이 발전한 결과가 아니다. 중세의 시장과 근대의 시장 사이에는 다음과 같은 차이점이 있다.

첫째, 중세의 시장은 폐쇄적이다. 중세도시들은 상품과 화폐의 흐름을 성벽 안으로 제한하고 외부로의 유출을 금지했다. 인근 농촌에서 생활물자는 들여와도 다른 상품이나 화폐교역권 등은 내보내지 않으려 했다. 다른 도시와 활발히 교역했다고 하지만, 그 교류는 한자동맹 같은 동맹 도시들끼리의 교류로서 사실은 도시 내부의 거래나 다름없었다. 중세도시의 입장에서는 멀리 있는 다른 도시가 이웃한 농촌보다도 경제적 관계상 더 가까웠다. 도시라는 제한된 공간의 특권적인 위치를 통해 배타적인 부를 축적하고 번성을 기원할 뿐이었다.

반면, 근대의 시장은 팽창지향적이다. 이 시장은 새로운 시장을 개척하고 새로운 상품을 개발하는 두 가지 방식을 통해 시장을 끝없이 확장한다. 이러한 시장은 영토국가에서 가능하게 되었다. 16세기의 중상주의는 흩어진 시장들을 전국적 시장으로 통합한다는 목표를 따르고 있었고, 절대주의 왕정 역시 하나로 통합된 영토국가를 확립하고자 했다. 영토국가는 도시와 대결하며 도시를 에워싼 성벽을 깨고 도시와 도시의 연대를 끊었다. 그리고 도시 내부, 도시와 농촌, 도시와 도시 사이를 연결하는 도로를 건설했다.

둘째, 중세의 시장은 자유의 공간이다. 성벽 밖은 영주들이 지배했지만 안쪽의 도시는 봉건제의 속박에서 자유로웠다. 신분제 대신 화폐가 사회를 지배했고 화폐 앞에 '만인은 평등했다'. 그러한 환경에서 장인들은 물건을 만들고 상인들은 물건을 거래했다. 장원에서 도망친 사람들에게 중세도시는 피난처가 되어줬으며 시장은 생활의 터전이 될 수 있었다.

근대적인 시장은 폭력으로 형성되었다. 자본주의적 시장은 국가에 의해 강제로 만들어진 새로운 시장이다. 그것은 생산수단과 생산자의 분리를 전제로 성립한다. 그 둘을 분리하는 데 있어 국가는 결정적인 역할을 했다. 그것은 '인클로저운동'이라 불리는, 토지로부터의 농민 대추방에서 시작되었다. 국가는 토지에서 농민이 추방되는 것을 방조했고, 토지에서 추방된 농민들을 '빈민법'으로 처벌하고 가두고 감시하고 근면을 가르쳐서 공장으로 몰아넣었다. 이렇게 창출된 것이 노동시장이었다. 도시로 이주한 사람들의 거주지와 슬럼은 노동시장이 도시에 공간적으로 드러난 모습이다(맑스, 『자본론』1권, 980~981쪽).

셋째, 중세의 시장은 선택적이다. 자본주의 이전에는 생산자가 자기 생산수단을 갖고 자신에게 필요한 것을 생산했다. 남는 생산물은 필요한 다른 것으로 교환하기 위해 시장에 가져갔다. 또한 도시 자체가 중세시대의 예외적인 존재였고, 시장에서 유통되는 품목은 생활에 필요한 물자 중 일부였다. 따라서 중세인들에게 시장은 절대적인 존재가 아니었다.

자본주의적 시장은 강제적이고 절대적이다. 생활에 필요한 모든 것을 시장에서 구입해야 한다. 생필품과 노동력은 물론이거니와 화폐까지도 시장을 통해서만 구할 수 있다. 이러한 시장에는 두 부류의 상품 소유자가 있다. 한쪽은 자신의 노동력을 팔고자 하는 노동력의 소유자이다. 다른 한쪽은 화폐와 생산수단, 그리고 생활수단의 소유자이다. 생산수단을 소유한 자본가들은 필요에 의해서가 아니라 팔기 위해 상품을 생산한다. 그래서 자본가들은 그 상품을 생산해줄 노동력을 사고자 한다. 노동력 판매자들은 생산하기 위해서가 아니라 화폐를 사기 위해 자신의 노동력을 판다. 그들은 자신의 몸 외에는 다른 생산수단을 갖고 있지 않은데, 화폐를 비롯한 모든 생활수단은 전부 시장에서 구입해야 하는 상품이다. 따라서 그들은 살아가기 위해서 노동력을 상품으로 내놓아야 한다.

근대도시는 그 자체가 하나의 거대한 시장이고 상품이다. 자본주의는 노동력에 이어 토지와 화폐도 상품화하고 자본으로 전환했다.

1853년 파리 지사가 된 오스망이 제일 먼저 한 일은 측량이었다. 정확한 삼각측량을 통해 파리의 지적도를 만들고, 그것을 바탕으로 도시계획을 세웠다. 도로가 직선으로 정리됨과 동시에 대지도 반듯하게 정리되었다. 근대도시의 격자형 도로는 도시 내부의 공간을 격자로 조직하는 한편, 토지를 균등하게 분할하여 이용 효율을 높이는 역할을 했다. 격자형 도로망은 중세도시의 성당이 가졌던 중심성을 제거했고, 격자형 가구분할은 각 필지가 갖는 특이성을 지웠다.

그 결과 격자형 공간구조에서 어떤 지점은 좌표상의 한 점이 되고, 두 지점 사이의 이동은 거리로 나타낼 수 있으며, 토지는 평준화되어 면적으로 계산할 수 있게 되었다. 직사각형으로 반듯한 필지들은 면적을 계산하기 쉽고 사고 팔기에도 보기 좋은 상품이 되었다. 토지는 지번과 면적으로 대체되어 관리되었다. 이 건설용지는 위치, 수요, 법규관계 등에 의거한 경제적 자격을 지닌 독립된 재산으로 간주되었다. 결국 토지와 건물은 시장에서 거래되는 상품의 하나가 되었다(하비, 『모더니티의 수도, 파리』, 165쪽).

화폐 같은 교환매체도 상품이 되고 자본이 되었다. 예컨대 국가는 국채제도와 근대적 조세제도를 통해서 화폐를 자본으로 전환하였다. 국가는 은행이나 다른 채권자들에게 국채나 공채를 발행하여 자본을 빌리고, 국가의 채무는 국민이 세금으로 갚는 시스템이었다(맑스, 『자본론』 1권, 1038~1040쪽). 또한 소액 투자자들의 자금을 모아 거대한 자본의 흐름을 만들어내는 새로운 은행이 등장했다. 그러한 은행으로는 파리의 크레디 모빌리에가 선구적이다. 이 은행은 작은 돈을 모아 큰 자금으로 만들어 건설회사에 빌려주고, 공사 후에 파리시로부터 대금을 받는 식으로 운영되었다. 오스망은 이 은행을 통해 필요한 건설자금의 흐름을 조절하며 파리를 개조할 수 있었다(하비, 『모더니티의 수도, 파리』, 176쪽).

자본은 끊임없이 새로운 상품을 개발하고, 새로운 시장을 개척하고, 그 시장을 계속 확장해 나아간다. 각종 새로운 서비스업종들을 하나씩 상품으로 추가해 가는 중인 자본은 결국 도시공간 전체를 상품화하고자 욕망한다. 결과적으로 도시는 문화의 중심, 소비의 천국처럼 보이게 되었다. 하지만 문화상품은 물론이고 소비까지도 모든 것이 다 상품이다.

국가는 앞서 언급했듯이 노동력이라는 상품의 시장 형성에 직접 관여함으로써 자본주의 발달에 결정적인 영향을 미쳤다. 이미 궤도에 오른 자본주의 체제의 도시에서 국가는 크게 두 가지에 관여한다. 하나는 집합적 소비재의 생산이고, 다른 하나는 축적의 위기를 극복하기 위한 공공사업이다.

주택이나 공공시설, 학교와 같이 집합적인 단위로 소비가 이뤄지는 소비재를 집합적 소비재라고 한다. 이런 시설은 투자금을 환수하기 어렵고 일반 기업이 맡기에는 사업성이 없기 때문에 주로 국가나 지방정부가 건설한다. 하지만 이 시설들은 노동력의 재생산을 위한 것으로서 원래 자본가가 부담해야 할 몫이다. 또한 집합적 소비재를 위한 공공의 지출은 모두에게 이익이 되고, 그 지출은 세금을 많이 내는 계층이 주로 부담한다고 생각되기 쉽다. 하지만 정부가 도로, 광장, 공원, 상하수도 등을 건설하면 토지 가격과 집값이 오르고 그 가치 상승분은 거의 모두 토지소유자에게 돌아간다. 그리고 정부는 지출했던 자금을 회수할 수 없어 항상 적자이다. 물론 그 시설들을 이용함으로써 얻는 이익은 이용자 모두의 것이다.

또한 국가는 공황과 같은 경제위기를 극복하기 위해 공공사업을 벌인다. 자본주의는 그 구조상 과잉생산을 하게 되고 주기적으로 공황에 빠진다. 상품과 자본과 노동력을 지나치게 생산해 놓지만 그것들은 따로따로 고립되어 있을 뿐, 서로 만나서 새로운 생산으로 연결되지 않는 경우가 종종 발생한다. 그 해결책으로 정부는 도로나 철도 건설 같은 사업을 벌여 과잉노동력을 흡수하고 유휴자본을 흡수한다.

1848년에서 1852년 사이 파리에 닥친 어려움이 바로 이 과잉의 문제였다. 부동산 경기는 침체되어 있었고, 노동력과 자본은 넘칠 만큼 많았지만 일자리는 부족했고, 자본은 투자처를 찾지 못하고 있었다. 하지만 사회 전체의 총량적인 부는 충분했다. 루이 나폴레옹 정권은 오스망을 기용하여 파리를 대대적으로 개조하는 공공사업을 시작한다. 도로 건설을 위한 토지 수용과 보상에 이어 철거가 시작되었다. 공사가 진척되어감에 따라 지가도 동반 상승하기 시작했다. 그리고 도시공간은 자본주의적인 변환을 겪게 된다.

땅값이 큰 폭으로 올라 임대료 수입보다 이익이 되자 지가의 상승을 통해 더 큰 수입을 기대하는 지주들이 늘어났고, 부동산은 투기의 수단으로 성격이 바뀐다. 토지가 상품이 되고 투기 수단이 되자, 공간은 지대가 그 용도를 결정하기 시작한다. 공간은 지대에 의해 계급적으로 분화되어 도심은 차츰 관공서, 금융, 고급 상가, 극장, 고급 주택가에 의해 점유된다. 그에 따라 산업시설이나 노동자 주거는 지대나 임대료가 싼 외곽으로 이전한다.

이따금 도심의 슬럼이나 낙후 지역에 공원이나 문화시설을 건립함으로써 물리적 환경을 개선하려는 시도가 일어난다. 그러나 이 노력 역시 원래 의도와는 무관하게, 기존의 저소득층 거주자는 다른 곳으로 이주하고 상류층이 새로 입주하게 되는 결과를 낳는다. 자본주의적 경제체제에서 도시공간은 자본의 질서에 따라 재편되는 경향이 있다. 자본주의는 도시를 토대로 성장해왔지만, 동시에 그 도시를 자본의 질서에 따르는 공간으로 변모시켰다. 이처럼 자본주의와 근대도시는 서로 긴밀히 영향을 주고받으며 나란히 성장하였다.

4. 도시문제와 도시계획

도시의 공장과 시장은 도시로의 인구집중 효과를 가져왔다. 산업의 발달과 경제성장은 농촌의 인구를 도시로 유인했다. 공장이 있는 도시에는 새로운 일자리가 많이 창출된 반면, 농촌에서는 전반적인 빈곤화가 진행되었다. 농촌은 경작할 수 있는 땅에 비해 인구가 훨씬 많았고, 땅이 있다 해도 생산력이 낮았으며, 생산물의 가치 평가도 낮았다. 그래서 노동력을 팔아 생활하기 위해 많은 농촌 인구가 도시로 몰려드는 도시화가 진행되었다. 영국의 경우 전체 인구에 대한 도시 인구의 비율이 18세기 중엽에는 30%였으나 19세기 중엽이 되면 78%로 높아진다(대한국토도시계획학회, 『서양도시계획사』, 211쪽).

그러나 일자리를 찾아 도시로 이주한 사람들을 기다리고 있었던 것은 도시의 밝은 면이 아니었다. 생산시스템이 기계의 속도와 이윤을 기준으로 움직이기 때문에 노동조건 자체가 몹시 열악했다. 더구나 유입된 인구는 소모성 노동력으로 이용되었기 때문에 당시 산업도시에서는 사망률 또한 출생률 못지 않게 높았다. 주택이나 상하수도, 도로 등 기반시설은 인구증가를 따라가지 못하고 있었다. 임대료는 가파르게 오르고 있었고, 이윤을 많이 남기기 위해 졸속으로 양산한 주택들 때문에 주거환경은 점점 열악해져만 갔다. 헛간 같은 시골집보다야 도시의 벽돌집이 고급스러웠지만, 높은 집세는 감당하기 어려웠고 비좁은 공간은 참아내기 어려웠다. 주택과 주택이 공장과 주거가 밀집해서 혼재하고 있었다. 그리고 그 밀도는 위생에 취약했다. 환기와 채광도 불가능할 만큼 빽빽하게 밀집된 주거환경 때문에 도시의 위생문제는 위험 수위를 넘어섰다. 예컨대 도시에서 콜레라로 죽은 사망자 수가 전쟁으로 죽은 사망자 수를 압도했다. 이리하여 위생문제는 산업혁명 이후 가장 중요한 도시문제가 된다. 그것은 산업화와 도시화의 급격한 진행 속도와 과밀에서 비롯된 것이었다.

도시공간은 산업화와 도시화의 과정 속에서 재편되어갔다. 그리고 그 도시에서 일어나는 여러 문제들을 해소하려는 사회적 노력이 일어났다. 이 새로운 도시계획은 권위와 권력을 과시하거나 형식적 완벽함을 추구하기 위한 르네상스나 바로크의 도시계획과는 목표가 달랐다. 근대도시의 과제는 크게 두 가지 방향에서 접근되었다. 하나는 도시가 요구하는 문제들을 전문가에 의해 기술적으로 보완해 나가는 계획이다. 다른 하나는 기존 도시에 대한 대안으로서 이상적인 모형을 그려내는 유토피아 계획안이다(대한국토도시계획학회, 『서양도시계획사』, 218~219쪽).

기술의 측면이 강조된 도시계획은 행정관료와 계획가 등 전문가에 의해 실행되었다. 이것은 대부분의 도시들을 근대화시키는 데 실제로 적용된 계획방법이다. 이 계획방법은 19세기 중반의 위생법에서 시작해 차츰 건축과 위생에 관한 포괄적인 법률로 발전했는데, 그 발단은 콜레라이다. 1830년대 콜레라의 빈발은 위생에 대한 사회적 관심을 환기시켰다. 콜레라를 계기로 당국은 당시까지 고수하던 '방치' 입장을 버리고 콜레라를 진압하기 위해 적극 개입한다. 슬럼을 콜레라의 진원지라고 판단해 슬럼을 격리하고 철거하는 방침을 채택했던 것이다.

영국에서는 1832년부터 도시의 위생을 관리하기 시작한다. 채드윅은 1832년부터 1854년까지 구빈법 위원회의 감독관으로 일하면서 빈곤층의 생활실태를 조사한다. 당시 영국에서는 가로등, 도로포장, 하수도, 상수도, 건축기준 감독, 청소, 교통, 경찰 등을 해당 공공기관이 각각 맡고 있었다. 그는 기존에 공공기관이 해오던 방식은 콜레라 퇴치와 예방에 효과가 없다는 결론에 이른다. 그리하여 1848년 도시의 위생에 관한 문제들을 단일한 행정기구가 전담하도록 하는 포괄적인 '공중위생법'이 제정된다. 이 법률의 제정을 계기로 국가는 대중의 일상에 본격적으로 개입하기 시작한다(대한국토도시계획학회, 『서양도시계획사』, 235~238쪽).

위생문제에서 시작한 근대의 도시계획은 용도에 따라 도시공간을 구획하는 용도지역제로 발전한다. 과밀한 도시공간에서 전염병을 예방하고 하수를 처리하기 위해서는 되도록 비슷한 시설들을 한데 모으고, 상이한 시설들은 격리하는 편이 관리하기 수월했기 때문이다. 하지만 관료들과 전문가들에 의한 대응방식은 대개 문제를 근본적으로 제거하는 것이 아니라 이미 발생한 문제를 사후적으로 처리하는 방식이었다. 즉, 해당 사안에 대해 국가가 개입할 수 있는 법적 근거와 방침을 마련한 것이다. 또한 이는 문제의 현상을 근원이라 간주하고 현상만을 제거하는 노력이었다. 슬럼이 그 경우인데, 국가와 관료들에게 슬럼은 콜레라의 온상으로서 철거의 대상일 뿐 누군가 살고 있는 열악한 주거시설이라는 인식은 없었다. 슬럼이 철거되면 거주자들은 다른 곳에다 또 다른 슬럼을 만들 수밖에 없었고, 다른 대안이 없었는데도 말이다.

한편, 19세기 전반에는 이상도시에 대한 실험이 특히 활발히 일어났다. 오웬의 사변형 공동체 계획안과 푸리에의 팔랑스테르가 대표적인 사례이다. 이들은 당시의 사회가 겪는 문제가 자본주의에서 비롯되었다고 보고, 다른 사회의 대안으로서 농업에 근거해 생산과 생활을 함께 하는 공동체를 설계했다. 공동체의 적당한 크기에 대해서도 구체적으로 계산되어 제시되었다. 오웬은 뉴라나크라는 공장에서 자기의 생각을 일부 실현했으며, 구빈법 위원회에 공동체 계획안을 제출하는 등 이상도시안을 발전시키다가, 1825년에는 미국으로 건너가 '뉴하모니'라는 마을을 건설했다. 푸리에가 제안한 공동체는 합리적으로 구성된 기능적 단위인 팔랑크스와 복합건물인 팔랑스테르로 구성된다. 그의 이론에 따라 미국에서는 1840~50년 사이에 이런 공동체가 40여 개나 만들어졌고, 프랑스·러시아·알제리 등지에서도 그의 이론이 실현되었다(대한국토도시계획학회, 『서양도시계획사』, 219~227쪽).

이 팔랑스테르를 발전시킨 것이 고댕의 파밀리스테르이다. 산업혁명 이후의 문제를 해결하기 위해 고댕은 팔랑스테르에서 두 가지를 개혁했다. 즉, 생산의 기본을 농업에서 공업으로 전환하고, 공동생활의 비중을 줄이는 대신 각 가정을 위한 내밀한 주거공간으로 변형시켰다. 1886년 당시 파밀리스테르에는 약 4백 가구가 있었고, 현재까지도 약 3백 가구가 거주하며 2백50여 명의 근로자들이 고댕의 공장에서 일하고 있다(대한국토도시계획학회, 『서양도시계획사』, 219~228쪽).

이런 유토피아형 모델들에 대한 시도가 특히 19세기 전반에 많았다는 사실은 당시의 디스토피아적 상황을 간접적으로 말해준다. 거기에는 열악한 주거환경과 노동현실, 빈곤과 질병, 죽음이 있었다. 그런데도 산업 부르주아지는 현실에 눈감고 있었으며, 자유시장이라는 경

<광주대단지 천막촌> 철거와 강제이주의 역사를 증언한다. 현대도시 서울, 선진 한국으로의 근대화 과정에는 성남 이주와 같은 일이 반복적으로 발생했다. 그들이 살던 집이 헐린 자리에는 도로가 뚫리고, 고가와 지하철도가 지나가고, 고층빌딩이며 아파트들이 들어섰다.

제체제는 계속 이런 모순을 낳았다. 이상도시계획은 이렇듯 시장경제에 모든 것을 맡기려는 지배적인 사회 분위기에 대한 안티테제로 나타났던 것이다. 그들의 시도는 공상적이었으나 도시계획을 통해 사회를 변혁하려던 시도 자체는 이후의 도시계획에 많은 영감을 주었다. 그러나 일반 사회경제적 구조에서 고립된 기획이라는 비판을 받았고, 특히 맑스는 이상주의자들의 도시계획을 맹렬히 비난했다. 이들 사이에서는 도시계획상의 개선과 사회의 전반적인 개선이 동일시되었기 때문에, 사회경제적 발전이 도시계획을 통해 실현될 수 있다는 환상을 낳았다는 비판이다(맑스의 주장에 따르면, 도시문제를 근본적으로 해결하기 위해서는 자본주의적 생산방식의 해체가 선행되어야 할 것이었다).

5. 도시의 현재

도시의 근대화는 세계 도처에서 진행되었으며, 지금도 어딘가에서 계속 진행 중이다. 바로크 도시와 자본주의가 만나 근대도시를 낳는다는 것은 근대화의 반복되는 일반공식이다. 도시의 근대화에서 바로크는 형태적 모델을 제공했다면, 자본은 그것을 실질적으로 움직이게 하는 동력을 제공했다. 국가는 길을 닦고 자본은 그 위를 달린다. 바로크 도시의 똑바른 대로와 웅장한 기념비들은 국가의 권위를 나타내는 데 언제나 유효하다. 오스망은 바로크 도시를 모델로 파리를 개조했으며, 그 파리를 모델로 19세기 후반 많은 도시들이 근대화에 돌입했다. 바로크 도시는 그 후에도 건설되었고, 앞으로 또 100년이 지나도 필요한 어딘가에 세워질 것이다. 한편 오스망의 선견지명이었든 단순한 치안 유지책이었든, 19세기 중반에 닦은 도로는 20세기 공장에서 찍어낸 자동차들이 질주하기에 적당했다. 지금 도시에서 자본의 순환은 아주 원활하다. 그리고 이제는 세계로 범위를 넓혀 도시들 사이에 놓인 비포장 도로를 매끄럽게 포장하는 중이다. 자본을 위한 환경은 꾸준히 개선된다.

그런데 돌이켜보면 도시환경 개선에 정부가 개입하게 된 것은 위생문제 때문이었다. 정부는 나름대로 상황을 개선하는 데 필요한 제도를 마련하고 상하수도 시설이나 노동자 주택건설 등 공공사업을 벌였다. 그러나 이 국가주도의 기능주의적 개선이 과연 우리의 삶을 더 나은 것으로 만들었을까? 지금도 도시들은 여러 가지 도시문제를 안고 있다. 산업혁명 시기와 비교할 때 상황은 좀 나아지기는 했지만 여전히 위생문제는 사라지지 않았다. 보다 포괄적인 환경문제로 변했을 뿐이다. 토양과 물과 공기가 오염됨으로써 안전한 식품, 깨끗한 물과 공기는 값비싼 상품이 되었다. 수돗물은 한때 문명화를 대표했지만, 이제 이 물을 그냥 마시는 사람은 가난한 사람들과 공무원뿐이다.

20세기에 들어와서도 전문가들은 근대의 도시화 과정 혹은 도시에서 나타나는 문제들을 예측하고 계획함으로써 해결하고자 했다. 대표적으로 르 코르뷔지에는 산업 위주의 도시 구조를 비판하고 주거를 일순위로 고려한 도시를 주장했다. 그가 제시한 대안들은 주로 계획안으로 그쳤지만, 몇 가지는 샹디가르 같은 제3세계 신도시에서 실현되기도 했다. 르 코르뷔지에의 계획은 19세기 전반에 있었던 이상도시의 이념을 부분적으로 계승한 것이기도 하다(베네볼로, 『세계 도시사』, 861쪽). 하지만 그는 오웬이나 푸리에의 공동체가 생산공동체였다는 중요한 사실을 간과하고 있다. 산업혁명 이후 급격한 도시화에서 발생한 위생과 과밀의 문제를 해결하기 위해 출발한 도시계획은 도시공간을 용도별로 구획해야 한다는 어떤 강박증을 갖고 있었다. 그리고 용도별 구획이 합리적이고 경제적인 계획방식이라는 신념도 있었다. 르 코르뷔지에 역시 주거문제를 주거와 주거서비스 시설만의 집합체로 해결하고, 위생문제는 위생시설과 '도시공원 속의 탁 트인 전망과 채광'으로 해결하고자 했다. 그 절정에 있는 작품이 유니테다비타시옹이다.

르 코르뷔지에의 유니테다비타시옹은 형태상으로는 한 채의 건물이지만, 그 안에 마을 하나를 담고자 했다. 1952년 마르세유에 건설된 유니테다비타시옹은 아파트의 원형이 된다. 이 아파트가 성공한 대표적인 곳은 르 코르뷔지에가 유니테다비타시옹을 세운 프랑스, 그리고 한국일 것이다. 프랑스에서 그것은 부르주아사회에서 하나의 문화로서 향유되고 소비되었다. 한국에서 아파트는 상품으로서 유통되고 자산투자 수단으로서 대성공을 거두었다.

이와는 대조적인 양상에서, 슬럼은 또 다른 국제적 주거양식이다. 오늘날 자본주의가 지배하는 도시에는 모두 슬럼이 있다. 슬럼은 왜 계속되는 것일까? 슬럼은 이주대책 없이 철거되었을 때만 다시 생겨나는 것이 아니다. 자본주의적인 도시의 구조 자체가 슬럼을 생산한다. 조금 더 나아가 말하자면 도시에는 성장을 위해 슬럼이 필요하다. 자본주의는 발생할 때부터 농촌이나 식민지 같은 외부의 자원, 하지만 값싸고 흔한 노동력을 도시로 끌어와 착취해야 했기 때문이다. 이제는 도시 밖의 농촌도 식민지도 없다. 농촌도 식민지도 도시화되었기 때문이다. 도시에 필요한 동력을 얻기 위해 지대 차이를 만들고, 도시는 그 위치 에너지의 차이에 의해 나아간다. 그 과정에서 도시 내부에는 지속적으로 슬럼이 재생산된다.

도시에서의 삶이란 한 발은 자본주의에, 다른 발은 국가의 관리에 맡긴 삶이다. 국가는 도시화의 문제를 다시 도시화를 통해 해결하고자 한다. 하지만 그것은 언제나 도시를 확장할 뿐이고, 결국 언제나 도시 문제를 확대재생산할 뿐이다. 기존의 도시문제를 해결하기 위해 만든 신도시는 또 다른 도시문제를 만들어낸다. 교통체증을 완화시키기 위해 도로를 넓혀 보지만 넓어진 길로 자동차들이 더 많이 밀려들어온다. 그래서 길은 여전히 막힌다. 1900년 무렵 런던 시내의 평균 속도는 시속 20km 정도였다고 한다. 2000년 무렵 런던의 평균 속도는 여전히 시속 20km이다. 혹시 도시를 관리하는 데 성공한 도시가 있다 해도 유입 인구가 증가함에 따라 곧 과밀 상태가 되어 새로이 도시문제가 발생한다. 여기서 다시, 도시화를 진척시켜 발생하는 문제를 해결하려 할 것인가? 도시화로 인해 야기되는 문제를 또 다시 도시화하여 해결하려는 것은 몸에 묻은 흙을 씻어내기 위해 흙으로 몸을 씻는 것과 비슷하지 않은가? 차라리 도시화와 반대로 비-도시화를 꿈꿀 수는 없는 것일까? 도시 안에서 비-도시적인 삶을 창안할 수는 없는 것일까?

하지만 비-도시화가 도시 아닌 영역으로 도망치거나 공간적으로 이주하는 그런 것이어서는 안 될 것이다. 도시는 이미 공간이 아니라 우리 삶의 방식 자체가 되었기 때문이고, 그래서 심지어 도시 바깥 지역마저도 도시적 삶에서 벗어날 수 없게 되었기 때문이다. 앞서 본 것처럼 도시란 사람들의 흐름, 노동력의 흐름, 상품의 흐름, 대중의 흐름, 교통의 흐름을 계산하고 통제하는 형식이고, 그런 흐름이 집중되고 분산되는 양상에 따라 삶을 상품화하는 하나의 스타일이기 때문이다. 그런 점에서 우리는 도시에서 벗어날 수 없는 '운명'인지도 모른다.

그러나 도시가 하나의 삶의 방식이라면, 비도시적인 삶의 방식을 창안하는 것은 차라리 쉬운 일일 수도 있지 않을까? 그런 삶의 방식을 창안하고 그런 삶의 지대, 그런 삶의 공간을 창안한다면 심지어 도시

<달동네와 시민아파트> 주택문제를 해결하기 위해 '불량' 주거지는 아파트 단지로 바뀌어갔다(한남동 판자집 철거 장면[위]과 회현 제2시민아파트[아래]).

안에서조차 우리는 도시적인 삶에서 벗어나는 탈주선을 그릴 수 있지 않을까? 화폐를 비-자본주의적으로, 혹은 비-화폐적으로 사용할 수 있듯이, 도시 안에 거주하며 비-도시적인 삶을 사는 것도 가능하지 않을까? 계산과 통제에서 벗어난 삶의 흐름을 만들고, 거기서 벗어난 대중의 흐름을 만들어내고, 자동차 도로의 견고한 홈에서 벗어난 이동의 방식을 창안하는 것, 가치법칙과 자본의 논리에서 벗어난 사물의 흐름을 만들어내는 것. 그렇다면 가령 자동차가 중심인 삶에서 벗어나 걷거나 자전거를 타는 것에서 새로운 삶의 가능성을 보는 사람들, 혹은 도로의 패인 홈을 넘나들기 위해 이동의 권리를 사유하고 요구하는 장애인들, 자동차 도로의 패인 홈을 흘러넘치며 새로운 운동의 흐름을 만드는 대중의 새로운 운동, 교환과 이윤의 논리에서 벗어나 자신의 능력을 필요한 사람에게 서로 나눠주려는 지역공동체 내지 지역화폐운동은 도시 안에서 비-도시적 삶을 향해 나아가려는 시도들이라고 해도 좋지 않을까? 거기서 좀더 밀고 나아가는 방법을 찾아낸다면, 우리는 아마 비-도시적 공간에서 다시 만나게 될지도 모르는 일이다.

.9강. 자본주의와 이동의 문제

이진경

1. 이동의 시대?

3일이 멀다하고 비행기를 타고 또 다른 일을 찾아 이동하는 '디지털 노마드', 인터넷으로 온 세상을 서핑하며 휘젓고 다니며 또 하나의 정치적 세력으로까지 부상한 '네티즌', 강의시간에도 앉아서 문자를 날리고 전화를 하는 학생들, 이일저일 좀더 나은 직업을 찾아 끊임없이 전직하는 '잡 노마드' 등등. 이들로 표상되는 또 하나의 새로운 시대가 시작된 것일까? '이동의 시대', 혹은 '유목의 시대'가 시작된 것이라고 해야 할까? 이 역시 탈근대사회의 또 다른 징후라고 해야 할까?

그러나 이것만은 아닐 것이다. 전세계를 빛의 속도로 움직이며 돈을 사냥하는 자본의 이동, 불법의 고통을 감수하며 국경을 넘는 노동자들의 이동, 혹은 '유연성'이란 이름 아래 취업과 실업 사이에서 끊임없이 이동해야 하는 비정규직 노동자들의 증가. 이 역시 이동을 들어 시대를 말할 때 잊어서는 안 될 요소일 것이다.

어쨌건 '이동'을 넘어 '유목'이 현대의 새로운 '트렌드'로 급격히 부상하고 있음은 분명한 것 같다. 우리의 현재적 삶을 규정하는 새로운 조건이 되고 있음도 분명한 것 같다. 이동성의 급격한 증가, 아니 삶 자체가 이동성에 의해 규정되어야 할 듯한 이러한 조건은 오늘날의 이 이동에 대해 하나의 근본적 질문을 던지게 한다. 대체 무엇이 이 이동을 야기하는 것일까? 무엇이 이 모든 것들로 하여금 전례 없는 속도로 이동하게 하는 것일까?

몇 가지 빠른 대답이 질문보다 먼저 제출된 바 있음을 우리는 안다. 즉, 자본이 스스로 저렇게 이동할 뿐 아니라 다른 모든 것들이 이동하게 한다, 인터넷과 이동통신을 비롯한 새로운 소통수단이 저 모든 이동을 야기하고 있다, 혹은 정보소통의 확대가 사람들로 하여금 좀더 유리한 상황을 찾아 이동하게 하고 있다 등등. 아마도 모두 맞을 것이다. 전적으로는 아니라고 해도 그런 면이 있음은 부정할 수 없다. 그러나 이 빠른 대답으로 인해 빠르게 잊혀진 것이 있음을 지적해야 한다. 이동이라는 말로 포괄되는 저 현상들 사이에 아주 다른, 종종 대립적인 성격의 이동들이 혼합되고 혼동되고 있음을.

이런 이유에서 우리는 이 이동이라는 현상을 단순히 현재의 새로운 '문화적 현상'이라고 간주하는 것에, 혹은 자본의 세계화와 동일한 외연을 갖는 '경제적 현상' 내지 '사회적 현상'으로 간주하는 것에 쉽게 동의하지 않는다. 비록 그게 사실이라고 하더라도, 중요한 것은 그 이동이라는 현상에 충분히 접근하기 위해선 이동 자체를 어떻게 문제화할 것인가 하는 점을 좀더 진지하게 생각해봐야 한다. 이를 위해 가령 비릴리오처럼 이동의 문제를 속도의 문제와 동일한 차원에서 권력의 문제로 다룰 수도 있을 것이다. 들뢰즈와 가타리라면 스피노자처럼 능력의 문제로 다루려고 할 것이다. 혹은 니체처럼 그러한 권력이나 능력의 질에 대해 분석하고자 할지도 모른다. 이는 모두 이동을 단지 현상적인 묘사에서 벗어나 다루기 위한 중요한 자원이 될 것으로 믿는다. 한 가지 더 추가하자면 이동이 사회적 현상이 된 이상, 다른 것들처럼 이동의 권리라는 문제가, 즉 이동권의 문제가 새로이 중요한 현안으로 부상하게 될지도 모른다. '이동권'은 이미 장애인들이 제기하고 있는 것이지만, 이동이 이처럼 일반적인 문제가 되었다면 그것 역시 단지 장애인만의 문제가 아니라 우리 모두의 일반적인 문제가 될 것이 틀림없기 때문이다.

2. 정착과 유목

이동이 일상화된 삶을 우리는 보통 '유목민'의 삶에서 발견한다. 몽골의 드넓은 초원, 혹은 아시아나 아프리카의 사막지대를 떠돌며 살아가는 유목민. 어느 한 곳에 정착하지 않으며, 끊임없이 새로운 곳으로 이동하는 이런 종류의 삶을 보통 유목 내지 유목주의라고 부른다. 이와 달리 지금 우리들처럼 한 곳에 붙박여 사는 삶의 방식을 정착민의 삶이라고 부른다.

　그러나 정착민은 그저 고정되어 있고 유목민은 이동할 뿐이라고 한다면, 이는 삶을 너무 단순하게 파악하는 것이다. 정착민도 이동하며, 유목민도 일시적이지만 한 곳에 멈추어 산다. 이런 점에서 이동과 멈춤을 단순히 대응시키는 식으로 유목과 정착을 구별할 순 없다. 정말 중요한 차이는 모두 이동하고 멈추지만 그 이동과 멈춤의 관계가 아주 다르다는 점이다. 가령 정착민은 이사를 하는 경우 이동하지만 어느 한 점에서 다른 한 점으로 이동한다. 출장을 가는 사람도 마찬가지다. 이동은 정해진 점에서 다른 정해진 점으로 이뤄지며, 그 점을 벗어나면

<인디언의 집, 티피> 유목민도 집을 갖는다. 머물고 정착한다. 그러나 정착민이
머물기 위해 이동하는 것과 반대로 유목민은 이동하기 위해 머문다. 유목민의 딜
레마는 머물고 쉬기 위해선 집이 있어야 하는데, 집은 이동하기엔 너무 무겁고 정
말 정착적이라는 것이다. 그러나 몽골인들이나 북아메리카 인디언들은 이처럼
쉽게 설치하고 쉽게 철거할 수 있는 집을 발명했다. 마차 위에 실린 집, 이는 유목
민의 상징이 되었다. 마차에 실린 집과 집 안에 놓인 마차, 이것이 유목민과 정착
민의 차이라고도 할 수 있을 것이다.

안 된다. 춘천으로 이사갈 사람이 원주로 가선 안 되는 것이고, 부산에 출장을 가는 사람이 마산으로 가선 안 되는 것이다. 이런 점에서 정착민의 이동은 점에, 목적지에 종속되어 있다. 즉, 이동의 궤적을 그리는 선은 이동의 목적지인 점에 종속되어 있다.

반면 유목민의 경우는 멈춰서는 점이 단지 이동의 궤적을 그리는 선 안에 있을 뿐이며, 그 점에 가는 것이 이동의 목적이 아니다. 가령 사막을 건너는 대상들은 오아시스를 찾아서 멈추고 쉬며 이동하지만 오아시스에 가는 것이 이동의 목적은 아니다. 뿐만 아니라 조건에 따라 그 점은 다른 점으로 얼마든지 대체될 수 있다. 계절에 따라 양이나 말을 몰고 이동하는 유목민도 그렇다. 계절마다 물과 풀이 있는 곳으로 이동하지만, 어느 정해진 지역에 가야 하는 건 아니다. 물과 풀이 있는 곳이면 어디든 상관없다. 따라서 멈춰서는 점은 그저 선 안에 있는 하나의 통과점에 지나지 않으며, 그런 점에서 점은 선에 종속되어 있다. 여기서는 선 자체의 경로가 중요한 것이다.

정착민이 언제나 영토를 갖거나 영토에 안주하는 존재라면, 유목민은 언제든 영토에서 떠날 수 있는 존재, 어떤 영토에도 안주하지 않는 존재다. 그래서 유목민은 어떤 영토도 자신이 소유할 수 있다고 믿지 않는다. 지금도 몽골인들은 대부분의 땅에 소유권이 없으며, 누구도 소유할 수 없다고 말한다. 비록 외부의 석유회사 등이 자신의 소유권을 확보하기 위해 소유권 자체를 도입하길 요구하고 있지만, 그리고 국가는 자본을 끌어들이기 위해 그렇게 하려고도 하지만, 소유의 관념조차 그들에겐 낯선 것이다. 토지가 그렇게 소유되기 시작한다면, 아마도 유목적인 삶 전체가 위협에 처하게 될지도 모른다. 소유권을 표시하는 울타리와 말뚝은 그들이 유목하는 경로를 차단할 것이고, 새로운 목초지를 찾아 이동할 수 없게 만들 것이기 때문이다.

　이와 비교한다면 지금의 이동은 결코 유목적인 것이라고 하기 어렵지 않을까? 모두가 영토와도 같은 집과 소유물을 갖고 특정한 목적에 따라 이사를 하듯이, 출장을 가듯이 이동한다. 그 이동의 속도는 예전과 비교할 수 없이 빠르고 이동의 빈도도 유례 없이 빈번해졌지만, 점에서 점으로 이동하는 양상은 대부분의 경우 예전과 다르지 않기 때문이다. 소유권에 반하는 이동이 아니라 소유권을 확장하려는 이동이라는 사실 또한 다르지 않다.

　물론 그게 다는 아닐 것이다. 인터넷과 정보통신 기술의 발전으로 인해 야기된 사이버공간에서의 이동은 여전히 '홈페이지'라는 '집'의 흔적을 갖고 있지만, 사이트가 이동의 목적지가 되었다기보다는 각자의 이유에 따라 검색하며 통과하는 통과점이 되는 경향이 있기 때문이다. 사이트에 올려진 많은 자료나 정보 또한 전통적인 소유권 개념에서 크게 이탈하는 경향이 있다. 대가를 요구하지 않고 정보나 자료를 제공하는 사이트들이 훨씬 많으며, 예전에 냅스터나 소리바다 등이 했던 것처럼 각자가 소유하고 있는 것을 공유함으로써 개별화된 소유의 한계를 넘는 시도들이, 저작권(소유권)을 앞세운 자본과 국가의 공세에도 불구하고 끊임없이 행해지고 있다. 이런 점에서 지금의 이동을 그저 정착민의 이동이 그 속도와 빈도를 늘린 것에 지나지 않는다고는 말할 수 없다. 이동이 무언가 새로운 양상으로 펼쳐지기 시작한 것이다.

3. 노동력의 흐름과 대중의 흐름

그런데 이동이 이전과 다르게 사회적 현상으로 출현하게 된 것은 좀더 이전의 시기로 거슬러 올라가야 할 듯하다. 그것은 무엇보다 토지에 긴박되어 살던 사람들이 토지로부터 대대적으로 분리되어 거대한 이동으로 말려 들어간 시기인 자본주의의 출발점, 즉 소위 '본원적 축적'의 시기다. 맑스의 유명한 서술로 인해 잘 알려져 있듯이 그 대대적인 분리와 이동은 영국의 경우 '인클로저'라고 불리는 울타리 치기를 통해 이뤄졌다.

사실 서구의 경우 중세는 이동이 제한된 시대였고, 대부분의 사람들이 토지에 매여 살던 시대였다. 농민들은 토지의 부속물이었고, 따라서 토지를 넘겨주는 경우 농민들도 함께 넘겨줬다. 이사를 할 권리 같은 것도 없었다. 농민들이 토지에 매여 사는 것은 봉건적인 장원으로 분할되지 않고 전국적으로 하나의 영토로 통합되어 있던 조선이라고 해도 다르지 않았다. 다른 한편, 서구의 영주들도 전쟁 같은 특별한 사태가 없는 한 '장원'이라고 불리는 자신의 영토를 벗어나지 않았다. 요컨대 중세사회에서 이동이란 전쟁이나 여행, 순례 등의 예외적인 상황에서만 발생하는 현상이었다.

'코뮌'이라고도 불리던 중세도시는 영주의 봉건적 지배에서 벗어나 도망친 자들, 혹은 정해진 토지에서 이탈해 도망친 자들의 공간이었다. 그러나 그들은 자신들의 방어를 위해 둘러친 성벽 안에서만 자유로울 수 있었기에, 그 벽 안에 갇힌 존재였고, 마찬가지로 이동하기 힘든 존재였다. 이동이 정상적이었던 것은 상인들뿐이었다. 그들은 이 나라에서 저 나라로, 이 도시에서 저 도시로 이동하며, 이쪽에서 싼 물건을 사다 저쪽에서 비싼 값에 파는 방식으로 이윤을 획득했다. 특히 원격지 무역은 특별이윤의 중요한 원천이었다. 자본주의의 전제가 되는 자본의 자유로운 이동은 처음에 이런 상인들의 경로를 따라 이뤄졌다.

그러나 농민들이 토지에 묶여 있는 한, 노동력의 자유로운 이동은 이뤄질 수 없다. 자유로운 임금노동자, 즉 자유로이 이동하며 자신의 의지에 따라 계약해서 임금을 받고 일을 하는 그런 노동자가 존재할 수 없는 것이다. 그러기 위해선 무엇보다 먼저 생산자를 토지에 묶는 저 강력한 구속의 끈을 끊어야 했다.

토지로부터 농민들을 분리시켜 대대적인 이동을 야기했던 사건이 바로 인클로저(울타리 치기)였다. 영국에서 시작된 이 '운동'은 플랑드르 지방에서 양모공업이 발달하게 되자, 대개는 귀족이기도 했던 지주들이 자신의 토지를 양을 키우는 목장으로 만들기 위해 토지에서 농민들을 대대적으로 몰아냈던 사건이다. "양이 사람을 잡아먹는다"는 말로 잘 알려진 이 '운동'으로 인해 농민들은 생존수단인 토지를 잃고 방황하게 되었고, 그로 인해 토지와 농민은 본격적으로 분리되게 된다. 물론 그 분리의 대가는 농민의 유일한 생존수단을 박탈하는 것이었지만. 이로 인해 사람들의 대대적인 이동이 발생한다. 소유권의 소멸에 의한 것이 아니라 농민의 '점유권'을 박탈하여 지주의 소유권을 강화하는 것을 통해 발생한 이동인 셈이다.

여기서 인클로저는 일단 영국에서 발생한 현상이지만, 단지 영국으로 제한되지 않는 일반적 개념의 요소를 담고 있다. 인클로저란 토지에 경계를 두름으로써 소유자의 권한이 배타적으로 행사되는 공간적 획정이고, 그것을 통해 자본주의의 모든 법적 제도적 관계들이 새로운 질서로 편성되는 출발점이기 때문이다. 그것은 점유자와 소유자, 공동체와 개인이 중첩되어 권한을 행사하는 이전의 소유관계를 해체하여 소유자만의 것으로 권한을 일원화하는 사건이고, 이런 점에서 점유자 내지 이용자에 대한 소유자의 절대적 우위를 포고하는 사건이다. 이는 어떤 양상으로 진행되든 간에 자본주의가 출발하는 데 필요한 결정적 조건이다.

영국이 아주 극명하게 보여준 것처럼 본원적 축적으로서 '울타리치기'는 소유권을 갖지 못한 이용자·점유자를 토지에서 축출하기 때문에, 그들의 거대한 이동을 야기한다. 거대한 부랑자들의 흐름이 탄생한다. 역설적인 것은 본원적 축적이 야기한 대이동이 자유로운 이동을 제한하는 인클로저에 의해 야기되었다는 사실이다. 이런 이동이 공간의 이용이나 이동을 가로막는 벽 없이 이뤄지는 유목민의 이동과 근본적으로 다른 것임을 길게 말할 필요는 없을 것이다. 이 두 가지 상이한 이동은 이동이 무엇으로 인해 야기되었는지 정확히 보지 않는다면, 그 이동이 성격이나 본성에 대해 크게 오인할 수 있음을 알려준다.

인클로저는 토지로부터 분리된 '자유로운' 노동력을, 다시 말해 '탈영토화된' 노동력을 산출한다. 그러나 그것은 어느 경우든 자본의 흡수능력을 크게 초과하기 마련이고, 이는 나라마다 다르긴 하지만 대개 부랑하거나 유랑할 수밖에 없는 빈민들·부랑자들을 양산한다. 영국의 경우에는 이 '사회적 해충들'의 이동으로 야기되는 불안정과 공포를 처리하기 위해 부랑을 금지하는 끔찍한 '빈민법'을 만들었고(맑스, 『자본론』 1권, 1009쪽), 프랑스의 경우에는 파리 시민 1백 명당 1명을 가둔 '대감금'으로 대처했다(푸코, 『광기의 역사』, 117쪽). 아직은 자본이나 국가가 그 정도의 이동을 감당할 능력을 갖지 못했던 것이다. 이로 인해 이동의 흐름은 절단되어 개별적·제한적으로 자본에 흡수될 수 있었다.

그러나 자본이 노동력의 흐름을 영유하고 착취할 수 없는 것은 단지 그 양적인 흡수능력 탓만은 아니었다. 작업은 여전히 장인적인 방식으로 행해졌고, 이런 점에서 노동 자체는 장인적인 기예(art)에 의해 '코드화' 되어 있었던 것이다. 산업혁명은 기계의 발명을 넘어서 이러한 노동을 기계적인 단순한 동작들로 분할함으로써 장인적 기예로부터 '탈코드화' 했다. 이로 인해 제대로 된 노동을 위해 7년이 아니라 7시간이면 충분하게 되었다. 즉, 별다른 숙련 없이 누구나 노동자가 될 수 있게 된 것이고, 한 사람이 그만두면 그것을 대신할 사람들이 항상 대기하는 사태가 발생한 것이다. 이로써 탈영토화된 생산자들이 거대하게 존재함에도 불구하고 노동력이 여전히 개별적으로 존재하고 선별되던 이전과 달리, 언제 어디서나 특정한 노동자에 의존하지 않는, 얼마든지 대체가능한 노동력의 흐름이 창출된 것이다.

그 결과 노동시간은 이전에 비해 극도로 증가했고, 노동의 강도나 생산성 역시 비할 수 없이 증가했다. 전례 없이 증가된 이 절대적·상대적 잉여가치의 착취는 이처럼 노동력을 하나의 흐름으로 만들어냄으로써, 개별 노동력이 아니라 노동력의 흐름 자체를 착취할 수 있게 되었다는 점에 기인한다(이러한 변화와 관련하여 잉여가치의 형태전환이 발생한다. 코드의 잉여가치, 혹은 코드변환의 잉여가치에서 흐름의 잉여가치로. 자본은 이제 노동의 결과물을 판매하는 데서 잉여가치를 획득하는 게 아니라 흐름으로서의 노동력 자체를 구매하여 생산하는 데서 잉여가치를 획득하게 된다).

농촌에서 도시로의 거대한 노동력의 이동도 발생한다. 그렇지만 이 거대한 이동 또한 자유로운 이동의 증거가 아니라 활동이나 삶 자체가 자본에 의해 실질적으로 포섭되었음을 알려주는 증거였다. 여기서 노동자들의 이동은 권리가 아니라 빈곤과 죽음이 강요한 의무의 일종이었고, 노동자 자신이 무언가를 할 수 있는 능력의 표현이 아니라 독

<노동력의 흐름> 출근시간, 혹은 퇴근시간, 지하철 역을 올라
가는 인파와 내려가는 인파로 교차하는 이 흐름에 밀려보지 않
은 사람은 자본주의를, 아니 적어도 노동자의 삶을 알지 못하
는 사람일 게다. 노동자는 개개인으로 보면 혼자이고, 그래서
'입자'와 같은 존재이지만, 출근길과 퇴근길의 인파는 그가 노
동자의 흐름 속에 있는 하나의 입자임을 보여준다. 흐름 속의
입자, 그것은 고체가 아니라 액체이고, 개체가 아니라 흐름의
일부인 것이다. 노동력의 충원과 퇴출 역시 이와 마찬가지로
'노동력의 흐름'을 만들고 이용한다.

립적으로 생존할 능력의 부재, 즉 무능의 표현이었다. 그것은 기계의 갱신을 통해 급격히 배가된 자본의 권력을 표현하는 현상들이었다.

프랑스 혁명이 이동의 권리를 위한 투쟁이었는지는 모르지만(비릴리오, 『속도와 정치』, 91~92쪽), 적어도 분명한 것은 그것이 노동력의 자유로운 이동과는 다른 차원에서 새로운 이동의 흐름이 정치적인 존재로서 부상하도록 만드는 계기가 되었다는 점은 분명하다. 농노적인 거주의 고착이나 빈민들을 통제하기 위한 이동의 제한, 혹은 감금에 맞서 행해진 것이든 아니든 간에, 프랑스 혁명은 다양한 제한의 조건들을 범람하고 혁파하면서 흘러 넘치는 '대중'이라는 흐름이 형성되는 결정적인 계기가 되었다. 이는 아마 대중이 하나의 정치적 세력으로 작용하기 시작했던 영국 혁명의 경우에 대해서도 마찬가지였다고 말해야 할 것이다. 산업혁명이 농촌에서 도시로, 이 공장에서 저 공장으로 이동하는 노동력의 흐름을 만들었다면, 혁명은 제한의 조건들을 혁파하며 흘러 넘치는 대중의 흐름을 만들었다. 전자가 노동자가 새로운 경제적 존재로 가시화되는 계기였다면, 후자는 노동자가 정치적 존재로 가시화되는 계기였다고 할 것이다. 동시에 전자가 자본에 의해 포섭되고 이용 영유되는 존재로서 노동자계급의 탄생을 함축한다면, 후자는 자본에 반하여 자신의 자유를 주장하는 프롤레타리아트의 프롤레타리아트화를 의미한다고 해야 할 것이다. 전자가 자본의 권력에 의해 강요된 이동이고 노동자의 무능력의 표현이었다면, 후자는 정치적인 권력에 맞서 대중 자신이 선택한 능동적 이동이고, 따라서 자신의 능력의 표현이었다.

노동력의 흐름과 대중의 흐름, 어쩌면 정반대라고 말해야 할 이 두 개의 흐름이 이후 근대세계의 가장 일차적인 과정을 형성한다. 종종 경

<대중의 흐름> 출근길이나 퇴근길이 아닌데도 사람들이 이처럼 떼를 지어 흐름
을 형성하는 경우가 있다. 여기 사진처럼 투쟁이라는 사건을 만드는 흐름이든,
아니면 월드컵 응원에 나선 사람들의 흐름이든 모두 '대중의 흐름'이다. 그 흐름
은 사건의 양상에 따라 때론 '왼쪽으로' 흐르기도 하고, 때론 '오른쪽으로' 흐르
기도 한다. 왼쪽으로 흐르는 대중의 흐름은 혁명을 만들어내고, 오른쪽으로 흐
르는 대중의 흐름은 파시즘을 만들어낸다. 이 사진은 사람들만이 아니라 자동차
들도 흐름을 만들어낸다는 것을 보여준다. 도로를 관리하는 사람들은 자동차를
하나의 개체로 보지 않는다. 교통량(교통대중!)의 흐름을 형성하는 자동차의 흐
름. 광주항쟁에서 자동차-대중의 흐름과 사람-대중의 흐름이 결합되는 결정적
인 순간을 보여주는 사진이다.

제와 정치로 구별되고 대비되며 분리되어 다뤄지지만, 사실 프롤레타리아트라는 하나의 개념을 동시에 통과하는 이 두 개의 상반되는 흐름으로 인해 정치는 새로운 역동성을 갖게 된다. 이 두 개의 상반되는 흐름이 19세기 이래 정치의 양상을 일차적으로 규정한 요소라고 말해도 좋을 것이다.

4. 흐름의 공간적 분절

산업혁명 이후 출현한 자본에 의한 노동의 실질적 포섭은 노동력의 흐름을 직접 영유 착취함으로써 가능하게 된 것이었다. 이에 따라 자본 역시 스스로를 흐름으로 다루기 시작한다. 그것은 집적된 화폐가 아니라 특정한 속도로 흐르는 화폐의 흐름이 된다. 생산의 흐름을 통제하는 것이 자본의 일차적 과제가 되고, 상품의 유통 및 자본회전의 흐름을 적절하게 확보하는 것이 자본가의 중요한 업무가 된다. 생산 못지 않게 운송과 판매를 포함한 자본의 이동성이 자본의 능력에서 좀더 중요한 비중을 갖게 된다(상품을 보관하는 창고업무가 상품 가치를 증가시키지 않는 데 반해, 판매를 위해 상품을 이동시키는 운송은 새로운 가치를 추가한다는 점에서 생산적 노동이라고 하는 고전적인 논의를 우리는 이러한 맥락에서 이해할 수 있을 것이다). 그리고 얼마나 빨리 회전시키는가가 연간 잉여가치율을 크게 좌우하게 된다. 이동이나 유동성이 자본주의에서 중요하게 된 것은 이런 조건에서였을 것이다.

그러나 노동력의 흐름과 대중의 흐름이 겹쳐지고 포개지는 한, 노동력의 흐름을 그대로 방치한다는 것은 정치적인 전복의 위험을 자초하는 것이 될 수 있다. 즉 자본은 한편에서는 그것을 영유하기 위해 노

<전투경찰로 만든 벽-기계> 경찰의 임무 중 하나는 도로를 관리하는 것이다. 교통경찰이 주로 그 일을 한다. 반면 전투경찰은 시위대를 진압하고 통제하는 일을 한다. 하나는 기술적인 임무처럼 보이고, 다른 하나는 정치적인 임무처럼 보인다. 그러나 전투경찰이 시위대를 통제하고 진압하기 위해서 사용하는 가장 일차적인 방법은 도로를 차단하여 없는 벽을 '갑자기' 만드는 것이다. 그렇게 벽이 만들어지면 시위대중의 흐름은 그 차단된 벽 앞에서 돌며 다른 방향으로 흘러간다. 이런 식으로 흐름의 방향을 유도하고 통제하는 것이 전투경찰의 역할이다. 이런 점에서 보면 전투경찰과 교통경찰의 임무가 사실 매우 가깝다는 것을 쉽게 알 수 있다. 이는 합법시위가 쉬워진 지금은 더 잘 드러난다. 시위대의 통제는 '폴리스 라인'을 만든 교통경찰에 의해 일차적으로 이뤄지기 때문이다.

동력의 흐름을 좀더 가속화해야 하지만, 반대로 그것을 따라 형성되는 대중의 흐름을 저지하고 통제해야 하는 일종의 역설적 상황에 처해 있는 셈이다. 정치를 경제로부터 분리하는 고전적인 전략, 그리하여 경제적 흐름은 가속화하고 정치적 흐름은 제한한다는 전략, 따라서 시장과 국가를 분리하려는 자유주의적 전략이 등장하는 것을 우리는 이런 맥락에서 이해할 수 있지 않을까?

그러나 노동력의 흐름이 대중의 흐름과 근본적으로 분리될 수 없다는 점은 이러한 전략적 분리가 근본적으로 불충분하리라는 것을 함축한다. 따라서 노동력의 흐름 자체를 통제하고 포섭하지 못하는 한, 노동력의 흐름이 자본에 맞서는 대중의 흐름으로 전환되는 것을 막을 수 없었다. '공장'이라는 19세기적 장치의 발명에서 우리는 노동력의 흐름 자체를 적절하게 절단하고 통제하기 위한 일반적 수단을 발견한다. 맑스가 푸리에를 빌어 공장이 '완화된 감옥'임을 지적한 바 있지만, 그것은 노동력의 흐름을 공간적으로 절단하여 가두고 포획하기 위한 장치라고 해도 좋을 것이다. 더불어 노동자의 신체를 공장에서 요구하는 노동의 흐름에 맞추기 위한 근대적 훈육의 체제가 수립된다. 요컨대 공장과 훈육의 체제는 노동력의 흐름의 유동성·이동가능성을 이용하면서도 그것의 통제가능성을 확보하기 위한 장치라고 할 수 있을 것이다.

그러나 대중의 흐름은 노동력의 흐름과 동일한 절단과 분절의 양상을 갖지 않는다. 가령 그것은 공장 바깥에서, 길거리나 선술집에서, 혹은 모임이나 집회의 장소에서도 조건만 갖춰지면 얼마든지 형성될 수 있는 것이다. 19세기 내내 걸쳐서 끊임없이 발생했던 프랑스 혁명은 이것이 단지 추상적 가능성이 아니라 현실적 잠재성임을 보여줬다.

이러한 위험에 대처하기 위해 19세기 후반 부르주아지는 가족을 새로운 통치의 수단으로 사용하는 전략을 발명한다. 분양의 형식을 빌어 노동자에게 집을 사게 하고, 노동자의 삶을 가족으로 영토화하는 가족주의 전략이 그것이다. 가족의 삶을 책임져야 할 의무를 가장에게 부과하면서 동시에 자신의 모든 능력을 가족을 위해 바치리라는 가족주의적 욕망의 생산, 그것이 19세기 박애주의자들이 고안해낸 가족주의 전략의 요체였다(부르주아지 자신의 가족형태를 모델로 하는 이 전략에서는 남편을 선술집에서 집으로 불러들이고, 아이를 길거리에서 집으로 불러들이는 것이 여성의 새로운 과제로 부과된다). 이를 통해서 공장의 훈육체제가 가동되지 않는 비노동시간까지 가족으로 영토화(정착민화!)하며 가족이 새로운 통치장치, 치안(police)의 장치가 된다(Donzelot, *The Policing of Families*, pp. 42~45).

공장과 가족의 결합을 통해 작동하는 이러한 훈육의 체제에 학교와 도시라는 또 다른 근대적 통제의 장치들을 추가해야 할 것이다. 요컨대 노동력의 흐름을 영유하기 위해 스스로 흐름으로 변신한 자본은 그 흐름의 속도를 좀더 가속하는 한편, 그 흐름 안에 존재하는 두 가지 상이한 벡터로 인해, 혹은 **노동력과 대중이라는 두 가지 흐름의 강한 인접성으로 인해**, 그것을 통제하기 위한 공간적 분절의 장치를 만들어내고 그에 부합하는 훈육의 체제를 가동시킨다.

5. 흐름의 공간과 원자론적 통제

20세기 후반에 서서히 준비되기 시작하여 20세기 말에 이르러 본격적으로 가동되기 시작한 이른바 '정보통신 혁명' 내지 '디지털 혁명'은 이전에 비해 삶이나 생산의 이동성, 자본이나 노동력의 이동성이 비할 수 없이 빨라진 새로운 양상의 자본주의를 추동한다.

산업혁명이 기계를 통해 육체노동을 기계화했다면, 컴퓨터와 마이크로프로세서의 광범위한 사용을 통한 새로운 기술은 정신노동을 기계화한다. 또 포드주의에서 일반화한 어셈블리 라인이 분업화된 육체노동의 결합을 기계화했다면, 디지털이란 표현형식과 인터넷으로 표상되는 새로운 통신공간은 정신노동을 포함한 모든 종류의 결합노동을 기계화했다. 자동화를 육체노동의 기계화와 결합노동의 기계화가 합해진 것으로 요약할 수 있다면, 정보화란 정신노동의 기계화와 결합노동의 기계화가 합해진 것이라고 요약할 수 있을 것이다.

여기서 정신노동의 기계화는 개인이 지닌 지적 능력의 제한을 넘어서 정신노동을 인공두뇌학적으로 탈코드화했다. 이전에 산업혁명이 육체노동을 기계론적(mechanical)으로 탈코드화함으로써 노동력을 대체가능한 하나의 흐름으로 변환시켰듯이, 정신노동의 탈코드화는 모든 종류의 정신노동을 대체가능한 하나의 흐름으로 변환시켰다. 더불어 디지털이라는 형식은 모든 종류의 정신적 프로세스를 하나로 결합할 수 있는 일반적 표현형식을 제공했고, 이를 전송하는 네트워크와 통신공간은 다양한 종류의 정신노동이 이동하고 결합될 수 있는 공간을 제공했다. 이를 통해 정신노동, 아니 정신적 활동 일반이 실제로 하나의 흐름으로 흘러 다니고 채취되어 결합되며 영유될 수 있는 실질적인 흐름의 공간이 만들어진 것이다.

그런데 이 흐름의 공간은 빛의 속도로 이동할 수 있다는 사실로 인해 지구상의 모든 지역적 영토성을 벗어나 정신적 활동이 결합될 수 있게 하며, 육체적 생산을 비롯한 모든 활동을 공간적 제약에서 벗어나 실시간으로 결합할 수 있게 만든다. 생산의 탈영토화. 나아가 생산은 물론 유통이나 소비를 비롯한 모든 활동들이 네트워크에 의해 직접 결합될 가능성을 제공함으로써 공장이라는 생산의 공간을 넘어서 활동들이 결합될 수 있게 만들었으며, 그 결과 생산·유통·소비의 경계를 급속히 와해시키고 있다. 예를 들어 소비자들이 구매하는 활동 자체가 판매시점 관리시스템(POS)을 통해 빛의 속도로 전송됨으로써 생산을 위한 입력의 과정이 되며, 다른 정보들과 결합되어 이용가능한 정보로 채취되고 저장될 수 있게 된다. 이런 과정이 자동화와 결합되면 이제 인간의 활동은 자동화된 생산과정에 연결된 입력과 출력의 행위가 된다. 이로써 자본은 직접 고용해서 관리하거나 임금을 지불하지 않은 채, 사람들의 활동을 직접적으로 영유 착취할 수 있게 된다.

이런 이유에서 자본은 새로운 차원으로 비약한 흐름을 저지하거나 제약하는 게 아니라 오히려 이용하고 가속한다. 그리고 이전보다 더 빨리, 생산자나 소비자의 이동보다 더 빠르게 움직이며 그것을 영유하는 새로운 이동의 속도를 만들어낸다. 전지구적 공간을 실시간으로 이동하며 잉여가치를 채취하는 금융자본의 흐름, 분리된 지역적 생산의 장들을 실시간으로 결합하는 생산의 전지구화(globalization)가 그것일 터이다. 생산도, 유통도, 소비도 이제 더 이상 공장이라는 공간 안에 제한할 수 없을 정도로 탈영토화된다. 흐름의 공간적 분절은 이제 **일반화된 흐름의 공간**에게 자리를 내주게 된다.

생산의 흐름뿐만 아니라 소비의 흐름, 나아가 생활의 흐름 자체가 전례 없이 빠른 속도로 변화하고 이동하는 현재의 양상은 정확히 이런 조건에 기인하는 것이다. '디지털 노마드'니 '잡 노마드'니 하는 현상이나 비정규직 노동의 확산, 그리고 우리의 생활 자체에서 이동성의 급격한 상승 또한 정확히 이런 조건에 기인하는 것이다. 따라서 이런 식의 현상에 대해 '노마디즘'이라는 말을 사용하려 한다면, 그것은 자본의 노마디즘이라고, 혹은 자본의 이동에 의해 야기되는 유목효과라고 명명해야 적절할 것이다. 그것은 자본이 생산한 것을 사용하며 생활하고 자본의 이동에 대응하여 생산하고 이동해야 하는 조건으로 인해 자본의 이동이 우리의 삶에 야기한 효과고, 자본의 영유와 착취가 삶의 전 영역으로 확장되고 가속화됨에 따른 결과라고 해야 적절할 것이다. 이런 점에서 지금 가시화되고 있는 새로운 이동의 양상은 이전과 마찬가지로 자본의 권력에 의해 강제된 것이다.

그러나 자본이 창출한 흐름의 공간은 이전과 달리 생산자로 제한되지 않는 모든 사람들이 흘러 다니는 흐름의 공간이란 점에서 대중의 흐름이 만들어지고 이동하는 새로운 공간을 제공한다. 즉 그것은 영유 가능한 활동에 대해서만 흐름의 공간이 되는 게 아니라, 대중의 흐름에 대해서 역시 흐름의 공간을 제공한다는 것이다. 공장이 있지만 더 이상 그것은 이전처럼 흐름을 절단하고 분절하는 일반적 조건이 되지 못한다. 역으로 흐름의 공간은 공장을 초과하고 공장을 통과하며 대중의 흐름이 형성되고 이동할 수 있는 공간을 제공한다.

이로 인해 대중은 이전보다 훨씬 쉽게, 그리고 훨씬 빠르게 흐름을 형성하며 이동의 능력을 획득한다. 더구나 인터넷 같은 통신공간의 익명성은 사건이나 사안에 대한 반응의 속도나 강도를 높이고, 그 반응의 확산을 극대화한다. 우리는 2002년 월드컵의 대중이나 반미시위의 대중, 그리고 대통령 선거에서의 대중을 모두 이런 차원에서 이해할 수 있으리라 믿는다. 2005년 황우석 사건 때의 대중 또한 이러한 관점에서 동일하게 이해할 수 있으리라고 믿는다.

이러한 사건들이 보여주듯이, 대중의 흐름이 언제나 자본에 대항하는 투쟁과 저항의 벡터만을 갖는 것은 아님은 분명하다. 그렇지만 대중의 흐름은 자본에 의해, 혹은 부르주아적 권력에 의해 쉽게 통제될 수 있는 것이 아니며, 나아가 통제를 위해 설치한 기존의 벽·경계·홈들을, 좋은 방향으로든 나쁜 방향으로든, 쉽게 횡단하고 범람하게 마련이다. 즉, 이러한 흐름을 그대로 방치하면 자본의 지배 전체를 위협하는 위험을 피할 수 없다. 그렇지만 자본이 그러한 이동성과 유동성, 흐름 자체를 영유하고 착취해야 하는 한, 이를 중단시키거나 억제하는 방식으로 그것에 대처할 수는 없다. 또 다시 자본은 역설적 상황에 직면하게 된 셈이다. 여기서 자본의 선택지는 분명하다. 흐름의 공간을 차단하지 않으면서, 그리고 이동의 속도를 감속시키지 않으면서 그것을 통제하는 새로운 체제를 발명하는 것.

이미 어느 정도 분명하게 가시화되고 있는 것처럼, 아마도 개인화되고 개별화된 통제의 메커니즘이 공장이나 가족과 같은 공간적 분절의 장치를 대신하게 되지 않을까? 지금 현재 흐름의 공간은 비록 '홈페이지'라는 이전 시기의 흔적이 남아 있다고는 해도 가족 단위로 이동하지 않으며, 그 공간을 매개로 한 사회적 활동 역시 전적으로 개별화되어 있다. 프라이버시의 범위가 가족이란 제한을 넘어서 개별화되는 것이나 결혼이나 가족의 범위를 넘어서 성과 사랑이 확대되는 것 역시 가족이란 단위의 무력화에 기여한다. 따라서 통제는 개인별로 개별화되지 않으면 안 된다. 다른 한편 훈육이 어떤 식으로든 신체적 훈련과 통제의 양상을 포함해야 하는 한, 그 역시 활동이 점점 신체적 속성에서 벗어나 '정신화'되는 현재의 상황에서 적절한 통제의 수단을 제공하지 못한다.

따라서 새로운 통제의 방식은 필경 개인에 속한 모든 종류의 정보를 개별적으로 파일링하여 그 정보에 의해 개인의 활동 흐름을 절단하고 통제하는 양상으로 진행될 것이다. 이미 널리 사용되고 있는 많은 전자카드들, 그리고 점차 일상적인 생활 속으로 확산되고 있는 GPS 시스템, 새로이 개발되는 생체칩 등은 개인의 신체적 이동을 체크하여 절단하고 통제할 수 있는 일반적 수단을 제공한 것이다. 개인을 흐름에서 분리가능한 일종의 '원자'로 구별하여 통제하려는 이러한 통제의 양상을 '원자론적(atomistic) 통제체제'라고 명명할 수 있을 것이다. '개별화하는 통제체제'라는 말 대신에 굳이 '원자론적'이라는 말을 사용한 것은, 유체적 흐름을 원자적인 구성요소라는 고체적 성분으로 환원하여 고체적 통제의 메커니즘이 작동케 하는 체제라는 의미를 더할 수 있기 때문이다.

6. 노마디즘

가시적인 이동의 양상이나 이동의 속도, 혹은 유목적 이동의 형태가 급속히 확대되고 있는 것은 이상과 같은 관점에서 본다면 차라리 자연스러운 것일 수도 있다. 그리고 아마도 이러한 양상은 더하면 더했지 감소하진 않을 것이다. 자본이 아마도 그것의 선두를 달리며 그러한 경향 전체를 가속할 것이 분명하기 때문이다. 이러한 양상을 종종 명명되듯이 '노마디즘'이라고 불러도 좋을까?

그러나 최소한 유목 내지 노마디즘을 현재적인 적극적 개념으로 구성해냈던 들뢰즈와 가타리라면 이런 제안에 별로 동의하지 않을 것 같다. 왜냐하면 그들은 마치 이런 상황을 염두에 두기라도 한 듯, 유목민을 이주민과 구별하여 '움직이지 않는 자'로 정의한 바 있기 때문이다. 그들에 따르면 이주민은 어떤 땅을 이용하여 그것을 다 쓰고 나면 불모의 땅을 버리고 다른 땅을 찾아가는 데 반해, 유목민은 불모가 된 땅에 달라붙어 거기서 살아가는 법을 창안하는 자다. 이런 관점에서 보면 오직 돈의 증식을 목표로 움직이는 자본이, 그리고 자본의 '유목' 효과 아래 좀더 '돈이 되는' 곳을 찾아 이동하고 움직이는 사람들이 돈이 될 가능성이 없는 불모의 땅에서 살아갈 것이라고 기대할 수 없는 한, 그들은 이주민일 순 있을지 모르지만 결코 유목민이 될 순 없을 것이다. 자본의 '노마디즘', 그것은 영유하고 소모하곤 떠나버리는 이주민의 그것이다. 노마디즘을 착취하는 노마디즘. 유목민이 언제나 하나의 특정한 지점에 있지만 어느 방향으로든 움직일 수 있는 잠재성을 갖는 반면, 그들은 지구상의 모든 곳을 쉽게 이동하고 떠돌지만 어디를 가든 '돈'이라는 하나의 목적을 벗어난 적이 없는, 오직 하나의 목적에 고착되어 있는 정착민이다.

하지만 자본이 만들어낸 흐름의 공간은 자본이 만들어낸 목적과 다른 방식으로 사용될 수 있다. 특히 인터넷으로 표상되는 그 공간은, 잘 알려진 것처럼, 어느 경로를 선택하든 결국 하나의 중심으로 귀착되는 구도(plan)가 아니라, 복수화된 이동과 전송의 경로로 인해 어디를 막아도 다른 경로를 찾아낼 수 있는 뿌리줄기(rhizome) 같은 구도를 갖고 있다. 이로 인해 그것은 자본으로 환원될 수 없는 삶의 흐름, 활동의 흐름, 대중의 흐름이 만들어지고 변형되며 흘러갈 수 있는 가능성을 갖고 있는 셈이다. 이런 이유에서 우리는 그 흐름의 공간이 자본의 '노마디즘'과는 다른 종류의 긍정적이고 적극적인 유목적 삶과 활동을 촉진하리라고 믿는다. 지구상의 여러 곳에 흩어진 다양한 사람들의 활동을 하나로 연결하는 네트워크로서, 이질적인 삶의 흐름이 만나고 혼합되는 변성의 공간으로서 가동될 수 있으리라고 믿는다. 따라서 자본의 '노마디즘'이 작동하는 바로 그 곳, 그 불모의 땅에서 유목민으로 살아가는 법을 창안할 수 있으리라고 믿는다. 하지만 그 경우에도 결정적인 것은 자리의 이동이나 공간의 이동이 아니라 현재의 관성적인 삶의 방식을 떠나는 삶의 이동이고, 현재의 자기를 떠나는 자기로부터의 이동 능력이다. 이런 식으로 현재의 조건 속에서 적극적 삶의 방식이자 능동적 윤리학으로서 작동하는 경우, 우리는 그에 대해 긍정적인 의미에서 노마디즘이란 개념을 사용할 수 있을 것이다.

여기서 잠시 유목이란 말의 어원이 되었던 노모스(nomos)와 노마드(nomade)의 관계에 대해서 간단히 언급해 두고 싶다. 슈미트가 명확히 말했던 것처럼 노모스란 '대지의 획득'(Landnahme), 그것의 분할과 분배, 경계의 획정 및 공간의 측정을 통해 새로운 질서를 창설하는 시원적 행위다. 즉 노모스란 개개의 법률이나 규칙이 아니라 그에 선행하며 그것을, 한마디로 법적 질서를 가능케 해주는 창설적 폭력이다(슈미트, 『대지의 노모스』, 52쪽). 이는 매끄러운 공간에 경계를 획정하고 울타리를 치는 행위다. 앞서 자본주의의 출발점이 되었던 시원적 폭력, 자본주의적 법과 질서를 가능케 했던 창설적 폭력으로서의 인클로저가 바로 이런 의미에서 자본주의의 노모스라고 해야 한다.

따라서 노모스는 유목의 어원이 된 단어지만, 사실은 유목을 가로막고 자유로운 이동을 불가능하게 하는 벽을 만드는 것이며("노모스는 하나의 벽으로 표시될 수 있다"), 공간을 배타적으로 점거하고 소유하는 것이란 점에서 노마드에 반하는 사건이다. 그것은 유목의 기원이 아니라 유목을 제한하고 유목을 불가능하게 만드는 조건이다. 따라서 어원학적 기원에 거슬러 이렇게 말해야 한다. **노마드는 노모스에 선행한다.** 노모스는 자유로운 노마드의 흐름을 제한하고 통제하기 위해 매끄러운 공간에 홈을 파고 벽을 세우는 것이다. 자유로운 활동의 흐름과 노모스가 설치한 경계가 맞부딪치는 곳에서 '권리'와 '의무'라는 법적 개념이 탄생한다(가령 대륙을 유목하면 살던 북아메리카 원주민들은 유럽인들이 들어왔을 때 그 땅을 자유롭게 이용하는 것을 자연스런 것으로 받아들였지만, 유럽인들은 자신들이 '얻은' 땅에 울타리를 치고 자신의 소유임을 주장했고, 그 땅을 원주민들이 이용할 권리가 있고 없음을 문제삼기 시작했다. 슈미트가 '대지의 노모스'라고 부르는 전지구적 노모스는 이런 식으로 발생했던 것이다). 노모스가 법적 질서의 원천이 되는 것은 분명 이런 의미에서일 것이다.

우리는 이러한 관계가 이동에 관한 상이한 개념들 사이에도 존재함을 확인할 수 있다. 어느 방향으로도 이동할 수 있는 능력, 모든 종류의 관성에서 벗어날 수 있는 잠재력이 이동을 유목적인 '능력'으로 정의케 해준다면, 그러한 이동을 특정한 방향만으로 제한하고 강제함으로써 이동의 공간적 질서를 창설하는 노모스는 이동을 '권력'의 문제로 정의케 해준다. 이런 점에서 노모스가 작동시키는 이동의 권력은 그명칭과 반대로 이동을 제한하는 권력이고 특정한 양상의 이동을 강요하고 강제하는 권력이다. 인클로저나 산업혁명이 보여준 것처럼 그것은 대대적인 이동을 만들어내는 경우에조차 다시 고정하거나 통제가능하고 영유가능한 방향으로 제한하며 이동케 한다.

이런 점에서 이동을 야기하는 전혀 다른 두 가지 종류의 힘이 노모스와 노마드라는 두 개념으로 표현되고 있는 셈이다. 노모스가 법의 기원이 되는 것만큼이나 법의 울타리 안에 우리의 삶을 고정하고 정착하게 하는 권력의 공간을 만들어낸다면, 노마드는 그것을 흘러 넘치며 새로운 종류의 삶을 끊임없이 창출하고 삶의 양상을 이동시키는 능력을 산출한다. 하지만 능력이 권력 이전에 존재하는 일차적인 힘인 것처럼, 노마드가 노모스에 선행하는 일차적 공간이라는 것을 잊어선 안 된다. 다시 말해 노모스의 공간적 질서 안에서조차, 혹은 정착적 삶의 양상 안에서조차 노마드라고 명명될 창조적 변형과 '이동'의 능력이 존재한다는 것을 잊어서는 안 된다.

.10강. 폴리스의 정치학

최진호

1. 일상과 경찰

경찰이라는 것은 국가행정의 요체이며 사회의 안녕을 보호하는 자이
다. 또한 인민이 위험한 해를 입게 되는 것을 예방하는 자이기도 하
다. …… 그 힘은 국가권력을 펼치는 것, 강제력을 행사하는 것, 직접
적으로는 일반 신민의 안녕을 유지하도록 하는 것이다.

이것은 장계택이 『태극학보』에 쓴 경찰론이다. 백여 년 전에 '낯
선' 근대 문물로 소개된 경찰의 형상과 오늘날 미디어에서 빈번하게
등장하는 경찰이 비교적 쉽게 겹쳐진다. 가령 고전적인 '수사반장'이
나 최근의 'CSI 과학수사대'에서처럼 경찰은 범죄를 해결하고 죽음의
공포에서 사람들을 보호한다. 또한 경찰은 범죄나 그 가능성을 사전에
미리 차단한다. 즉, 경찰은 일상의 안전을 보장한다고 생각된다.

최진호(machine201@naver.com) | '연구공간 수유+너머' 연구원. 연구실에서 친구들과 함
께 먹고 웃으며 책을 본다. 이런 일상이 곧 '공부하는 자리'임을 배우고 있다. 이런 배움 속에
서 시간과 삶의 여러 겹들과 어떻게 만나고 이야기해야 할지를 고민하고 있다.

10강 폴리스의 정치학 **289**

<경찰의 시선, 감시의 시선> 「블루게이트 필드」(1872)라는 제목이 붙은
위 그림에서 도레는 런던의 한 빈민가를 묘사하고 있다. 그림 안에서 경
찰의 시선에 완전히 노출된 빈민은 당혹스런 표정을 짓고 있다. 자신이
범죄자로 취급될 수 있으며, 또한 언제든지 자신이 경찰의 시선 아래 놓
일 수 있다는 사실이 그를 당혹스럽게 만드는 것 같다. 경찰은 이런 신원
확인과 관리기술을 활용해 '치안'을 유지한다. 대부분 관리의 대상은 빈
민들과 노동자들이다. 경찰의 확대는 이들에 대한 관리와 밀접하게 연관
되어 있다. 가령 영국의 경우 19세기 초반 무렵에서야 런던을 중심으로
경찰이 상설화되었는데 오히려 부르주아지는 자신들의 정치적·사회적
자유를 침해할 수 있다는 이유로 경찰의 상설화에 호의적이지는 않았다.
그러나 범죄의 예방과 노동운동(차티스트운동)의 진압에 그 효율성이 입
증되면서 상설 경찰이 영국 전역에 설치되었다.

그런데 우리가 범죄에 노출되는 것과 같은 예외적인 상황에만 경찰을 만나는 것은 아니다. 오히려 경찰은 우리가 일상에서 가장 빈번하게 접촉하게 되는 국가기관이다. 심지어 경찰의 가장 중요한 업무는 공공서비스 제공과 봉사기능 같은 행정활동이라고 강조된다. 경찰에 따르면 그들의 임무는 사람들을 '잘 살아가게 하는 것'이다. 사람들을 외부의 위험에서 보호할 뿐만 아니라 잘 살아가도록 배려하는 것이 경찰의 역할이라고 강조된다.

　　다른 한편에서 경찰은 우리가 직접 접할 수 있는 국가차원의 강제력이다. 가령 시위대를 저지하는 경찰은 치안유지와 공공복리라는 이름 아래 직접적으로 폭력을 행사한다. 이런 점에서 경찰은 억압적 국가기구이다. 그렇다고 군대는 아니다. 군대가 영토 외부의 적을 막는다면 경찰은 특정한 영토, 혹은 영역을 순찰하면서 사람들의 일상과 사회 전반에 관계된 일들을 처리한다. 경찰은 '사회'에서 발생하는 문제들과 관계 맺으면서 사회의 질서를 관리·조절하는 역할을 한다.

　　18세기 프랑스에서 경찰법규를 편찬한 들라마르는 경찰의 영역을 다음과 같이 구별한다. 종교, 도덕, 건강, 양식, 도로·토목·공공건축물, 공안, 학예, 무역, 공업, 남자 하인과 노동자, 빈민 등. 들라마르의 표현처럼 경찰은 일상에 관계된 사안들을 꼼꼼하게 통제하고 관리한다. 이런 점에서 경찰은 행정권력이 개입할 수 있는 모든 영역을 포괄하는 용어이기도 하다. 말 그대로 사람이 태어나 죽는 순간까지 모두 경찰의 소관 업무다. 호구조사에서 개인 건강, 종교생활, 먹고 마시는 행위, 길을 걷거나 배를 타는 등의 교통 생활, 예기치 못한 재난, 여행, 모임, 정치적 의사 표시까지 경찰과 관련된다. 심지어 죽음도 예외가 아니다. 즉, 우리가 사망한 사실이 경찰에 통고된 이후에야 우리와 경찰의 '인연'은 끝을 맺는다(푸코, 『미셸 푸코의 권력이론』, 78쪽).

그렇다면 경찰 없는 삶은 불가능한 것인가? 일상을 포괄하는 경찰, 이런 점에서 경찰은 항상 우리 주위에 편재하는 권력으로 생각된다. 그러나 때로는 경찰이 우리의 삶에 영향을 미치지만 이런 경찰의 메커니즘은 많은 경우 일상에서 작동하지 않는다. 오히려 경찰권력이 작동하는 것은 일상에서 '예외적인 경우'에 해당한다. 오직 특정한 순간에만 경찰력은 우리들의 삶에 유효하게 작동한다. 이런 점에서 경찰 없는 삶이 일상적이다. 경찰력이 작동하는 삶이 예외적이다. 그러나 이러한 예외적인 상황을 통해 경찰이 사람들의 일상에 항상 편재한다는 환상이 만들어진다. 이것이 경찰과 우리의 삶이 만나는 '예외적인 순간'에 주목해야 하는 이유다.

2. 이동의 권리와 경찰

경찰들은 길 위에서 유난히 화려하고 소란스럽다. 과거의 왕들이 자신들의 권위와 힘을 화려한 외장으로 표현했듯이, 이들 역시 시끄러운 사이렌과 눈에 띄는 색깔로 자신을 드러낸다. 거리에서 경찰은 모든 권한을 부여받았지만 제약을 받지 않는 치외법권적 존재임을 노골적으로 드러낸다. 가령 경찰은 속도나 규칙에 구애받지 않은 채 원하는 대로 거리를 활보할 수 있으며, 간단한 손동작이나 버튼 작동 하나로 사람들의 이동 방향과 속도를 조절할 수 있다. 그리고 거리 곳곳에 문턱을 설치함으로써 사람들을 걸려 넘어지게 하고 이동을 제한할 수도 있다. 또한 거리에 나서는 사람들의 이동을 지속적으로 감시할 수도 있다. 운동을 가로막는 신호등, 속도를 조절하려는 감시카메라로 인해 경찰의 시선, 감시의 시선을 의식하지 않을 수 없다. 이동과 속도 제한의 배치 아래 우리는 정해진 장소에서, 정해진 속도로만 이동해야 한다. 이런 점에서 경찰은 사람들의 이동과 속도를 정하는 데 결정적인 역할을 한다. 경찰은 거리에서 사람들과 직접 접촉하고 권력을 직접 행사한다는 점에서 가장 말단의 권력이지만 동시에 가장 결정적인 권력이다. 다시 말해 사람들의 직접적인 이동과 속도를 결정한다. 이런 점에서 경찰은 거리에서 가장 강력한 권력이다. 동시에 사람들의 행동 하나하나에 집요하게 집착하며 이동을 가로막는 편집증적인 권력이다.

그렇다면 경찰은 왜 이렇게 사람들의 이동과 속도의 제한에 편집증적 태도를 보이는 것인가? 그것은 이동과 속도의 장악이 권력의 장악과 결부되어 있기 때문이다(비릴리오, 『속도와 정치』, 68쪽).

이동은 '인클로저'라는 울타리 치기가 시작된 이후에 사회의 문제로 떠오른다. 양털 생산을 위해 토지에 울타리가 쳐지고 자신이 경작하던 토지를 박탈당한 농민들은 부랑아가 되어 사회를 떠돌 수밖에 없었는데, 이들의 유랑은 곧 사회에 불안정과 공포를 야기했다. 이들의 이동을 막기 위해 법령과 칙령들이 계속해서 만들어졌다. 방랑하거나 구걸하다가 체포된 빈민들은 태형에 처해지거나 감옥으로 보내졌다. 그럼에도 계속 부랑자로 떠도는 경우 부랑자의 몸에 낙인이 새겨졌고, 심한 경우 사형에 처해졌다(맑스, 『자본론』 1권, 1012쪽).

그러나 자신의 거주지를 떠나 운 좋게 도시로 갈 수 있다고 해서 사정이 그렇게 나아지는 것도 아니었다. 이들은 도시의 관문을 통과해야 했다. 도시의 순환, 도시의 속도에 맞는지의 여부가 검열된 다음, 순환을 어지럽힐 수 있는 부랑자들은 도시 밖, 즉 교외에 격리되어 수용되었다. 말하자면 부랑자들은 도시의 주변에서 '기거할 권리'를 가지게 된 셈이다. 이들은 '시민'이 필요한 경우에 한에서 자신들의 노동력을 제공하기 위해 도시 안으로 들어왔다. 이런 노동자의 수가 많으면 많을수록 '시민' 혹은 부르주아지는 이들의 불온한 움직임에 대해서 의식하지 않을 수 없었다. 이 부랑아들이 언제 폭도로 돌변해 성벽을 넘어 자신들의 부를 약탈하러 올지 모르기 때문이었다. 더욱이 산업의 발달은 갈수록 더 많은 노동력을 필요로 했고 당연히 도시 안에서 불온한 존재들과의 접촉은 더욱더 빈번해졌다. 이 빈번한 접촉 속에서 부르주아지는 불안을 해소하고 위기에 대응하기 위해 불온한 노동자들의 이동을 관리하는 장벽을 강화한다.

비릴리오에 따르면 혁명이란 이런 이동과 속도의 제약에 대한 저항이자 탈주이다. "1789년의 사건들은 종속에 맞서는 반란, 고대의 봉건적 농노제로 상징되었던 **부동성의 억압**에 맞서는 반란"(비릴리오, 『속도와 정치』, 90쪽)이었다는 것이다. 즉, 임의적 유폐나 한 곳에 거주해야 한다는 명령과 감시에 맞서 자신들은 어느 곳으로든 이동할 수 있고, 어떤 곳에서나 자신만의 속도를 가질 수 있다고 말한 것이다. 거주지와 이동의 제한에 맞서, 프랑스 혁명은 경계를 흘러 넘치는 새로운 흐름을 만들어냈다. '오고 갈 자유의 획득', 즉 이동과 속도의 자유를 갖는다는 것은 '제한과 감시'의 메커니즘을 넘어서 정치적 권리를 새롭게 재구성하는 것이었다. 이런 점에서 이동과 속도의 자유가 혁명과 정치에서 중요한 문제로 부각된다.

이동의 자유는 자본에게 양날의 검이다. 산업의 발달을 위해서 노동자의 이동은 필수적이었다. 자본은 '울타리 치기'를 통해 농민들을 토지로부터 벗어나게 했으며 이 벗어난 농민을 다시 공장의 노동자로 재영토화했다. 이들을 기계의 부속물로 만듦으로써 자본의 축적을 확대시킬 수 있었다. 그러나 노동자들이 갖게 된 이동의 자유는 언제든지 자본과 권력이라는 억압체제를 전복시킬 수도 있다. 자본의 입장에서는 이 이동을 어떻게 관리하느냐가 자본축적의 핵심 관건으로 부각됐다. 노동자들은 거리를 일정한 흐름에 따라 움직이지만 순식간에 통제 불가능한 존재로 변모할 수 있다는 두려움. 결국 부르주아지는 경찰을 통해 거리에 홈을 파고 흐름을 감시하려고 한다. 부르주아지는 "사회를 보호해야 한다"고 말하며 교통과 이동에 대한 통제를 정당화한다. 대중들이 거리로 나서 무단으로 거리를 점검하고 새로운 속도를 만들어내는 것은 "교통정체·불법주차·다중충돌·추돌"이다. 말 그대로 교통 정체는 자본의 정체이며 이 정체는 자본에게는 죽음의 위협이다. 이 위협을 관리하는 것, 다른 말로 하면 이동로를 감시하는 것이 자본주의를 안전하게 보호하는 길이다.

1749년 경찰관 길로트는 다음과 같이 언급한다. "만약 우리가 통행을 엄격히 규제해 도시와 시골 사이에 인간의 시간과 공간을 신중하게 배분한다면, 그러니까 길이나 신호 체계뿐만 아니라 시간에도 주의를 기울이고, 주변 환경을 규격화해 도시 전체가 한눈에 들여다보이게, 즉 경찰의 눈에 길들여지게 만든다면 공공질서가 자리잡을 것"이기 때문에 "더 이상의 반란도, 체포도, 소요도 없을 것이다".

경찰은 교통, 즉 순환을 관리하는 권력의 첨병이다. 이동의 방향과 속도를 자본의 이동과 속도에 맞도록 적절히 조절하는 것이 '교통경찰'의 목표다. 최근에는 전자기기가 이 목표를 위한 주요 수단이 되고 있다. 가령 폐쇄회로의 텔레비전은 사건이나 사람들의 흐름을 관리하는 데 유용하게 이용되고 있다. 또한 지구 주위의 인공위성을 이용한 GPS를 활용해 사람들의 이동을 관리하게 되었다. 교통경찰은 통신기기를 활용함으로써 보다 쉽게 사람들의 이동에 대처하게 되었다. 말하자면 흐름을 완화하고 장악하려는 경찰의 전략 역시 효율화·다각화되고 있으며, 그 관리 기술 또한 지속적으로 변모하고 있다.

3. 훈육체제

서양의 고전시대는 대감금과 함께 시작되었다. 푸코에 따르면 17세기 프랑스 파리에서 시민 1백 명당 1명이 수개월간 감금당했다고 하며, 독일과 영국 등 유럽 전역에서도 이런 현상은 일반적으로 발견된다(푸코, 『광기의 역사』, 117~126쪽). 폴라니에 따르면 영국에서는 여가를 향유하기에 충분할 정도로 수입을 올리지 못하는 사람들이 모두 빈민으로 간주됐다. 이는 감금의 대상이 어떤 극단적인 층위가 아니라, 일반 민중 전체를 포괄할 수 있다는 것을 의미한다(폴라니, 『거대한 변환』, 112쪽).

실제로 17~18세기에 인구의 증가와 도시의 확대, 산업의 발달이 이뤄졌다. 산업의 발달, 화폐관계의 확장은 공동체가 해체되는 과정이기도 했다. 공동체에 속해 있던 이들은 '분할될 수 없는 존재'(individual)로 세상과 마주하게 되었다. 그렇다고 이 개인들을 산업사회에 속하는 노동자로 곧바로 활용할 수 있는 것은 아니었다. 이들은 대규모 생산에 참여하기에는 너무 느긋했고, 매일 근면하게 일하기에는 너무 게을렀다. 따라서 이들의 신체를 자본화된 신체로 전환하기 위한 시도가 이뤄졌다. 다시 말해서 일하지 않고 살아나갈 수 없는 모든 이들에게 노동을 가능하고 동시에 불가피한 것으로 만드는 조치들이 시행되었다.

그런데 근대사회는 직접적인 지배와 통제가 약화된 사회였다. 근대사회에서 이런 직접적인 지배와 통치는 사실상 제약되어 있다. 사람들의 활동에 직접적으로 명령하는 것이 불가능하기 때문이다. 그럼에도 개인을 통제하고 지배해야 했다. 이것이 '지배자 없는 지배' 혹은 '자기통제'라는 문제가 부각된 이유이다. 개개인으로 하여금 지배자 없이도 지배당하게 하는 것이 중요하다. 그 결과 개별적 인간의 신체가 권력이 통제하고 관리해야 할 대상으로 부각되었다. 푸코가 감금과 훈육을 통해 근대적 주체성이 형성되었다고 한 것은 이처럼 신체가 주목받았던 상황과 연계되어 있다. 즉, 훈육권력은 감금을 통해 신체의 활동을 면밀히 통제하면서 복종하는 훈련된 신체, '순종하는' 신체를 만들고자 했다(푸코,『감시와 처벌』, 205∼207쪽).

개개인을 특정한 능력과 특성, 지식을 가진 주체로 생산하는 것이 훈육의 목표다. 이것은 자본의 체제에 적합한 정도의 이성과 도덕 능력뿐만 아니라 그러한 형식에 따라 행동하고 실천하는 주체성을 생산하는 것이다. 푸코는 특히 감옥 모델을 통해 이 훈육 메커니즘의 확산을 설명한다. 교도행정은 교육과정을 통해 죄수들을 길들이는 여러 가지 규칙과 강제를 반복적으로 동원했다. 가령 감옥에서는 시간표에 따른 행동 통제, 독거(獨居) 아래의 명상, 집단노동, 침묵, 공격적 격리, 감시 기능성의 확보 등이 이뤄졌다. 시설에 감금된 수용자는 의식주 일체를 무료 혹은 저렴하게 제공받는 대신 모든 생활이 철저하게 관리되고 특정한 삶의 방식을 훈련받는다. 말하자면 "감옥에서는 '범죄자를 체념적이고 유익한 활동'에 맞도록 훈련시키고 그에게 '사교성'의 습관을 회복시켜 준다"고 한다. 이를 통해 자본주의 체제에 필요한 무엇인가가 신체 위에 새겨진다.

< '성 월요일' 의 선술집> 브르통(Jules Breton, 1827~1906)이 그린 「월요일」(1858)에서
잘 볼 수 있듯이 19세기 중엽 노동자들은 '성 월요일' 에 일을 하지 않고 선술집에서 동료
들과 술을 취하도록 마시며 놀았다. 평소에 일이 끝난 이후에도 발걸음은 집이 아니라 선
술집으로 향했다. 당연히 선술집은 소란의 중심지였다. 이 소란은 '가족주의' 가 확산되
면서 해소되어갔다. 가족주의의 확산 속에서 노동자는 집안을 부양해야 하는 '가장' 이
되고 그들의 부인은 가족의 공간을 관리하는 '주부' 가 된다. 그림에서 보이듯 부인들이
술 마시는 남편들을 선술집에서 끌어내고 있다. 당시 박애주의자들은 남편들을 선술집이
나 카페에서 '가정' 이라는 공간으로 이끌어 들이는 것이 주부의 능력과 책임이라고 강조
했다. 이를 통해 노동자들의 삶은 가족으로 영토화되었다. 가정이 '포섭과 통제' 라는 경
찰의 공간으로, 부인들이 가정을 관리하는 일종의 '경찰' 로 변모한 셈이다.

이러한 훈육체계는 경찰행정과 결합함으로써 개별 주체의 일상을 관리하고 그들의 신체를 자본주의적 신체로 조직해낸다. 가령 19세기 노동자와 빈민의 아이들은 거리의 '작은 어른'이었다. 아이들은 거리를 활보하면서 위험한 행동과 놀이를 하며 살아갔다. 아이들은 부랑자들과 어울리기도 했고, 종종 범죄를 저지르기도 했다. 거리는 아이들에 의해서 점령당했다. 그런데 대중적 빈곤과 피폐를 해결함으로써 노동자들과 빈민들의 폭동과 혁명을 막고자 했던 박애주의자들과 경찰들에게 거리를 떠도는 아이들의 생활은 범죄의 중요한 원인으로 생각되었다. 이 아이들이 거리에서 소란을 피워 만들어낼 수 있는 문제를 최소화하고자 했다. 이를 위해 아이들은 거리가 아니라 집이나 학교로 돌려보내졌다. 1900년을 전후해서 영국에서는 거리를 놀이터로 사용하는 것이 법적으로 금지된다. 아이들의 거리에서 행하는 무절제한 행동은 범죄로 간주된다. 그 이전에 거리는 축제를 벌이고 놀이와 운동을 하던 곳이었다. 그러나 이제 그런 행위는 소멸되어야 할 것이 되었고, 경찰은 그것을 제거·저지하는 역할을 담당했다. 경찰의 제지에도 불구하고 계속 공놀이를 하거나 떠드는 아이들의 행위는 금지된다. 거리에서 축구나 크리켓, 하키 등을 하던 아이들은 '교통을 방해'하고 '공공장소에서 사람들을 방해'한다는 이유로 제거된 것이다. 거리에서의 사소한 행동이 경찰의 통제 대상이 되어간다.

　　거리 아이들의 일상적인 행위가 처벌과 훈육의 대상이 되어갔듯이, 침을 뱉거나 서로 싸우거나 큰 소리를 지르는 것 역시 처벌과 교육의 대상으로 변모해갔다. 이런 행위들은 지금도 경범죄라는 이름으로 알려져 있다. 이것은 거리에 오물을 버리거나 술을 먹고 소란을 피우는 것 등 우리 일상에 관련된 소소한 행위들을 포괄하고 있다. 이를 통해 공공의 장소에서 소란을 피우거나 '점잖지 못한 말이나 행동'을 하는 것이 금지된다. 말하자면 경범죄라는 다소 모호한 개념을 활용함으로써 경찰이 개입할 여지가 크게 확대되었다. 즉, 경찰은 사소하고 일상적인 행위를 범죄화함으로써 사람들의 일상에 개입하며 끊임없이 개별 주체를 훈육했다. 이때 경찰은 '정상적인 것'을 지키고 생산한다. 말하자면 경찰은 '정상적인 것'을 생산하는 동시에 '공공질서'를 지킨다는 명목 아래 '정상적인 것'을 지속적으로 관리한다.

자본주의사회의 훈육체계는 조직화된 경찰행정의 대두와 세분화·세밀화된 감시체제의 등장을 통해서 발달해왔다. 개인을 감금하고 훈육하는 것에서부터 도박·폭력 같은 경범죄를 지도하고 관리하는 것이 경찰의 주요 업무다. 경찰은 이들 개별 주체의 신체를 훈육하고 사람들에게 정해진 규율과 코드에 따르도록 관리·감시한다. 경찰은 정상과 비정상의 경계에서 비정상을 강압적으로 정상으로 편입시키는 훈육체제인 것이다.

4. 인구관리와 경찰

근대 이전의 군주들은 국민들의 '생살여탈권'을 지니고 있었다. 왕은 자신의 의지에 따라 그 구성원들을 "죽게 하거나 살게 내버려" 둘 수 있었다. 거리에서 죄수에게 가해진 '잔인하고 화려한' 신체형을 통해 왕권의 막강함을 가시적으로 드러냈고 이를 통해 사람들을 장악할 수 있었다. 그러나 가시적으로 표현되었던 이런 권력 행사의 방식이 근대에 들어서면서 서서히 변화하기 시작한다. 이제 권력은 사람들을 "살게 만들고 죽게 내버려" 둔다. 푸코 식으로 말하면 "여러 세력들을 가

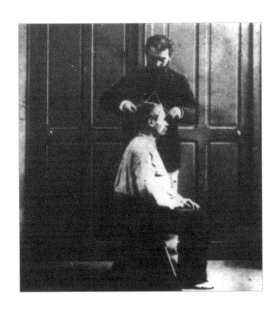

<베르티용의 골격 측정법> 1880년경까지 사람들은 자신의 신분을 비교적 쉽게 위장할 수 있었다. 가령 장 발장의 변신이나, 몽테크리스토 백작의 전략 등이 그렇게 비현실적인 것이 아니었다. 다른 사람의 생년월일과 출생지를 안다면 쉽게 새로운 호적을 취득할 수 있었다. 당연히 신분 위조자와 범죄자를 식별할 필요성이 부각되었다. 경찰은 이 문제를 해결하기 위해서 1882년부터 베르티용(Alphonse Bertillon, 1853~1914)이 확립한 인체측정 신원확인법을 사용한다. 베르티용은 예닐곱 개의 골격 크기를 측정함으로써 한 인물의 신원을 확인해낼 수 있음을 증명했는데 이를 통해 변하지 않으면서 쉽게 밝혀낼 수 있는 정체성을 개개인에게 부여하는 것이 가능해졌다.

로막고 오그라들게 하고 파괴하기에 열중하기보다는 오히려 그것들을 낳고 증대시키고 조직하는 데 몰두하는 권력"(푸코, 『성의 역사』 1권, 145~148쪽)이 등장한다.

이 새로운 권력은 개별 신체가 아니라 집단으로서의 인구를 권력 행사의 대상으로 삼는다. 활성화된 신체에 대한 규율 메커니즘과 더불어 19세기에는 새로이 생명 또는 인구에 대한 조절 메커니즘이 활성화된다. 이것은 "인구에 반드시 나타나는 집단적 효과들을 재구성하고, 거대한 생체 안에서 일어날 수 있는 우연적 사건들의 연쇄를 통제하려 들며, 그 개연성을 통제(결국 수정)하고 그 효과들을 보상하려는 기술"(푸코, 『사회를 보호해야 한다』, 287쪽)이다. 이 권력은 인구를 건강하게 관리하는 것에 관심을 둔다. 일상적 삶에 관심을 가진 권력이 19세기 권력의 특성이라고 할 수 있는데 이러한 '경찰'이라는 권력의 배치는 "무한히 많은 것은 아니지만, 셀 수 없을 정도로 많은 다수의 신체"가 탈주의 선을 타지 않도록 관리하는 것에 관심을 두고 있다.

가령 19세기의 위생문제가 그것이다. 19세기 중반 이래 유럽, 특히 영국과 프랑스에서는 도시의 급격한 증가 속에서 인구를 어떻게 처리할 것인가라는 문제가 등장한다. 도시 인구의 급격한 증가로 인해 주택의 수요는 증가했지만, 주택 공급의 증가는 미미했다. 지대와 임대료는 급격히 상승했다. 집값의 상승과 인구 증가가 맞물려 집 없는 노동자가 급증했고 설사 집이 있다고 하더라도 남녀 구분도, 가족간의 구별도 없이 좁은 공간에서 함께 거주했다. 더욱이 주택 개발업자들은 날림으로 주택을 짓고 이를 나눠서 세를 놓아 돈을 벌어들였다. 당연히 하수와 오물을 제대로 처리하는 것은 불가능에 가까웠다.

19세기 내내 보수주의자부터 집주인 반대 기치를 내걸던 아나키

〈콜레라와 경찰〉(조선총독부, 『대정8년 호열자병 방지』) 현재 위생업무는 행정기관 안에서 세분화되어 다뤄지고 있다. 보건복지부나 환경부는 경찰과 관계 없는 것처럼 보인다. 그러나 그림에서 보이듯 과거의 경찰은 도로관리, 보건, 의료, 방역, 가축방역 등과 관련된 일체의 사무를 담당했다. 위생과 관련된 업무가 경찰의 업무에서 분리된 것임을 알 수 있다. 이러한 위생경찰은 불특정한 다수를 '위생사범'으로 다룰 수 있다. 가령 콜레라가 발생하면 해당 지역 사람들은 모두 잠재적 보균자로 분리되어 관리된다. 동시에 외부로의 확산을 차단하기 위해 전국적인 방역체제를 가동한다. 말하자면 위생경찰은 전체 인구를 통제하고 관리하는 데 효율적인 메커니즘이었다.

스트에 이르기까지 극히 다양한 색채의 사회개혁가들이 위생의 문제를 이야기했다. 이 관찰자들의 대부분은 노동자의 주거공간이 일반적으로 비좁고 비위생적이라는 증언을 쏟아냈다. 그에 따라 E. 채드윅 같은 박애주의자들은 빈곤과 질병, 위생에 대한 실태조사와 환경개선 사업을 통해 노동자들의 과밀 주거상태와 공중위생의 문제를 개선하려는 운동을 전개한다. 그러나 부르주아지가 공중위생에 주목한 것은 그들이 직면한 위기의식과 관련되어 있다. 사실 19세기 내내 지속되었던 콜레라로 인해서 사회의 불안이 크게 확대되곤 했다. 여행과 교역에 대한 통제로 인해 물가가 치솟았고 그것은 저항과 폭동을 야기했다. 동시에 콜레라는 질병이 아니라 부르주아지가 빈민들을 제거하기 위해 퍼뜨린 독이란 소문이 확산되곤 했다.

이러한 빈자들에 대한 공포가 질병의 세균 감염설과 결합한다. 파스퇴르와 코흐는 질병이 '세균'에 의한 것이라는 입장을 확고히 한다. 병의 원인이 세균이며 질병은 보이지 않는 이 생물체에 감염되어 전파된다는 것이다. 질병을 예방하기 위해서는 미생물과의 접촉을 차단해야 한다. 먹는 물은 깨끗해야 하며 신체는 청결해야 한다. 그러나 위생은 개인 차원의 노력으로 보장되는 것이 아니다. 미생물과 같은 병원체의 예방은 집단적인 차원의 문제였다. 왜냐하면 미생물은 불결한 곳이라면 어디에서든 생겨날 수 있으며 그것은 공기를 통해 누구에게든, 어느 곳으로든 전염될 수 있기 때문이다. 결국 모든 지역의 위생상태에 대한, 전체 인구의 위생상태에 대한 항시적인 검열과 감시가 법적으로 도입되었다. 영국의 경우 공공 주택법을 통해 경찰에게 위생검열의 권한이 주어졌다. 경찰은 사람들의 집에 들어가 위생상태를 검사하고 어떤 사람들이 그 공간에서 살아가는지를 꼼꼼하게 자료화했다. 이를 통해 보다 효과적으로 위생의 문제, 미생물의 침입이라는 문제를 해결하고자 했다. 우리가 보건소라고 부르는 위상경찰 기구가 전국 각지에 확산되었다. 사람들을 '살게 만들기 위한' 공중보건과 '사회를 안정적으로 유지'하려는 위생경찰이 그 영향력을 확대해나가기 시작한 것이다.

이와 같이 경찰 메커니즘은 '사회를 보호하기' 위해 촘촘하게 일상을 관리하고 조직한다. 출생과 사망의 비율, 재생산의 비율, 그리고 인구의 생식력 등이 통계수치로 축적된다. 출산율과 사망률, 평균수명 등의 과정이 계량화·도표화되어 인구에 대한 정보로 전환된다. 산아제한 같은 인구정책이 시작된 것도, 맬서스가 『인구론』을 출판한 것도 이때쯤이다. 인구를 관리하는 경찰체제는 예측과 통계, 그리고 전체적인 측정의 메커니즘으로 이뤄졌다. 그것은 특정의 현상이나 개별화된 개인을 관리하는 것이 아니다. 인구라는 일반적인 현상을 관리하고 조절하기 위해서 개입한다.

조절 메커니즘으로서의 경찰은 집단으로서의 인구를 안정적으로 확보하면서 이들에게 평균적 삶을 가능케 한다. 그런데 인구를 관리하는 이 메커니즘은 19~20세기에 걸쳐 복지정책의 형태로 더욱 확장·확산되었다. 즉 의료기관이나 저축제도, 보험 등의 업무 역시 경찰 메커니즘의 일부를 이루고 있다. 이를 통해 우리의 가시적인 '평온한 삶'이 가능해진 셈이다.

5. 경찰의 시선

벤담이 감옥제도 개혁을 위해 제시했던 파놉티콘은 근대의 시선 권력의 상징이 되었다. 파놉티콘은 그리스어로 '다 본다'(Pan+Opticon :

<검열>(『중외일보』1929년 12월 28일자) 근대에 접어들면서 노동력
을 효과적으로 동원하기 위한 일환으로 학교체제가 강화된다. 동시
에 신문, 잡지와 같은 근대적 여론 매체가 활성화되었다. 이러한 문
자 해독층과 공론장의 확대로 인해서 사람들 사이에서 유통되는 지
식과 정보를 어떻게 통제하고 관리할 것인지가 사회적·정치적 문제
로 등장한다. 이 문제에 대처하기 위해 검열의 중요성이 부각되었
다. 검열은 단지 '불온한 지식'의 유통을 막는 것이 목표가 아니다.
오히려 검열은 특정한 정보와 지식을 계속 흐르게 함으로써 대중들
의 앎을 관리하려는 적극적인 경찰활동이다.

all+seeing)라는 말에서 유래했다. 이 감옥은 '시선의 비대칭성'에 근거해 설계되었다. 원형 건물의 원주를 따라 위치한 죄수의 방은 항상 밝게 유지되고, 중앙에 위치한 간수의 감시 공간은 항상 어둡게 유지되었다. 자연스럽게 최소한의 인원만으로 감시자들은 죄수들이 무엇을 하고 있는지 파악할 수 있었고, 심지어 간수가 없다고 하더라도 감시는 가능하다. 반대로 죄수들의 일상은 끊임없이 감시자의 시선 아래 놓인다. 이 죄수들에게 감시하고 있다는 것보다 더 두려운 것은 감시당하고 있는지의 여부를 알 수 없다는 점, 그래서 항상 감시의 시선을 의식할 수밖에 없다는 점이다. 간수는 보여지지 않은 채 항상 모든 죄수를 감시할 수 있고, 죄수는 간수를 볼 수 없는 채 항상 보여지는 상황에 놓이게 된다. 파놉티콘에 수용된 죄수는 항상 보이지 않은 곳에서 자신을 주시할지 모르는 시선을 계속 의식해야 한다. 그 사람이 누구인지, 그 사람이 존재하기나 하는 건지도 중요하지 않다.

누군가에게 항상 보여지고 있다는 사실을 의식하고 정해진 행동을 하는 것, 항상 타인의 시선을 계속 의식해야 하는 배치 속에서 감시자의 시선으로 다른 일을 의식하는 것이 습속이 된다. 감시를 의식하는 습속 아래 그 자신의 시선이 감시의 시선을 대신한다. 감시자의 시선이 스스로의 시선이기에 일상은 감시의 시선 아래 놓인다. 파놉티콘이라는 공간적 배치 아래에서, 즉 감시자가 특정한 위치에 앉아 있고 죄수가 밝은 독방에 앉아 있는 공간의 배치 속에서 죄수는 감시자의 시선을 스스로 내면화하게 된다.

이것은 학교나 공장, 그리고 병영에서도 마찬가지다. 지배받는 자에 의해 실행되는 권력, 혹은 권력자 없이 실행되는 권력이 확산되고 일상화된다. 벤담은 단순히 감옥이나 학교 또는 병원과 같이 특정한 시설의 구조적 문제를 해결하려 했다기보다는 보편적인 감시체계를 만들려고 했다. 이것은 의사나 형무소 관리관, 실업가들이나 교육자들이 절실히 필요로 했던 선구적 감시체제였다. 이런 체제와 관련해서 라이히가 대중심리에 대해 갖고 있었던 문제의식은 시사적이다. "설명되어야 할 것은 배고픈 사람들이 도둑질을 했다거나 착취당한 노동자가 파업을 일으켰다는 사실이 아니라, 배고픈 사람들 중 대다수는 왜 도둑질을 하지 않는가, 또 착취당하고 있는 사람들 중 대다수는 왜 파업을 하지 않는가라는 사실이다"(라이히, 『파시즘의 대중심리』, 55쪽). 감시의 내면화가 이러한 현상의 주된 이유일 것이다.

혼자만의 공간에서도 감시의 시선이 감시자 없이 작동한다. 즉, 경찰은 시선의 기술을 활용함으로써 혼자만의 공간에서도 감시자 없는 감시의 시선을 의식하도록 만든다. 가령 경찰이 수배자 포스터를 만들어 곳곳에 부착하는 경우를 생각해 보자. 수배자는 자신을 쫓는 경찰의 시선을 의식하지 않을 수 없다. 동시에 자신이 얼굴이 알려졌고 사람들의 신고에 의해 체포된다는 생각 속에서 자신을 둘러싼 모든 사람들의 시선을 경찰의 시선으로 느끼게 된다. 적어도 수배자에게는 경찰이 없을 때에도 모든 이들이 자신을 찾아내려는 경찰로 파악된다. 수배자뿐만이 아니다. 규칙을 지키는 사람 역시 규칙을 어길 경우 초래될 결과를 계속 의식하지 않을 수 없다. 사람들은 어딘가에 있을 교통경찰의 시선과 벌금에 대한 생각 때문에 교통질서를 지킨다.

말하자면 공적인 공간에서나 사적인 공간 모두에서 근대인은 감시의 시선에서 자유로울 수 없다. 근대인은 끊임없이 감시를 의식할 수밖에 없었다. 이런 점에서 근대적 주체는 경찰의 시선으로 자신을 돌아보는 존재이다.

6. 공동체와 경찰

근대사회는 근대 이전의 공동체들이 해체된 결과로 등장했다. 근대사회는 화폐거래를 중심으로 구성된 사회이다. 반면에 친밀감과 내적 결속이 높았던 공동체에서 화폐거래는 잘 이뤄지지 않았다. 전자는 화폐가 '공동사회'(Gemeinschaft)를 대신한, 화폐로 조직된 '공동체'이다. 이와 달리 후자는 화폐에 대항하는 공동체라고 부를 수 있다. 근대사회는 전자가 후자의 공동체를 해체하면서 성립했다. 이런 공동체의 해체는 연대·유대의 공동체가 와해됨을 의미했다. 이 속에서 공동체 구성원들은 원자화된 개인이 되었다. 이런 개인들은 때로는 자본에 포획되어 노동자로 변모했다. 그런데 이들은 때로 자본주의의 격자화된 구획을 넘어선 혁명적 다중으로 변모하기도 했다. 당연히 국가권력은 이런 힘들을 관리·조절하면서 체제 안으로 끌어들이고자 했다.

이러한 근대사회의 등장과 관련해서 아렌트는 고대의 공적 영역과 사적 영역의 구분이 깨어지면서 사적 영역에 속했던 요소들이 공적인 의미를 획득했다고 주장한다(아렌트, 『인간의 조건』, 90쪽). 아렌트에 따르면 고대 그리스에서 오이코스와 폴리스는 엄격히 구분되었다. 전자가 먹고 살아가기 위해서 '필연적'으로 힘써야 하는 노동의 영역이라면, 후자는 공공의 문제를 토론하는 '자유'의 영역이다. 고대 그리스에서는 오이코스의 문제를 폴리스의 영역에 개입시켜서는 안 된다는 것이 암묵적 전제였다. 그것은 먹고사는 문제가 정치의 영역에 개입되면 정치가 사적인 이익추구의 장으로 전락할 수 있기 때문이었다. 당연히 먹고사는 것, 즉 사적 영역에서 자유로운 사람들만이 공적 영역에 참여할 수 있었다.

<스스로 경찰이 되어가는 공동체> 하쿠도(萱原白洞, 1896~1951)의 「동도대진재
과안록」(東都大震災過眼錄)은 1923년 9월 관동 대지진 발생 후에 벌어진 일본인의
조선인 학살을 그린 그림이다. 그림에서 눈에 띄는 것은 경찰 옆에 칼을 들고 있는
자경단원들이다. 일본 민중들은 '조선사람이 폭동을 일으키려고 한다'와 같은 유
언비어에 반응해 자경단(自警團)을 조직한다. 즉 그들은 '우리들만의 공동체'를
보호해야 한다는 믿음 속에서 '스스로 경찰'이 되었다. 그리고 '공동체의 안전'이
라는 이름 아래 공동체 외부에 존재하는 이들을 철저하게 배제했다. 이런 폐쇄성
은 6천 명에서 1만 명에 이르는 조선인들을 살해하는 것으로 표현되었다. 이것은
타자의 목소리를 감지해낼 수 없는 공동체라면 언제든지 쉽게 폭력적인 '경찰집
단'으로 전환될 수 있음을 의미할 것이다.

그러나 폴리스가 오이코스의 영역으로부터 분리·독립되었던 고대와 달리 근대사회에서 공적 영역은 경제적 이해 구조를 반영하고 있다. 이와 관련해서 아렌트는 근대에는 이윤을 추구하는 사적 영역이 공적 영역으로 침범해 들어왔다고 말한다. 그녀에게 있어 공적 영역과 사적 영역이 엄격히 분리된 고대의 폴리스는 이상적 공간, 사적 이해나 경제적 이해관계에서 벗어나 공공의 문제를 토론할 수 있는 장소로 이해되었다. 그러나 그녀가 이상화한 폴리스에서는 오직 특정한 '사람'만이 말하고 공공의 문제에 참여할 수 있었다. 경제적으로 자유로운 '남성'만이 폴리스의 정치적 일원으로 받아들여졌다. 공적 영역에 들어가는데 일종의 장벽이 이미 존재했다. 여성이나 노예, 외국인은 폴리스에서 말할 기회조차 갖지 못했다.

특정한 대상들을 배제한 채 이뤄지는 폴리스의 활동에 참여함으로써 참가자들은 '정치적' 몫을 분배받을 수 있었다. 즉 이들에게는 절차적 민주주의라든가, 권력의 균형과 같은 몫의 분배가 중요한 문제였다. 폴리스에서의 정치적 활동이란 배제와 몫의 분배를 통해서 이뤄지고, 이 메커니즘의 활용을 통해 폴리스가 안전하게 관리된다. 이 폴리스 안에서 특정한 활동만이 공적인 것으로 간주되어 왔다. 문제는 이 활동에 참여하는 이들에게 공적 영역에 오르지 못한 자들의 목소리는 들리지 않았다는데 있다. 가령 폴리스 안에서 노예의 소리는 지각되지 않는다. 오직 내부 참여자 사이에서만 말하기와 듣기가 이뤄졌다. 공동체 외부에 있는 자들은 공동체 내부의 문제에 참여할 수 없다. 외부에 있는 이들은 정치적 발언의 기회를 갖지 못할 뿐 아니라 말할 수 없고, 내부에서 말을 할 수 있는 이들은 이들의 소리를 지각할 수 없었기 때문이다. 말하자면 '공적 공간'의 성립은 사회의 내부에 특정 부분이나 구성원들을 미리 배제함으로써 이뤄진다. 이런 점에서 폴리스는 '외부'와의 만남이 단절된 공간이자 타자와의 소통이 폐쇄된 공간이다.

사실 폴리스는 자신이 할당받은 몫을 적절히 분배하고 안정적으로 관리하는 영역이었고, 이런 점에서 근대적 경찰체제를 상기시킨다. 근대적 경찰은 무력을 행사하거나 비밀스런 첩보업무를 담당하는 국가기구에 머무르지 않는다. 푸코는 이러한 경찰 개념을 전환해 근대의 의학, 복지, 문화와 연결된 관리와 분배의 메커니즘을 경찰이라고 불렀다. 확장된 경찰체제의 관점에서 볼 때, 국가는 공공의 법과 질서를 유지하기 위한 국가의 대행기구가 아니라 특정한 삶의 방식과 체제를 만들어내는 조직자이자 관리자이다.

이런 관점에서 랑시에르는 '폴리스'(polis)에서 이뤄진 정치란 경찰(police)의 다른 이름에 불과하다고 말한다. 경찰은 정상과 비정상을 지속적으로 생산하고 관리하는데, 이를 통해 비정상성을 배제해간다. 이렇게 이뤄진 폴리스에서의 정치, 공적 영역에서의 활동은 배제의 원리를 정당화하는 이론에 불과하다는 것이다. 즉, 폴리스에서의 공적 활동은 그 참가자들이 공동체에서 자신의 몫을 찾아가는 것에 불과하다 (Rancière, *Disagreement*, pp.63~65).

따라서 랑시에르는 오히려 '정치'란 폴리스와 대립하는 지점에서 형성되어야 한다고 말한다. 그것은 폴리스의 영역에 들어가지 못한 이들의 목소리를 재구축해내는 것이다. 그에 따르면 "정치적 질문은 공동체에 관여할 수 있는 주체의 지위가 문제되는 곳에서 시작한다." 폴리스의 경계 지점에서 그 권리를 거부당한 자들이 '그것은 아니야'라고 말하며 불화(不和)를 만들어내는 과정, 그것이 '정치'이다.

정치란 공동체에 별반 기여한 것이 없기에 자신의 몫을 주장할 수 없는 자가 '평등주의'의 논리에 입각해 자기 몫을 주장할 때 발생한다. 고대 그리스에서 빈민들은 귀족이나 부자들과 달리 공동체에 별다른 '기여'를 하지 못했다. 그렇지만 오히려 자신의 권리를 주장함으로써 폴리스를 논쟁과 분열로 몰아넣었다. 이런 의미에서 정치란 공동체에 활기를 불어넣음으로써 공동체를 새롭게 재구성하는 문제이다. 그것은 몫이 없는 자들이 자신을 대화상대로 인정하지 않는 공동체에 자신의 목소리를 제기함으로써 문제를 재구성하는 것이다. 그래서 그것은 주체들에게 뿌리박힌 자연스러움을 제거해내는 과정이자 훈육된 신체에 새로운 감각을 충돌시키면서 새로운 주체성을 형성하는 과정으로 이해된다. 불화를 통해 경험의 영역은 재정의되고 기존의 행동의 방식, 존재의 방식, 말하는 방식은 해체되고 재구성된다. 가령 1970년대 한국의 노동자들은 자신들의 권리를 거부하던 '공동체'에 맞서서 노동조합을 결성하고, '불법' 파업을 통해 자신들의 권리를 제기함으로써 새로운 정치적 가능성을 만들어냈다.

경찰 메커니즘은 사람들에게 몫을 분배하고 특정한 공동체를 안정적으로 관리하는 것을 목표로 한다. 그것은 공동체 외부에 존재하는 이들에 대한 배제의 실현이다. 정치는 이러한 경찰의 메커니즘에 대항해 모든 권리를 박탈당한 이들이 이 공동체를 논쟁과 분열로 몰아넣고 이를 통해 새로운 가능성을 찾아낼 때 새롭게 등장한다고 할 수 있다.

7. 비경찰적인 자율적 삶

경찰은 우리의 일상과 쉽게 분리하기 불가능한 현상처럼 보인다. 언뜻 보기에 경찰은 항상 곳곳에 편재해서 우리에게 지속적으로 영향을 미치는 것 같다. 그런데 정말로 경찰은 항상 편재하며 전능한 것인가? 오히려 경찰은 우리의 일상에 깊숙하게 들어와 있다고 의식하는 시선, 혹은 그렇게 생각되도록 훈육되어 있는 것 그 자체가 아닐까?

이와 관련해서 사람들이 국가권력과 조우하게 되는 것은 극히 희소하다고 말한 그레이버의 논의는 흥미롭다. "국가의 출현은 단일한 형태도 아니고 예측가능한 것도 아닙니다. 그것은 산발적인 것입니다. 우리는 언제 국가가 나타날까 결코 확실히 알 수 없습니다. 국가 개입에는 어딘가 엉터리 같은 구석이 있습니다. …… 남반부 세계의 독재 국가에서는 95%의 시간 동안 국가가 없습니다."

경찰도 이와 유사하다. 우리에게 경찰은 불쑥 나타나 무엇인가를 요구할 것 같지만, 우리가 살아가는 대부분의 시간에 경찰과 만나는 일은 거의 없다. 오히려 경찰은 적극적으로 개입한다기보다는 산발적인 순간, 그러니까 사건이 발생한 몇몇 순간에 그 모습을 드러낸다. 이런 점에서 경찰은 일종의 '환상' 같은 것이다. 그것이 현실에 강하게 영향을 미친다고 우리가 믿는 한에서 실재적으로 작동하는 환상. 이런 환상 속에서 우리는 경찰의 시선을 강하게 의식하게 되고, 이 환상은 다시 경찰이라는 환상을 더 강하게 만든다. 사실 경찰이 오랫동안 우리의 신체에 각인시켰던 것은 이런 환상일지 모른다. 아마도 우리의 삶 주위에 편재하고 꽤나 강력하게 영향을 미치고 있다는 경찰에 대한 환상이 없다고 한다면, 경찰은 우리가 특정한 것을 위배한 뒤에 사후적으로만 개입할 뿐이다. 오히려 우리의 일상은 비경찰적이고 자율적인 삶이다. 우리에게 필요한 것은 비경찰적이고 자율적인 삶에서 자율적인 질서를 새롭게 구성해내는 것이다.

제4부

현대자본주의

.11강. 자본주의의 미래, 미래의 자본주의

이진경

1. '새로운 산업혁명'

자본주의에 대한 맑스의 분석은 산업혁명으로 인한 기계적 대공업의 발전이 한참 극에 달하던 시절에 이뤄졌다. 산업혁명에서 이룩한 기계적 생산의 거대한 발전은 노동을 절약할 수 있는 방법을 창안한 사건이었지만, 실제로는 노동시간이나 노동강도의 비약적 증가를 야기했던 사건이었다. 이전에 노동자들은 숙련공이었기에, 노동과정 자체의 진행이나 리듬을 장악하고 있었고, 자본가들의 명령을 거부할 수 있는 능력을 갖고 있었다. 그들이 하루 종일 일하는 '미련한 짓'은 하지 않으려고 했기에 노동시간을 자본가 마음대로 늘릴 수도, 노동강도를 자본가 마음대로 강화할 수도 없었다. 그러나 산업혁명으로 인해 작업의 주도권이 기계로 넘어가자 노동은 단순화되고 숙련은 해체되었으며, 한 사람이 익숙하게 노동하게 되는 데는 7년이 아니라 7시간이면 충분하게 되었다. 그 결과 이젠 자본가들은 "일하기 싫으면 나가! 일할 사람은 얼마든지 있어!"라고 외칠 수 있게 되었고, 노동강도를 높이는 것도, 노동시간을 늘리는 것도 얼마든지 가능하게 되었다. 산업혁명 이후 노동시간은 비약적으로 증가하여 하루 16~18시간을 일하는 것은 아주 흔한 일이 되었다. 이런 점에서 산업혁명은 단지 기술상의 변혁일 뿐만 아니라 자본가들이 노동자들을 대상으로 진행한 일종의 '계급투쟁'이었다.

그런데 20세기 후반에 이르러 부르주아지는 또 한번의 새로운 '산업혁명'을 통해 새로운 '공세'를 시작한다. 이전의 산업혁명이 거대한 기계와 공장을 만들어내는 방식으로 이뤄진 반면, 새로운 산업혁명은 그 거대한 기계를 움직이는 프로세서나 결합장치들을 가능한 한 조그만 기계 안에 집적하는 방식으로 이뤄졌다. 전자가 광범위한 농촌인구를 도시와 공장으로 끌어들이면서 진행되었던 반면, 후자는 공장에서 일하던 수많은 노동자들을 기계로 대체하여 공장 밖으로, 아니 노동 밖으로 몰아내면서 진행되었다는 점에서 대조적인 것이었다.

반도체나 집적회로, 사이버네틱스나 컴퓨터공학 등이 진전되면서 서서히 준비되기 시작한 이 과정이 현실적으로 본격화된 것은 1970년대 들어오면서부터였다. 1960년대까지의 '좋은 시절'은 자본의 이윤율이 떨어지고 새로이 불황이 시작되면서 끝났다. 특히 1970년대 초 발생한 오일쇼크를 계기로 에너지 효율이 높은 기계가 본격적으로 도입되기 시작했고, 복합적인 인간의 활동을 대신하는 자동화 기계나 로봇이 공업생산에 확산되기 시작했다. 1980년대 후반에 이르면 개인용 컴퓨터가 공장은 물론 사무실과 학교, 가정 등 거의 모든 곳에 보급되기 시작한다.

이와 나란히 인터넷을 필두로 정보·소통기술과 네트워크가 급속하게 발전되고 확산된다. 이런 정보·소통기술의 발전으로 생산 자체에 피드백 절차를 이용한 자동화가 더욱 급속하게 진전되었고, 판매 내지 소비에서 생산으로 피드백시키는 정보망이 확산되면서 생산과 결부된 정보적 회로는 공장의 벽을 넘어서 사회 전반으로 확장되었다. 정보적 소통을 생산 자체에 피드백시키는 이른바 '포스트포드주의적' 생산체제 등은 역학적인 기계와는 다른 양상의 기계적 생산체제가 시작되었음을 알리는 하나의 사례라고 할 것이다. 그렇다면 이러한 체제에서 노동과 잉여가치 생산의 양상은 어떠한 변화를 겪게 되는가?

이 문제에 접근하기 위해선 일단 '포드주의' 체제에 대해 먼저 살펴봐야 한다. 알다시피 포드주의 체제는 기계제 대공업의 한 극한적 형태를 보여주는 것이었다. 어셈블리 라인을 따라 공장의 경계는 물리적으로 확장되었고, 공장 안에서의 활동은 일차적 동인을 제공하는 컨베이어 벨트의 기계적 리듬에 따라 진행되었으며, 노동 자체는 그러한 기계의 리듬에 부합하는 역학적인 단순 동작으로 탈숙련화되었다. 동시에 기계의 리듬에 포섭된 단조로운 노동이 좀더 빠르고 강한 양상으로 요구되었다. 「모던타임스」에서 나사공 찰리의 신체를 미쳐버리게 만든 것은 바로 이 거대한 기계적 리듬이었고, 그것에 따른 노동의 강화였다. 이제 노동자의 신체는 자본가가 움직이는 기계에 철저하게 포섭된다. 노동시간 안에 소모된 노동력이 회복될 여지는 이제 사라졌다. 그러나 노동력은 어떻게든 회복되어야만 한다. 그렇지 않으면 생산은 지속될 수 없기 때문이다. 포드주의 체제에서 자본가들은 이를 돈으로 해결하고자 했다. 포드주의 체제가 가능케 한 대량생산은 상품의 가격을 낮춤으로써 이런 해결책에 기여했다.

더불어 생산이 대규모화하여 생산수단과 노동자의 집결은 유례없는 규모로 확장되었다. 이는 그 자체로 노동 자체를 자본이 장악하는 계급투쟁이었지만, 동시에 유례 없는 규모로 노동자를 집결시킴으로써 노동자들의 결속과 조직화를 상승시켰다. 즉, 포드주의적 공장체제는 노동조합의 영향력이 비약적으로 상승하는 결과를 초래했고, 자본가는 그 대가를 지불해야 했다. 나아가 단순화된 노동 자체에 대한 노동자들의 반발은 이러한 조직 조건의 변화로 인해 빈번하게 저항과 투쟁의 양상으로 터져 나오게 된다.

이는 물론 자본의 증식조건에 발생한 변화와 결부된 것이기도 했다. 포드주의 체제가 상징하는 대량생산은, 이전과는 비교할 수 없는 규모의 생산물을 만들어냈다. 그런 공장체제는 자동차뿐만 아니라 다양한 영역으로 급속히 확산되었고, 그 결과 엄청난 물량의 생산물이 시장에 쏟아져 나왔다. 그러나 절약과 금욕을 강조하는 프로테스탄트적 금욕주의는 동일한 시기에 미국 노동자들에게 술조차 먹지 못하게 하는 '금주법'(禁酒法)을 강요했다. 자본주의에서 경제공황이 그때만 있었던 건 아니었으며, 그리고 공황이 단지 물건이 안 팔려서 발생하는 것만은 아니지만, 엄청난 상품이 컨베이어 벨트를 따라 공장에서 밀려 나오기 시작한 시기에 프로테스탄트적 금욕주의가 강조하는 절약의 정신은 시장에서 유례 없는 강도로 충돌하게 된다. 그 결과 엄청난 양의 상품들이 판로를 찾지 못한 채 거대한 창고에 쌓이게 되거나 바다에 내던져져야 했다. 이렇게 1929년 미국에서 시작된 대공황은 전세계 자본주의를 전면적으로 흔들었다. 저 거대한 물량의 상품을 예전과 같은 방식으로 소비할 순 없는 것이다. 다른 대책이 필요했다.

이러한 사태에 대한 해결책은 사실 간단해 보인다. 창고에 쌓인 엄청난 양의 상품을 소비하게 만들면 되는 것이다. 그러려면 절약과 금욕의 윤리를 새로운 소비윤리로 대체해야 했다. 그러나 윤리가 바뀐다고 해서 당장 상품을 사서 소비할 수 있는 건 아니다. 돈이 있어야 했다. 그렇다면? 돈을 나눠주면 된다. 어떻게 돈을 나눠준단 말인가? 가령 국가가 댐을 만든다든가 하는 공공사업을 통해서 좀더 많은 노동자를 고용하고, 자본가는 대량소비가 가능하도록 좀더 많은 임금을 제공하면 된다. 이런 식으로 노동자들에게 '구매력이 수반된 수요'(이를 케인스는 '유효수요'라고 부른다)를 창출하는 것이다.

미국의 뉴딜 정책이나 경제학자 케인스가 제안한 경제학은 바로 이런 전략의 표현이었다. 이와 나란히 극도의 금욕주의적 생활방식은 소비와 욕망을 자극하는 새로운 생활방식으로 대체되어간다. 대량생산과 대량소비가 결합된 새로운 체제가 만들어진다. 제2차 세계대전은 대량파괴를 통해 대량소비를 대대적으로 창출함으로써, 자본의 이 새로운 전략을 성공적으로 안착시키는 데 결정적인 계기가 되었다. 이후 몇몇 사람이 '소비사회'라고 부르기도 하는, 대량생산·대량소비로 요약되는 새로운 체제가 수립된 것이다.

그러나 '번영의 시간'은 그리 길지 않았다. 아무리 임금이 많아도 강화된 노동으로 소모되는 노동력이 피폐해지는 것을 막을 순 없었다. 기계의 속도에 맞추어 획일적인 단순노동을 반복하면서 노동자들은 과로로 지쳐갔고, 무단결근·무력증·산업재해가 늘어났으며, 동시에 불량품의 비율이 늘어나게 되었다. 이는 기계가 제공한 효율성을 잠식하는 새로운 요인이었다.

다른 한편 소비를 자극하는 체제는 금욕의 고삐에서 풀린 욕망의 흐름을 가속화했다. 임금이 하방경직성(올리긴 쉬워도 내리긴 어려운 성질)을 갖듯이, 일단 금욕의 체제에서 벗어난 욕망에 대해 예전과 같이 고통을 감내하길 요구하기는 훨씬 어려워진다. 이는 흔히 '3D'라고 불리는 더럽고(dirty), 힘들고(difficult), 위험한(dangerous) 일들에 대한 거부감을 확산시키게 마련이다. 또한 생계비의 여유는 노동에서 벗어난 생활에 대한 욕망을 자극하며, 이는 노동강도나 노동시간 자체를 줄이려는 새로운 욕망을 산출하게 마련이다. 탈숙련화된 단조로운 노동, 강화되는 노동이 더욱 심각한 문제가 되었던 것은 이런 조건, 이런 욕망의 변화와 무관하지 않을 것이다. 일단 변화된 지형 위에서 노동자의 새로운 욕망과 자본의 욕망이 다시 충돌하게 되었을 때, 거대하게 집적된 공장, 거대한 규모의 노동자는 새로운 난점으로 등장한다.

더욱더 곤란한 것은 예전 같은 대규모 전쟁의 기회가 점점 줄어든다는 사실이었다. 그나마 소리 없는 전쟁인 '냉전'이 있어서 무기생산이라는, 대중의 소비와 무관한 거대한 소비의 풀을 제공하고 있었지만 말이다. 케인스주의적 국가에서 확대되었던 보건·의료, 교육, 실업 등과 관련된 사회적 비용 또한 임금 이상으로 '하방경직성'을 갖는다. 이처럼 자본가들이 지불해야 하는 사회적 비용은 줄어들지 않는 데 반해, 추가적인 생산성 향상이 제공할 수 있는 생활비용의 가격하락 효과는 점점 기대하기 어려워졌다. 즉, 노동 자체가 단순화될 대로 단순화되어 속도를 높이는 것말고는 잉여가치율을 높일 방법이 없었던 것이다. 그러나 그 속도는 이미 파괴되는 노동력으로 한계에 봉착하고 있었다.

노동과 축적, 생산과 소비의 새로운 전략이 필요하다는 게 점점 분명해졌다. 동시에 자동화 기술의 발전, 컴퓨터의 발전, 정보·소통기술의 발전 같은 새로운 기술적 혁신은 이를 위한 기술적 기초가 될 수 있을 것처럼 보였다. 자본은 과학·기술의 발전이나 기계의 발전 자체를 자신의 목표로 하진 않는다. 그러나 그것이 자본의 이익에 부합하는 것이 된다면, 지체 없이 그것을 자기편으로 끌어들인다. 그런 과학·기술의 발전에는 돈이 필요하고, 자본은 이윤을 위해 그 돈을 투자할 수 있기 때문이다. 과학과 기술이 어느 시절에 이토록 쉽게 자신의 후원자를 발견했던가! 과학과 기술이 자본과 맺은 이 긴밀한 동맹을 대체 언제 어디서 다시 발견할 수 있을까?

그리하여 1960년대 말~1970년대 초반 이른바 '자동화' 기술이 적극적으로 개발되어 노동과정에 도입되기 시작했고, 이는 정보기술의 발전과 나란히 진행되었다. 이미 1950년대에 인간의 두뇌활동을 기계화하려는 시도들이 사이버네틱스(인공두뇌학)라는 새로운 '학문'을 창출한 바 있고, 그 시기를 전후해서 컴퓨터의 발전이 독립적으로 진행되어왔는데, 반도체 집적 기술의 혁명적 발전과 더불어 이 두 가지 흐름이 하나로 접속된 것이다. 그 결과 기초적인 수준에서나마 인간의 정신활동을 대신하는 물리적인 기계의 가능성이 가시화되게 된다. 나아가 센서와 정보처리 기술의 발전은 입력과 피드백, 그에 따른 수정의 기능까지 포함하는 새로운 세대의 기계를 출현시켰다. 이렇게 또 한번의 '산업혁명'이 시작된 것이다.

2. 노동의 기계적 포섭

새로운 세대의 기계로 인해 기계와 노동자의 관계가, 혹은 노동과정 내지 노동 자체가 변하게 된다. 미니 컴퓨터가 급속도로 발전하여 보급되었고, 마이크로프로세서의 대대적 보급으로 거의 모든 기계가 컴퓨터 칩을 내장하게 되어, 기계 자체의 컴퓨터화가 급속히 진행된다. 이는 기계적 활동 자체가 단순히 역학적으로 작동하는 게 아니라 이른바 '두뇌노동'을 요구하는 프로세스를 포함하게 되었음을 의미한다. 이전에 매뉴팩처가 인간 자신을 기계로 만들었다면, 산업혁명기의 2세대

기계는 인간의 활동을 역학적(mechanical) 기계와 대응하는 활동으로 변형시켰다. 반면 3세대의 컴퓨터화된 기계들은 이제 기계적 활동 자체를 '정신화'한다.

그러나 기계적 활동이 '정신화'되는 것은 인간의 정신적 활동이 기계화되는 것을 통해서 이뤄졌다. 컴퓨터 기술의 중요한 기초를 제공한 튜링은 1940년대에 '튜링-기계'라는 개념을 제시한 바 있다. 거기서 튜링은 수학적 연산이나 증명, 논리적인 추론 등과 같은 사고과정을 '테이프를 읽어라, 테이프를 한 칸 오른쪽으로 옮겨라, 테이프에 0을 써라' 등의 7개 동작으로 환원할 수 있음을 증명했고, 이는 이후 컴퓨터와 인공지능 연구에 결정적인 단서를 제공한다. 컴퓨터 기술은 인간의 사고가 처리하던 것을 기계적 연산을 수행하는 전기적 회로로 바꾸었고, 그것을 기계적으로 집적하고 이용하는 기술을 통해 발전했다.

이런 점에서 보자면 18~19세기의 기계들이 인간의 육체노동을 기계화함으로써 성립된 반면, 새로운 산업혁명의 이른바 '3세대 기계들'은 인간의 정신노동을 기계화함으로서 성립되었다고 말해도 좋을 것이다. 자동화는 2세대 기계들이 수행하는 기계화된 육체노동을 3세대 기계들의 기계화된 정신노동과 결합함으로써 노동자 없이 노동케 하려는 자본가들의 꿈을 현실화시켰다. 이전의 기계들이 육체노동과 정신노동을 분리하여 '정신 없는 육체노동'을 통해 노동과정 자체를 기계적으로 장악하려는 전략을 함축하고 있었다면, 이번의 기계들은 정신노동마저 기계화함으로써 노동과정 자체에서 노동자를 축출하려는 전략을 함축하고 있었던 셈이다.

다른 한편 마이크로프로세서의 사용과 더불어 센서가 급속히 발달함에 따라 기계의 피드백 능력은 더욱 확장되고, 기계적 작용의 영역

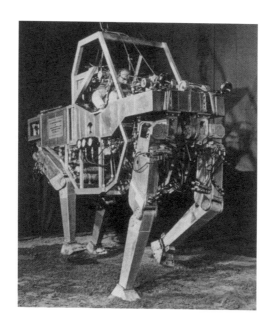

〈스카이워커(Skywalker)〉 '제국의 역습' 훨씬 이전에 만들어진 스카이
워커다. 인간과 결합하여 걷는 이런 기계는 그 뒤 인간과 결합되어 노동
하는 스카이워커로 '진화'했고, 심지어 나중에는 인간 없이 걷고 인간
없이 노동하는 새로운 노동자가 되었다. 스카이프롤레타리아트? 이와
나란히 자본가들도 신체를 직접 드러내지 않고 네트워크를 통해 공중을
떠돌고 이동하며 투자하고 착취하는 '스카이부르주아지'가 되었다. 디
지털자본주의?

은 기계의 물리적 신체 외부로 확장된다. 정보처리 기술의 발달과 정보·소통기술의 발달은 기계와 접속하여 기계적으로 처리할 수 있는 공간적 영역을 확장했다.

그 결과 기계와 관련된 작업 자체가 점차 정보적 처리과정으로 변환되었다. 다양한 정보들은 이진수를 이용하여 디지털화되었고, 이질적인 정보들은 별도의 처리 없이 입력과 전송만으로 결합될 수 있게 되었다. 이제 정보적 프로세스가 진행되는 네크워크와 접속하는 것은, 그 결합노동의 일부를 담당하여 입력하고 전송하는 것이 된다. 이 기계의 활동은 네트워크를 통해 접속가능한 모든 영역으로 확장되고, 그에 따라 기계와 접속하여 진행되는 '인간'의 활동은 그 기계와 결부된 생산활동의 일부가 된다. 역으로 인간의 활동은 많은 경우 기계와 결합해야만 하는 것으로, 혹은 네트워크와 접속해야만 이뤄질 수 있는 것으로 변형된다. "컴퓨터 및 소통에 의한 생산혁명은 노동실행을 모두 정보 및 소통 기술 모델을 향하도록 변형시켜왔다. 상호작용적이고 인공두뇌적인 기계들은 우리의 신체들과 정신들에 통합된 새로운 인공보철물이 되고, 우리의 신체와 정신 자체를 재규정하는 렌즈가 된다"(네그리·하트, 『제국』, 383쪽).

따라서 이제 기계와 인간을 대비하는 이분법은 기계를 정의하는 데도, 인간을 정의하는 데도 적합하지 않다. 이미 인간적 성분 자체가 기계에 내장된 것 이상으로, 기계적 성분이 인간의 활동에 필수적인 일부분이 되었기 때문이다. 또한 모든 기계의 작동이 인간적 성분의 끊임없는 입력과 피드백을 통해 작동하듯이, 인간 또한 기계와의 접속 없이는 어떤 일도 할 수 없는 사태가 충분히 예견될 수 있기 때문이다.

가령 TV는 그 자체로만 보면 2세대에 속하는 기계일지도 모르겠지만, TV 프로그램은 제작하는 과정에서 항상-이미 시청자의 반응에 대한 정보를 피드백 받으며, 시청자의 반응을 결과치로 예상하고 만들어진다. 반대로 시청자들은 TV에서 제시되는 정보를 통해 사유하고 그것과 관련하여 말하며, 거기에 등장하는 것들을 통해 자신의 감각을 형성한다. TV가 양식(good sense)이며, 상식(common sense)인 것이다. 비슷하게, 바코드로 입력되는 POS를 통해 우리의 구매행위는 생산을 기획하는 자본의 계획표에 입력되고, 우리의 구매성향과 취향은 거기서 피드백되어 생산과정 자체에 산입된다. 그리고 그렇게 만들어진 상품들의 흐름은 우리의 감각에 입력되어 우리의 감각과 취향을 구성하고 변형시키게 된다. 그렇다면 이제 기계와 접속하지 않은 노동을 상상하기 어려운 것만큼이나, 기계와 접속하지 않은 인간 또한 상상하기 힘들게 된 게 아닐까?

자본가는 바로 이런 접속의 효과를 이용하고 영유한다. 이전에 은행의 사무원이 하던 일을 현금인출기 앞에서 우리 자신이 해야 하고, 이전에 사무원이 하던 일을 상품을 주문하거나 구매하는 우리 자신이 직접 해야 한다. 물론 아무런 임금도 제공되지 않는다. 신문을 보고 TV를 보는 것도 자본의 증식에 이용된다. 자전거를 주면서까지 신문구독을 요청하는 것을 지나서, 돈을 받지 않고 읽어만 달라는 무가지(無價紙)가 범람하며, 돈을 받던 이메일 서비스는 이미 오래 전에 모두 무료로 바뀌었다. 직접적인 이용료보다 더 큰 것을, 접속의 효과 자체를 가치증식에 이용하고 착취하는 것이 중요해졌기 때문이다. 뿐만 아니라 자본은 우리의 미적 감각과 취향조차 이용하고 영유한다.

이는 무엇보다 우선 네트워크에서의 접속이, 정보의 소비자로 접근하는 경우에 의도와 무관하게 정보를 제공하는 정보생산자 기능을 동시에 수행한다는 사실로 인해 발생하는 것이다. 가령 웹사이트의 가치를 그 접속자 수로 평가하는 경우가 단적으로 보여주듯이, 그 웹사이트의 이용자는 다른 접속자들에 대해 정보제공자로 다가가게 되는 것이다. 웹사이트만 그런 것은 아니다. 어떤 제품의 소비자로서 바코드로 입력되는 POS를 통해 회사에 접속하는 경우, 혹은 은행에 계좌를 트고 자동인출기로 입출금하는 경우, 혹은 전화나 이동전화를 사용하는 경우 등등이 모두 소비행위가 접속된 네트워크를 통해 '생산' 행위로 전화되는 아주 전형적인 경우들을 보여준다.

자동화와 함께 새로운 산업혁명의 한 축이었던 '정보화'는 이처럼 기계적 '접속'의 형태로 사회적 활동 자체를 자본이 착취하는 새로운 영역을 만들어냈다. 이는 노동력의 구매 없이 사회적 노동을 직접 착취하는 새로운 방법을 제공한다. '노동력 없는 노동'을 착취하는 기계적 조건이 만들어진 것이다.

이런 점에서 자동화와 정보화는 '노동자 없는 노동'을 자본이 착취하는 두 가지 새로운 방법이라고 할 수 있다. 자동화가 노동자의 육체적·정신적 활동능력을 기계화함으로써 노동자의 노동능력 자체를 착취하는 것이라면, 정보화는 기계적 네트워크와의 접속을 수반하는 모든 종류의 활동을 가치화하고 착취한다. 즉 자동화가 노동자의 고용 없이 인간의 노동능력 자체를 기계적으로 포섭하여 이용하고 착취하는 것이라면, 정보화는 노동자의 고용 없이 인간의 모든 사회적 활동을 기계적으로 포섭하여 이용하고 착취하는 것이다.

이처럼 노동능력 자체를 직접적으로 기계화하는 것, 그리고 모든 사회적 활동에 요구되는 접속을 기계적으로 포섭하고 장악하는 것, 이 모두는 노동이나 활동 자체를 기계적으로 포섭하는 것이란 점에서 공

<정신노동-기계> 인간의 추론능력이 전기의 흐름이 통과하는 기계적 회로로 대체됨으로써 정신노동은 기계화되었다. 그렇게 기계화된 추론-기계와 아직 아날로그 신체를 갖고 있는 두 추론-기계 셋이 손을 잡고 웃고 있다. 이렇게 인간은 기계에 근접하고 기계는 인간에 근접한다.

통적이다. 이 경우 노동이나 활동은 노동자나 활동을 하는 사람의 그것이 아니라 기계의 작동으로 나타나고, 노동이나 활동이 산출한 결과는 기계가 산출한 결과로 나타난다. 그리고 자본가는 그 결과를 가치화하여 영유한다. 이처럼 노동이나 활동을 기계적으로 장악하고 포섭하는 것을 앞서 맑스의 어법을 따라 '노동의 기계적 포섭'이라고 부르자. 그리고 그러한 기계적 포섭 아래 노동자 없이 기계만으로 생산되는 잉여가치를, 그리고 기계와 인간의 접속에 의해 생산되는 잉여가치를 **기계적 잉여가치**라고 부를 수 있을 것이다.

간단히 덧붙이자면 유전공학과 분자생물학, 생명공학의 발전은 이제 생명활동 자체를 기계적으로 처리할 수 있는 가능성을 제공한다. 앞서 새로운 세대의 기계가 기계의 활동을 '정신화'하는 만큼 노동자의 활동을 기계화함으로써 인간과 기계의 경계를 넘어섰다면, 이는 생명활동 자체를 기계적 활동의 영역으로 변환시킴으로써 기계와 생명 간의 경계를 넘어선다. 이제 생명활동 자체가 '기계화'(machinization)된다. 이식할 인간의 신장을 배양하기 위해 유전자 조작된 돼지는, 신장이란 기관을 인간에게 제공하기 위해 만들어진 기계다.

물론 이는 자본의 거대한 집적 없이는 실행될 수 없는 만큼, 생명활동의 결과를 기계적으로 변형하여 새로운 가치증식의 원천으로 만드는 것을, 다시 말해 '생명활동 자체의 가치화'를 처음부터 피할 수 없는 것으로 만든다. 자본에 의한 자연의 착취는 인간의 능력이나 자연적 대상의 착취를 넘어서 생명활동 자체에 대한 착취로 발전한다. 이 또한 기계적 잉여가치의 또 다른 중요한 예라고 할 것이다.

노동의 기계적 포섭은 자본과 노동의 관계에 발생한 새로운 변화를 포착할 것을 요구한다. '절대적 잉여가치'가 노동을 실질적으로 포섭하지 못한 상태('노동의 형식적 포섭')에 상응하는 잉여가치의 주된 형태였고, '상대적 잉여가치'가 기계적 대공업을 통해 자본이 노동을 실질적으로 포섭한 단계('노동의 실질적 포섭')에 상응하는 잉여가치의 주된 형태였다면, '기계적 잉여가치'는 기계 자체의 '노동'을, 혹은 인간과 기계와의 접속을 가치화할 수 있게 된 단계에 상응하는 잉여가치의 주된 형태라고 할 수 있다. 다시 말해 자본이 노동을 기계적으로 포섭한 단계('노동의 기계적 포섭')에 상응하는 잉여가치의 주된 형태라고 할 수 있을 것이다.

3. 생산의 사회화

지금까지 18세기 말 이래의 산업혁명이 인간의 육체노동을 기계화함으로써 인간의 노동 자체를 '기계적 노동'으로 바꾸었다면, 1960~70년대 시작된 '새로운 산업혁명'은 인간의 정신노동을, 그리고 상이한 프로세스를 결합하는 결합노동을 기계화함으로써 노동자 없는 노동을 향해 결정적인 일보를 내딛었음을 살펴보았다. 육체노동의 기계화와 정신노동의 기계화를 융합함으로써 자동화는 노동자들을 대신하여 노동하는 새로운 생산의 장을 가능케 했다. 이제 로봇은 더 이상 공상과학소설이나 영화에 등장하는 상상적 대상이 아니라, 우리가 사용하는 상품을 생산하는 현실적 대상이 되었다.

덧붙여 컴퓨터와 정보통신 네트워크의 급속한 발전과 더불어 급진전되고 있는 이른바 '정보혁명'은 그 '노동'하는 기계들과 기계들을, 그리고 그 기계들과 인간의 일상적 활동을 결합하는 새로운 양상의 결합노동을 만들어내고 있다. 자본이 이러한 결합노동을 이용하고 착취함으로써 노동력의 구매 없이 사람의 활동을 착취하고 있음 또한 앞서 지적한 바 있다. 이 경우 네트워크를 통해 연결되는 기계들은 입출력 지점에서 접속되는 다양한 대중의 활동과 더불어 작동하는 기계, 입출력 지점에서 기계적 처리를 이용하는 사람들의 수족과 연결된 신체의 일부가 된다. 또 인터넷처럼 정보적 네트워크는 공간적으로 분리된 인간들을 연결하는 새로운 신경망이 되고, 이 신경망을 통해 대중들은 다른 기계 및 인간들과 하나의 새로운 집합적 신체를 구성하게 된다. 즉 접속된 대중들 역시 그 기계와 하나로 결합하여 작동하는 일종의 '사이보그'가 된다.

그런데 여기서 자본은 일종의 역설 내지 딜레마에 당면하게 된다. 그런 식으로 사람들의 일상적 활동을 임금의 지불 없이 이용한다는 것은 그들의 일상적 활동, 일상적 삶이 갖는 창조성과 생산성을 착취하는 것이다. 단순한 접속행위를 넘어서는 활동의 착취라면 그것의 창조성과 자율성은 그 생산적 효과의 요체라고 할 만큼 중요한 비중을 갖는다. 가령 소비활동을 통해 대중의 감각과 취향을 착취하는 것은, 소비와 결부된 욕망이 다양하면 다양할수록, 그와 결부된 활동의 창조성이 크면 클수록 유리하다. 반대로 고답적인 욕망과 행동에선 새로이 착취하고 이용할 만한 것이 적게 마련이다. 이를 알려면 가령 이동전화를 단순한 전화기로 사용하는 낡은 세대의 사용방식과, 게임·인터넷·지불수단 등으로 다양하게 사용하는 젊은 세대의 사용방식을 이동전화 회사 입장에서 비교해 보는 것이면 충분할 것이다.

따라서 자본은 대중들의 욕망의 다양성, 활동의 창조성이 표현될 수 있는 상황을 필요로 한다. 이는 당연하게도 대중들의 자발성, 자율성이 확장될 것을 전제한다. 억압적이고 타율적인 상황에서 창조성이란 나무 위에서 고기를 찾는 것만큼이나 발휘되기 힘든 것이기 때문이다. 그러나 이처럼 대중 자신의 자발성과 자율성, 창조성이 확장되는 것은 그들의 삶과 활동방식에 대한 자본 자신의 통제력이 축소되고 협소화된다는 것을 의미한다. 그처럼 자본의 통제에서 벗어난 대중, 그래서 더 이상 자본의 시선으로 자신을 보기를 중단한 대중, 자본의 요구를 자신의 욕망으로 간주하기를 중단한 대중이 확장된다면 자본 자신이 지배하고 통제할 수 있는 체제 자체의 동요와 붕괴 위협을 피할 수 없게 된다. 즉 그들의 자율성과 창조성이 확장될수록 그것을 자본이 이용하고 착취하기는 점점 곤란해진다.

여기서 자본은 한편으로는 대중의 자율성과 창조성이 확장되는 것을 허용해야 하는 반면, 그것을 일정한 한계 안에 가두고 통제해야 한다는 이율배반적인 요구에 직면하게 된다. 창조성과 자율성을 허용하는 동시에 제한하고 억압해야 한다는 딜레마. 이는 사실 산업혁명 이전의 장인적 생산에서부터 공장체제로 귀결된 산업혁명기의 생산에 이르기까지 이미 자본이 미미하게나마 피하기 힘들었던 딜레마였다. 산업혁명 이전에는 그것을 실질적으로 통제할 수단이 없었기 때문에 노동자들의 자율성과 창조성에 전적으로 의존해야 했다면, 산업혁명 이후에는 그것을 실질적으로 통제할 수단을 강하게 틀어쥔 채 창조적 생산성을 기계의 생산성으로 이전하고 위임하는 식으로 대처했다. 생산자의 창조성보다는 단순화를 수반하는 규모의 경제, 속도의 경제가 상대적으로 중요하게 부상한 시기였다고 해도 좋을 것이다.

그러나 정보혁명이 창출해낸 새로운 생산의 조건은 대중들의 결합노동을 이용하는 방법에서 창조성을 요구할 뿐 아니라, 대중 자신의 일상생활 자체가 창조적일 것을 요구한다. 생기발랄한 대중들의 욕구와 욕망이야말로 새로운 착취의 중요한 자원이다. 더구나 그들의 행동이나 활동은 임금을 지불한 것이 아니기에 개별 자본이 명시적으로 통제할 수 있는 것도 아니다. 통상 국가가 대행하는 총자본의 요구를 통해서만 대중의 삶과 활동에 대한 통제가 이뤄질 수 있다. 따라서 정보혁명은 자본에게 비용의 지출을 극소화한 새로운 착취의 조건을 제공한다면, 바로 동일한 이유로 인해 그것은 대중들에게 자율적이고 창조적인 삶의 확대된 가능성을 제공한다.

이는 다른 식으로 표현하면, 생산 자체가 '공장'으로 상징되는 개별 자본의 영역을 벗어나 사회 전체로 확장되는 경향을 띠게 되었음과 동시에, 대중의 생산적 능력이 개별 자본의 통제력 밖으로 점차 벗어나는 경향을 띠게 되었음을 뜻한다고 할 수 있을 것이다. 공장의 벽을 넘어 사회 전체가 공장이 되었고, 노동자 또한 공장에서 일하는 사람의 범위를 넘어 사회 전체의 인민대중으로 확대되었다는 의미에서 '사회적 공장'과 '사회적 노동자'라고 명명했던 네그리의 개념은 이러한 사태를 적절하게 표현하고 있다(Negri, *The Politics of Subversion*, p.79; 다이어-위데포드, 『사이버-맑스』, 178~180쪽).

다른 한편 그것은 자본이 생산자의 노동 자체를 가변자본의 지출 없이 착취할 수 있게 된 것과 동시에, 생산적 활동이 공장 안에서 자본에 의해 조직되는 '노동'에서 벗어나 '탈노동화'되는 경향이 강화되고 있음을 뜻하는 것이라고 하겠다. 이는 20세기 말 이래의 새로운 생산 조건 아래에서 생산과 축적의 새로운 양상을 보여주는 것이라고 할 수 있지 않을까?

이미 맑스는 자본의 축적이 진행됨에 따라 유기적 구성이 상승된다는 명제를 통해서, 축적에 따른 생산의 사회적 성격이 점차 확장된다는 점을 보여준 바 있다. 한두 사람의 노동자가 아니라 기계와 결합된 거대한 집합적 노동자가 생산하게 되었다는 사실은 이러한 경향이 매우 현저하게 진전되고 있음을 보여주는 단적인 사례일 것이다. 전체가 동시에 그런 것은 아니라 해도, 자본의 점점 더 많은 부분이 그런 거대한 집합적 노동자에 의존하게 되어 가는 경향을 누가 부정할 수 있을까? 여기서 우리는 생산의 사회화가 공장의 벽을 넘어서 전 사회로 확장되고, 생산의 기계화가 탈노동화의 양상으로 확장되는 경향을 읽어낼 수 있다. 이는 과학이나 협업(결합노동!), 생산수단 등 노동과 결부된 모든 것이 점점 더 공동으로만 사용될 수 있는 것으로 전환되는 경향을 수반한다.

문제는 차라리 맑스가 방금 인용한 문장 뒤에 덧붙이고 있는 것처럼, 이런 경향과 나란히 "이 전환과정의 모든 이익을 가로채고 독점하는 대자본가들" 자신이 이러한 경향을 얼마나 견뎌낼 수 있을 것인가 하는 점이다. 왜냐하면 자본이 감당해야 했던 저 딜레마는, 이제 공장의 벽을 넘어서까지 사회화가 확장된 조건에서 더욱더 참기 힘들 정도로 확대되고 있기 때문이다.

네트워크의 사용자들을 자신의 통제 안에 가두고 포섭하려는 마이크로소프트사의 시도가 오히려 초라하고 구차해 보이는 것은, 사용자들의 창조성과 자율성이 이미 그 거대한(!) 자본의 힘으로도 가둘 수 없는 것임이 점점 분명해지고 있기 때문은 아닐까? 개인이 가진 것을 거대한 공유재산으로 변형시켰던 이른바 '냅스터 코뮨주의'가 다른 형태로 반복되고 있다는 사실과, 그에 대해 오직 법적인 금지와 처벌로써 응수하는 자본의 대응이 반복되고 있다는 사실은 이런 점에서 아주 징후적인 것처럼 보인다.

4. 탈노동화, 혹은 '노동의 종말'

생산이 공장의 범위를 넘어 전사회적 범위로 확장되는 것, 생산이 노동 없이 가능하게 되는 것, 이는 분명히 사람들의 삶에 주는 거대한 희망의 징후들이다. 그것은 이제 노동 없이 살 수 있게 되었음을, 노동한다는 생각 없이 진행되는 일상 자체가 생산의 중요한 원천이 되었음을 뜻하기 때문이다.

그러나 자본은 그것을 희망 아닌 절망의 이유로 만든다. 왜냐하면 자본의 한계 안에서 생산의 사회화란 공장을 벗어난 사회 전체 규모에서 생산적 활동의 결과를 자본이 독점적으로 영유하는 것을 의미하기 때문이고, 노동 없이 생산할 수 있는 가능성으로서 탈노동화란 이제 거대한 규모의 노동자들이 노동할 곳을 잃고 죽음과도 같은 실업의 운명을 감내해야 하는 것을 의미하기 때문이다. 자본축적의 역사적 경향을 단지 '생산의 사회화와 탈노동화'로 요약할 수 없는 이유가 바로 이것이다. 자본의 한계 안에서 '노동 없는 생산'이란 '비용의 지불 없는 착취', 다시 말해 '고용 없는 착취'를 의미한다. 그 안에서 노동의 절약은 노동자에게 투여되는 비용의 절약을 뜻하고, 기계에 의해 대체되는 노동자의 해고를 뜻한다.

이른바 '정보혁명'이 고용의 증가를 별로 수반하지 않는다는 것은, 정보혁명의 예찬자조차 인정하고 있는 사실이다. 카스텔에 따르면, 1990년 모든 G7 국가에서 제조업 고용에 대한 정보처리고용의 비율이 1을 넘지 않았으며, 특히 정보화에 선진적이었던 일본의 경우 1920~70년 사이에 그 비율이 0.3에서 0.4로, 1970~90년 사이에는 0.4에서 0.5로 미미하게 증가했을 뿐이었다고 한다. '정보혁명'을 통

<20 대 80의 사회?> 지금도 이미 컴퓨터나 컴퓨터화된 기계들은 인간의 노동을 대체해가고 있다. 인간의 노동은 이제 컴퓨터나 그런 자동화된 기계를 다루는 게 되거나, 아니면 그런 것이 하기 '싫어하는' (그러기엔 비용이 많이 드는!) 청소 같은 잡무들로 나뉘어지고 있다. 노동의 양상도 기계는 항상 작동하는 방향으로 가지만, 노동자는 가끔 사용되는 방향으로 가고 있는 듯하다. 정규직보다 비정규직 노동이 더 많은 비중을 차지하게 된 것은 그 때문일 게다. 20 대 80의 사회란 말 속에는 이처럼 일하는 인간과 일하는 기계의 비율이 20 대 80으로 바뀌는 현상이 포함된 게 아닐까?(사진 속의 어린아이가 현재 마이크로소프트사의 회장인 빌 게이츠이다).

해 경제를 작동시키고 사회를 조직하는 데에서 정보가 매우 중요한 요소가 되긴 하지만, 그것이 정보관련 고용과는 별로 직접적인 연관이 없다는 것이다(카스텔, 『네트워크 사회의 도래』, 288~289쪽).

정보화가 새로운 고용 없이 거대한 정보관련 이윤의 증가를 가능하게 했다면, 자동화는 개별 공장에서 직접적인 노동자 고용의 감소를 야기한다. 자동화는 노동자 없이 노동능력만을 사용하겠다는 자본의 전략과 결부되어 있으며, '노동자 없는 공장'을 그 이상(理想)으로 한다. 자동차산업이나 철강산업 등에 많이 사용되는 로봇은 이런 이상에 근접할 경로를 보여주는 셈이다. 일본의 경우에는 약간 차이를 보인다 지만 미국이나 이탈리아, 프랑스 등 대부분의 나라에서 로봇은 애초부터 노동을 절약하려는 목적으로 도입되었다. 그 결과 상대적으로 적은 수의 로봇이 많은 노동자들을 대체하게 되었다.

이는 로봇뿐만 아니라 다른 자동화 기계의 경우에도 마찬가지인데, 가령 컴퓨터와 자동화 기계의 결합은 은행의 자동인출기가 보여주듯이 사무직 노동 자체를 크게 감소시킨다. 사무자동화는 부기나 장부 정리를 단지 숫자를 입력하고 확인하는 단순한 노동으로 변화시킴으로써 전통적인 '상업' 학교의 기능 자체를 무력화시키고, 자동화 기기는 그러한 입력과 확인 절차조차 '고객'이 직접 하도록 함으로써, 사무직 노동 자체를 급격히 축소시킨다. 다양한 종류의 수치제어 공작기계는 이전에 필요하던 손노동을 기계로 이전함으로써, 사람에게는 단지 기계를 감시하고 관리하는 노동이면 충분하게 바꿔버린다. 또한 CAD나 CAM 등을 이용해 건축이나 기계의 설계 등이 '기계화' 됨에 따라 숙련을 보존하고 있던 제도나 설계 작업 자체는 단순화되고 데이터베이스화된다. 사무자동화나 CAD 등의 경우나, '정보시스템'의 진전과

<degree＝0의 사회?> 노동자와 실업자 비율이 아니라 인간과 기계의 비율을 지칭하는 20 대 80의 사회는 사실 너무 안이하고 이미 때늦은 건지도 모른다. 보다시피 노동자라곤 한 사람도 보이지 않는 자동화된 자동차 공장이다. 0 대 100, 혹은 디그리 제로의 사회? 물론 이는 아직 국지적이고, 부분적이다. 그러나 산업혁명 시기에조차 탄광에서 탄차를 끌던 것은 새로 발명된 증기기관차가 아니라 인간의 아이들이었다. 아이들을 쓰는 게 더 쌌기 때문이다. 우리가 타는 버스에서 20년 전에는 사람이 안내를 하고 있었다는 것을 아는가? 기계를 이용하는 게 사람을 쓰는 것보다 싸게 된다면, 언제든지 이렇게 대체된다. 그렇다면 디그리 제로의 사회가 정말 턱없는 공상이라고 말할 수 있을까?

도입은 새로운 인력을 필요로 하지만, 이것이 고용을 증가시키는 정도는 별로 크지 않다.

이러한 자동화가 개개 공장에서 노동자의 고용을 얼마나 감소시키는가? 예컨대 미국의 최대 철강회사인 US스틸은 1980년 12만 명의 노동자를 고용하고 있었으나, 1990년 단지 2만 명의 노동자로 거의 동일한 양의 철을 생산하였다. 이는 컴퓨터화된 제조공정이 도입됨에 따라 더욱 급감할 것으로 예상된다. 일본의 빅터사는 150명의 노동자가 일하던 캠코더 공장에 자동화 설비를 도입함으로써 단 2명의 노동자만 남겨두었다(리프킨, 『노동의 종말』, 185~186, 190~191쪽).

한편 1971~90년 사이 기술적 변화는 합병 등과 맞물려 8백만 개의 공장 일자리를 제거했다. 1990년대 자동차산업에서는 전체의 25%에 이르는 15만 개의 일자리가 감소됐고, 철강산업에선 60%인 22만5천 개의 일자리가 사라졌다(Aronowitz, "The Post-Work Manifesto," pp.42~43).

'노동의 종말'을 경고하는 리프킨 또한 비슷하게 말한다. "컴퓨터 혁명과 작업장 리엔지니어링의 효과는 제조업 부문에서 가장 심각하다. …… 1981년에서 1991년 사이 미국의 제조업 부문에서 1백80만 개의 일자리가 사라졌다. 독일의 제조업 부문의 경우 1992년에서 1993년 사이 단 12개월 동안에 50만 개의 일자리가 사라졌다"(리프킨, 『노동의 종말』, 25~26쪽). 1996년 현재 독일의 실업자 수는 6백만 명을 넘었다. "독일의 유명한 경영자문회사인 롤란트 베르거에서는 앞으로 10년 안에 제조업에서만 1백50만 개의 일자리가 사라질 것이라고 내다보고 있다. '게다가 중간 관리자 층에서도 두 명 중 한 명은 일자리를 잃게 될 것'이라고 한다"(마르틴·슈만, 『세계화의 덫』, 28쪽).

리프킨은 대다수 산업국가에서 노동력의 75% 이상이 단순반복 작업에 종사하고 있으며, 이런 작업은 자동기계나 로봇, 컴퓨터에 의해 대부분 수행될 수 있기 때문에 결국 이마저 기계에 의해 대체될 것이라고 하면서 다음과 같은 레온티에프의 말을 인용하고 있다. "보다 정교한 컴퓨터의 도입으로 인해 마치 농경시대에 말의 역할이 트랙터에 의해 감소되고 제거된 것처럼, 가장 중요한 생산요소로서 인간의 역할이 감소하게 될 것이다"(리프킨, 『노동의 종말』, 24쪽). 이런 과정을 거쳐서 결국 '노동자가 대부분 공장에서 쫓겨나 실업자로 살아가야 하는 사회'에 이르게 되는 우울한 전망이 그려지고 있다. 이 어두운 미래를 리프킨은 '노동의 종말'이란 말로 명명한 바 있다.

5. 자본주의적 축적의 역사적 경향

노동자의 산 노동을 점점 기계들의 죽은 노동으로 대체하는 자본축적의 일반적 법칙은 그러한 대체과정과 나란히 생산의 사회적 성격, 생산수단의 공동적 성격을 증대시킨다. 맑스가 '생산의 사회화'라고 명명했던 이러한 과정은 20세기 말의 이른바 정보혁명 내지 '극소전자기술혁명'을 거치면서 더욱더 가속화되고 있다. 생산수단의 사회화 규모는 이제 인터넷이나 방송국, 도로망 등의 다른 사회적 생산수단에서 보이듯이 개별 자본의 범위를 벗어나 공동으로 사용되는 사회적 생산수단의 규모를 확장해가고 있으며, 심지어 대중들의 일상생활조차 그것 없이는 곤란한 것으로 밀고 가고 있다. 이런 이유에서 대중은 자신의 '노동'과 무관하게 이 사회적 생산수단과 접속하며 활동하고 있다. 이는 역으로 이들 활동을 자본이 무상으로 이용하고 영유할 수 있는 조건을 제공하고 있다. 모든 활동이 아무런 지불 없이 '노동'으로 이용되는 그런 세계를 떠올리는 것은 이런 경향의 극한을 표시하는 하나의 방법일 것이다. 더불어 자본에 의한 생산 및 유통의 전체 과정이 이미 지구 전체를 처음부터 상정하고 진행되는 '세계화' 또한 이러한 생산의 사회화 경향 안에서 이해할 수 있는 것이다.

다른 한편 노동력의 사용가치를 노동자로부터 분리하려는 경향은 노동자 없이 노동만을 이용하고 영유하는 기술의 발전으로 나아갔다. 육체노동의 기계화에서 정신노동의 기계화로 나아가는 그러한 기술의 발전은 '자동화'를 통해서 노동자 없는 노동, 혹은 노동 없는 생산을 향해 또 하나의 문턱을 넘었음이 분명하다. 그러나 기계의 사용이 노동을 절약하는 것이지만 자본의 한계 안에서 그것은 노동을 강화하고 증대시켰던 것처럼, 자동화가 노동 없이 생산할 수 있는 능력의 증가임에도 불구하고 자본의 한계 안에서 그것은 노동자를 축출하는 일방적 수단이 되고 있다. 이로써 '탈노동화'의 가능성은 거대한 실업자의 양산을 의미하는 '노동의 종말'로 진행되고 있다. 이 또한 자본축적의 역사적 경향을 표시하는 또 하나의 극점이라고 할 것이다. 이러한 경향이 인민대중을 불연속적인 두 개의 부분으로 '양극화'하고 있다는 것 또한 이러한 자본축적의 역사적 경향 안에서 이해할 수 있는 것이다.

물론 이는 자본이 도달할 수 없는 그런 극한일 것이다. 왜냐하면 이미 노예제를 이용한 미국이나 영국의 자본주의가 보여준 것처럼 자본은 비용과 이윤의 계산 아래 그와 다른 수많은 이질적 요소들을 착취하고 영유하면서 생산하기 때문이다. 이로 인해 '낡은' 공장의 요소들은 물론, 여전히 비자본주의적인 착취의 형태 또한 그 극한 안에서 지속적으로 온존되는 경향이 있다. 또한 현실적인 개별 자본들은 그러한 하나의 경향 아래 서로 가까워지는 순간 서로 간에 경쟁과 갈등이 격화되며 상쟁하고 밀쳐내는 반발의 힘을 필수적으로 내장하고 있지 않은가? 그럼에도 불구하고 자본주의적 축적의 역사적 경향을 보여주는 그런 극한이 존재한다는 사실 자체를 부정할 수 있을까? 그 극한적인 종점에 도달하진 않겠지만, 그런 극한을 향해 나아가는 지속적인 경향이 존재한다는 사실을 부정할 수 있을까?

자본주의적 축적에서 발견되는 이러한 역사적 경향 속에서 노동자는, 아니 노동할 수 없게 된 대중들은, 노동 없이 착취당하는 생산자들은 그 극한에서 대체 어떤 삶의 양상을 예측해야 하는 것일까? 노동하지 않고는 생존할 수 없는 세계에서 대부분의 사람들이 노동할 수 없게 된 사태, 그 거대한 경제적 '홀로코스트'를 상정해야 하는 것일까? 노동 없이 살 수 없는 사람들의 음울한 절망이, 마치 생의 저 끝에서 기다리고 있는 죽음처럼, 자본의 운동 그 끝에서 기다리고 있는 것일까?

그러나 자본의 역사적 경향에 그저 따라갈 수밖에 없는, 그리하여 생존 자체를 포기하는 순종적인 대중을 상정한다면 너무 세상을 모르는 것이 아닐까? 자본의 역사적 경향이 인민대중들의 삶에 지대한 영향을 미치리라는 것은 분명 사실이지만, 그것은 '자본의' 경향일 뿐, 인민대중 자신의 삶을 결정하지는 않는다. 더구나 자본은 인민대중들이 보여주는 활동의 자율성, 욕망의 다양성, 능력의 창조성을 통해서만 잉여가치를 착취할 수 있다는 사실로 인해, 그런 역사적 경향은 거꾸로 인민대중의 자율성·다양성·창조성을 확대시키며 진행되어야 한다는 역설적 경향 또한 함축하고 있지 않은가? 그렇다면 차라리 자본의 세계화에 따라 대중들의 투쟁 자체가 세계화되는 것처럼, 자본의 경향에 대항하는 대중 자신의 투쟁을 상정하는 것이, 그것을 통해 자본이 내리는 사형선고를 되돌려주는 것을 상상하는 쪽이 훨씬 더 사실에 근접하지 않을까?

그래서 맑스는 말했을 것이다. 자본의 독점적 영유 안에서 진행되는 생산의 사회화가 대중들의 삶을 비참하게 하는 만큼 그것은 빈곤과 비참을 떨쳐내려는 대중 자신이 자본의 지배에 '조종'(弔鐘)을 울리게 만들 것이라고(맑스, 『자본론』 1권, 959쪽). 생산의 사회화와 탈노동화에 따른 대중의 자율성과 다양성이 확장되는 경향이, 그리고 그에 수반되는 사회적 양극화의 경향이 그런 맑스의 예측과 모종의 연속성을 가질 것이라고 말한다면 너무 순진한 것일까? 그러나 장렬하고 폭발적인 양상의 조종을 떠올리지는 말자. 자본주의 안에서 자본 자체가 스스로를 잠식하는 방식, 스스로 자본주의의 한계를 끊임없이 확장하면서 그 내부에 자신의 외부를 만들어낼 수밖에 없는 필연성, 아마도 그것이 자본주의가 사회화의 극한에서 자신의 적대자를 양산해온 사태의 필연적 귀착점이 아닐까?

공장의 외부에서 진행되는 사회적 활동 자체를 착취한다는 사실, 그리하여 노동력의 판매 없이 활동 그 자체가 생산활동이 되게 되었다는 사실은, 그것이 자본의 착취 영역이 사회 전체로 확장되었음을 의미하지만, 동시에 생산하는 대중들의 능력이 공장이나 자본의 지배에서 벗어난 정도를 보여주는 것이다. 자본이 노동력의 구매 없이 생산하게 되었다는 사실은 역으로 정확하게 노동자가 노동력의 판매 없이 생산할 수 있게 되었다는 것을 의미한다. 이미 간단하게 말한 것처럼, 생산자들이 노동력을 판매해야 했던 것은 자본이 생산수단을 생산자들에게서 탈취하여 분리했기 때문이었다. 그러나 생산의 사회성이 확장되면서 중요한 생산수단이 이미 개인적 자본가의 소유에서 벗어나 사회적으로 공유되는 상황에 이르렀다면, 이전에 탈취당했던 공유지를 대신하는 새로운 공동의 생산수단이 등장하게 되었음을 의미하는 게 아닐까? 그렇다면 이는 자본가에게 노동력을 팔아야만 생산수단과 결합될 수 있었던 치명적 조건이 생산의 사회화를 통해 어느새 소멸하고 있음을 뜻하는 게 아닐까?

여기서 다시 자본의 한계 안에 들어가, 자본의 논리를 따라, 가치화의 논리를 따라 사고해 보는 것도 좋을 듯하다. 노동이 종말을 고하고, 생산은 사회화되어 모든 활동이 지불 없이 가치화되는 상황은 아마 정보적·기계적 네트워크의 확장과 침투를 통해 이뤄질 것이다. 이 경우 그 네트워크에 접속하는 우리의 모든 활동은 생산적 활동이 되고, 필경 자본에 의해 가치화되고 착취된다. 그 모든 활동은 기계적으로 잉여가치를 생산하는 프로세스의 입출력과정이 된다. 그렇다면 우선, 이미 개별 자본의 규모를 넘어선 사회적 생산수단에 대해, 가치생산의 원천이 되는 대중들의 일상적인 접속활동 자체에 대해 자본의 지불을 요구해야 하지 않을까? 노동 없이 생산한다면, 노동 없이 지불해야 한다고 당당하게 말해야 하지 않을까? 자신이 지불하지 않은 생산수단과 활동 자체에 대해, 그것을 가치화하는 만큼 가치대로 지불할 것을 요구해야 하지 않을까? 그것은 노동 없는 세계에서 대중들의 '생존권'에 대한 구차한 요구가 아니라, 자신이 생산한 것을 가치화하는 데 대해 가치화의 대가로 답할 것을 요구하는 것이다. '가변자본'의 개념을 벗어난, 임금에 대한 새로운 개념이 불가피하게 된 건지도 모른다.

아니면 반대로 지불 없는 가치화를 거부하는 생산자들의 '연합체', 활동가들의 '공동체'를 통해 자본에 대해 집합적으로 지불받는 새로운 관계를 구성할 수 있지 않을까? 자본에 대해서는 지불받지만 비자본주의적 관계 안에서는 가치화에 반하는 그런 역설적 공동체가 가능하지 않을까? 혹은 자본에 대해 스스로 자본가와 동일한 양상으로 대처하면서 그렇게 가치화된 결과는 내부에서 비자본주의적으로 사용하는 그런 '공동체'를 구성할 수 있지 않을까? 이 경우 생산의 사회화와 탈노동화란 노동 없이 살 수 있는 새로운 세계에 대한 희망을 뜻하는 게 아닐까? 정말 우리는 다시금 "생산수단의 집중과 노동의 사회화가 이미 자본주의적 외피와 양립할 수 없는 지점에 이른 것"(맑스, 『자본론』 1권, 959쪽)이라는 맑스의 말을 상기해야 하는 게 아닐까?

반복하지만, 자본의 착취가 점점 더 대중들의 일상적인 활동, 기계적 접속을 수반하는 일상적 활동이 되기 때문에, 자본은 그 활동의 자율성과 창조성을 보장하는 만큼 착취할 수 있다. 즉 대중의 일상적 활동을 착취하기 위해서 대중의 창조성과 자율성을 보장하거나 심지어 촉진케 할지도 모른다. 물론 그것은 앞서 말했듯이 자본의 통제력 안에 제한되어야 한다는 딜레마를 수반한다. 그렇지만 이미 개별 자본의 범위를 넘어서 사회화된 생산수단과 대중들을 어떻게 자본의 통제력 안에 가둘 수 있을까? 이처럼 대중 자신의 능력이 성장한다면, 그런 능력의 대중을 어떻게 "일하지 않는 자는 먹지도 말라"는 정언명령만으로 노동 없는 사회 안에, 실업과 굶주림 안에 가두어 둘 수 있을까? 그런 대중적 능력의 성장이란 차라리 자본의 지배에서 벗어난 외부, 자본주의의 외부의 가능성이 성장함을 뜻하는 게 아닐까?

그런데도 우리는 '노동의 인간학'을 부여잡고 있어야 하는 것일까? 노동이 기계의 일부가 되는 만큼 기계가 인간의 일부가 되는 새로운 결합의 시대에, 기계와 대비함으로써만 확보되는 인간의 고유성에 대해 자긍심을 갖는 것은 너무 초라한 것 아닐까? '노동'도, '인간'도

종언을 고하는 이 시기에, 아직도 우리는 노동하는 인간이 되기 위해 각고의 노력을 해야 하는 것일까? 이른바 '20 대 80의 사회'가 상식처럼 예견되는 이 시기에, 아직도 우리는 인간이 되기 위해 그 20% 속에 들어가고자 피나는 노력을 해야 하는 것일까? 아니, 적어도 노동할 수 없게 될 80%에게 그래도 아직은 노동하는 자로서 '인간'의 대열에 들어가야 한다고 권유해야 하는 것일까? 아직도 우리는 노동 없이 사는 사회를, 자신의 활동을 굳이 가치화하지 않고 살아가는 삶을 꿈꿔선 안 되는 것일까? 인간의 일부가 되어버린, 이미 자본의 손아귀에서 벗어나기 시작한 저 기계들의 네트워크와 더불어 노동 없이 생산하고 노동 없이 활동하는 새로운 세계를 꿈꿔선 안 되는 것일까?

마지막으로, 세계적 규모에서 생산의 사회화가 진행되리라는 점을 고려한다면, 새로운 국제주의의 시대가 도래하리라는 예측을 덧붙여도 좋을 것이다. 자본이 세계적 시장 안에서 생산하고 판매하며 착취하는 만큼 노동의 흐름 내지 대중의 흐름 자체도 그와 더불어 세계화될 것이 이미 분명하게 드러난 셈이다. 남은 것은 그런 노동 내지 대중의 흐름이 자본만큼이나 자유로울 수 있도록, 국경을 넘어서 흘러다니고 만나고 접속할 수 있도록 요구해야 하는 것이다. 상이한 피부, 상이한 언어의 대중들 사이에, 민족적 경계를 넘는 새로운 연대의 장이 만들어져야 한다. 그렇다면 1848년에 맑스가 외쳤던 구호를 새로운 맥락에서 다시 외쳐야 하는 게 아닐까? "만국의 노동자여, 단결하라!"(Proletarier aller Länder, vereinigt euch!).

.12강. 생명복제와 생명의 경제학

이진경

1. 생명의 개념

생명복제의 시대는 생명력 자체를 인간이 통제하고 이용하게 된 시대고, 잉여가치를 얻기 위해 생명력을 이용하게 된 시대며, 생명체나 생명 자체가 경제적 대상이 된 시대다. 이제 생명이란 고귀한 것이라든가, 신이 내려주신 것이라든가 하는 식의 관념만을 갖고선 이 시대에 발생하는 다양한 사태들에 대해 적절하게 해명하고 응답할 수 없다. 인간의 배아복제에 대해서 '신의 영역을 침범하는 것'이라는 이유로 반대하는 것이나, 그 연장선상에서 인간의 복제로 귀착될 것이기에 동물의 배아복제 실험에 반대하는 것은, 그 반대의 신학적 성격은 그만두고라도, 이미 현실화된 사태에 대해 너무 늦고 낡은, 결국은 별 성과도 얻기 힘든 지점에 머물게 될 것이다. 거꾸로 인간의 배아마저 복제의 대상이 됨에 따라 생명 자체에 대한 근본적 '위험'을 느끼고, 그 결과 생명 자체에 대해 근본적으로 다시 사고할 것을 요구받고 있는 셈이기도 한다. 다시 말해 생명복제 자체에 대해, 좀더 근본적으로는 생명체를 이용한 실험 자체에 대해 근본적으로 다시 생각할 것을 요구받고 있는 것이다. 이는 사실 생명 자체에 대해, 생명을 둘러싼 다양한 관계와 행동에 대해 새로이 사유할 '기회'를 뜻하기도 한다. 위험이 위기와 기회를 동시에 의미한다는 것은 여기서도 타당하다.

생명이란 무엇인가에 대해서는 오래된 논란이 있었다. 가장 중요한 입장은 통상 기계론과 생기론이라고 명명되는 입론에 의해 표명되었다. 기계론이란 신의 의도나 생명력 같은 모호하고 '신비적인' 말 없이 모든 것을 기계적인 운동, 기계적인 요인들의 인과적 연관에 따라 설명하려는 입장이다. 따라서 기계론에서 생물이나 생명체란 우주를 지배하는 물리학적 법칙을 벗어난 어떤 것을 가정하지 않아도 되는 일반적인 사물의 일종이다. 가령 혈액순환에 관한 하비의 이론은 심장이 펌프처럼 작동하며 혈액순환은 혈액의 체적, 속도 등을 통해 유압장치처럼 작동한다고 설명했다는 점에서 생명체에 대한 기계론적 연구를 확립한 것으로 간주되었다. 이런 점에서 생물과 무생물을 가르는 근본적인 심연은 존재하지 않았다. 광물에서 식물, 동물로 이어지는 사물들은 근본적으로 동일한 지반 위에서 하나의 연속성을 이루며 배열되어 있었다. 이러한 연속성을 이해하기 위해 식물처럼 자라는 수정 같은 광물이나 식물처럼 붙박혀 사는 산호 같은 동물을 굳이 떠올려야 할 이유는 없을 것이다.

반면 생기론자들은 생명체의 '완결성'이나 '자기발생' 같은 특이한 현상들에 주목하였기에 기계론적 설명에 반대한다. 이들은 대개 의학에서 갈라져 나온 생리학자 출신이었다. 이들은 생명체의 완결성이나 고유한 특성, 발생과정은 알려지지 않은 어떤 원리나 힘을 요구한다고 주장했다. 그들은 이 힘을 정신적인 힘(psych) 등으로 명명했고, 이로써 목적론적 설명을 시도했지만, 그러한 힘을 '과학적' 형식으로 정의하지 못했고, 그러한 주장을 입증할 수 있는 방법이나 기술, 혹은 실험조건 등을 갖고 있지 못했다. 다만 기계론적 설명에 대한 비판자, 반대자로서만 존재할 수 있었다.

18세기 말에 이르러 나타나는 '생명력'(vital force)이라는 개념은 이런 생기론적 전통에서 나온 것이다. 그들은 이 힘을 "생명체를 구성하고 있는 물질의 특수한 성질, 신체의 모든 부분으로 확장되는 각각의 기관, 각각의 근육, 각각의 신경에 어떤 특성을 부여하기 위해 거주하는 하나의 원리"로 정의함으로써 신학적 목적론의 색채를 벗어난 유물론적 언표로 바꾸었다. 현재 우리가 통상적으로 사용하고 있는 '생명'의 개념은 18세기말~19세기에 나타난 이 개념과 직접 연결되어 있다. 생명이 없는 물리적 사물과 대비하여 생명이 있는 것을 명명하는 생명체/유기체(organism)라는 관념은, 일반적인 사물이나 기계와 근본적으로 구별되는 어떤 특성을 지칭하는 '생명'이라는 개념을 통해 정의된다. 유기체의 부분들은 그 생명을 위해 특정한 기능을 수행하는 기관(organ)으로 정의되고, 그러한 기관들이 하나의 유기적 전체로 '조직화'되는 것이 생명체의 특징이라고들 말한다. 물론 여기에 생식이나 자기복제, 그리고 진화 등과 같은 특징이 추가되기도 한다.

이처럼 새로이 분리된 생명체를 다루기 위해 '생물학'(biology)이 새로운 학문 분과로 독립하게 된다. 즉 생명체가 다른 사물과 근본적으로 구별되는 대상이라면, 다른 대상과 한데 섞어 다루는 '자연사'로는 이것을 다루기에 불충분하고 부적절하다. 이는 광물이나 다른 사물을 다루는 과학과 달리 식물과 동물이라는 두 생명체를 대상 삼아 "그 두 가지 대상에 공통된 것, 이 생명체들에 고유한 능력"을 연구해야 한다. 이런 연구를 통해 생물학은 생명체에 일반적인 특성을 찾아낸다.

간단히 말해, 유기적으로 통합된 하나의 총체로서 생명체/유기체, 그러한 유기적 조직화의 '목적인'인 생명, 그리고 생명을 유지하기 위한 기능에 따른 기관들의 분류, 생물와 무생물의 근본적 구별, 생명체와 환경이라는 대립쌍 개념의 출현 등이 19세기 '생물학'을 통해 자연에 도입된 새로운 관념들이다. 여기에 유기체의 기본적인 구성 단위에 대한 이론으로서 세포론이 추가되고, 유기체의 분화와 변이에 대한 이론으로서 진화론이 추가되면, 아직까지도 우리의 통념 근저에 자리잡고 있는 근대적 생명체와 생명의 관념을 요약할 수 있을 것이다.

근대적 생명 개념에는 또 하나의 중요한 관념이, 혹은 사고방식이 부착되어 있다. 그것은 먼저 하나의 총체로서 유기체라는 개념과 결부된 것이다. 즉 유기체가 하나의 총체란 것은 그것이 더 이상 분할할 수 없는(in-dividual), 분할한다면 생명이 유지될 수 없는 최소 단위라는 생각이다. 흔히 '개체'라고 번역되는 individual은 정확하게 이런 의미에서 더 이상 분할할 수 없는 최소 단위를 뜻한다. 어떤 것을 이런 개체적 최소 단위로 환원하여, 그것을 통해 설명하려는 이런 태도를 개체론(individualism)이라고 부른다. 개인주의란 같은 단어를 다른 문맥에서 번역한 말이다.

2. 유전학과 생명 개념

이와 같은 생명체에게 있어서 가장 특징적이고 중요한 것은 유전현상이다. 따라서 유전현상에 대한 해명이 생명현상을 해명하는 데 결정적인 단서를 제공할 것이라고 생각하는 것은 어쩌면 자연스럽다. 유전현상에 대한 최초의 체계적인 연구와 해명은 멘델에 의해 이뤄졌다. 그런데 유전에 대한 멘델의 유전 연구는 기이하게도 오랫동안 생물학자들에 의해 무시되었다. 그의 연구가 다시 조명을 받은 것은 발표된 지 40년이 지난 1900년경이었다. 아마도 수학과 통계학적 방법을 사용한 것이 당시 생물학보다는 물리학적 방법에 가까웠다는 것도 하나의 이유였을 것이다. 그러나 그보다는 개체적 단위인 유기체나 세포가 생명을 유지하는 메커니즘이 아니라 개체들이 갖는 어떤 형질의 전달과 변이를, 다시 말해 **개체 이하 수준의** 어떤 현상을 생명체의 기능적 메커니즘과 무관하게 연구하고자 했다는 점에서, 그리고 그것을 개체가 아닌 개체군이라는 **개체-이상의** 대상을 통해서 연구하려고 했다는 점에서 좀더 근본적으로 개체론적인 19세기적 사고방식에서 벗어났기 때문이었을 것이다.

그래서 초기에 생명과 유전현상을 '분자생물학적' 관점에서 발전시키는 데 크게 기여한 사람들이 생물학자가 아니라 오히려 물리학자였다. 분자생물학의 발전에 결정적인 역할을 했던 이른바 '파지그룹'은 보어의 영향 아래 생물학으로 전환했던 이론물리학자 델브뤼크에 의해 주도되었고, 슈뢰딩거는 『생명이란 무엇인가』라는 책으로 수많은 물리학도들을 생물학으로 '전향' 하게 만들었다. 이중나선을 발견한 왓슨은 슈뢰딩거의 책으로 인해 생물학자가 되었고, 델브뤼크의 동료였던 루리아의 제자였으며, 파지 그룹의 일원이었다. 물론 보어도, 슈뢰딩거도 생물학을 물리학의 연장이라고 보는 그런 기계론자는 아니었으며 생명을 물리현상과 동일한 개념으로 설명할 수 있다고 생각하지도 않았다. 그렇지만 그들은 양자역학의 이론을 빌어 생명체를 분자적인 현상들로, 그에 기초하여 다룰 수 있지 않을까 생각했고, 이것은 생명체에 부여된 생물학적 실체성을 벗어날 것을 촉발했음이 분명하다.

생명체와 비생명체를 하나의 연속선상에서 다루려는, 어쩌면 17~18세기 자연사를 떠올리게 하는 이런 관점을 지지해 주는 또 하나의 증거는 1935년 담배모자이크바이러스를 분리하여 결정화했던 스탠리의 실험이었다. 그는 분리된 바이러스가 결정(結晶) 구조를 갖고 있음을 보여줬다. 알다시피 '결정'이란 생물이 아니라 광물 같은 무생물의 특징이었기에, 이는 생물과 무생물의 경계를 허무는 혁신으로서 해석되었다. 염색체 연구로 진행된 유전학의 역사에서 또 하나의 중요한 분기점은 아마도 형질전환 현상이 단백질이 아니라 DNA에 의한 것임을 보여준 에이버리의 실험(1944)일 것이다. 이는 이듬해 이중나선의 '발견'으로 이어짐으로써 분자적인 수준에서 유전현상을 해명하는 새로운 시대의 시작을 알리는 나팔수가 되었다.

물리적·화학적 접근을 통해 생명현상을 규명하려는 태도는 생명 개념 자체에 변화를 야기한다. 여기서는 생명체를 비생명체와 근본적으로 분리해 주는 심연이 다시 사라진다. 생명체인지 아닌지가 모호한 바이러스 등을 예로 들지 않아도, 생명을 무생물과 대비해 정의하는 것은 이제 불가능하게 되었다. 또한 DNA 구조나 그것이 복제되고 번역되는, 생명현상의 가장 중요한 메커니즘이 기계적인 메커니즘과 근본적으로 구별되지 않는다는 것도 분명해졌다. 이런 맥락에서 모노는 가령 세포란 "화학적으로 작동하는 기계"(모노, 『우연과 필연』, 273~275, 302쪽)라고 정의함으로써 기계론과 생기론, 기계론과 유기체론의 대립을 단번에 와해시켜버린다. 이로써 이전에 생기론자들이 '생명'이라고 부르던, 유기체의 부분들을 하나로 통합하는 목적론적 중심이 사라지게 된다. 생명이란 기계적으로 작동하는 어떤 프로세스의 산물인 것이다. 따라서 생기론과 기계론의 대립도 사라지게 된다.

그러나 이것이 단순히 예전과 같은 형태의 기계론이 승리하였음을 뜻하지는 않는다. 기계론이란 어떤 결과를 야기한 최초의 원인이나 단일한 원인을 찾아서 그것의 성질로 전체 과정을 설명하는 것이다. 그래서 거기에는 모든 것을 통합하는 하나의 원리나 모든 것의 심층에 자리잡은 원자 같은 실체가 등장하게 된다. 물론 유전은 '유전자'라고 불리는 어떤 실체를 가정하는 것처럼 보이기도 한다. 그러나 가령 게놈 프로젝트의 결과물은 유전자의 복잡성으로 고등동물의 복잡성을 보여주리라는 통념적 가정이 전적이 허구였다는 사실을 보여줬다. 게놈 지도에 따르면 인간을 포함한 대다수 동물들이 본질적으로 같은 유전자를 갖고 있다. 가령 인간과 침팬지의 유전자는 98.5%가 동일하다고 한다(켈러, 『유전자의 세기는 끝났다』, 88쪽). 이토록 비슷한 유전자들이 어떻게 그토록 다른 동물들로 분화될 수 있는 것일까? 한편 가장 복잡한 유기체로서 가장 진화된 종임을 믿어 의심치 않던 인간의 유전자는 약 3만5천 개로서 복어(3만2천~4만 개)와 비슷하다. 반면 게놈의 경우 복어가 4억 개, 인간의 경우 31억 개인데, 양파는 1백80억 개, 도롱뇽은 8백40억 개, 아메바는 6천7백억 개였다.

또한 이는 유전 메커니즘이 유전자와 단백질 간에 일 대 일 대응을 설정하는 것과는 아주 거리가 멀다는 것을 보여준다. 즉 단백질의 특이성을 유전자로 환원할 수 없게 하는 다양한 메커니즘이 있다. 더구나 세포질의 상태나 외부 환경의 상태에 따라 유전자가 변하는, 말 그대로 '환경'이 '원자' 상태를 바꾸는 역방향의 프로세스가 있다는 것이 드러났다(이것이 유전공학을 가능케 한 것이다). 유전은 유전자라는 실체가 만들어내는 일방적인 현상이 아니라는 것이다. 그래서 '유전자'라는 말처럼 모호하고 낡은 것도 없으며, 실체적 가정을 포함하는 이 개념이 유전현상에 대한 연구의 진전을 가로막는 장애가 되고 있다는 지적이 널리 인정되고 있다. 물론 신문이나 방송에선 '불륜 유전자'까지 찾아냈다고 선전하고, 영화에선 DNA조각만 있으면 공룡도 다시 만들어낼 수 있다는 식의 공상이 과학을 대신하고 있지만 말이다.

유전자 구조의 규명은 유전현상이 생명이라는 별다른 본성에 의한 것이라는 관념을 혁파한 것과 동시에 유전현상을 유전자로 환원하려는 환원론 내지 기계론을 혁파했다. 생명체를 추동하는 가장 일차적인 힘은 '생명력'이라는 어떤 '본성'이나 정해진 본성을 갖는 어떤 유전자가 아니라 화학적 구성물들 간의 특이성에 따른 결합과 배열이다. 마치 탄소와 수소, 산소, 질소의 결합과 배열 양상이 상이한 유기화합물을 구성하듯이, 아데닌(A), 티민(T), 구아닌(G), 시토신(C)이라는 네 가지 뉴클레오티드의 배열이 생물체의 단백질을, 유전적 특이성을 결정한다. 또한 '유전자'라고 불리는 일련의 단위들도 어떻게 배열되고 어떤 '유전자'들과 이웃하는가에 따라 다른 결과를 만들어낸다. 중요한 것은 그것들이 어떤 것과 어떻게 결합하여 배열되는가, 어떤 관계에 들어가는가에 따라 상이한 성질을 갖게 된다는 점이고, 그 배열이 달라진다면 전혀 다른 성질을 갖는 단백질이나 유전형질을 구성하게 된다는 점이다. 유전론의 발전이 생기론을 해체했다는 것은 생명이란 본성을 기계적인 요소들로 환원했다는 것이 아니라, 그것이 배열과 관계에 따라 달라지는 그런 요소들의 집합이라는 것을 보여줬음을 의미한다는 것이다.

또 하나 지적해야 할 것은 개체론의 근본적 불가능성에 관한 것이다. 19세기적인 생물학에 따르면 개체란 분할불가능한 최소 단위여야 한다. 그리고 그것이 분할하면 죽어버리는 유기체를 염두에 두고 있었음은 분명하다. 그러나 유기체는 소화기관, 호흡기관, 순환기관, 배설기관 등 수많은 기관들로 다시 분할된다. 신장도, 간도 떼어서(분할해서!) 이식하지 않던가! 그리고 세포의 발견은 생명체의 기본 단위가 세포라는 생각으로 이어지는데, 사실 이는 유기체가 수십조 개의 세포들로 분할가능하다는 것을 뜻한다. 뒤집어 말하면, 유기체란 수십조 개의 세포들의 집합체란 것이다. 세포들도 그렇다. 하나의 세포는 수많은 세포 소기관들의 집합체다. 세포 소기관, 가령 염색체는 수많은 유전자들의 집합체다. 유전자는 A, G, T, C라는 수많은 뉴클레오티드들의 집합체다. 아데닌이나 구아닌은? 산소와 수소, 탄소, 질소, 인 등의 집합체다. 산소나 탄소가 분할불가능하지 않다는 것쯤은 이제 상식이다.

이런 점에서 분할불가능한 원자적 실체 같은 것은 없으며, 동일한 의미에서 '개체'(in-dividual)는 없다. 개체란 항상-이미 수많은 분할가능한 것들의 집합체다. 이런 점에서 유전학은 처음부터 개체론을 넘어서 있었지만, 결과적으로도 개체론의 불가능성을 보여주는 것이라고 해야 한다.

3. 생명과 중-생

이제 이런 유전학적 결과에 의거하여, 생기론과 기계론의 관점에서 벗어나 생명 개념을 새로이 정의해야 한다. 생물과 무생물에 관한 소박한 직관을 기초로 만들어진 생명과 비생명의 구별을 벗어나서, 그렇게 만들어진 생명 개념을 독립적인 실체로 다루는 관념을 벗어나 생명을 관계 속에서 이해해야 한다. 아니, 생명 그 자체를 관계로 정의할 수 있어야 한다. 어떤 것도 그것이 의존하고 있는 조건(dependent condition,

'연기적〔緣起的〕 조건')과 무관하게, 그것이 속한 관계와 무관하게 생명이라는 고정된 본성을 가질 수는 없는 것이다.

생명에 대한 실체론에서 벗어난다는 것은 가장 먼저 생명체를 우리가 통상적으로 '생물'이라고 부르는 것과 동일시하지 않는 것이다. 생태주의나 생명사상을 말하면서도 흔히 빠지는 가장 흔한 함정이 생물과 동일시되는 생명체에게 특권적인 지위를 부여하는 것이다. 생물을 위해서는 생명이 없는 사물들은 어떻게 이용해도 좋다는 식의 관념이 이와 무관한 것일까? 그렇다면 그것은 인간을 위해서는 인간 아닌 어떤 것도 마음대로 이용해도 좋다는 인간중심주의의 외연을 생물로까지 연장한 것에 불과한 건 아닐까? 생명과 비생명의 이러한 대비에는 좋은 생명, 나쁜 비생명이라는 가치평가가 함축되어 있는 건 아닐까? 이는 자연물과 인공물, 자연과 기계, 혹은 인간과 기계를 대비시키는 그런 종류의 '자연주의', 대개 루소의 이름을 따라 통칭되는 그런 자연주의와 매우 큰 근친성을 갖는다.

유전학이나 생물학은 이러한 생명체나 자연물이 사실은 '기계적인'(!) 메커니즘에 의해 생명을 유지하고 있음을 보여준다. 이미 본 것처럼 모노는 세포를 "화학적으로 작동하는 기계"라고 하지 않았던가! 들뢰즈와 가타리는 '생명체'나 그것의 기관이 사실은 관계에 따라 다르게 작동하는 '기계'임을 보여준다. 가령 음식물을 씹고 있는 입은 식도와 접속하여 영양소의 흐름을 절단·채취하는 기계지만, 침을 튀기며 떠들고 있는 입은 성대와 접속하여 소리의 흐름을 절단·채취하는 기계다. 만약 그것이 다른 입과 접속하여 리비도의 흐름을 절단·채취하게 된다면 그것은 키스-기계가 된다. 독자적인 '유기체'도 마찬가지다. 수위는 문과 접속하여 사람들의 출입을 절단·채취하는 기계로 작

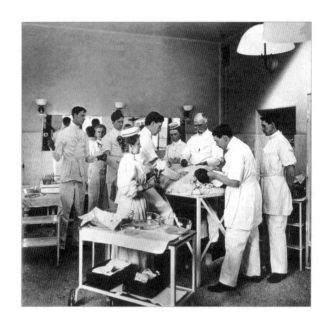

<외과수술> 수술하는-기계로서 의사는 이처럼 항상-이미 복수의 개체들이 모여
작동하는 하나의 집합적 신체다. 마치 중앙의 저 노인의 심장과 폐, 위장과 항문이
함께 모여 작동하면서 저 노인이 살아가고 활동하듯이, 여러 의사와 조수, 간호사
들이 함께 모여 원활하게 움직일 때만 수술-기계는 성공적으로 작동한다.

동하며, 기관사는 거대한 엔진과 함께 접속하여 작동하는 기관차-기계의 일부다.

들뢰즈와 가타리는 다른 것과 접속하여 작동하는 모든 것을 '기계'라고 본다는 점에서 이를 '일반화된 기계주의'(machinisme)라고 명명한다(이진경, 『노마디즘』 1권, 131~34쪽). 하지만 이는 앞서 보았던 환원주의적(원자론적) 관점에서 복합체의 본성을 하나의 기계적 요소로 환원하여, 그 기계적 요소의 본성과 양상을 알면 모든 것을 알 수 있다는 식의 고전적인 '기계론'(mécanisme)과는 근본적으로 다른 것이다. 거기서 기계는 정해진 본성을 가지며, 원소적인 입자들은 불변적인 어떤 본성을 갖는 것으로 가정되지만, 들뢰즈와 가타리가 말하는 기계주의에서는 '기계'란 관계에 따라, 접속하는 이웃항이 무엇인가에 따라 본성을 달리하는 다른 기계가 된다고 말하기 때문이다. 여기서 기계란 고정된 본성을 가진 고립된 어떤 실체가 아니라 관계를 구성하는 성분이고, 그 관계 안에서 변하는 본성을 갖는 것이다.

이런 관점에서 볼 때 기계와 자연, 기계와 생명을 가르는 고정된 경계선은 없다. 자연이 존재하는 모든 것을 포괄하는 것이라면, 거기에서 기계가 배제되어야 할 이유는 없으며, 따라서 기계는 자연의 일부다. 거꾸로 유전학이 보여주듯이 생명 또한 근본적으로 기계적인 메커니즘에 따라 작동하는 기계다. 따라서 여기서 말하는 '기계주의'는 모든 것을 거대한 자연의 일부로 다루는 스피노자적인 '자연주의'와 정확하게 동일한 것이다. 스피노자에게 '양태'가 그것을 둘러싼 다른 것들과의 관계에 의해 결정되고 그것이 달라지면 다른 양태로 변환되는 것임을 안다면, '기계주의'에서 말하는 기계란 개념이 이 '양태'의 개념과 동일한 것임을 아는 것도 어려운 일은 아니다.

<심장수술> 앞의 사진과 많이 다른 수술-기계다. 여기선 사람의 수가 3분의 1
로 줄었고, 대신 수많은 기계들이 그들과 접속하여 작동하고 있다. 이처럼 집합
적 신체에는 단지 살아 있는 사람이나 생명체만 결합되는 게 아니라, 기계나 컴
퓨터 등도 결합되어 작동한다. 이들 기계 역시 집합적 신체로서 수술-기계의 일
부인 것이다. 이처럼 기계와 생물이 함께 결합하여 작동하는 존재를 사이보그라
고 한다. 사이보그 수술-기계.

이것이 기계와 생명이 동일한 개념임을 뜻하진 않는다. 기계가 이웃한 항들과의 관계 속에서 규정된 어떤 요소를 지칭한다면, 생명체란 그런 기계들의 복합체가 '생명'이라고 부를 어떤 속성을 가질 때 사용될 수 있다는 점에서 그 외연을 달리한다. 입-기계는 그것이 부분으로서 다뤄지는 한 하나의 기계지만, 그것이 다른 기계들과 연결되어 생명현상과 결부된 하나의 복합적 전체를 이룰 때, 그것은 생명체의 일부분을 뜻하는 것으로 이해되어야 한다는 말이다. 통상적인 어법의 '기계' 또한 이처럼 생명현상과 결부된 복합적 전체 안에서 작동할 때에는 생명체의 일부가 된다. 따라서 생명체의 범위는 이른바 '생물'의 그것보다 크다.

다음으로, 생명 개념의 새로운 정의를 위해선 '분할할 수 없는 최소 단위'라는 의미의 '개체' 개념에서 벗어나서 생명현상을 파악해야 한다. 이미 누차 본 것처럼 분할할 수 없는 최소 단위는 없다. 그것을 찾으려는 시도는 유기체에서 세포로, 세포에서 유전자로 거듭 소급해 들어갔지만, 결코 '분할할 수 없는 입자'에 도달하지 못했다. 좀더 근본적인 문제는 분할할 수 없는 입자를 찾아가는 과정이, 매우 복잡한 다양체를 어떤 하나의 본성적인 단위로 환원하는 방식으로 나아갔기 때문에, 그런 단위를 찾아 그 본성을 규명한다고 해도 그것이 생명현상을 해명하기엔 지극히 부적절한 것이 되고 만다는 점이다. 물리학에 비해 생물학에서는 이것이 훨씬 더 심각한 결함이라는 건 수많은 사람들이 지적해왔다.

이런 점에서 생명현상에 접근하기 위해선 복잡한 것을 단순한 단위로 환원하는 방법이 아니라, 어떤 요소들이 결합하여 만들어내는 복합적 구성물로 보는 방법을 사용해야 한다. 분자들의 세계를 이해하려

<우리는 이미 사이보그다> 사실 우리는 이미 충분히 사이보그
다. 사이보그란 기계부품으로 신체 일부를 대체한 사람만을 지칭
하지 않는다. 컴퓨터 없이는 글을 쓰지 못하게 된 사람, 인터넷
없인 생각할 줄 모르게 된 사람은 이미 사이보그다. 그런 점에서
휠체어를 탄 장애인은 사이보그의 모델을 제공한다. 우리가 장애
물을 넘기 위해 기계와 접속하여 작동하는 순간, 우리는 사이보
그가 되는 것이다. 이제 좀더 나가면 손의 일부, 귀의 일부, 입의
일부마저 기계화된 미시-사이보그가 출현하게 될지도 모른다.
아니, 어쩌면 우리의 신경섬유의 일부가 광섬유로 대체되었다는
점에서 이미 우리는 미시-사이보그인지도 모른다(사이보그화된
손[위]과 신경섬유를 대신하고 있는 광섬유[아래]).

면 그것의 구성요소들이 결합하고 배열되는 양상을 봐야 하고, 단백질 같은 고분자를 이해하려면 그것의 구성요소인 아미노산들의 결합양상을 봐야 하듯이, 생명현상에 대한 이해는 그것을 구성하는 요소들의 결합 양상을 통해서 진행되어야 한다는 것이다. 환원주의와 반대방향으로 진행되는 이런 방법을 잠정적으로 '구성주의' 라고 명명하자. 원소들의 특징이 아니라 그것이 특정한 조건 속에서 결합되어 만들어내는 '복합효과' 를 포착하는 것.

　　이런 점에서 본다면 유기체는 물론 모든 생명체는 사실 분할가능한(divisable) 요소들의 집합체다. 생명체의 어떤 층위도 분할할 수 없는 '개체' 가 아니라 반대로 **분할가능한 요소들의 집합체**다. 좀더 강하게 표현한다면, 생명체의 경우 개체(individual)는 없다. 분할가능한 것들의 집합체만이 있을 뿐이다. 이처럼 분할가능한 요소들의 집합체를 우리가 익숙한 개념을 약간 변형시켜 '중-생(衆-生)' 이라고 불러도 좋다면, 이제 이 말은 이렇게 바꿔 표현할 수 있을 것이다. **모든 생명체는 '중-생'이다.**

4. 생명과 공동체

그러나 유기체만 생명체는 아니다. 먼저, 유기체의 세포 자체도 수많은 요소들에 의해 스스로 구성되고 유지되는 순환계란 점에서 생명체에 속한다. 세포 내부를 보호하면서 외부의 영양소를 수용하거나 끌어들이는 세포막, 아미노산을 비롯한 수많은 화학물질이 녹아 있는 세포질, 그 세포질 속을 떠다니며 유전정보를 전달하거나 유전정보에 따라 아미노산을 모으는 RNA, DNA를 담고 있는 세포핵, 산소를 이용해 에너지를 생산하는 수천 개의 미토콘드리아, 그렇게 생산된 에너지를 저장하는 ATP, 아미노산을 모아다 단백질을 합성하는 엄청난 수의 리보솜 등이 끊임없이 무언가를 주고받으며 안정된 하나의 순환계를 구성하고 유지하고 있다는 점에서 세포 자체가 이미 그 자체로 수많은 요소들로 구성된 중-생적 생명체다.

이와 반대로 가장 거대한 규모의 생명체를 러브록과 마굴리스가 발견했다. 지구가 그것이다. 대기화학자 러브록의 아이디어에서 시작된 연구는 미생물학자 마굴리스와의 공동연구를 통해서 대기와 광물, 그리고 수많은 미생물 등이 지구의 온도를 일정한 수준에서 안정적으로 유지하고 있을 뿐 아니라 대기 중의 산소 농도, 바닷물의 염도를 일정하게 유지하고 있음을 보여줬다. 러브록이 '가이아'(Gaia)라는 신화적 명칭을 붙인 이 이론에 따르면(러브록, 『가이아 : 생명체로서의 지구』), 지구는 그 안에 존재하는 토양과 대기, 바닷물과 미생물, 그리고 식물 등에 의해 다른 행성과 너무도 다른 비평형적 안정성을 유지하고 있는 하나의 순환계다. 그것은 다양한 요소들이 상호관계 속에서 서로에게 필요한 것을 주고받으며 스스로 유지되는 비평형적 순환계다. 따라서 그것은 정확하게 우리가 정의한 생명 개념에 부합한다. 그것은 어떠한 목적 개념이나 도킨스 같은 사람이 싫어하는 '이타성' 개념을 필요로 하지 않는다. 그럼에도 불구하고 지구가 살아 있는 생명체란 생각이 과학자들의 커다란 저항에 시달려야 하는 이유는, 그들이 생물체에 대한 유비로 갖고 있는 낡은 생명 개념 때문일 것이다.

이 두 가지 생명체 사이에 수많은 순환계들이, 수많은 생명체들이 존재한다. 거기에는 흔히 '생태계'라고 불리는 유기체들의 중-생-체들이 포함된다. 남극에 있는 로스 사막의 사암 결정지대에는 6종의 미생물들만으로 이뤄진 생태계가 존재하는데, 이는 1천만 년 이상을 거의 변함 없이 지속되어 왔다고 한다(배스킨, 『아름다운 생명의 그물』, 45쪽). 미생물과 식물, 초식동물과 육식동물, 그리고 다시 미생물로 이어지는 순환계는 지역마다 다른 종들로 채워지지만 어디서나 흔히 발견되는 생태계의 구성 양상을 보여준다. 이처럼 다양한 종류의 먹이사슬로 연결된 생태계는 생명체들의 '연합'일 뿐 아니라, 그 자체가 하나의 또 다른 생명체인 것이다.

생태학자들은 사슬처럼 연결된 생물들의 '연합체'로서 생태계를 지칭하기 위해서 '공동체'(community)라는 말을 사용한다(배스킨, 『아름다운 생명의 그물』, 40쪽). '공동체'라는 용어는 알다시피 우리에게도 매우 익숙한 단어다. 이러한 동일한 용어가 순환적인 방식으로 상호연결된 생명체들의 관계를 지칭하기 위해 사용된다는 점은 매우 의미심장하다. 생명체와 공동체 간에는 단순한 은유 이상의 연관성이 있다고 해야 하지 않을까? 물론 약간의 변형이 필요하다. 즉 생명 있는 **개체들의** 연합이 공동체라기보다는, 공동체를 이루며 '연합한' 요소들이 하나의 생명체를 구성한다는 것이다. 다시 말해 생명이란 항상-이미 공동체고, 항상-이미 중-생이란 것이다.

생명과 공동체가 겹쳐지는 이러한 개념을 통해 우리는 생명의 문제를 공동체의 문제로 접근할 수 있게 된다. 생명의 문제는 어떤 한 개체의 생존을 유지하는 문제가 아니라, 그 생명체를 구성하는 집합적 관계를 형성하고 변화시키며 안정적으로 지속하는 문제라는 것이다. 역으로 공동체의 문제를 생명의 개념을 통해 접근할 수도 있다. 가령 몇 명의 사람들이 소를 키우며 농사를 지어 먹고 사는 소규모의 자급적 '공동체'를 가정해 보자. 이 역시 대지와 대기, 벼와 배추, 소와 농기구

등이 사람들과 더불어 하나의 순환계를 이루며 안정적으로 공존한다. 그 사이에는 미생물들처럼 보이지 않는 많은 요소들이 또한 끼어 있을 것이다. 이 경우 사람과 식물, 동물, 미생물, 심지어 쟁기와 가래 같은 도구처럼 이질적인 요소들로 이뤄진 이 공동체 또한 그 자체로 하나의 생명체로 정의될 수 있다.

다양한 사람들이 모여 스스로 하나의 순환계를 구성하고 유지하는 경우에도 우리는 생명의 개념을 사용할 수 있다. 트로브리안드의 쿨라는 다양한 재물들을 두 개의 상이한 방향으로 순환시키는 거대한 선물의 체계를 구성하며, 이를 통해 수많은 섬들에 흩어져 사는 트로브리안드인들은 하나의 공동체로 연결되고 결합된다(모스, 『증여론』, 96쪽). 북미 원주민들에게서 발견되었고, 이후 거의 모든 소위 '미개사회'에서 공통적으로 발견되는 포틀래치는 사회적 지위와 경제적 재화를 반대방향으로 이동시키며 공동체 안에서 사람들을 하나의 중-생으로 묶어 하나의 순환계를 구성하고 유지한다(해리스, 『문화의 수수께끼』, 114쪽). 이와 유사한 모든 종류의 공동체가 '스스로 순환계를 구성하고 유지하는 능력'을 갖고 있는 한 그 자체로 생명체라고 할 수 있다.

이러한 사실을 고려하면서 통상 '사람들의 연합'으로 상정되는 공동체의 개념으로 돌아간다면, 이렇게 말해도 좋지 않을까? 사람들의 공동체란 인간에게만 특유한 어떤 집합체가 아니라 자연 안에 존재하는 다양한 생명체의 한 종류라고. 그것은 그 자체로 생명체인 자율적 생명체들의 연합이지만, 그 연합의 양상에 따라 다른 생명력을 갖는 새로운 수준의 생명체라고. 그것은 단지 사람들만의 연합이 아니라 그 사람들의 순환적 삶에 관여하는 다양한 요소들과의 연합이며, 동질적인 요소들이 그저 모여 사는 '군집'(群集) 내지 '군생'(群生)의 형식이 아니라 이질적인 사람들이 서로에게 없는 것을 서로 제공하면서 순환적인 삶의 흐름을 형성하는 '중-생' 의 한 형식이라고. 이 경우 그 생명체의 능력(생명력)이란 외부에 개방적인 상태에서 그러한 순환계의 안정성을 유지하는 능력이고, 따라서 그것은 그 중-생적 집합체가 수용할 수 있는 이질성의 폭과, 그것을 구성하는 요소들의 다양성의 폭에 의해 규정된다고.

5. 생명체와 순환계

하나의 순환계는 다수의 요소들로 구성되어 있는데, 이 각각의 요소들은 대개 다시 분할가능한 집합체, 중-생으로서의 생명체인 경우가 대부분이다. 물론 모두가 그런 것은 아니다. 농사짓는 공동체의 예에서 식물이나 동물은 그 자체만으로 독자적인 순환계를 구성하는 생명체지만, 농기구는 그렇지 않다. 그것은 농사짓는 공동체 수준에서만 생명체의 범위 안에 들어간다. 그것만으로 따로 분리되었을 때 그것은 스스로 순환계를 구성하고 유지할 능력이 없기 때문이다.

　이러한 차이는 생명체를 구성하는 순환 안에서 활동양상의 차이로 표현된다. 사람들은 그 순환계 안에서 자신의 생존조건을 획득한다. 즉, '순환의 이득' 을 얻는다. 벼나 배추 또한 다른 요소들로부터 순환의 이득을 얻는다. 토양으로부터 얻기도 하고, 미생물로부터, 햇빛으로부터, 혹은 심지어 사람들로부터도 얻는다. 소 역시 그와 다르지 않다. 그리고 바로 그 순환의 이득이 그 각각, 즉 소는 소대로, 벼는 벼대로 독립적인 순환계를 유지하는 조건이 된다. 그런데 농기구는 다른 요소들에게 순환의 이득을 제공하지만(그렇지 않으면 그걸 사용할 이유가 없다), 자신은 다른 것에게서 그 이득을 얻지 못한다. 아니, 얻을 능력이 없다고 할 수 있다. 하지만 그래도 아무런 상관이 없다. 그것은 얻지 않으면 중단될 독자적인 순환계를 갖고 있지 않기 때문이다.

이런 점에서 생명을 스스로 순환계를 구성할 능력과 다른 차원에서 새로이 정의할 수도 있을 것이다. 생명이란 **어떤 순환계 안에서 순환의 이득을 획득할 능력**이다. 어떤 순환계 안에 있는 모든 기계는 그 순환계로 정의되는 생명체의 일부지만, 그 안에서 순환의 이득을 얻을 수 없다면 그 기계 자체만으로는 생명체라고 할 수 없다는 것이다. 이전의 것이 순환계라는 개념을 통해 요소들의 '중-생'과 '연합'을 강조하는 것이었다면, 여기서 생명의 정의는 그 연합 안에서 각각의 요소들을 다시 생명과 비생명으로 구별하는 정의인 셈이다.

그런데 이러한 새로운 정의를 굳이 추가하려는 이유는 무엇인가? 그것은 먼저 순환계로 정의된 생명체의 범위 안에 도구나 '기계' 같은 '무생물'이, 순환의 이득을 얻지 못하는 요소들이 포함된다는 것을 보여준다. 이는 생명체를 구성하는 요소들이 꼭 생물체가 아니어도 생명체가 정의될 수 있음을 의미한다. 인간의 신체라는 생명체를 가득 채우고 있는 물은 그 자체론 생명체라 할 수 없지만 생명체의 가장 중요한 요소 아닌가! 따라서 생명체는 생물/무생물의 경계를 넘는 요소들로 구성되며, 이런 점에서 생물체보다 넓은 외연을 갖는다고 할 수 있다.

다음으로 이러한 정의를 통해서 우리는 순환계로서의 생명체 안에서 발생하여 진행되는 과정을 좀더 역동적으로 이해할 수 있다. 순환의 이득이란 개념은 생명체 안에서 그것을 구성하는 요소들이 맺는 상호관계를 표현한다. 순환의 이득이란 생명체의 구성요소 각각이 다른 것들에게서 받는 것('자기에게 없는 것')이고, 뒤집어 말하면 각각의 구성요소가 이웃한 다른 요소들에게 주는 것('타자에게 없는 것')이다. 이런 점에서 순환의 이득이란 생명체를 구성하는 요소들이 순환적으로 의존하는 관계를 표시하며, 그 의존의 양상이 서로에게 없는 것을 제공하는 '증여'의 관계임을 표현한다. 생명체를 이루는 요소들이 생명체라는 것은 이처럼 타자에게 없는 것을 제공하고 자기에게 없는 것을 타자에게서 증여받는 그런 관계를 형성하고 유지한다는 것을 의미한다. 생명이 없다는 것은, 비록 하나의 순환계 안에서 타자에게 순환의 이득을 제공하지만 자기는 그 이득을 얻을 수 없다는 것을 뜻한다(약간 달리 말하면 우리와 함께 순환계를 구성하는 어떤 이웃항에게 아무런 순환의 이득을 제공하지 않는다는 것은 그것을 생명체로 취급하지 않는다는 것을 의미한다).

여기서 순환의 이득은 자기에게 없는 것을 받는 것, 혹은 타자에게 없는 것을 주는 것이란 점에서 주는 항과 받는 항에게 전혀 다른 의미를 지닌 것이다. 즉 순환의 이득이란 최소한 주는 항과 받는 항 사이의 차이, 주는 자에게서 주려는 것의 의미와 받는 자에게서 받으려는 것의 질적 차이에서 기인한다. 식물에게 산소는 일종의 '배설물'이지만, 동물이나 인간에게 그것은 생존에 필수적인 에너지원인 것이다. 이처럼 주어지는 것과 받는 것의 거리가 크면 클수록 주는 것은 준다는 '의식'도 받는다는 '의식'도 적어지며, 그만큼 순환의 이득은 '커진다'고 말할 수 있을 것이다. 순환의 이득, 그것은 차이에서 발생하는 '차이의 이득'이다.

순환의 이득이 갖는 이러한 차이적 성격이 그것의 '비대칭성'과 '비가역성'을 규정한다. 순환의 이득이란 순환계 안에서 임의의 어떤 항으로부터 임의의 다른 항으로 주어질 수 있는 것이 아니라 특정한 항들에서 다른 특정한 항들로 주어지는 것이다. 그것은 또한 주는 항과 받는 항을 바꿔 시행할 수 있는 것이 아니란 점에서 비가역적이고 비대 칭적이다. 인간이 나무에게 산소를 돌려줄 수는 없는 것이다. 즉 **순환의 이득은 교환가능한 것이 아니라는 것**이다. 이는 순환계 안에서 발생하는 상호적인 증여의 과정을 교환의 과정으로 혼동해선 안 되는 이유를 보여준다. 예를 들어 식물이 동물에게 산소를 제공하고 동물은 식물에게 '거름'을 제공한다고 해서, 그것을 교환이라고 말해서는 결코 안 된다는 것이다. 그것은 식물과 동물 간에 발생한 '한 번의 교환'이 아니라, 식물이 동물에게 산소를 준 증여와 동물이 식물에게 거름을 준 '두 번의 증여'인 것이다. 따라서 순환의 이득은 교환처럼 0이 되는 일이 없으며 언제나 플러스일 수 있을 뿐이다. 물론 순환을 '빼앗아 가는 것'이라고 말한다면 언제나 마이너스인 게임이라고 말하겠지만, 우리가 식물에게서 얻는 이득이 그것에게서 빼앗는 것이라고 하려면 그것이 식물에게 필요한 어떤 것일 때, 다시 말해 얻는 자와 주는 자에게 동질적인 가치를 의미할 때뿐이다. 이는 차이의 이득이 아니란 점에서 순환의 이득이라고 할 수 없다.

물론 타자에게 제공하는 것이 증여자에게도 동일한, 혹은 유사한 의미를 갖는 경우도 있을 수 있다. 사람 간의 선물처럼 동일한 종 간에 발생하는 증여일 경우, 이런 일이 충분히 있을 수 있다. 이 경우 증여는 자신이 사용할 수 있는 것을 주는 것이란 점에서 앞의 경우보다 훨씬 힘들어지게 되고, 주면서 '준다'는 의식이 발생하기 쉽다(포틀래치에서 받는 물건에 대한 의도적이고 과장된 '무시'는 증여물이 양자 사이에서 동질화되는 것을 막아 증여가 채권/채무로, 혹은 교환의 일부로 변형되는 것을 막기 위한 장치가 아닐까?). 이런 '동류성'이 순환계 안에서 지배적이라면 순환이 거듭되어도 순환에 따라 발생하는 이득의 총합은 별로 증가하지 않는다. 그 이득의 성격이 전체적으로 동일하다면, 사실 거기서 발견하게 되는 것은 순환의 이득을 위한 상호적인 관계가 아니라 동일한 이득을 두고 제로섬의 투쟁을 벌이는 경쟁적이고 대립적인 관계다. 이는 사실 순환계의 존속이유가 없음을 의미한다. 덧붙이면, 어떤 순환계에서 순환의 이득이 동질적인 이득으로 변형된다면, 이는 순환계가 존속할 이유가 사라짐을 의미한다. 그것은 생명체로서 순환계의 죽음을 의미하게 될 것이다.

이러한 일은 '순환'이 '교환'으로 변형되는 경우 실제로 발생할 수 있다. 가령 두 사람 간의 교환이 두 사람 간에 선물을 주는 것과 다른 것은, 전자의 경우 주고받는 것을 동질적인 어떤 척도로 환원하여 준 것과 받은 것의 양을 비교하여 등가화하려 한다는 점이다. 이러한 조건이 없다면 두 사람 간에 오고가는 선물은 두 번의 증여를 이루는 것이지 한 번의 교환을 이루는 게 아니다. 이는 심지어 화폐를 선물하는 경우에도 성립된다. 캐스트너가 말했듯이, 아들집을 방문하여 아들 몰래 10만 원을 책상서랍에 넣고 나온 어머니와, 엄마 몰래 가방에 10만 원을 넣어둔 아들 사이에 발생한 '이득'은 0이 아니라 두 차례의 선물의 합 20만 원이다. 이는 선물이 정확하게 순환의 이득의 일종임을 보여준다. 그러나 이를 두 사람 간의 교환으로 간주한다면, 두 사람 사이에 발생한 이득은 없다. 제로섬의 교환이 단 한 번 발생했을 뿐이다. 즉 이런 식의 교환은 서로에게 아무런 이득이 없는 것이며, 굳이 할 이유가 없는 것이다. 따라서 교환의 관점에서 이런 식의 증여는 중단되고 순환은 멈추게 된다.

이는 순환이 교환으로 대체될 경우, 그리하여 순환의 이득이 교환

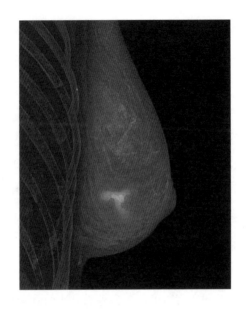

<유방 속의 암세포, 신체 안의 적?> 암은 신체를 침략하는 '외계인' 같은 존재가 아니다. 그것은 신체의 세포 일부분이 죽기를 거부하고 과도하게 증식되면서 출현하게 된다. 신체의 순환계 안에서 한 부분의 과도한 증식은 신체를 유지하는 영양이나 산소 등 에너지원을 과다소비하여 다른 세포들이 사용할 수 없게 만듦으로써 그 세포들을 죽이게 되며, 그 결과 그것들이 다른 세포들에게 제공할 것이 더 이상 생산되고 순환되길 그치게 된다. 암이 죽음을 야기하는 것은 그것이 속한 순환계를 파괴함으로써다. 순환계의 존속을 불가능하게 하는 일부분의 과도한 증식은 이렇듯 죽음으로 이어진다. 자본이 순환의 이득을 영유하고 착취하는 것도 이런 방식으로다. 이로 인해 자본은 지구상의 모든 생명체들에게 죽음의 신이 되었다. 자본의 요구대로 행동하는 인간은 그 '마름'이 된 셈이다.

의 이득으로 치환될 경우 발생하게 될 사태를 아주 명료하게 보여준다. 상이한 질의 증여가능한 물건들이 화폐라는 하나의 척도로 환원되고 등가성을 원리로 삼는 교환과정에 들어가게 되면, 모든 증여 행위는 그 반수(半數)의 교환 행위로 환원되고 증여물의 총합은 언제나 제로인 화폐로(화폐량의 증가는 교환을 통해서는 발생하지 않기 때문에) 귀착된다. 나아가 주는 것은 이제 받는 것을, 받는 양과의 등가성을 전제로 해서만 성립하며, 그런 조건이 없다면 증여 행위 자체가 중단된다. 하나의 계 전체를 관류하던 순환의 흐름은 끊어지고, 등가성을 만족시키는 국지적인 교환만이 가능하게 된다. 으레 주던 것은 손해나 비용이 되고, 받던 것은 이득이나 이윤이 된다. 전체적인 순환은 정지되고 두 항간의 분절된 교환만이 남는다. 순환계는 이로써 죽고 교환의 회로만이 남으며, 순환의 '세계성'은 교환의 '경제성'으로 대체된다.

이런 점에서 화폐는 죽음의 전도사다. 화폐는 순환을 교환으로 바꾸면서 순환계를 파괴하여 죽음으로 이르게 한다. 아마도 프로이트라면 모든 유기체를 무기적인 상태, 죽음의 상태로 밀고 가는 '죽음본능'이란 개념을 여기서 떠올렸을지도 모른다. 순환계, 유기적인 생명체를 무기적인 교환관계로, 죽음으로 몰고 가는 기능을 한다는 점에서 화폐는 정신분석에서 '죽음본능'이 수행하는 역할을 생명의 순환계에서 동일하게 수행한다. 어떤 순환계도 그 안에서 발생한 순환의 이득이 화폐로 치환가능하게 되면, 그것은 생명체로서의 가치를 상실하고 화폐의 증식을 위한 수단으로 변형된다. 자본가들이 시장(교환의 장!)을 만들어내기 위해 공유지를 횡탈하고 농민들을 토지로부터 쫓아내며 공동체를 파괴했던 피어린 자본주의의 역사, 혹은 평화롭게 살던 사람들을 '시장'으로 끌어들이기 위해 빵나무를 베어버리고 공동체를 파괴했던 제국주의적 식민주의자들의 만행을 보라! 혹은 사람의 귀를 제공하기 위해 유전자 조작된 쥐의 운명, 혹은 사람의 콩팥을 제공하기 위해 만들어지고 키워지는 돼지의 운명은 순환계로서의 생명체가 화폐증식을 위한 수단이 된 사례를, 더 이상 순환의 이득을 얻을 수 없다는 점에서 생명력을 상실한(화폐에게 바친) '기계'의 사례를 제공하기에 충분한 듯하다.

이런 관점에서 우리는 순환계가 창출하는 순환의 이득을 통해 모든 종류의 순환계를 생명이란 개념으로 이해할 수 있을 것이다. 아마도 생태학이 일반적인 의미로 확장될 수 있다면, 이런 순환계의 일반이론이 되는 것을 통해서일 것이다. 동시에 그런 순환의 이득을 순환계로부터 절단하여 채취할 뿐 아니라, 그것을 화폐와 교환하여 축적하는 경제적 과정이 순환계에 개입한다는 것을 주목해야 한다. 순환계를 형성하고 유지하는 그 순환의 이득을 채취하고 착취하는 이런 경제적 과정 또한 우리는 경제학이 다뤄야 한다고 믿는다. 아니 그런 종류의 새로운 경제 개념이, 새로운 경제학이 있어야 한다고 믿는다. 생명의 메커니즘과 생명력을 착취하는 과정을 대상으로 하는 이런 경제학을 우리는 생명-경제학(bio-economics)이라고 명명할 수 있을 것이다. 이는 생명력 자체가 착취의 가장 중요한 대상으로 떠오른 생명복제의 시대에 생명의 문제를 다루기 위해 무엇보다 긴요한 것이라고 믿는다.

6. 생명복제와 '생명산업'

생명복제의 시대는 유기체가 자신의 신체를 구성하는 능력을 기계적으로 통제하고 조작하여 변형시키는 능력이 현실화된 시대, 그것에 의해 현실적인 생명체에 변형이 가해지거나 새로운 종류의 생명체가 만들어지게 된 시대, 그러한 변형과 조작이 유전자 내부로까지 깊이 침투하게 된 시대. 그러나 동시에 그러한 능력이 자본에 의해 소유되고 영유되어 생명력이 아주 근본적인 층위에서 이용되고 착취되게 된 시대다. 즉 자본의 권력이 유기체와 세포는 물론 유전자에게까지 침투하여 그 순환계를 파괴하여 생명의 흐름을 착취하게 된 시대다. 이전에는 유기체 이상의 수준에서 유기체가 생산하는 활동을 분리하여 절단·영유하는 방식으로 착취할 수 있었다면, 이제는 유기체의 가장 깊은 심층에까지 침투하여 순환계의 고리를 절취하여 잉여가치를 위해 가공·착취하게 된 것이다.

이러한 가공·착취는 매우 다양한 수준에서 진행된다. 예를 들면 성공 여부가 다시 문제가 되긴 했지만, 가령 거미줄 성분을 젖에 포함하도록 조작된 염소의 경우는 생명체의 특정한 능력이 그의 생명활동이나 그가 속한 순환계에서 분리되어 자본의 욕망에 따라 비순환적 형태로 변형되어 절취되는 경우일 것이다. 거미줄은 거미의 생명활동을 구성하는 요소지만, 이 경우 거기서 분리되어 섬유를 만들기 위해 절취되어 착취된다. 염소 젖 역시 자기 새끼를 먹일 수 없는 형태로 변형되고, 따라서 기존의 생명의 순환계에서 분리되고 이탈된다. 이 모두가 돈이 되는 특정한 성분을 배타적으로 추출하려는 자본의 권력에 의해 생명력이 착취당하게 된 경우다. 혹은 황우석 박사 때문에 유명해진 '신장이식용 무균 미니 돼지'는, 만약 실용화된다면 신체의 일부를 자본에 의해 절취되어 착취되게 된 경우다. 또한 암에 관한 동물실험을 위해 만들어진 온코마우스처럼 생명력 자체가 자본에 의해 죽음의 형태로 변형된 경우도 있다.

이런 점에서 '생명산업'이라는 말처럼 아이러니컬한 말도 없다. 그것은 생명력을 상품화하고 생명력을 착취하여 돈을 버는 산업이고, 생명체의 생명력 자체를 그것이 속한 순환계와 무관하게 절취하여 착취하는 산업이며, 따라서 생명력의 해체를 '생산'과 '착취'의 일반적 방법으로 사용하는 산업이라는 점에서 생명산업이 아니라 '죽음산업'이다. 그것의 이론적·기술적 기초를 제공한 과학과 기술 역시 지금은 '생명기술'(bio-technology, BT)이란 이름으로 불리지만, 생명산업의 의미와 정확하게 동일한 의미에서 그것은 생명을 착취하는 기술이고 실질적으로는 죽음의 기술이다.

생명산업은 지금, 그리고 향후 오랫동안 막대한 이윤을 낳을 첨단산업이다. 이런 전망 속에서 종자회사나 제약회사를 비롯해 다양한 종류의 초국적 거대자본들이 생명을 통제하는 생명공학이나 생명기술에 막대한 자금을 투여하고 있으며, 이른바 생명과학은 이 거대한 자본을 먹으며 급속하게 성장하고 있다. 심지어 과학자나 연구소 자체가 생명 관련 자본가가 되는 일도 드물지 않은 일이 되었고, 그게 아니어도 대부분 생명산업과 이해관계를 같이 하며 생명력을 착취하여 돈을 버는 기능적 자본가의 일부가 되어버렸다. 황우석 사건은 이러한 사태를 아주 함축적으로 잘 보여주는 상징적 사건이었다. 그의 행적이 과학자의 개인적인 업적이나 조작이 아니라 '민족의 장래를 좌우하는' 것이 되어버린 것, 그리하여 거대한 국가예산을 포함해 엄청난 돈이 쏠리기도 했고 그에 못지 않게 수많은 사람들의 관심과 '욕망'이 쏠리기도 했던 것, 그러한 관심을 이용하고 좀더 많은 자금을 끌어들이기 위해 연구결과를 부풀리거나 조작하기까지 했던 것, 그러한 '사업'에 잘 나가는 병원자본가나 외국의 연구자가 손을 걸치기 위해 모여들었던 것 등.

이들 자본과 과학자들을 하나로 결합하여 일종의 초국적 과학·산업 복합체를 형성하게 만드는 결정적인 계기, 아니 자본으로 하여금 생명의 능력 자체를 사적으로 소유하고 영유하고 착취하게 만드는 결정적인 요소는 바로 소위 '생명특허권'이다. 생명특허권은 생명력을 생명의 순환과 무관하게 절취하여 이용하고 착취할 권리다. 그것은 순환의 이득을 순환계의 사슬로부터 분리하여 배타적으로 영유하는 방법을 자본의 권리로 귀속시킨다! 생명산업을 주도하고 있는 미국이나 유럽은 1980년 차크라바티 사건에 대한 미연방 대법원의 판결을 분기점으로 하여 이러한 생명특허에 대한 배타적 권리의 강도와 외연을 점차 확대하고 있다. 바다로 유출된 원유를 정화하도록 유전자 조작된 박테리아에 대해 신청된 특허권은 '살아 있는 생명체에 대한 특허는 내줄 수 없다'며 기각되었지만, 미연방 대법원은 인간이 손을 댄 것("인간이 만들어낸 것")이란 이유로 자연의 산물이 아니라고 하여 특허권을 인정해줬다. 이는 라듐 같은 원소의 발견조차 자연계에 자연적으로 존재하는 것이라는 이유로 특허권을 인정하지 않았던 20세기 초의 사정과 비교하면 너무나도 대비되는 것이다.

이후 생명 관련 연구들의 특허신청이 쇄도했고, 심지어 1990년의 무어 사건에서처럼 항체에 대한 권리를 그 신체의 보유자가 아니라 연구자와 기업에게 제공하는 극단적인 사태가 발생했다. 그 사건에서 인간의 신체가 '신성한 전당'인가 '생의학 공장'인가를 두고 다투던 판사들은 결국 무어에게 자신의 신체조직에 대한 재산권을 주면 "중요한 의학연구를 할 수 있는 경제적 유인이 사라져버릴" 것이란 이유에서, 그리고 무어 자신이 그것을 유용한 상품으로 만들 수 없을 거란 이유에서 그의 몸에서 나온 항체에 대한 특허권을 의사와 기업에게 넘겨줬다

(앤드루스·넬킨,『인체 시장』, 51~53쪽). 같은 해 미의회에서는 연방정부가 자금을 댄 연구조차 연구자가 개인적으로 특허권을 가질 수 있도록 하는 일련의 법안들을 통과시켰다. 이후 공공자금으로 연구한 것에 대해서도 개인이 특허권을 얻고 돈을 버는 것이 가능하게 되었다.

자본의 권리("경제적 유인!")를 위해서 이젠 인간의 생명권은 물론 자신의 신체에 대한 소유권 자체도 부정하는 사태, 이것이 바로 지금 생명공학의 장밋빛 환상으로 포장된 생명기술의 비수인 것이다. 근대적 소유권의 기본 거처가 자신의 신체였음을 알고 있다면 이러한 사태는 이미 자본의 권리가, 아니 자본의 권력이 근대의 경계를 넘어서까지 확장되고 있음을 뜻하는 것인지도 모른다. 분명한 것은 자본의 권리가 생명 자체를, 생명이 거하는 신체 자체를 위협하고 포획하며 착취하게 되었다는 사실이다.

대학이나 연구소는 물론 연구자 자신이 학적 명예와는 전혀 다른 차원에서 특허권을 맹렬하게 추구하며 그것으로 직접 회사를 차리거나, 그것을 판 생명산업 회사의 이사나 주주가 되는 방식으로 생명력을 착취하는 데 직접 앞장서고 있다. 한 연구에 따르면, 매사추세츠 소재 대학에 재직 중인 과학자가 발표한 글 가운데 34%는 저자 중 적어도 한 명이 그 내용으로 돈을 버는 데 이용되었다고 한다. 또 1998년 미국에서 새로운 심혈관 질환제를 다룬 70편의 논문 가운데, 해당 약물이 더 유리하다고 결론을 내린 연구자의 96%가 제약회사와 금전적 계약 관계를 맺고 있었다고 한다(앤드루스·넬킨,『인체 시장』, 94, 99쪽).

이런 관점에서 보면 생명특허는 생명의 권리가 아니라 생명에 대한 자본의 권리를 배타적으로 보증한다. 이것이 있음으로 인해 과학은 그 자체로 거대 이윤의 원천이 되고 자본이 되며, 이것이 있음으로 인해 자본은 막대한 자금을 실험과 연구를 위해 투여한다. 즉 과학과 자본이 하나로 결합되어 생명력 자체를 착취하는 죽음의 권력을 확대·강화하고 있는 것이다. 따라서 생명특허로 생명력을 착취당하게 된 생물뿐만 아니라 그것이 제공하는 순환의 이득을 상실하게 된 인간 자신을 위해서도 이러한 **생명특허에 대한 투쟁**은 아주 긴요하다. 생명의 권리를 위해서는 생명특허에 대한 투쟁이 매우 중요하다. 생명특허의 범위를 확대하지 못하게, 아니 축소케 해야 하며, 생명특허로 인한 이윤의 폭을 줄이도록 해야 한다. "생명특허에 반대하는 가장 큰 이유는 이로써 인간의 신체부위를 포함한 유기체가 판매가능한 상품이 되어버린다는 점 때문이다"(호, 『나쁜 과학』, 61쪽).

이와 나란히 에이즈 약의 카피 기술이 잘 보여주듯이, 여기서도 카피레프트운동이 매우 절실하다. 그것은 생명산업의 거대한 권력이 생명 전체를 장악해 가는 과정을 저지하고 약화시키기 위한 중심고리다. 그리고 아직도 생명과학, 아니 과학에 애정을 가진 사람들을 위해 말하자면, 그것이야말로 자본과 과학의 일체화된 결합에서 과학이 다시 분리될 수 있는 계기고, 과학이 돈에 대한 욕망에서 벗어나 자유롭고 창의적으로 사유케 해줄 계기며, 과학이 자본이 아니라 민중이나 생명을 위해 활약할 수 있게 해줄 계기일 것이다. 생명특허에 대한 투쟁, 그것은 생명산업이, 자본의 권력이 생명체의 능력을 복제하고 변형하며 착취하는 생명복제의 시대에 생명권을 지키기 위한 가장 일차적인 투쟁이 될 것이다.

소수자와 차이의 정치

현민

1. 소수자의 등장

20세기 말부터 우리는 이전까지 생소했던 '소수자'라는 말을 부쩍 많이 접하게 되었다. 소수자라는 용어가 가리키는 대상은 대개 이주노동자, 장애인, 동성애자, 노숙인, 아동 등과 같은 사회적 약자들이다. 소수자(少數者)는 그 이름처럼 숫자가 적은 집단만을 가리키지는 않는다. 엄밀히 따지자면, 소수자는 그다지 적절하지 않은 명칭이다. 왜냐하면 다수자와 소수자는 숫자의 많고 적음이 아니라, 한 사회에서 **권력과 자원을 얼마만큼 보유**하느냐에 따라서 결정되기 때문이다. 가령 가부장제사회에서 여성은 남성보다 다수일 때조차 소수자이다.

가령 남아프리카 공화국에서 백인의 비율은 10%도 안 된다. 그렇지만 백인은 정치력, 군사력, 경제력에서 흑인을 압도하고 있기 때문에

현민(deadcat00@hanmail.net) | '연구공간 수유+너머' 연구원. 강좌매니저로 장기집권 중. 학부는 사회복지학과를 졸업하였으나 아직도 4대 보험을 물어보면 한참 생각해야 한다. 예전에는 정체성 때문에 꽤나 심각하게 고민하였으나, 최근에 가볍게 응시할 수 있는 능력이 생기는 것 같아 기뻐하고 있다.

다수자이다. 지구적 관점에서 보면, 인간은 동식물보다 개체수가 훨씬 적다. 그런데도 자연을 마음대로 정복하고 착취할 수 있기에 다수자이다. 거듭 말하자면 대부분의 인간들은 파란 눈, 뾰족한 코, 하얀 피부, 금발 머리를 미의 규준으로 삼고 있고 그것은 유달리 여성에게 적용된다. 이는 권력을 쥐고 있는 다수자가 백인·남성임을 말해준다.

이처럼 현재 소수자란 용어는 사회적 약자·소외계층이라는 말과 별 차이 없이 통용되고 있다. 이들은 무엇보다도 다수자가 장악한 사회적 척도로부터 배제된 집단이다. 척도에 어긋나기 때문에 소수자에게는 '비정상'이라는 낙인이 따라붙는다. 소수자는 쉽게 차별과 멸시의 대상이 된다. 그러나 소수자를 낙인찍는 척도는 그 자체로 정당성을 지닌다기보다 다수자가 통치의 일환으로 발명해낸 것이다. 뒤집어 생각해보면 우리는 소수자의 관점에 섰을 때, 일상에 스며든 권력의 흔적을 발견해낼 수 있을지도 모른다. 새로운 사유와 실천은 현재의 권력을 지양하는 것에서부터 피어나기 마련이다. 이 글은 소수자를 통해서 그 가능성을 좀더 명료하게 드러내고자 하는 시도이다.

한국사회에서 소수자들이 매스컴의 조명을 받고 정책적 고려의 대상이 된 데에는 두 가지 배경이 있다. 첫째, 1990년대 이후 신자유주의 세계화가 본격적으로 진행되면서 종래에 볼 수 없었던 종류의 인간들이 늘어났다. 1997년 외환위기 이후 개방과 구조조정이 심화되었고 사람과 상품 및 자본이 국경을 넘나드는 현상이 빈번해졌다. 한류가 수출유망상품이 된 만큼, 우리 역시 낯선 문물에 노출되는 일이 많아졌다. 이것은 권력의 관점에서 사회의 이질성을 증대시키는 요소들을 적절하게 관리할 필요성을 제시한다.

대표적으로 이주노동자를 비롯한 외국인 인권유린 사태는 한국사회의 커다란 고충이 되었다. 이것은 단일민족국가를 표방했던 한국이 그동안 겪어보지 못했던 종류의 문제이다. 법무부 통계에 따르면 2005년 한국에 체류 중인 이주노동자들은 약 35만 명이었다. 그리고 그 중 약 19만 명이 미등록 이주노동자였다. 한편 2004년 결혼한 농촌총각의 신부 중 4명에 1명은 외국인이었다. 의사소통의 어려움이나 문화적 격차는 결혼생활의 걸림돌이다. 자녀들의 생활 또한 순탄치 않을 것으로 예상된다.

외국인들이 늘어나면서 그들에 대한 멸시와 차별은 이제 쉽게 은폐되지 못하고 사회문제로 번지고 있다. 동시에 이와 같은 변화는 그동안 동질적이라 여겨졌던 한 국가 내의 이질적인 요소를 주목하게 만들었다. 예를 들어 장애인, 동성애자, 비혼모, 혼혈인 등은 세계화 이전에도 한국사회에 존재하였다. 관심과 배려 바깥에 있었기 때문에 보이지 않았을 뿐이었다. 그리고 한 국가 내에서도 점차 직업, 계층, 성, 세대, 문화 간의 격차가 커지고 있는 추세이다. 복잡성과 이질성이 증가하는 만큼, 예측불가능한 사건이 발생할 소지도 커진다.

여기에서 소수자를 장식하는 두번째 배경이 결합된다. 형식적 민주주의에서 실질적인 민주주의로의 이행이 그것이다. 잘 알다시피 한국사회는 1987년에 형식적 민주주의를 달성하였다. 이때의 민주주의란 소수의 지배자가 독점했던 권력이 다수의 대중에게 이양되었다는 사실을 의미한다. 그러나 민주주의를 다수의 동의에 의한 지배로만 봐서는 안 된다. 다수가 똑같은 척도를 공유했을 때, 저지를 수 있는 폭력은 간과되기 때문이다. 숫자로는 사고되지 않는 척도의 문제, 즉 소수자의 문제는 고스란히 남는다.

이러한 이유로 민주주의를 내실 있게 만들기 위해서 구성원들의 다양한 차이를 수용해야 한다는 주장이 나타난다. 차이를 존중하는 근거는 대개 '인권'의 형식을 취한다. 인권은 다양한 소수자 집단을 국민국가의 성원이 될 수 있게끔 매개한다. 소수자들에 대한 형식적 평등을 넘어선 실질적 평등을 보장하기 위한 적극적 조치(affirmative action)를 취하는 것은 그러한 과정의 일환이다. 이렇듯 개개인의 다양성을 존중하는 것은 민주주의의 성숙을 가늠하는 지표라고 말해진다. 이것은 나아가 국제사회에서 여타 국가들과 경쟁하고 협력할 수 있는 선진국으로 나아가게 할 토대라는 논리와 결합한다.

이 글에서는 소수자를 둘러싼 위와 같은 경향에 문제를 제기하고자 한다. 그리고 사회적 약자·소외계층의 범주로부터 소수자 개념을 구출하고자 한다. 소수자라는 용어의 인플레이션에 맞서 우리가 수행할 과제는 다음과 같다. 첫째, 여론과 제도들 속에서 통용되는 이 현상의 성격에 대해서 정확하게 검토해야 한다. 나는 계급, 인권, 다문화주의 등의 주제를 통해서 이를 살펴볼 것이다. 앞당겨 말하자면 소수자에 대한 관용과 소수자가 처한 비참한 현실은 동전의 양면과도 같다. 왜냐하면 척도에 대한 비판이 불충분하기 때문이다.

둘째, 나는 기존의 소수자라는 용어에 새로운 의미를 부여하면서, 현재의 경향에서는 실종된 정치성을 불어넣고자 한다. 소수자를 돌봐주고 배려해야 할 대상으로 정의하는 것은 잘못되었다. 그런 정의는 선의로 접근할 때조차 소수자라는 문제를 '남'의 문제로 다룬다. 우리는 기존의 소수자를 세분하여 권력을 욕망하는 주변인과 권력으로부터 탈주하는 소수자를 구별할 것이다. 그런 의미에서 소수자를 참조하고 지향할 삶의 양태로 삼는 것이 가능하다. 이때 비로소 소수자는 그들만의 문제이기를 중단하고 우리의 문제로 다가올 수 있을 것이다.

2. 소수자와 계급

소수자라는 용어는 계급 개념이 쇠퇴하였을 때 등장하였다. 이때의 계급은 맑스주의에서 말하는 자본가와 노동자 양대 진영이다. 맑스와 엥겔스는 『공산당선언』에서 "지금까지 존재한 모든 사회의 역사는 계급투쟁의 역사"라고 주장하였다. 그리고 자본주의사회의 모순을 부르주아지와 프롤레타리아트 사이의 적대로 응축하였다. 이들에 따르면 생산수단을 소유한 산업가나 자본가가 부르주아지이고, 부르주아지에게 노동력을 팔아서 임금으로 생활하는 사람들이 프롤레타리아트이다. 자본주의사회의 지배계급은 부르주아지이고, 피지배계급은 프롤레타리아트다.

우리의 주제와 관련하여 두 가지 사항을 지적할 필요가 있다. 첫째, 현대사회에서 노동자계급은 계급투쟁보다 임금투쟁을 더 많이 한다. 여기서 계급투쟁은 근본적인 차원에서 자본주의사회를 지양하는 운동을 말한다.

반대로 임금투쟁은 자본주의사회 안에서 경제력을 얻기 위한 활동이다. 노동운동이 진행되는 방식은 대개 다음과 같다. 노동자들은 작업장 내지 공장에서 자신들의 이익을 확보하기 위해 노동조합을 결성한다. 그리고 업종·산업 등의 조건에 따라 조합들이 결합하여 거대조직을 형성한다. 이것은 자본가들의 착취로부터 자신을 보호하기 위해 어느 정도 필수적인 일이기도 하다. 왜냐하면 자본가는 노동자의 노동력을 되도록 싼 값으로 구매하려 하기 때문이다. 이에 대항하여 노동자는 더 많은 값을 받고 노동력을 판매하고자 한다. 여기에서 단체교섭이니 임금협상이니 하는 일이 일어난다.

<사회주의 인터내셔널의 '이면'> 제2인터내셔널은 각국을 '대표'하는 정당과 노동조합들에게만 회원 자격을 부여하였다. 그리고 1896년 런던 대회에서는 무정부주의자들을 축출하였다. 사회주의 인터내셔널은 전쟁을 방지하고자 했지만, 제1차 세계대전이 발발하자 모든 나라의 사회주의 정당은 자국의 전쟁 노력을 지지했다. 인터내셔널은 유명무실하게 되었다. 그러나 이러한 현상은 인터내셔널의 조직방식과 무관하지 않은 듯싶다. 그리벨(Otto Griebel, 1895~1972)의 「인터내셔널」(1928~30)은 노동자 연합을 묘사하고 있지만, 하나같이 건장한 장년의 남성 노동자뿐이다. 우리는 그림 속에 묘사되지 않은 더 많은 노동자들을 상상해야 한다. 노동운동의 소수화는 대표와 매개의 방식에서 벗어나 백인, 남성가장, 중공업, 정규직, 임금노동 바깥의 선과 접속하는 것이다.

그러나 이것이 노동운동의 전부라면 그것은 다수자를 지향하는 운동이다. 왜냐하면 노동운동이 하는 역할은 사회로부터 배제된 노동자들에게 권력(더 많은 임금)을 가져다줌으로써 정착시키는 일과 다름없기 때문이다. 그것은 계급적 지위를 공고히 할 뿐이지, 계급 자체를 해소하지는 않는다. 맑스와 엥겔스가 노동자계급을 혁명적 주체로 명명했을 때, 이들이 꿈꾸었던 것은 노동력을 판매하지 않아도 되는 사회였다. 따라서 이들은 임금투쟁에 몰입할수록 노동자는 '자본주의적 존재'가 된다고 경고하였다.

　　맑스는 산업화가 진행될수록 프롤레타리아트는 동질적이 될 것이라고 예상하였다. 그러나 갈수록 노동자계급의 분화는 심화되었다. 그리고 노동운동이 노동조합의 운동으로 변모하고, 임금상승만을 추구하는 경향은 갈수록 두드러진다. 분화가 심화될수록 노동운동은 개별적인 이해관계를 좇는 모습을 보여줬다. 블루칼라, 화이트칼라, 전문직 등은 파편화되었고 이해관계, 생활조건, 생활양식 또한 제각각이다. 한편 한국사회에 신자유주의 도입 이후 출현한 '비정규직'은 전체 임금노동자의 절반 이상을 차지하게 되었다. 그러나 정규직 노조는 비정규직 문제를 외면하고 있다. 즉 노동자계급이라는 '사실'만으로는 소수자임을 담보하지 못한다. 특히 선진 자본주의에서 노동운동의 양상은 이것을 잘 보여준다.

　　둘째, 노동자운동의 계급투쟁은 전체가 하나로 통합되어야 한다는 강박을 지닌다. 이것은 맑스주의에서 흔히 '주요모순'과 '부차모순'이란 용어로 표현된다. 주요모순인 노동문제는 모든 사회적 갈등의 근원으로 자리잡는다. 다른 문제들은 주요모순으로부터 파생되었다고 여겨진다. 따라서 여타의 사회운동이 노동운동을 중심으로 해서 단결해야 한다는 관념이 싹튼다. 예를 들어, 노동운동의 관점에서 성억압, 세대갈등, 장애문제 등은 노동해방이 이뤄졌을 때 해결가능하다. 그러나 이러한 **통합, 전체화, 동일성에 대한 강박**은 노동운동을 다수화시키는 요인이 될 수 있다. 프롤레타리아트를 단일한 노동자계급으로 부각시켰을 때, 상대적으로 다른 소수자들이 가려진다. 이전의 사회주의 체제가 계급 자체의 소멸이 아닌 노동자계급에 의한 지배로 수렴되었다는 사실은 이러한 경향과 무관하지 않다.

대표적으로, 유기적 통합체로 노동자계급을 조직하려는 시도는 맑스주의와 페미니즘 사이에 해소되지 않는 불화의 원인이었다. 노동운동에 투신했던 여성들은 조직 내의 수직적 위계, 성별분업, 성폭력적인 상황에 불만을 느끼면서도 오랫동안 침묵하였다. 왜냐하면 여성억압은 지금 새롭게 구성하고 실험할 수 있는 문제가 아니라고 말해졌기 때문이다.

맑스주의는 여성해방을 노동해방 이후에야 실현될 미래의 약속처럼 다루고자 했다. 따라서 파업에 들어가서 모든 노동이 중단되었을 때조차, 여성들은 밥을 해다 나르면서 파업에 동참했다. 그러나 작업장과 공장 바깥의 노동은 '진짜' 노동이 아니었기 때문에 제대로 평가받지 못하였다. 페미니스트 경제학자 하이디 하트만은 맑스주의와 페미니즘의 결합을 가리켜 '불행한 결혼'으로 묘사한 적이 있다. 그것은 맑스주의에서 간과되는 성적 차이를 제기하고자 애쓰는 페미니스트들의 노력을 빗댄 것이었다.

이처럼 단일한 노동자계급이라는 관념은 노동자계급 내부의 성적 차이를 담아내지 못한다. 국가, 인종, 세대, 직종 간의 차이도 마찬가지다. 자본가-다수자에 대항하는 집단이 노동자-다수자로 군림하는 아

<여성들이여 공장으로 오라> 남성들이 전쟁 현장에 투입되자, 전쟁 물자를 생산할 노동력이 부족해지면서 여성들이 일할 것이 장려되었다. 이것은 여성의 공간을 가정으로 한정하던 기존의 관념과 충돌하는 것이었다. 따라서 국가는 기존의 여성성을 수정하기 위해 대단히 애를 썼다. 전쟁으로 인해 여성들의 사회참여가 촉진된 걸까? 여성들이 전쟁에 동원된 걸까? 종전 후, 남성들이 일자리로 복귀하자 여성들은 본래의 자리(가정)로 돌아갈 수밖에 없었다. 한편 제1차 세계대전 후 의료용 솜의 대용품으로 개발되었던 셀루코튼의 재고가 넘쳐났는데, 이것은 일회용 생리대의 시초가 되었다. 위 그림은 제2차 세계대전 당시 영국의 포스터이다.

이러니가 발생한다. 예를 들어, "노동자는 하나다"라는 구호는 집회 때마다 빠지지 않고 등장한다. 하지만 이주노동자에게 곱지 않은 시선을 보내는 것은 자본가가 아니라 같은 작업장의 자국노동자이다. 상대적으로 싼 값에 부릴 수 있는 이주노동자는 자국노동자의 일자리를 위협하기 때문이다. 한편 중국공산당은 동성애를 자본주의사회의 성적 타락의 징후라고 공표한 적이 있다. 사회주의 체제의 도덕적 우월성을 과시하기 위해서였을 것이다. 그러나 그것은 노동자 국가에서 새롭게 설정된 다수자와 소수자의 관계를 보여준다.

소수자라는 용어는 한편으로 노동운동의 다수화 이후 억압받는 사람들을 통칭하려는 관심에서 비롯되었다. 다른 한편으로 현실 사회주의의 실패에서 기인하는 **동일성의 폭력**에 대한 자각에서 비롯되었다. 근대를 특징짓는 것은 부르주아지의 지배만이 아니었다. 프랑스 철학자 푸코는 부르주아지의 지배 못지 않게 이성의 지배가 문제라는 사실을 밝혀내었다. 17세기 파리에서는 시민 1백 명당 1명을 수용시설에 가두었던 '대감금'이라는 사건이 있었다. 당시에 유사한 사건들이 유럽 전역에서 발생하였다.

푸코는 『광기의 역사』에서 이를 가리켜 당시에 형성 중인 윤리적 감수성(모든 사람들은 모름지기 노동을 해야 하며, 게으름은 죄악이다)에 맞지 않는 병자, 실업자, 낙오자, 극빈자, 광인들을 사회로부터 배제시키려는 시도였다고 평가한다. 광기, 의학, 성, 감옥 등을 연구대상으로 삼았던 푸코는 동일성의 폭력 아래 침묵해왔던 타자의 역사를 복원하고자 했다. 타자는 소수자의 또 다른 이름이다. 소수자의 정치를 말할 때, 그것은 무엇보다도 동일성의 틀에 갇히지 않는 차이의 정치를 의미할 것이다.

3. 인권의 문제

오늘날 소수자를 언급할 때 빼놓을 수 없는 요소 중 하나가 '인권'이
다. 차이를 인정하자고 할 때, 그 주장의 바탕은 "인간이라면 누구나
존중받을 권리가 있다"는 선언적인 진술이다. 이것이 천부인권의 토대
를 이룬다. 현재 소수자를 대상으로 하는 정치적 행동은 대부분 인권을
보장한다는 명목 아래 이뤄진다. 더불어 NGO는 국제사회와 국내정치
에서 가장 강력하고 두드러진 조직들 중 하나가 되었다. 그러나 과거의
정치적 행동을 '인도주의적' 정치가 대체하는 이러한 현상은 변혁적이
고 해방적인 정치적 공간을 소멸시킨다.

우선 인권보장의 의미를 정확하게 검토해 보자. 인권보장의 필요
성이 언제 누구로부터 발생했는지 알 필요가 있다. 그 기원에는 프랑스
혁명의 인권선언이 놓여 있다. 잘 알려진 것처럼, 1789년 프랑스 인권
선언의 정식 명칭은 '인간과 시민에 대한 권리선언'이다. 그러나 그 명
칭을 주의 깊게 살펴보자. 인권선언을 읽어보면 '인간의 권리'와 '시민
의 권리' 사이에 어떤 차이도 존재하지 않는다는 사실을 알게 된다. 인
간과 시민은 정확히 동일한 것이다. 달리 말하자면, 당시에 인간은 국
민의 일원으로 시민사회의 구성원으로 자격을 갖추었을 때 권리를 보
장받을 수 있었다.

이것은 오늘날에도 변함 없는 현실이다. 예컨대 체류기간이 만류
된 이주노동자들은 하루아침에 불법신세가 되어 임금을 떼이고 구타
를 당하는 등 인간 이하의 처우를 받는다. 그런데 이들을 인권의 이름
으로 옹호하는 것에는 묘한 지점이 있다. 왜냐하면 이들이 고통 받는
까닭은 시민도 국민도 아니고 **인간이라는 순수하게 자연적인 사실로 전**

<Welcome to America> 세계에서 제일 잘 나간다는 국가. 미국에는 제대로된 의료보장체계가 없다. 군수산업 로비세력의 두 배 규모인 의료계 로비세력의 주장에 따르면, 공공의료는 '선택의 자유'를 위협하기 때문에 바람직하지 않다. 복지국가의 와해로 초래된 불안은 선택의 자유로 둔갑한다. 추가로 들어야 하는 민간보험은 의료서비스 선택권이 확대된 것이라고 말해진다. '지금 더 나은 생활을 할 것인가?' 아니면 '장기적인 안정을 도모할 것인가?' 이 선택지에는 '자신의 인생은 스스로 설계해야 한다'는 거부할 수 없는 메시지가 숨겨져 있다. 그래서 미국에서 가난하고 소수민족이며 고위험군으로 분류된 사람들은 의료혜택을 받지 못한다.

락했기 때문이다. 인간 외에는 아무런 표지도 지니지 않기 때문에 박해의 대상이 된다. 즉, 인간다운 대우를 받기 위해서는 시민이든 국민이든 인간 이상이 되어야 한다. 이것이 '인간'이라는 사실만으로 권리를 보장하려 했을 때 생기는 난점이다.

그런데 흥미로운 점은 '자격을 갖춘 자'에게는 굳이 인권을 동원할 필요가 없다는 것이다. 시민과 국민에게 인권은 불필요한 개념이다. 이때 역설적으로 인권의 감춰진 성격이 드러난다. 권리를 요구할 대상도 권리를 보장할 기구도 없는 사람들이 인권의 이름으로 보살펴야 하는 대상이 된다. 예를 들어, 전쟁이나 재난으로 국가가 붕괴하거나 제 기능을 못했을 때 발생하는 난민들이 여기에 해당한다. 국제사회에서 인권이 논의되고 NGO들이 활약할 때, 그들의 활동대상이 대부분 난민이라는 사실은 이런 맥락에서 이해되어야 한다. 난민들은 국민국가를 토대로 짜여진 세계체제의 이방인이다.

국제사면위원회, 국경없는의사회 같은 단체와 조직들은 모두 고문, 기아, 학살, 감금으로부터 고통 받는 인간을 보호하고자 한다. 이때 NGO는 특정집단의 이해관계를 대변하지 않고 보편적인 인간의 이해를 표방한다. 그러나 보편성을 표방하는 것과는 달리 인권이 적용되는 대상은 정해져 있다. 이탈리아 철학자 아감벤은 이를 비꼬아 인권은 시민사회와 국가의 이름으로 옹호할 수 없는 사람들에게만 적용되는 초라하기 짝이 없는 권리라 하였다. 이런 상황에서 행해지는 인권의 정치는 자선과 윤리를 말하지만, 그 한계는 명백하다. 왜냐하면 난민을 정치적 주체로 만드는 어떠한 전망도 내놓지 못하기 때문이다. 난민들의 인권은 구호물자를 받을 수 있는 권리 이상이 아니다.

다음으로 한 국가 내에서 인권의 정치는 다양한 소수자들을 대상으로 삼는다. 대표적으로, 국가인권위원회는 차별과 편견을 없애기 위한 캠페인을 벌인다. 또한 진정과 민원을 접수하고 권고안을 제출한다. 우리는 '살색' 대신 '살구색', '병신' 대신 '장애인', '호모' 대신 '동성애자'라는 용어를 사용해야 한다고 교육받는다. 소수자를 대등한 인격적 주체로 받아들이기 위해 수많은 정치적인 제도와 관행, 사회적 장치들이 마련되고 있는 셈이다. 이러한 장치들은 소수자 집단을 시민으로 자리매김한다. 차이와 다양성의 공존을 보장하기 위해서 정상과 비정상의 이분법 아래에 억압되었던 차이들이 하나씩 자리를 잡는 것처럼 보인다. 그러나 민주화 이후의 민주주의를 대표하는 인권의 정치 역시 정치의 공간을 충분히 열어젖히지 못하였다.

1980년대의 '민중'과 현재 통용되는 '소수자'라는 용어가 각각 환기시키는 정서를 비교해 보자. 1980년대에 사회운동에 헌신했던 사람들에게 '민중'은 당대의 사회질서와 근본적으로 다른 종류의 질서와 세계에 대한 욕망을 가리켰다. 그것은 불온함을 내포하고 있는 말이었다. 그러나 현재 소수자라는 용어는 나와 다른 종류지만 보듬어야 할 '사람'이라는 관념만이 존재한다. 그것은 다른 질서나 세계와 연관을 맺고 있지 못하다. 이처럼 보편적인 감성에 호소하는 인권의 정치는 현재의 권력을 은밀하게 승인한다.

'정치적인 것'(the political)과 '정치'(politics)는 이를 설명할 수 있는 유용한 개념이다. 정치적인 것은 정치, 경제, 문화와 같은 체계로 구성된 사회에 선행하는, 사회 자체를 만들어내는 과정을 가리키는 개념이다. 반면에 정치는 경제나 문화처럼 사회를 구성하는 체계 가운데 한 가지를 지칭한다. 정치판은 정확하게 정치를 가리키는 말이다. 소수자를 향한 인권의 정치는 모든 정치적인 활동, 즉 정치적인 것을 사회의 하위체계인 정치로 환원한다. 인권의 정치는 정치적인 것을 알지 못한다. 여기서 정치란 새로운 법률을 제정하고 복지급여를 조정하는 일에 국한된다. 우리는 앞서 맑스주의의 계급 관념이 갖는 폭력성을 비판한 바 있다. 그러나 동일성에 대한 비판이 인권에 대한 존중으로 전환되었을 때, 우리는 맑스주의의 유산조차 잃어버린다. 그것은 맑스주의는 정치적인 것을 지향하면서 새로운 세계에 대한 변혁적 열망을 담은 이름이었다는 사실이다.

이와 같이 인권의 정치는 국내에서는 수많은 위원회의 이름으로, 국외에서는 인도주의적 윤리에 기초해 행해진다. 그러나 그것은 현재의 권력구조에 저항하기보다 권력구조를 유지하고 존속시킨다. 가령 인도주의적 개입이란 명목으로 추진된 미국 주도의 이라크 전쟁은 최악의 사례다. 자유민주주의, 자본주의, 세계시장 편입 등은 이라크 민중에게 인권과 자유를 안겨줄 것이라 기대되는 유일무이한 사회체제이다. 인권의 정치는 사회정치적 변혁에 대한 어떠한 실험도 금지한다. 고통에 호소하여 보편적인 돌봄을 주장하는 정치는 권력의 지반 위에서서, 권력에 대한 분노를 적당히 걸러내고 조절한다.

게다가 인도주의는 소수자들의 다양한 삶을 고통받는 상태로 환원시키기 때문에 문제가 있다. NGO들의 실태조사 보고서에는 비명과 울음소리가 그치지 않는다. 그러나 자연환경이 황폐해진 것은 다국적 기업들이 설치한 원유시추설비 때문이고, 이에 맞서 게릴라들이 활동한다는 사실은 가려진다. 소수자들의 삶이 의미 있는 것은 단지 비참하기 때문이 아니다. 우리에겐 비참한 상황을 제조하는 사회를 문제삼는 소수자들이 훨씬 중요하다. 인권이 진정 의미 있게 되는 것 역시 '권리가 없는 자들'이 자신의 몫을 정당하게 요구했을 때이다. 왜냐하면 이들을 통해서 현존하는 세계의 한계를 알게 되고, 새로운 세계를 향한 단초를 마련할 수 있기 때문이다. 이것은 앞서 노동자계급의 임금투쟁보다 정치투쟁을 높이 평가했던 이유와 마찬가지다. **인권이라는 거친 범주는 소수자를 피해자로 만들고, 복지급여의 대상으로 머물게 한다.** 소수자의 정치는 피해자라는 정체성과 합치할 수 없는 소수자의 모습을 적극적으로 사유해야 할 것이다.

4. 다문화주의?

소수자는 동일성의 폭력에 대한 비판과 동시에 모습이 드러났다. 그러나 소수자의 정치는 주어진 차이와 다양성을 뜻하는 것만은 아니다. 그것을 소수자 정치의 원리로 삼는 것은 불충분하다. 왜냐하면 그와 같은 **차이와 다양성은 오늘날 세계시장을 창출하는 조건**이기도 하다. 전세계를 상품으로 만들려는 세계화는 다문화주의를 선호한다. 자본가들에게 다문화주의는 더 많은 것들을 판매할 수 있는 가능성을 의미하기 때문이다. 그런 관점에서 세계시장은 국민국가의 고정된 경계들을 파괴하고 매끈한 공간을 창출한다. 경계의 쇠퇴와 더불어 무수한 차이들이 나타난다. 그러나 이러한 차이들은 그 자체로 해방적이지 않다. 오히려 차이와 다양성은 자본을 증식시키는 이론과 실천을 풍성하게 만든다. 대표적으로 마케팅, 관리조직, 생산조직에서 차이는 필수적으로 고려해야 할 요소가 되었다.

오늘날의 기업은 창조성, 다양성, 자유로운 활동을 배양하고자 한다. 관료제와 더불어 인종차별적이고 성차별적인 관행은 새로운 기업문화의 명백한 적이다. 이러한 변화는 자본주의 생산양식이 포드주의

<대량생산품 속의 아메리칸 드림> 1950년대 미국에서 아메리칸 드림의 의미
가 바뀌었다. 아메리칸 드림은 정치적 자유가 아니라 사람들이 향유할 수 있는
소비품에 의해 정의되었다. 미국인들은 대중잡지, 영화, 텔레비전, 팝 음악, 로
큰롤, 자동차, 가정용 전기기구 등을 소비하게 되었다. 그것들은 하나같이 거
대한 공장에서 쉴새없이 찍어낸 물건들이었다. 웨셀먼(Tom Wesselmann,
1931~2004)의 「정물 No.24」(1962)이 이를 잘 보여준다. 오죽하면 '정물화'를
자처하는 이 그림은 꽃, 과일, 화병이 아닌 통조림통과 담뱃갑을 소재로 한다.
팝아트는 순수미술의 고상함과는 거리가 먼 예술장르이다. 팝아트는 대량생산
품으로서의 예술의 운명을 기꺼이 승인한다.

에서 포스트포드주의로 전환되면서 동시에 일어났다. 포드주의는 단일한 상품의 대량생산과 대량소비를 지향한다. 생산은 판매로 곧바로 연결된다. 그러나 수많은 기업들이 경쟁하는 현대사회는 생산보다 판매가 우선시된다. 포스트포드주의는 다품종 소량생산을 지향한다. 예를 들어, 텔레비전 시장만 보더라도 브라운관 시대를 뒤로 하고 PDP, LCD와 같이 다양한 부분으로 특화되어 있다. 그리고 마케팅이 기업전략의 핵심이 되었다. 마케팅은 다양하게 분화된 특정한 인구군——여피(Yuppie), 보보스(Bobos), 골드미스(Gold Miss) 등의 용어를 떠올려보라——에게 적합한 상품을 개발하고 판매할 수 있는 전략을 고안해내는 데 주력한다.

기획사에서 신인가수를 내놓을 때에도, 타국의 십대 소녀들의 감성과 취향까지 고려해서 음반 컨셉을 결정하는 것은 필수적이다. 연예기획사는 세계시장에 맞는 가수를 육성하기 위해 노래, 언어, 문화 등 전반에 걸쳐 수년간 트레이닝을 시키고 거액의 투자비용을 들인다. 의류 브랜드는 홈페이지에 브랜드 컨셉, 패션 이미지, 타깃, 지향하는 라이프 스타일을 구체적으로 명시한다. 전세계 방송을 휩쓸고 있는 리얼리티 쇼의 참가자는 다양한 인종, 직업, 성격의 남녀로 구성된다. 바텐더, 변호사, 부동산 중개업자, 모델, 대학생 등 다양한 인물들을 섞어놓아 드라마와 갈등을 극대화한다.

소수자가 마케팅 대상이 되었을 때, 그들은 지금껏 접해보지 못했던 취향과 감수성을 대변한다. 대표적으로 게이(남성 동성애자)는 역병의 주범에서 문화적 아이콘으로 부상하였다. 게이는 오랫동안 사회를 구성하는 기본 단위인 가족을 형성하지 못했다. 그래서 이들이 정체성을 드러내기 위해 채택했던(할 수밖에 없었던) 방식은 육체에 대한 미학화였다. 그런데 이런 게이들의 특징은 자본, 상품, 미디어에 의해 포섭되고 퍼져나가고 있다. 매스미디어에서 게이는 스타일리쉬하고 감각적인 존재로 묘사된다. 게이는 거꾸로 이성애자 남성들이 모방하는 대상이 된다. 이것은 남성 미용시장의 창출과 결부되어 있다. 메트로섹슈얼이니, 콘트라섹슈얼이니 하는 용어는 인류학자나 사회학자가 고안해낸 것이 아니라 마케팅 전문가의 발명품이다.

이와 같은 다문화주의는 근대의 우생학과는 달라진 현재의 권력 지형도를 나타낸다. 우생학은 생물학적 특질을 가지고 우등과 열등을 판별하는 학문이다. 우생학은 열등한 형질을 제거해서 사회발전을 도모하고자 했다. 잘 알려진 것처럼, 그것은 나치에게 채택되어 6백여만 명의 유태인을 살해할 수 있는 빌미를 제공하였다. 그리고 거의 모든 근대국가는 사회진화론에 기대어 동성애자, 장애인, 범죄자 등을 강제 불임수술한 역사가 있다. 반면에 다문화주의는 차이에 아무런 위계도 두고 있지 않은 것처럼 보인다. 개인들의 행동, 능력, 적성은 그들의 피와 유전자의 결과라기보다 문화적 차이에서 비롯된다.

우리는 다음과 같은 이야기에 친숙하다. '장애인도 영화 「말아톤」의 초원이처럼 꿈을 이룰 수 있다.' '혼혈인도 하인스 워드처럼 부와 명예를 얻을 수 있다.' '트랜스젠더도 「헤드윅」의 주인공처럼 매력적일 수 있다.' 이것들은 꿈과 희망을 전달하는 미담일까? '누구든지 할 수 있다'라는 말이 강조하는 것은 언제나 '개인'의 능력이다. 다음과 같은 사실이 덧붙여져야 한다. "서로 다른 인종간의 위계는 그들 문화의 효과로서, 사후적으로만 결정된다. …… **인종적 지배와 복종은 이론적 문제가 아니라 자유경쟁을 통해, 즉 일종의 문화의 시장 업적제 (meritocracy)를 통해 발생한다"** (네그리·하트, 『제국』, 260~261쪽). 다문화주의는 자유경쟁을 통한 시장의 룰을 침범하지 못한다. 그러므로 이때의 경쟁이 '자유' 경쟁인지, 능력이 '자유로운' 능력인지 그 토대를 의심해볼 필요가 있다.

다문화주의는 인종, 신념, 피부색, 성, 성적 지향 등과 상관없이 모든 것을 경계 안에 받아들인다. 그러나 다문화주의의 보편성은 사회적 갈등을 유발할지 모를 차이를 무시한다. 문화적 차이는 찬양받지만 사법적 차이는 무시된다. 예를 들어, 남성이 외모에 관심을 보이는 건 결점이 아니다. 그렇지만 양심적 병역거부자들의 남성성에 대한 도전은 허용되지 않는다. 다문화주의의 차이는 비갈등적 차이다. 사회적 갈등을 유발하지 않도록 가공된 순치된 차이이다. 미국이 다문화주의를 공식적으로 장려하는 것은 인종적 차이들과 문화적 차이들을 포괄하는 미국식 권력구조에 해가 되지 않기 때문이다.

근대가 동일성으로 구축된 시공간이라면, 탈근대는 다양성을 지향한다. 탈근대 자본주의는 차이들을 부정하거나 약화시키지 않는다. 오히려 차이들을 긍정하고 그것을 유효하게 활용할 수 있도록 배열한다. 자본의 세계화는 차이를 인정하고, 차이를 찬양한다. 그러나 앞서 살펴보았듯이, 이때의 차이와 다양성은 권력이 적극적으로 포섭하고 관리하는 사이비 차이와 다양성이다. 자본은 차이를 말할 때조차, 그것을 직접 생산하지 못한다. 돈이 될 만한 차이들을 찾아내서 상품화시키는 데 열중할 뿐이다.

그렇기 때문에 다문화주의 시대 소수자들의 출현을 사회적 관용의 증대로만 보는 것은 순진한 발상이다. 영화 「말아톤」, 뮤지컬 「헤드윅」, 혼혈인 다니엘 헤니와 하인스 워드의 선전. 이것들은 제각각 한국 사회가 정상과 비정상의 이분법으로부터 벗어나서 선진국으로 진입하는 지표라고 말해진다. 실제로 한 국회의원은 하인스 워드의 입국장면에서 한국적 전통의 화신인 '석굴암에서 걸어 나오는 금강역사'의 모습을 보았다고 말한 적이 있다. 그러나 그 국회의원의 눈에 보인 것은 국가와 인종을 넘어선 새로운 존재가 아니다. 그는 미국에서 성공한 개인의 혈관 어딘가에 흐르고 있을 한국인의 피를 본다. 차라리 이렇게 고쳐 말해야 한다. 그는 검은 피부를 비롯한 무수한 차이에도 불구하고 똑같은 핏줄만을 확인하고자 한다고. 이렇듯 차이와 다양성은 **국가의 확장, 자본의 확장의 계기**로 활용된다. 그것들은 쉽게 수용되는 만큼, 쉽게 소비되고, 머지않아 새로운 것으로 교체된다.

5. 차이의 정치

동일성으로 회귀하지 않으면서 어떻게 변혁적인 정치의 기획을 복원할 수 있을까. 이 질문은 결국 '차이를 어떻게 사유해야 하는가'라는 문제로 수렴된다. 현재의 소수자 담론은 차이와 다양성에 대해 새로운 사유를 보여주지 못한다. 이 경우, 차이는 그저 자명하게 주어져 있는 것에 붙여진 이름에 불과하다. 프랑스 철학자 바디우는 이런 세태에 대해서 냉소한다. "현대의 모든 집합적 형세 속에서, 도처에 존재하는 사람들은 다른 것들을 먹고, 여러 가지 언어로 말을 하며, 다양한 모자들을 쓰고 다니고, 상이한 의례들을 수행하며, 복잡하고도 다양한 성행위를 하고, 권위를 사랑하거나 또는 무질서를 사랑하거나 하는 것이며, 세상은 그와 같이 진행되는 것이다"(바디우, 『윤리학』, 37쪽).

　'차이'를 말하는 게 아니라 '어떤' 차이를 말하는가가 중요하다. 차이란 두 가지 항목의 비교나 대조를 통해서 도출되는 것이 아니다.

<이질적인 것들과의 소통방식> 라우센버그(Robert Rauschenberg, 1925~)는 '콤바인'이라는 혼성 미술을 창조했다. 그의 1955년작 「침대」에서 볼 수 있듯이, 그것은 반은 회화고 반은 조각인 낯선 양식의 미술이다. 녹슨 도로표지판, 닳아빠진 와이셔츠의 소맷부리, 박제 독수리, 양말 같은 온갖 별난 물건들이 그의 화폭에 수놓아져 있다. 이처럼 예술에서는 이질적인 것들이 자신을 훼손시키지 않으면서 조화를 이룰 수 있는 방법을 일찍이 개발해냈다. 우리는 소수자의 정치를 통해 정치에 미적인 패러다임을 도입할 것을 요구한다. 그것은 현실에서 발견해야 할 정치적 주체들과 그들의 새로운 소통방식을 말한다.

그것들은 이미 개별 항목의 내적 동일성을 전제한다. 이것은 우리의 관점에서는 불충분한 차이이다. **'차이 자체'란 차라리 두 가지가 만나고 섞임으로써 생성되는 것이다.** 근대적 사유에서 차이는 부정되고 통합되어야 할 무엇이었다. 예를 들어, 국민국가에서 표준어는 방언들의 이질성을 제거하면서 국민의 동일성을 확보한다. 컨베이어 벨트와 어셈블리라인은 노동자들을 똑같은 속도로 일하게 만든다. 이 작업장에서 장애인의 신체적 차이는 열등한 노동력으로 취급된다.

탈근대 자본주의에서 소수자의 차이를 관용할 때조차, 차이는 허용된 범위 안에서의 차이이다. 그것은 동일성의 새로운 버전이다. 먼저, 소수자에 대한 존중은 동시에 소수자에 대한 강박적인 두려움을 내포한다. 이것을 이해하기 위해서 두 가지 사례를 살펴보자.

첫째, 소위 동성애를 인정하는 사람들이 펴는 논리 중 가장 흔한 것은 다음과 같다. '동성애자의 성적 지향은 존중한다. 동성애자의 미적 감각은 매혹적이다. 그러나(!) 나와는 어떠한 신체적 접촉도 친밀성도 나눌 수 없다.' '나는 소수자들의 차이를 존중한다' 라는 주장은 동시에 **'그러므로 나의 차이 역시 침해당해서는 안 된다'** 라는 의미를 포함하고 있다. 이것은 '차이를 존중하지 않는 자들은 존중할 수 없다' 는 주장에 다름 아니다.

둘째, 2004년 프랑스는 공립학교에서 종교적 상징물의 착용을 금지하는 법안을 통과시켰다. 이후 히잡(이슬람 여성들이 머리와 상반신을 가리기 위해 쓰는 쓰개) 착용과 관련된 논쟁이 활발했었다. 반대진영은 종교의 자유는 존중하지만 공적 영역에 그것을 끌고 들어와서는 안 된다고 주장한다. 여기에는 종교가 사적 영역의 문제라는 관념이 깔려 있다. 그러나 기독교와 달리 이슬람교는 신앙체계인 동시에 정치, 경제,

사회, 문화 등 사회생활 전반의 합일된 생활양식이다. 이와 같은 두 가지 사례에는 이성애자 정체성과 서구 근대국가의 정교분리 법칙을 존속하고자 하는 태도가 깔려 있다. 물론 이러한 지적이 이성애자가 동성과 성관계를 맺어야 한다거나, 종교적 근본주의를 무조건적으로 옹호해야 한다는 식으로 읽혀서는 안 된다. 다만 그와 같은 태도는 자기중심성을 유지하면서 새로운 관계의 설정이나 다른 세계에 대한 상상력을 빈곤하게 만든다는 점을 알아야 한다.

다음으로 소수자들의 차이에 대한 존중은 나름의 방식으로 차이를 규정하고 있다. 차이는 정체성이 제법 동질적인 경우에 한에서만 적용된다. 앞서와 마찬가지로 두 가지 예를 들어보자.

첫번째 사례로, 성적 소수자를 재현할 때 이것은 잘 드러난다. 가수 하리수는 여자보다 더 여자 같을 때에만 정체성이 승인된다. 여자 같지 않은 여자들의 여성성은 애초부터 여성성의 항목에서 배제된다. 하리수는 대다수 '진짜' 여성조차 갖지 못한 젊고 섹시한 여성성을 갖추었을 때 여자로서 자격을 인정받는다. 그리고 게이는 여자 같은 남자라고 가정된다. 트랜스젠더(성전환자)와 게이에 대한 우리의 관념은 남성성과의 대칭에서 벗어나지 못한다. 통상적인 미적 관념을 거스르는 성적 소수자들은 애초부터 배제되고 없다.

두번째 사례는 장애인에 대한 관념이다. 장애인에게는 '순수하다'는 꼬리표가 따라붙는다. 1999년 한국갤럽 조사에 따르면, 비장애인의 81.2%가 장애인 하면 떠오르는 이미지로 '순수하다'를 꼽았다. 장애인과 비장애인이 집회에 함께 참가했을 때, 그것을 바라보는 사람들은 비장애인이 순진한 장애인들을 꼬드겼다고 비난한다. 장애인이 성욕을 가지고 있다는 사실은 상상조차 할 수 없다. 2007년 1월 『로스앤젤

〈타인을 향한 소통〉 정체성은 타고나거나 특정한 시기에 확정되어 고정 불변하는 것이 아니다. 자신을 하나의 정체성으로 규정하는 순간, 자신의 내부와 외부에 있는 수많은 차이들은 그 안에 매몰된다. 자신의 정체성을 탐구하는 것이 의미 있는 까닭은 정답을 찾을 수 있기 때문이 아니다. 그 과정에서 발생하는 혼란과 갈등의 지점을 응시하면서 차이에 대한 감수성을 기를 수 있기 때문이다. 그럴 때 비로소 자신을 선명하게 드러내는 작업이 타인을 향한 소통으로 이어질 수 있다. 나는 언제나 '복수(複數)의 나'다. '복수의 나'가 경합할 때 낯선 나를 향한 모험이 시작된다. 작동하지 않는 차이는 진정한 차이가 아니다(위 도판은 마리솔(Marisol, 1948~)의 1962년작 「자화상」이다).

레스타임스』는 미국 시애틀의 한 부모가 전신마비 장애를 지닌 딸에게 성장억제 수술을 시켰다고 보도하였다. 딸의 2차 성징이 나타나자, 가슴 발달과 에스트로겐 배출을 막고 자궁을 적출하였던 것이다. 부모의 입장에서 수술은 딸이 보살핌을 받는 데 방해가 되지 않기 위한 '배려'였다. **이처럼 차이의 존중은 자신의 내부와 외부에서 들끓고 경합하고 횡단하는 차이들을 어떻게 다뤄야 할지 알지 못한다.**

정치적 차원에서 차이의 정치를 정체성의 정치로 한정해 보자. 그렇다면 이러한 문제는 걷잡을 수 없게 된다. 소수자들이 고정된 정체성으로 자신을 박제했을 때, 차이들이 소통할 수 있는 여지는 차단되기 때문이다. 비장애인이 장애인을 완전히 이해하기란 불가능하다. 이성애자의 성적 소수자에 대한 이해 역시 불완전할 수밖에 없다. 최악의 경우, 난데없이 누가 더 불행하고 소수자인지를 경쟁하는 구도가 생겨난다. 그렇다면 예를 들어 장애인이자 흑인 여성이고, 가난한 데다 동성애자인 어떤 사람이야말로 소수이고 유일한 피해자라 말해야 한다. 그렇다고 해서 그 사람이 정의를 보장할 수 있을까? 불행의 정도와 피해자 의식이 해방적인 기획을 제시할 수 있는 것은 아니다.

소수자의 고통을 쉽게 이해할 수 있다고 생각하는 동정은 당연히 문젯거리이다. 소수자가 처해 있는 현실의 복잡한 맥락을 단순화시키기 때문이다. 그리고 고통의 이해불가능성을 절대적으로 내세우는 주장도 마찬가지로 문제이다. 왜냐하면 다수자이든 소수자이든 똑같이 자신의 지위를 본질적인 것으로 고착시키고 있기 때문이다. 모든 이해에는 해석이 동반되기 때문에 이해는 일종의 오해이기도 하다. 하지만 창조적 해석은 협력과 소통을 가능하게 만들고 이는 변화의 동력이 된다. 차이를 긍정한다는 말의 의미는, 자신과 다른 것이 만나서 그것을 통해 변화를 모색하는 것이다. 우리는 '생성'이라는 용어를, 자신도 타인도 각자의 규정성으로부터 벗어나서 새로운 관계에 진입했을 때를 가리키기 위해서 사용한다. 그런 의미에서 소수자의 정치학은 정체성을 주장할 때조차, 박제가 아니라 새로운 네트워크를 구축하기 위한 일종의 지도그리기(mapping)로서 제시해야 할 것이다.

6. 소수자의 정치학

지금까지 살펴본 것처럼, 소수자의 정치학은 다음과 같은 요건을 충족시켜야 한다. 동일성에서 벗어날 것(계급), 고통의 감수성을 넘어설 것(인권), 척도를 충분히 문제삼을 것(다문화주의). 이것은 차이에 대한 새로운 사유를 포함해야 한다는 말로 요약될 수 있다. 이때의 차이는 수동적으로 주어진 것이 아니라 적극적으로 기획하고 모색하는 것이다. 그리고 자신조차 낯설게 변화시키는 것이다. 진정한 차이에는 시작도 끝도 없다. 프랑스 철학자 들뢰즈와 실천적 이론가 가타리는 소수자의 정치성을 복원하기 위해서 다음과 같은 명제를 추가한다. 소수자는 **생성이자 과정이고 이를 집합이나 상태와 혼동해서는 안 된다**(들뢰즈·가타리, 『천의 고원』 2권, 67쪽). 그렇다면 대체 누가 소수자일까. 이 지점에서 우리는 통상적인 소수자 이해에서 벗어나 소수자를 새로 정의해야 한다.

첫째, 소수자는 보호해야 할 사회적 약자나 소외계층이 아니다. 물론 소수자는 권력이나 척도와는 거리가 멀다. 그러나 그때조차도, 아니 그렇기 때문에, 권력이나 척도를 욕망하는 소수자들이 있다. 지금부터 우리는 이들을 소수자의 명단에서 제외한다. 우리는 주변인과 소수자를 구별한다. 주변인과 소수자는 똑같이 사회에서 배제되었다. 그러나 주변인은 척도를 소유하지 못했기 때문에 척도를 가슴에 품고 사는 사람들이다. 주변인은 자신보다 더 주변화된 사람들에게 폭력을 행사하기도 한다. 예를 들어, 히스패닉이나 동양계 이주민들을 멸시하는 아프리카계 미국인은 주변인이다. 다이어트와 성형수술에 시달리면서 남성보다 더 남성적인 시선으로 여성들을 평가하는 여성도 주변인이다. 그들은 한편으론 사회적 약자이고 희생양이다. 그렇지만 다른 한편으론 척도를 내면화하고, 차별적인 사회구조의 재생산에 기여한다.

반면에 소수자는 척도로부터 탈주하기를 욕망하는 사람들이다. 소수자는 사회적 지위로 볼 때 약자다. 그렇지만 척도로 환원되지 않는 역량을 지니고 있기 때문에 매우 특별한 의미에서 강자다. 다수자는 주변인이 무엇을 원하는지 알고 있다. 그것은 다수자 세계로부터의 인정이다. 주변인의 욕망은 부, 명예, 권력 등과 같이 세계에 이미 존재하고 다수자가 가지고 있는 것들이다. 그러나 다수자는 소수자의 욕망과 마주쳤을 때 당혹스럽다. 왜냐하면 다수자의 입장에서는 소수자가 무엇을 원하는지 알 수 없기 때문이다. 소수자는 다수자의 인정을 얻는 데에 관심이 없다. 소수자는 세계에 없는 것을 얻고자 한다. 이들은 다수자의 손에 놓인 세계를 강탈해서 그것을 변화시키고자 한다. 들뢰즈와 가타리는 『천의 고원』에서 노동자계급과 혁명적 주체인 프롤레타리아트를 구분한다. 그리고 다음과 같이 말한다. 소수자는 **"프롤레타리아트 속에서 자신의 형상과 보편적 의식을 발견한다"**(『천의 고원』 2권, 262쪽).

둘째, 소수자가 생성, 과정이란 말은 소수자는 누군가를 가리키는 이름이 아니라는 의미이다. 소수자는 정체성의 표지가 아니다. 흑인이라고 다 같은 흑인이 아니다. 동성애자라고 다 같은 동성애자가 아니다. 우리가 '어떤' 차이인가를 논했듯이, '어떤' 사람인가가 중요하다. 한 개인은 경우에 따라 다수자일 수도, 주변인일 수도, 소수자일 수도 있다. 그런 의미에서 소수자는 개인도 집단도 아니다. 그렇다면 소수자를 정의하는 요소는 무엇일까. 이것은 앞서 언급했다시피 무엇을 욕망하는가이다. 들뢰즈와 가타리의 용어를 빌자면, 소수자는 '셀 수 없는 역량'으로 정의된다. 이때의 '셀 수 없음'은 권력으로부터의 측정불가능성이다.

그리고 그것은 소수자들 사이의 **'접속'**(connection)을 통해서 만들어진다. 더 정확하게 말하자면 접속이 일차적이고 접속의 결과물이 소수자이다. 왜냐하면 접속은 **이질적인 것들의 통합이 아닌 혼합을 도모**하고, 그것은 권력의 눈에 낯선 것을 발생시키기 때문이다. 소수자의 역량은 개인과 집단 어디에도 귀속되지 않는 '차이 자체' 속에서 발생한다. 그것은 차이의 인정이 아니라 차이들의 만남과 뒤섞임 속에서 발생한다. 따라서 우리는 소수자 대신 소수성이나 소수화라는 말을 사용할 수도 있다. 그리고 소수자가 욕망으로 정의된다면, 다수자의 지위 역시 확고부동한 것이 아니다. 이것은 다수자인 백인도 언젠가 몰락한다는 예언이 아니다. 혹은 백인도 흑인공동체 속에서는 소수자라는 이야기가 아니다. 백인조차도 서구중심주의와 다른 것을 욕망했을 때 소수자가 될 수 있다. 남성도 가부장적 욕망을 회의했을 때, 소수자가 될 수 있다. 그 핵심은 접속이다. 접속은 만남이고, 만남은 실험이고, 실험은 변화를 낳기 때문이다.

예를 들어, 현재 한국의 이주노동자들은 노동비자를 얻기 위해 투쟁한다. '노동비자 쟁취'가 이들의 공식적인 구호이다. 물론 노동비자 쟁취는 긴급하고 필요한 요구다. 이것이 절대 간과되어서는 안 된다.

그렇지만 다른 한편으로 노동비자는 안정된 고용환경을 얻기 위한 수단 이상이 아니다. 우리가 이주노동자를 소수자라 할 수 있다면, 그것은 이들의 활동이 노동비자보다 훨씬 많은 것들을 표현하고 있기 때문이다. 현재 한국의 노조는 작업장별·산업별로 찢어져 있고, 정규직과 비정규직은 따로 행동하는 상황이다. 그런데 MTU(서울·경기·인천 이주노동자노조)의 경우, 이러한 차이들은 함께 활동하는 데 아무런 장애가 되지 않는다. 작업장, 업종, 국적, 인종, 자라온 환경의 차이 등은 부차적이다. 이들은 모든 사람들이 자유롭게 이동하고 자유롭게 일할 수 있는 세상만을 바랄 뿐이다.

그중에서도 국민국가로 환원되지 않는 연대의 모습을 주목할 만하다. 방글라데시, 네팔, 스리랑카, 필리핀 등 다양한 국가에서 온 이주노동자들은 노조 내부의 의사소통을 위해 한국어를 사용한다. 대한민국 정부와 민족주의는 이들을 가장 탄압하는 대상이다. 그러나 이들은 대한민국 국어인 한국어를 가지고 전혀 다른 용법을 발명해낸다. 이때의 한국어는 국가적 차이를 넘어서 접속하기 위한 수단이 된다. 심지어 이슬람교도도 있는 이들은 동성애운동과도 접속한다. 장애운동에도 관여한다. 접속, 차이, 생성, 셀 수 없는 역량, 강자에 대해 말할 때, 우리는 이런 장면들을 염두에 두고 있다.

유사한 사례로, 중증장애인들은 활동보조인 서비스 제도화를 요구한다. 활동보조인은 혼자서 거동할 수 없는 중증장애인을 돕는 사람을 말한다. 활동보조인은 어쩌다 찾아오는 자원봉사자와는 다르다. 활동보조인 제도화는 권리의 차원에서 보장하는 것이기 때문이다. 그런데 여기에서도 인권의 정치나 복지제도로 설명하기엔 불충분한 장면들이 있다. 모두가 개인으로 각자 살아가는 것이 당연시되는 사회이다.

<검은 머리, 갈색 피부의 성모 마리아> 스페인 제국주의자들은
사람들이 멀쩡하게 살고 있는 땅에 들어와 '신세계'를 발견했
다고 선언하였다. 그리고 '하느님의 이름'으로 미개한 이교도
들을 학살하였다. 고대 멕시코인들은 토착 종교는 말할 것도 없
고 언어와 풍습 등을 송두리째 잃어버리고 말았다. 고대의 전통
은 스페인 침략자들이 들여온 가톨릭 문화로 대체되었다. 그러
나 이들이 피해자의 순수성을 고집하거나 퇴행적 꿈에 젖어 있
던 것만이 아니다. 오히려 이들은 그들만의 하느님을 자신들의
하느님으로 만들 줄 알았다. 가톨릭과 원주민들의 접속! 검은
머리에 갈색 피부를 지닌 과달루페 성모 마리아는 멕시코 독립
운동의 가장 든든한 수호신이었다.

그런데 경증장애인과 달리 중증장애인에게 자립(自立)이란 개인의 삶이 아니다. 경증장애인은 재활과 보조구를 통해 장애를 '극복'하고자 한다. 대조적으로 어떤 중증장애인들은 인간이 타자와의 접속을 통해 살아갈 수밖에 없는 존재임을 증명한다. 그리고 접속을 통해 새로운 삶을 창안한다. 중증장애인이 전동휠체어에 쇠사슬로 몸을 묶고 도로를 막아섰을 때, 이들은 사회가 규정한 정상적인 속도에 대해 묻고 있다. 이들은 물리적 문턱뿐만 아니라 사회가 만든 보이지 않는 문턱까지 제거하고자 한다.

사파티스타 민족해방군(EZLN)은 전세계가 촉각을 곤두세우고 주목하는 유명인사다. 그것은 이들이 진정한 차이의 정치를 실천하고 있기 때문이다. 원래 이들은 레닌주의, 모택동주의, 게바라주의에 물들어 있었다. 이들은 사회주의 인민공화국을 건설하려고 치아파스 정글에 들어갔다. 그런데 원주민과 접속하면서 기존의 혁명 모델로 분류되지 않는 매우 독특한 혁명방식을 개발해냈다. 부사령관 마르코스는 '화약냄새가 나지 않는 전쟁'을 선언한다. "우리의 말이 우리의 무기입니다." 조직 구성도 달라졌다. 게릴라운동의 고전적인 수직적 구조에서 벗어나 도시 좌파들과 전통적인 원주민, 농민이 협력체계를 구성하였다. 여성 지휘관도 여럿이다. 이들은 민주주의, 자유, 정의를 요구하지만, 권력을 장악하는 데에는 관심이 없다.

이렇듯 장기적으로 보면 **소수자들은 자본주의 경제와 국가의 형식을 거치지 않는 구성을 촉진**시킨다. 사회주의 국가의 몰락 이후, 자본주의에 대한 비판이 철없는 몽상처럼 치부되고 있는 현실 속에서 소수자는 대안적 상상력을 자극한다. 또한 이것은 기존 운동의 거부 내지 폐기와는 다른 주장이다. 우리는 노동운동의 소수화, 여성운동의 소수화, 장애운동의 소수화 등에 대해서 고민할 수 있다. 소수자와 차이의 정치는 해방에 대한 열망을 포기하지 않는다. 그것은 새로운 관계, 새로운 세계를 향한 실험과 시도를 촉구한다. 그것은 분산이나 파편화와는 거리가 멀다. 위계적 조직이 아닌 만큼 아나키즘도 아니다.

소수자는 체계에서 벗어나는 다양한 선들의 접속을 통해서 전혀 다른 질서, 전혀 다른 세계를 향해 다가간다. 그러나 그것을 현실화시키는 것은 결국 우리 몫으로 남아 있다. 다수자와 소수자는 선험적으로 규정되어 있는 집단이 아니다. 소수자는 희한한 사람들이 아니다. 소수자는 '되기'의 문제이다. 즉, 우리 모두는 소수자가 될 수 있다. 우리는 소수자가 되어야 한다! 그렇다면 남겨진 과제는 다음과 같다. 지금 당신은 누구와 어떻게 접속하고 있는가. 더 큰 역량을 얻기 위해서 새로운 접속을 시도해 보자. 접속불능이거나 접속불량이라면 다른 방법을 모색해 보자. 지치지 않고 권력으로 회수되지 않는 소수자의 형상을 끊임없이 발명해낼 수 있어야 한다. 그것이 성패를 좌우하는 유일한 변수이다.

정정훈

1. 흐려지는 경계, 뚜렷해지는 경계

비행기를 타고 아시아에서 유럽으로, 유럽에서 아메리카로, 아메리카
에서 아프리카로 끊임없이 이동하며 사업을 추진하는 비즈니스맨. 글
로벌 스타를 내세워 세계 곳곳의 대중문화시장을 찾아다니는 문화산
업. 더 이상 한 국가에 귀속되지 않고 전세계 곳곳에 사업본부를 만들
고 네트워킹하여 상품생산과 교역을 추진하는 거대한 초국적 자본. 전
세계의 금융시장을 누비는 금융투기자본.

오늘날 우리가 살아가고 있는 이 세계는 이렇게 국경을 가로지르
는 이동을 특징으로 하는 현상들로 가득하다. 사회과학자들과 미디어
들은 이러한 현상에 전지구화(globalization)라는 이름을 붙이고 있다.
전지구화는 이제 국가 중심의 세계질서가 해체되고 새로운 세계질서

정정훈(leftity@freechal.com) | '연구공간 수유＋너머' 연구원. 자칭 연구실의 '도서관장' 이
다. 연세대 문화학협동과정에서 '탈국가적 정치주체에 관한 연구'로 석사학위를 받았다. 현
재는 이주노동자운동과 연구실을 잇는 활동을 하고 있다. 요즘 관심사는 문화정치의 문제를
'횡단' (trans)의 관점에서 다시 사유하는 것이다.

가 등장하고 있음을 보여준다. 타이완에서 일어난 지진이 한국에 있는 은행들의 업무를 마비시키고, 미국 나스닥 시장의 주가하락은 한국 코스닥 주가의 하락으로 이어진다. 국가의 경계를 중심으로 구획되었던 세계질서는 이제 국경을 횡단하는 전지구적 흐름에 의해서 흐려지고 있는 것이다.

그러나 동시에 새로운 경계들이 전지구화된 세계 곳곳에서 강화되고 있기도 하다. 멕시코의 '불법' 이민자들을 막기 위해 미국은 멕시코와의 국경지대에 거대한 콘크리트 장벽을 건설하고 있고, 유럽은 이민자들을 통제하기 위해 강력하고 배타적인 이민법을 제정하고 있으며, 한국은 '불법' 이주노동자들을 추방하기 위해 폭력적인 단속추방을 진행하고 있다.

현재 진행되고 있는 '해외주둔미군재배치계획' (GPR)은 전지구화 시대에 만들어지는 새로운 경계의 특성을 잘 보여준다. GPR은 해외에 배치되어 있는 미군을 특정한 영토의 방위를 담당하는 군대가 아니라 지역 내 어떤 군사적 분쟁의 현장으로도 48시간 내에 투입될 수 있도록 군대의 이동성(mobility)을 강화하려는 계획이다. 특정한 영토에 속박되지 않고 군사적 목적에 따라 세계 곳곳으로 이동할 수 있는 미국의 군대는 제국의 질서를 범람하려는 어떠한 흐름도 통제하기 위한, 그 자체로 이동하는 경계인 것이다.

오늘날 우리가 경험하는 전지구화는 신자유주의자들이 예찬하는 것처럼 모든 사람에게 자유로운 이동과 흐름을 약속하는 전지구적 질서가 아니다. 한편에서는 세계를 구획하던 경계들이 흐려지는가 하면, 다른 한편에서는 경계를 넘어서는 횡단적 흐름을 막고 통제하는 새로운 경계가 뚜렷해지고 있다.

2. 전지구화, 진부한 새로움?

전지구화는 비교적 최근에 등장한 용어이지만, 자본주의가 세계시장을 형성하는 경향을 가지고 있고 세계시장을 통하여 작동해왔다고 주장하는 이론은 최근에 출현한 것이 아니다. 맑스는 이미 1848년『공산당선언』에서 "부르주아지는 세계시장의 개발을 통해서 모든 나라들의 생산과 소비를 범세계적인 것으로 탈바꿈시켰다. 반동배에게는 대단히 유감스럽게도, 부르주아지는 공업의 발밑에서 그 민족적 기반을 빼내가 버렸다. 오래된 민족적 공업들은 파멸되었고, 또 나날이 파멸되어가고 있다. …… 낡은 지방적 및 민족적 자급자족과 고립 대신에 민족들 상호간의 전면적 교류와 전면적 의존이 등장한다"고 자본의 전지구적 성격을 지적하고 있다. 그러나 이러한 단편적 전망을 넘어서 자본주의의 세계적 성격을 이론적 체계로 발전시킨 것은 제국주의론과 세계체제론이라고 할 수 있다.

세계시장을 향한 자본의 운동에 대한 고전적 논의는 레닌의 제국주의론으로 대표될 수 있다. 레닌은 제국주의를 독점의 문제로부터 설명한다. 자본주의가 발전할수록 자본가들 사이의 경쟁에서 승리한 소수의 자본가에게로 자본이 집중되며, 이로 인해 생산의 집적이 발생한다. 그 결과로 은행 독점자본이 성립하며 은행 독점자본은 산업자본과 합병되거나 유착되어 더욱 강력한 독점체를 형성하게 된다. 레닌은 은행 독점자본과 산업자본의 연합을 통해 형성된 독점체를 과두적 금융자본이라고 보았다. 레닌이 보기에 이러한 금융자본의 발생은 자본운동의 필연적 과정이었다.

은행자본과 산업자본의 합병을 통해 형성된 금융자본은 더 이상

<사회주의의 몰락, 제국의 등장> 소련과 동구권 사회주의의 몰락은 전지구적 질
서를 근본적으로 재편하는 핵심적 계기가 되었다. 월러스틴은 사회주의의 몰락에
서 근대세계질서를 틀지었던 자유주의의 종말을 본다. 국가중심의 산업 개발을
특징으로 하던 자유주의적 질서가 끝났다는 것이다. 반면 네그리와 하트는 사회
주의의 몰락 이후 제국적 주권이 본격적으로 형성되기 시작하였다고 본다.

한 국가 차원에서 이윤을 확보할 수 없게 된다. 국내 소비자들이 수요할 수 있는 상품보다 더 많은 상품을 생산할 수 있는 자본이 있기 때문이다. 이로 인해서 금융자본에게는 남는 자본을 수출할 수 있는 자본수출시장이 필요하게 된다. 즉 원료시장과 상품수출시장에 그치지 않고 자본을 수출할 수 있는 시장을 금융자본은 찾아 나설 수밖에 없는 것이다. 레닌에 따르면 이미 국제적 독점자본에 의한 전세계적인 시장의 분할 혹은 자본주의 거대열강에 의한 전세계의 영토적 분할이 완료된 상황이기 때문에, 자본수출시장을 위한 식민지 재분할을 위한 전쟁이 필연적일 수밖에 없다. 이러한 관점에 입각해서 레닌은 제1차 세계대전의 성격을 '최고의 발전단계에 이른 자본주의인 제국주의가 세계의 영토적 재분할을 위해 싸우는 제국주의 전쟁'으로 정의했다. 그러므로 레닌에게 제국주의는 프롤레타리아 혁명의 전야를 의미하는 것이고, '제국주의 전쟁을 내전으로 전환시키는 것'이 프롤레타리아 투쟁의 방향이라고 보았다.

반면 월러스틴으로 대표되는 세계체제론자들은 자본주의가 그 발생부터 세계적 수준에서 작동해왔음을 강조한다. 월러스틴은 "역사적인 모든 것은 체제적이요 체제적인 모든 것은 역사적"이라고 규정한다. 그에 따르면 이러한 역사적 체제는 그 자체의 규칙과 제약요소, 자체의 추세나 벡터, 즉 구조들을 지니고 있는 복합적 현상으로, 그것들은 상대적 자율성, 시간 경계, 그리고 공간 경계의 세 가지 한정적 특징을 지니고 있다는 것이다(월러스틴, 『사회과학으로부터 탈피』, 297~298쪽). 이러한 관점에 입각하여 월러스틴은 자본주의가 근대를 관통한 세계적 체제(world system)였음을 보여준다. 자본주의는 그 성립부터 지금까지 결코 단순히 한 국가의 체제로 존재해오지 않았다. 자본주의는 일국적 차원에서 작동해온 것이 아니라 세계체제 속에서 중심부-반주변부-주변부 국가라는 위계화된 구조 아래 협력과 경쟁의 상호작용 속에서 축적과 확장을 수행해온 것이다.

중심부-반주변부-주변부 국가는 국가기구의 강도(强度)와 노동통제의 방식에서 차이가 난다. 중심부 국가의 경우, 국가기구가 강력하며 자유로운 임금체제와 노동에 기초하여 제조품 생산에 주력한다. 반면 주변부 국가의 경우는 국가기구가 허약하며 강제적인 노동에 기초하여 농산물 경작에 집중한다. 월러스틴은 주변부 국가에서 자본가가 취득한 이윤(잉여)이 국제교역과정에 의해서 중심부 국가의 자본가에게로 흘러들어가는 것으로 파악하였다. 이 과정에서 반주변부 국가는 중심부에 의해 수탈당하는 동시에 주변부를 수탈하는 중간적 위치에 있는 국가들이다.

자본주의 역사는 이런 세계체제가 확장되는 역사로 파악될 수도 있다. 초기 유럽중심의 자본주의는 제국주의를 바탕으로 아시아, 아프리카, 남아메리카 등 비서구세계를 자본주의에 강권적으로 편입시켰다. 특히 소련과 동구권의 몰락이 시작된 해이기도 한 1989년 이후 자본의 세계화라는 특징을 보이는 전지구화 경향 속에서 자본주의 세계체제라는 질서는 더욱 강화되고 있다. 이 시기 이후 IMF, WTO 같은 세계적 경제기구의 역할이 크게 증대됐으며 모든 나라들이 이 경제기구들을 통한 교역에 본격적으로 참여하기 시작한 것이다.

이미 자본주의를 세계적 차원에서 파악해온 제국주의론이나 세계체제론적 관점에서 현재 이슈가 되고 있는 전지구화는 그다지 새로울 것이 없는 현상이다. 다만 그 현상형태가 변화되었을 뿐, 본질적으로 전지구화는 제국주의적 질서를 반영하거나, 세계체제의 작동을 보여주는 오래된 현상이라는 것이다. 그렇다면 현재 나타나고 있는 새로운 세계질서에 대한 탐구는 무의미한 일일까? 전지구화라는 새로운 질서가 그저 수사학적으로만 새로운, 진부한 것이기만 한 것일까? 네그리와 하트는 그렇지 않다고 말한다. 그들은 현재의 전지구적 정치, 경제, 문화의 질서가 종래의 제국주의론이나 세계체제론으로는 설명될 수 없는 질적으로 새로운 질서라고 주장하고 있다.

3. 자본주의라고 다 같은 자본주의가 아니다

제국주의는 단일한 세계시장을 지향하는 자본의 욕망과 충돌하게 된다. 제국주의는 국민국가를 중심으로 그 국민국가의 지리적 영역을 확장하는 방식에 따라 이뤄지는 것이다. 그러므로 제국주의에서 형성되는 시장의 성격은 국가적 시장의 국제적 확장이지 단일한 세계시장, 즉 전지구화된 단일 시장의 형성과는 질적으로 다른 것이다. 다시 말해, 제국주의는 자본이 요구하는 자본, 노동, 상품의 자유로운 흐름을 제도적으로 막고 제국주의적 국가의 내부와 외부를 가르는 경직된 경계와 관념들을 생산했다(네그리·하트, 『제국』, 430쪽). 이와 같은 제국주의와 자본 간의 모순에 더하여 제국주의 국가들 간의 이해관계에 따른 전쟁과 식민지의 민족해방운동은 자본으로 하여금 제국주의와는 다른 방식의 축적양식을 찾도록 만들었다.

　　네그리와 하트는 제국주의로는 완전하게 실현되지 못했던 자본의 전지구적 단일 시장이 현 단계의 자본주의에서는 실현되고 있는 것으로 파악한다. 전지구적 단일 시장의 실현은 생산방식에서 있어서는 생산의 전지구적 네트워크화, 즉 국민국가의 영토적 경계와 관리에 국한

<정보경제 패러다임의 위력> 자본주의의 정보화는 단지 정보기술을 중심으로 한 첨단 산업이 증가한다는 것만을 뜻하지 않는다. 산업화로 인해 농업에 기계가 도입되듯이 정보는 기계공업과 농업을 정보화한다. 돼지를 키우는 농부도 위성 안테나를 통해 자신의 일에 필요한 정보를 수신하고 활용한다. 전지구적인 정보네트워크는 첨단 산업에서부터 농업에 이르기까지 생산의 근간이 되고 있다.

되지 않는 탈영토화된 생산이라는 방식으로 진행된다. 이는 네그리와 하트가 탈근대 자본주의라고 부르는 정보경제 패러다임으로 자본주의의 축적방식이 변화되었기 때문에 나타난 현상이다.

정보경제는 단지 IT산업에 국한되는 것이 아니다. 정보경제 패러다임은 제조업과 농업의 생산방식조차도 정보기술을 중심으로 이뤄지도록 변화시키고 있다. 정보경제 패러다임에서 정보는 가치창출의 핵심적 수단이 되기 때문에 정보기술은 이 패러다임의 기술적 근간을 이루고 있다. 지리적으로 수천 킬로미터가 떨어진 거리에서도 실시간으로 정보를 주고받을 수 있는 정보소통 시스템으로 인해 자본은 각 생산 부문들을 필요에 따라서 전세계 곳곳에 배치할 수 있게 되었다. 세계 각지에 분산된 생산 마디들을 전지구적 정보소통 시스템을 통하여 조절하고 통합하는 형태로 자본주의적 생산은 네트워크화되어 있는 것이다. 이러한 상황에서 "모든 생산형태들은 세계시장의 네트워크 안에, 그리고 정보서비스 생산의 지배 아래 존재"(네그리·하트, 『제국』, 379쪽)하게 된다.

또한 전지구적 단일 시장의 형성은 자본의 잉여가치 실현을 위한 유통 시장을 확장해 가는 활동을 통해 구현되고 있다(조정환, 『제국기계 비판』, 86쪽). 이런 유통시장의 확장은 지역적으로는 NAFTA, EU, APEC 등과 같은 역내 경제협력기구의 형태로 제도화되고 있으며, 전 세계적으로는 WTO나 IMF와 같은 초국적 경제기구들의 영향력 강화로 나타나고 있다. 각 국가 단위에서는 자유무역지대 협정을 맺음으로써 산업자본과 금융자본이 국경을 넘어 이동하게 된다.

자본주의 단일 시장의 전지구적 실현이라는 맥락에서 세계의 경제질서는 더 이상 중심부-반주변부-주변부라는 위계에 의해 작동되는 세계체제론으로 파악될 수 없게 되었다. 비록 정도의 차이는 있을지 언정 한 국가 내부에 중심부-반주변부-주변부는 혼합되어 공존하고 있다. 따라서 이제 더 이상 산업화된 1세계와 저발전 상태에 있는 3세계라는 관점은 전지구적 자본주의 위계질서를 이해하는 데 효과적이지 않다(조정환, 『지구제국』, 42쪽). 1세계에도 엄연히 3세계의 사양 산업들이 존재하며, 3세계에도 1세계의 첨단 산업이 존재하고 있기 때문이다.

1세계와 3세계가 뒤섞이고 공존하는 현상은 데이비드 하비의 현대자본주의 분석에서도 확인할 수 있다. 하비는 『포스트모더니티의 조건』에서 현 단계의 자본주의를 축적체제의 변동이라는 관점에서 유연축적체제라고 이해한다. 유연축적체제 아래의 산업조직은 고도로 숙련된 전문직인 소수의 관리자들과 고용과 해고가 용이하여 직업안정도가 극히 낮은 노동자집단으로 구성된다. 노동자의 구성이 비정규직을 중심으로 이뤄지는 것이다. 노동시장의 구조 변동과 함께 산업구성에서도 중요한 변동이 동시에 일어났다. 하청시스템의 강화로 소기업군이 형성되고, 자본주의 초기나 전 단계에 존재하던 가내 공업적, 장인적, 가족적, 온정주의적 노동체제의 낡은 시스템들이 전통적 의미의 1세계인 유럽과 미국에서 복원되어 생산체계의 중요한 부분을 담당하게 되는 것이다.

현 단계의 자본주의가 정보 패러다임에 기초하여 전지구적 생산 네트워크를 구축하고, 국경을 넘어 이동할 수 있는 전지구적 유통시장을 구축해감에 따라 "자본은 영토와 협상의 구속으로부터 벗어나는 경향"(네그리·하트, 『제국』, 389쪽)을 갖는다. 이러한 경향들은 노동을 약화된 협상의 지위에 놓이게 한다. 노동이 자본에 저항을 하게 되면 자본은 투자처를 언제든지 통제하기 쉬운 노동력이 있는 국가로 이동하는 것이다. 그와 같은 상황은 노동의 협상력을 약화시키고, 이로써 자본과 국가는 자유 계약노동, 가정노동, 시간제노동, 그리고 삯일과 같은 다양하고 낡은 비보장노동의 형태들을 노동시장에 관철해가고 있다. 이러한 맥락에서 현재의 전지구적 경제체제는 "경제 단계들은 동시에 모두 현존하고, 지구를 가로질러 종류에서가 아니라 정도에서 서로 다른 잡종적이고 혼합적인 경제"(네그리·하트, 『제국』, 380쪽)로 변하고 있는 중인 것이다.

4. 전지구화와 주권의 문제

네그리와 하트는 정보경제의 네트워크화를 특징으로 하는 전지구적 단일 시장이 형성되면서 이러한 시장을 관리하는 새로운 주권형태가 등장하고 있다고 본다. 주권이란 한 국민국가의 독립성을 보장하는 지상의 권력을 의미한다. 한 국민국가의 주권은 그 국민국가 외부에 대해서는 배타적 독립성을 가지고 있으며, 내부적으로는 다른 어떤 권력보다 상위에 있는 최고 권위를 가진다.

근대적 세계질서는 주권을 가진 국민국가들의 관계이고, 이런 측면에서 세계질서는 주권들 간의 질서라고 할 수 있다. 그러나 네그리와 하트는 근대적 주권질서에 중대한 변형이 일어나고 있다고, 즉 전지구적 단일 시장의 성립과 더불어 주권 역시 초국가적인 것이 되고 있다고 진단한다. 초국가적인 수준에서 전지구를 아우르는 새로운 형태의 주권이 출현하고 있다는 것이다. 네그리와 하트는 자본에 의해 추동된 전지구화는 국민국가적 주권의 쇠퇴라는 위기를 불러왔지만 이것이 곧 주권 그 자체의 위기는 아니라고 말한다. 이들은 전지구화가 진행되면서 "주권이 단일한 지배논리 하에 통합된 일련의 일국적 기관들과 초국적 기관들로 이뤄진 새로운 형태"로 변모되어 왔다고 파악하며, 이러한 새로운 전지구적 주권형태를 '제국'(empire)이라고 규정한다(네그리·하트, 『제국』, 16쪽).

제국주의론이나 세계체제론과 같은 자본주의 세계질서에 대한 논의들과 네그리와 하트의 입장을 확연하게 구별짓는 부분이 바로 이 전지구적 주권으로서의 '제국' 개념이다. 제국주의론에서 주권의 문제는 특정 국민국가의 주권이 미치는 범위가 넓어지는 것을 의미한다. 즉 제국주의 국가의 주권이 피식민지 국가의 주권을 병합하여 그 국가를 통치하는 것이다. 제국주의론에서 주권이 국민국가에 귀속된다는 근대적 관념에는 변화가 없다. 이는 세계체제론의 경우에도 마찬가지이다. 세계체제론에서 말하는 중심부–주변부 국가 사이의 불균등한 교환관계는 일정하게 주변부 국가의 주권을 제약하는 경향이 있다. 그러나 이는 독립된 주권국가들 간의 권력관계에서 일어나는 현상일 뿐 국민국가를 근간으로 한 주권간의 질서 그 자체는 세계체제론에서도 여전히 승인되고 있는 것이다.

반면 전지구화가 근대적 주권 개념을 변동시키고 있다는 시각을 제출하는 연구자들도 있다. 바우만은 그러한 시각을 잘 보여준다. 그는 입법적이고 행정적인 근대적 주권을 지탱해온 '군사적, 경제적, 문화적 주권의 삼발이'가 무너지고 있다고 진단한다. 세계군사질서는 더 이상 주권국가의 독자적 군사행동을 용이하게 하지 않으며, 세계경제질서 역시 국민국가의 경제정책에 막대한 영향력을 행사한다. 또한 전지구화된 세계 속에서 국민국가의 문화적 정체성 역시 보존되기 어렵게 되고 있다는 것이다(바우만, 『지구화, 야누스의 두 얼굴』). 그러나 바우만은 국민국가로 환원되는 주권질서가 위기에 처해 있다고 분석하지만 그것을 대체할 새로운 주권질서가 등장한 것으로 보지는 않는다. 바우만은 현재의 전지구적 질서는 정치권력보다는 IMF나 세계은행이나 초국적 자본과 같은 경제적 권력에 의해 관리되고 있다고 보는 것이다. 근대적 주권이라는 기존의 질서는 해체되고 있지만 아직 새로운 주권의 질서가 도래하지 않은 상황이다.

　이에 반해 네그리와 하트는 근대적 주권과는 전혀 다른 성격의 주권이 등장했다고 보며, 그런 의미에서 우리의 시대가 탈근대로 접어들었다고 진단한다. 근대적 세계질서를 규정했던 주권에 기반한 국민국가들 간의 체제가 전지구화의 시대에 이르러 완전히 변하고 있다는 것이 이들의 생각이다. 전지구화를 주권질서의 변환이라는 차원에서 집중적으로 분석하는 네그리와 하트의 논의는 전지구화에 대한 연구 지형에서 매우 독특한 것이다. 주로 신자유주의라는 경제적 차원이나 국민국가의 쇠퇴라는 정치적 차원에서 전지구화는 연구되어왔다. 그러나 네그리와 하트는 전지구적 경제질서의 성립을 전지구적 주권질서의 형성과 연결해서 이해하는 새로운 관점을 제시하고 있는 것이다. 이제 이러한 맥락에서 전지구적 주권체제에 대한 분석인 이들의 제국론을 보다 자세하게 검토해 보자.

5. 제국의 복귀

제국적 주권은 다음과 같은 특징을 가진다. 첫째, 제국에는 영토적 권력 중심이나 고정된 국경이 존재하지 않는다. 그것은 그들이 말하는 제국이 고전적 제국과는 다르게 권력의 중심인 제국주의 본국과 그 본국의 권력에 종속된 식민지로 구성된 체제가 아니기 때문이다. 제국은 앞에서도 말했듯이 국민국가, 국제기구, 초국적 자본 등의 이질적 권력기구들이 네트워크를 이루고 있는 주권체제이다. 네트워크에 단일한 중심이 존재할 수 없듯이, 제국에도 단일한 중심이 존재하지 않는다.

둘째, 제국의 외부는 더 이상 존재하지 않는다. 전지구적 주권질서라는 차원에서 제국은 '지구제국'이다. 제국주의론은 복수적 제국주의 열강들의 복수적 주권을 상정하지만, 현재의 전지구적 주권질서인 제국에는 오로지 하나의 주권만이 존재한다. 그리고 이 전지구적 주권질서가 작동하지 않는 영역은 더 이상 없다는 것이 네그리와 하트의 생각이다. 이것이 제국적 질서에 저항하는 세력, 즉 제국의 적이 존재하지 않는다는 의미는 아니다. 하지만 제국의 적은 이 질서 외부에 존재하는 또 다른 주권체가 아니다. 제국의 적은 이제 제국적 주권 내부에서 그것에 불복종하는 범죄자로 여겨진다. 이것이 제국의 적에 붙여지는 이름이 더 이상 적성국가가 아니라 불량배, 테러리스트인 이유이다.

셋째, 제국적 주권에서는 제1세계, 제2세계, 제3세계가 단일한 지역에 공존한다. 이미 전지구적 경제질서에서 살펴보았듯이 이제 더 이상 세계는 제1~3세계나 중심부-반주변부-주변부로 구획되어 있지 않다. 제국적 주권은 지구의 남과 북, 동과 서를 가로지르며 새로운 위계를 세계 곳곳에 설치하는 권력인 것이다.

이 같은 제국적 주권의 권력형태는 마치 로마제국이 그랬던 것과 같이 군주정, 귀족정, 민주정이 공존하는 혼합된 정체로 나타난다. 그리고 이 혼합된 정체에는 분명한 위계가 설정되어 있다. 제국의 가장 높은 권력층위인 군주정은 다양한 권력기관들의 상호작용을 통합

<제국과 비상상태> 제국은 전지구적 전쟁상태라는 예외적 상황이 일상적 상황이 된 상시적 비상상태에 그 바탕을 두고 있다. 제국에 서의 전쟁은 더 이상 대등한 주권국가들 간의 전쟁이 아니다. 이제 전쟁의 논리는 치안의 논리가 되고 있다. 악의 축과 불량국가 그리 고 테러리스트와 같은 도덕적·법적 범죄자들이 전쟁의 대상이 된 다. 제국적 주권의 통치를 거부하는 국가(또는 사람들)는 이제 주권 을 인정받지 못한다. 그들은 단지 범죄자일 뿐이다.

(integration)하는 역할을 한다. 제국의 군주적 층위는 전지구적 무력 사용에 대한 헤게모니를 장악하고 있는 미국과 초국적 금융자본의 흐름을 관리하고 국제적 교환을 조절하는 역할을 하는 세계에서 가장 잘 사는 나라들로 구성된 G8, 선진국들의 지도자들, 초국적 기업의 CEO들, 세계적 갑부들이 모여서 세계경제의 문제를 토론하는 다보스 클럽 등으로 이뤄져 있다. 제국의 군주정이 지닌 고유한 명령수단은 핵폭탄으로 상징되는 군사력이다. 핵폭탄은 삶 자체의 완전한 절멸을 가능케 하는 절대적 파괴의 힘이다. 제국적 주권은 이 공포스러운 힘을 철저하게 독점·통제하고 있으며, 그 힘이 제국의 군주적 층위가 여타 국민국가들의 주권을 제한할 수 있는 물리적 근거가 되기도 한다.

두번째 층위에는 세계적 수준에서 생산의 이질적 흐름들과 활동들을 절합(articulation)하는 귀족정이 있다. 귀족정은 초국적 기업들과 지역적으로 제한된 경제적 행위자들인 국민국가들로 구성되어 있다. 이 층위는 전지구적 수준의 생산을 조절하고 전지구적 시장을 관리하며 부와 유통의 흐름을 필터링하는 역할을 한다. 귀족정은 화폐를 그 고유한 명령수단으로 가지고 있다. 특히 제국의 경제는 화폐화된 자본, 즉 금융자본의 거대한 팽창이라는 특징을 가지고 있다. 제국의 귀족적 층위는 전지구적으로 활동하는 금융자본의 이해관계를 조절하는 역할을 하며, 그 주요한 조절수단이 바로 화폐이다. 동아시아 통화위기와 그에 대한 IMF의 개입에서 알 수 있듯이 이제 화폐를 통한 조절이 국민국가의 경제정책에 막대한 영향력을 미치고 있다. 이러한 상황에서 국민국가의 경제주권은 약화될 수밖에 없다.

제국의 혼합된 정체를 구성하는 세번째 층위는 다중을 재현/대표 (representation)하는 기능을 하는 민주정이다. 어떤 초월적 질서에 의해서 하나의 정체성으로 묶일 수 없는 다양한 주민들은 의회와 같은 국민국가의 대의기관들, 세계시민의 공익을 대변하는 국제NGO들, 전지구적 여론을 반영한다는 국제적 미디어 등에 의해 국민, 시민, 공중 등의 특정한 정체성으로 재현된다. 제국의 민주정이 사용하는 명령수단은 '에테르'이다. 즉 에테르를 타고 전지구적으로 퍼져가는 전파들, 전지구적 미디어들이 방사하는 시청각적 이미지, 기호, 서사들이 다중의 욕망을 관리하고, 삶의 방식을 통제하는 수단으로 작동한다는 것이다.

이렇게 네그리와 하트는 제국의 주권권력을 네트워크적 특징과 혼합된 정체라는 특징을 통해서 포착하고 있다. 그리고 그들은 들뢰즈를 따라서, 이 제국의 주권권력이 작동하는 방식을 훈육(discipline)에서 통제(control)로의 이행으로 파악한다. 제국은 통제사회라는 것이 이들의 기본적 관점이다.

네그리와 하트의 통제사회 논의에서 중요한 지점은 시민사회의 위상변화에 있다. 이들에 의하면 시민사회는 더 이상 국가에 대하여 자율적이지 않다(네그리·하트, 『디오니소스의 노동』 2권, 135~142쪽). 이들은 시민사회를 대중들 각각의 특수한 이익이 국가의 보편적 이익에 의해 통합되고 교화되는 공간으로 이해하는 것이다. 시민사회는 국가와 대중을 매개하는 공간이다. 시민사회가 이러한 매개를 수행하는 방식은 훈육이다. 훈육이란 『감시와 처벌』에서 푸코가 분석한 개념으로서, 가령 학교에서는 학생이라는 정체성을 형성하도록 학생의 신체를 훈련시키는 방식을 말한다. 학교는 앉는 자세, 인사하는 법, 시험, 체벌 등의 과정을 통하여 학생이라는 특별한 주체를 만들어내는 것이다. 푸코는 학생뿐만 아니라 근대적 주체가 기본적으로 훈육에 의해서 태어난다고 보았다. 시민사회를 구성하는 주요 제도들인 노동조합, 당, 학

<1968년, 1848년의 연속> 1968년은 혁명의 새로운 개념이 태어난 해이다. 대중
을 선도하고 조직하는 전위도 없고, 국가권력을 장악하여 사회를 변혁시키고자
하는 특별한 프로그램도 없이 대중의 능동적 힘이 표현되고, 이질적 요구들이 접
속되었던 혁명. 월러스틴은 68년 혁명을 1848년 혁명과 1989년 동구혁명이라는
반체제운동의 순환주기 속에서 파악하며, 네그리와 하트는 68년 혁명의 대중 속
에서 제국에 대항하는 다중의 출현을 읽는다.

교, 종교 등은 대중들 각각의 특수한 이익을 국가의 보편적 이익 안으로 통합하는 훈육장치로 작동했다는 것이다.

그러나 1968년 서구사회에서 이러한 훈육장치에 대한 전면적인 반란이 대중에 의해 일어난 이후 시민사회의 기능은 변화했다. 이러한 변화가 바로 훈육사회에서 통제사회로의 이행이다. 훈육이 학교, 공장, 노동조합, 교회, 감옥 등과 같은 분절된 장소를 통해서 개인의 신체에 작동했다면, 통제는 특정한 기능을 담당하는 분절된 장소들을 가로질러 사회 전체를 동일한 코드로 관리하는 권력의 작동방식이다. 모든 훈육적 장소는 동일한 통제의 논리에 의해서 초코드화된다. 통제의 핵심은 이 탈장소적이고 초코드화된 권력의 명령이 주체들에게 내면화되어 있다는 데 있다. 통제사회의 주체들은 사회를 분절하는 각각의 제도에 특유한 명령에 의해 움직이지 않으며, 그 제도들을 관통하는 하나의 명령을 자기 내부의 목소리로 듣고 있는 것이다.

정리하면, 제국이란 초국적 기업들로 대표되는 자본, UN·IMF·WTO·IBRD 같은 초국적 기구들, 그리고 각 국민국가들이 네트워크를 이뤄 전지구상의 주민들의 삶을 통제하는 탈국가화된 주권체제라고 할 수 있다. 여기서 국민국가는 더 이상 배타적 주권을 소유한 독립적이고 자율적인 공동체가 아니라 이러한 네트워크적 주권체를 구성하고 이 주권체의 권력을 실행하는 마디의 일부이다(조정환, 『제국기계 비판』, 92쪽). 또한 세계질서 역시 더 이상 배타적 주권공동체인 국민국가들 간의 질서에 따라 규정되지 않는다. 국민국가, 초국적 자본, 그리고 각종 초국적 기구들이 함께 구성하는 네트워크에 의해 세계질서가 규정된다. 이런 의미에서 이제 세계질서는 국제적(international) 질서가 아니라 초국가적 질서(super-national)이다.

6. 다중, 특이성들의 협력

네그리와 하트는 제국이라는 전지구적 주권체제의 등장이 자본과 권력의 자기 주도적인 발전프로그램에 의해서 이뤄진 것이 아니라고 주장한다. 정보화로 집약되는 자본주의의 재구조화나 네트워크 주권으로 규정되는 제국은 아래로부터의 반란과 저항에 직면한 자본과 권력이 그에 수세적으로 대응한 결과이다. 저항의 힘이 지배의 형태와 방식을 변화시킨 것이다. 이런 의미에서 네그리와 하트는 지배의 힘보다 우선하는 저항의 힘을 발견하며, 지배에 대한 저항의 일차성을 강조한다.

네그리와 하트는 제국의 시대에 나타나는 저항의 집합적 주체를 '다중'(multitude)이라는 개념으로 제시한다. 시애틀, 워싱턴, 프라하, 제노바, 홍콩 등으로 이어진 반세계화 시위, 고대 마야문명의 언어를 인터넷을 통해 전세계로 전파하며 신자유주의와 투쟁하는 멕시코 치아파스 정글의 사파티스타 투쟁, 신자유주의 네트워크에 반대하여 반신자유주의 네트워크를 구성한 세계사회포럼, 그리고 부시 정부의 이라크 파병을 반대하여 전세계에서 동시다발적으로 벌어진 반전 시위 등등 ……. 이러한 투쟁의 주체들은 전통적 투쟁 주체의 범주였던 민중, 민족, 시민, 계급 등으로는 포착되지 않는다.

사회주의자, 민족주의자, 생태주의자, 무정부주의자, 자유주의자, 공산주의자, 페미니스트가 그 어떤 조직적 중심 없이, 반신자유주의라는 공통의 과제를 위해 국경을 넘어서 모이고 함께 행동한 반세계화 시위의 주체들을 어떻게 규정할 수 있을까? 이들은 성별, 인종, 국적, 계급, 이념 등에서 그 어느 하나의 원리로도 환원될 수 없었지만 협력과 상호소통을 통해 함께 투쟁을 전개했다. 이렇게 다양하고 다질적인 차이들이 소통과 협력을 통해서 어떤 공통적인 것을 만들어가는 집합적 주체성을 네그리와 하트는 다중이라고 부른다.

네그리와 하트는 다중을 특이성들이 소통하고 협력하는 네트워크로 규정한다. 제국의 경제적 특징인 정보화는 다중의 네트워크적 성격을 더욱 강화시킨다. 그 이유는 현대자본주의에서 노동의 성격이 변화되었기 때문이다. 현대자본주의에서는 노동의 생산물이 구체적인 물질적 재화가 아니라 서비스나 감정 혹은 이미지 등이 되는 비물질적인 성격을 갖게 되었다고 그들은 파악한다. 또한 현대자본주의는 지식과 정보의 네트워크, 창의력과 혁신능력과 같이 물질적 재화로 귀결되지 않는 비물질적인 생산력에 의존하여 잉여가치, 즉 이윤을 창출한다. 여기서는 지식과 감응 그리고 커뮤니케이션 같은 비물질적 재화를 생산하는 노동이 가장 핵심적인 역할을 담당한다. 비물질적 노동은 노동하는 이들의 협력과 소통을 촉진하고 그 능력을 노동자들 내부에 각인시킬 수밖에 없게 된다는 것이다.

여기서 더욱 중요한 것은 비물질적 노동이 더 이상 공장과 사무실 같은 작업장에서의 가치생산 활동에 국한되지 않는다는 데 있다. 네그리와 하트에 따르면 가치를 생산하는 활동, 즉 노동은 사회의 모든 영역에 걸쳐서 이뤄진다. 가령 싸이월드의 미니홈피에 사진을 올리는 자발적 행동은 노동이 아닌 것 같지만 싸이월드의 자산가치를 높여주는 활동이며, 은행에서 ATM을 이용해 은행업무를 보는 우리의 일상적 활동은 은행의 비용을 절감시켜 주는 활동이 된다. 자본은 더 이상 노동이 아닌 자발적 활동을 자신의 가치증식 활동에 포섭하고 있는 것이다(이진경, 『미-래의 맑스주의』, 170~172쪽). 공장과 사무실 밖에서 이뤄지는, 즉 사회와 문화의 일상적 영역에서 이뤄지는 활동이 자본의 가치

<사회적 지식과 프롤레타리아트> 맑스는 자본주의가 발전할수록 생산에서 인간의 직접적 노동이 차지하는 비중은 극히 미미해지고, 기계의 역할은 커질 것이라고 예측했다. 그리고 그에 따라 핵심적인 생산력은 기계를 개발하고 운영하는 사회적 지식이 되며, 그것이 프롤레타리아트의 해방을 위한 중요한 자원이 될 것이라고 예측한 바 있다. 이러한 예측은 지식기반경제로 불리는 현대자본주의에서 실현되어가고 있다. 그러나 아직도 새로운 생산력인 사회적 지식은 여전히 자본가에 의해 관리되고 있는 것 또한 현실이다. 문제는 결국 사회적 지식이 어떤 사회적 관계 안에 놓여 있는가이다.

증식을 위한 활동으로 포섭되는 이러한 상황을 이들은 자본에 의한 사회의 실질적 포섭이라고 부르며, 실질적 포섭의 시대에 공장 밖에서 이뤄지는 노동을 사회적 노동이라고 명명한다. 그리고 사회적 노동 역시 비물질적 노동의 성격이 강하다. 사회적 노동 역시 물질적 재화를 생산하는 활동보다는 지식, 정보, 감응, 커뮤니케이션 등과 같은 비물질적 재화를 생산하는 활동이 핵심적이기 때문이다. 집에서 내 손으로 가구를 조립하는 것보다는 싸이월드에 사진을 올리고, 네이버 붐에 동영상을 올리는 활동이 자본에게 보다 큰 이익을 가져다주는 것이다. 또한 공장과 사무실 밖에서 이뤄지는 비물질적 노동 역시 협력과 소통의 네트워크를 통해서 이뤄지며 이러한 사회적 노동을 수행하는 이들의 협력과 소통의 능력을 증진시키게 된다. 공장과 사무실 그리고 그것 밖에 있는 사회적·문화적 활동이 비물질적 노동이 되어 자본에 의해 포섭되지만, 그 결과는 자본의 의도와는 다르게 협력과 소통의 능력을 증대시키며 그것의 네트워크를 창출한다. 현대자본주의의 핵심적 노동방식은 특이성들의 협력과 소통의 네트워크로 규정되는 다중이 등장하는 현재적 조건이 되는 것이다.

특이성의 소통과 협력으로 규정되는 다중의 존재론적 특성은 제국의 주권권력에 맞서 투쟁하는 그들의 정치적 주체성 역시 규정한다. 다중은 환원불가능한 차이들을 가진 특이성들(singularities)의 집합이다. 이미 지적했듯이 민족, 인종, 성별, 계급 등 그 어떤 초월적 정체성으로도 다중을 구성하는 특이성들은 환원되지 않는다. 다만 그들은 네트워크라는 형태로 서로 소통하고 협력하여 전지구적 자본과 전지구적 주권과 투쟁한다고 네그리와 하트는 설명한다. 시애틀의 반세계화 시위대가 보여준 투쟁양상이 다중이 협력하는 방식이며, 사파티스타

<다중, 특이성들의 협력> 스피노자는 공포를 잃은 다중은 권력에게 공포의 대상
이 된다고 했다. 다중은 무엇보다도 무리이다. 그들은 민족, 국민, 시민, 계급 등
하나의 정체성으로 환원될 수 없다. 그러나 그들의 차이는 서로에게 무관심하여
만날 수 없는 고립된 고유성이 아니다. 전지구적 반전 시위와 반세계화 시위에서
볼 수 있듯이 다양한 차이를 가진 이들이 자신의 요구를 가지고 함께 싸운다. 무
수한 무리들이 일관된 리듬을 형성하여 행동하는 것이 다중이다. 다중은 특이성
들의 협력을 통해 만들어지는 공통성이다.

가 인터넷으로 전세계의 반신자유주의 운동가들과 토론하는 모습이
다중이 소통하는 방식이라는 것이다.

7. May the Force Be with You!

네그리와 하트는 이러한 다중의 소통과 협력에 기반한 정치에서 제국
과 싸우는 투쟁의 주체들을 발견한다. 다중은 전지구적 자본주의가 보
다 많은 이윤을 창출하기 위해 구축한 비물질적 노동의 조건 속에서 더
욱 분명하게 자신들의 네트워크를 구축해가고 있으며, 자본과 주권권
력으로부터 자율적인 다중의 네트워크가 창출하는 민주주의에서 제국
을 넘어설 정치적 대안을 발견하고자 한다.

'제국'과 '다중' 개념은 전지구화된 자본주의와 전지구적 정치질
서, 그리고 그에 저항하는 반란의 집합적 주체성을 사유하는 데 유의미
한 새로운 관점을 제공하고 있다. 지배의 힘보다 저항과 반란의 힘이
일차적임을 강조하고 현대자본주의가 역설적이게도 자본으로부터 독
립적으로 작동할 수 있는 소통과 협력의 네트워크를 창출하는 상황에
대한 분석을 통해서 이들은 자본주의의 지배가 결코 초역사화될 수 없
고, 영원할 수 없음을 보여준다.

물론 이들의 논의가 지나치게 낙관주의적 경향을 가지고 있는 것
은 사실이다. 하지만 모든 삶의 영역을 상품화하고 심지어 자신에 대한
저항조차 상품으로 만들어버리는 신자유주의, 현대의 자본주의에 대
한 비관적 전망과 냉소적 대응이 점차 확산되어가는 시점에서 이 질서
에 저항할 수 있고 다른 질서를 구성할 수 있는 다중들의 능력을 강조
하는 관점은 자본주의를 넘어서는 투쟁과 활동을 촉발하기 위하여 반

드시 필요한 것이다. 오히려 전지구화된 자본주의가 그 어느 시대의 자본주의보다 그 막강한 능력을 증명하고 있는 지금, 그것이 어떻게 작동하는지에 대한 정밀한 분석과 더불어 그러한 자본주의를 전복하는 힘을 어디서 발견해야 하는지에 대한 관점을 갖는 것 역시 필수불가결한 것이 아닐까? 그런 의미에서 우리는 네그리와 하트의 제국과 다중에 관한 논의를 보다 적극적으로 읽을 필요가 있다. 이윤이 절대화되는 자본의 질서가 네트워크적인 주권권력을 통해 전지구를 가로지르는 지금 네그리와 하트의 '제국'과 '다중'에 대한 논의는 이 질서를 넘어서, 자유로운 인간들이 연합하는 질서를 구성하기 위한 토론과 실천의 의미 있는 출발점이 될 수 있을 것이다.

.참고문헌.

1강 근대사회와 모더니티

Clastres, Pierre(1974). *La société contre l'État*, Paris : Minuit. 〔홍성흡 옮김, 『국
   가에 대항하는 사회 : 정치인류학 논고』, 이학사, 2005.〕

Elias, Norbert(1969). *Die höfische Gesellschaft : Untersuchung zur Soziologie
   der Konigtums und der hofischen Aristokratie*, Darmstadt-Neuwied :
   Luchterhand. 〔박여성 옮김, 『궁정사회』, 한길사, 2003.〕

Mauss, Marcel(1968). "Essai sur le don : Forme et raison de l'échange dans
   les sociétés archaïques"(1924), *Sociologie et anthropologie*, Paris : PUF. 〔이
   상률 옮김, 『증여론』, 한길사, 2002.〕

2강 자본주의, 혹은 자본의 공리계

이진경(2006). 「계급과 비-계급의 계급투쟁」, 『미-래의 맑스주의』, 그린비.

Clastres, Pierre(1974). *La société contre l'État*, Paris : Minuit. 〔홍성흡 옮김, 『국
   가에 대항하는 사회 : 정치인류학 논고』, 이학사, 2005.〕

Deleuze, Gilles, et Félix Guattari(1977). *L'Anti-Oedipe : Capitalisme et schizo-
   phrénie I*, Paris : Minuit. 〔최명관 옮김, 『앙띠-오이디푸스 : 자본주의와 정신분열
   증』, 민음사, 1995.〕

Marx, Karl(1964). "Das Kapital I"(1867), *Karl Marx/Friedrich Engels Werke*,
   Bd. 23, Berlin : Dietz Verlag. 〔김수행 옮김, 『자본론』 I(상/하), 비봉출판사,

1992.〕

Polanyi, Karl(1977). *The Livelihood of Man*, New York:Academic Press. 〔박
현수 옮김, 『사람의 살림살이』, 풀빛, 1998.〕

Weber, Max(1905). *Die protestantische Ethik und der 'Geist' des Kapitalismus*,
Tubingen:J.C.B. Mohr. 〔박성수 옮김, 『프로테스탄티즘의 윤리와 자본주의 정
신』, 문예출판사, 1995.〕

_____(1923). *Wirtschaftsgeschichte:Abriss der universalen Sozial- und Wirt-
schafts-geschichte*, Leipzig:Dunker & Humblot. 〔조기준 옮김, 『사회경제사』,
삼성출판사, 1991.〕

3강 자본주의와 노동의 체제

Foucault, Michel(1961). *Histoire de la folie à l'âge classique*,
Paris:Gallimard. 〔이규현 옮김, 『광기의 역사』, 나남, 2003.〕

Marx, Karl(1964a). "Das Kapital I" (1867), *Karl Marx/Friedrich Engels Werke*,
Bd. 23, Berlin:Dietz Verlag. 〔김수행 옮김, 『자본론』 I(상/하), 비봉출판사,
1992.〕

Polanyi, Karl(1944). *The Great Transformation:The Political and Economic
Origins of Our Time*, Boston:Beacon Press. 〔박현수 옮김, 『거대한 변환:우리
시대의 정치적·경제적 기원』, 민음사, 1996.〕

4강 화폐의 권력, 반화폐의 정치학

고병권(2005). 『화폐, 마법의 사중주』, 그린비.

이진경(2006). 『미-래의 맑스주의』, 그린비.

Deleuze, Gilles, et Félix Guattari(1977). *L'Anti-Oedipe:Capitalisme et schizo-
fhrénie I*, Paris:Minuit. 〔최명관 옮김, 『앙띠-오이디푸스:자본주의와 정신분열
증』, 민음사, 1995.〕

_____(1980). *Mille plateaux:Capitalisme et schizofhrénie II*, Paris:Minuit. 〔이
진경·권혜원 옮김, 『천의 고원』(전2권), 연구공간 너머, 2000.〕

Lietaer, Bernard(2002). *The Future of Money : Creating New Wealth, Work* and a Wiser World, London: Random House Business. 〔「공동체 화폐」, 『녹색평론』(제65호), 2002년 7~8월호.〕

Marx, Karl(1958). "Zur Kritik der Politischen Ökonomie"(1859), Karl Marx/Fried-rich Engels Werke, Bd.13, Berlin: Dietz Verlag. 〔김호균 옮김, 『정치경제학비판을 위하여』, 중원, 1989.〕

_____(1975)."Ökonomisch-philosophische Manuskripte aus dem Jahre 1844" (1844), Karl Marx/Friedrich Engels Werke, Bd.40, Berlin: Dietz Verlag. 〔최인호 옮김, 『1844년의 경제학-철학 초고』, 박종철출판사, 1991.〕

_____(1983). "Grundrisse der Kritik der Politischen Ökonomie"(1857), Karl Marx/Friedrich Engels Werke, Bd.42, Berlin: Dietz Verlag. 〔김호균 옮김, 『정치경제학비판요강』(전2권), 백의, 2000.〕

Polanyi, Karl(1947). "Our Obsolete Market Mentality: Civilization Must Find a New Thought Pattern", Commentary, vol.3, no.2. 〔홍기빈 옮김, 『전세계적 자본주의인가 지역적 계획경제인가』, 책세상, 2002.〕

Weber, Max(1923). Wirtschaftsgeschichte: Abriss der universalen Sozial- und Wirtschafts-geschichte, Leipzig: Dunker & Humblot. 〔조기준 옮김, 『사회경제사』, 삼성출판사, 1991.〕

5강 자본주의와 계급이론

고병권(2006). 「한미FTA와 한국사회의 양극화」, 『한미FTA 국민보고서』, 그린비.

김원(2005). 「신자유주의 하에서 노동조합의 균열구조 변화」, 『아세아연구』(제48권/통권121호).

나델, 지그프리트·니코스 풀란차스 외(1986). 『사회계급론』, 백산서당.

『동아일보』 2004년 1월 26일자.

브라이튼 노동과정그룹(1986). 허석렬 편, 「자본주의적 노동과정」, 『현대자본주의와 노동과정』, 이성과현실사.

이진경(2004). 『자본을 넘어선 자본』, 그린비.

Balibar, Étienne(1974). "Plus-value et classes sociales", Cinq études du matérialisme historique, Paris: Maspéro. 〔이해민 옮김, 「잉여가치와 사회계급」, 『역사유물론 연구』, 푸른산, 1989.〕

_____(1985). "De la lutte des classes à la lutte sans classes?", *Marx en perspective*, Bernard Chavance, ed., Paris : Éditions l'École des Hautes Études en Sciences Sociales. 〔계급투쟁에서 계급 없는 투쟁으로?」, 서관모 편역, 『역사유물론의 전화』, 민맥, 1993.〕

_____(1985). "L'Idée d'une politique de classe chez Marx"(1983), *Marx en perspective*, Bernard Chavance, ed., Paris : Éditions l'École des Hautes Études en Sciences Sociales. 〔「맑스의 계급정치 사상」, 서관모 편역, 『역사유물론의 전화』, 민맥, 1993.〕

Giddens, Anthony(1997). *Sociology*(3rd edition), Cambridge : Polity Press. 〔김미숙 외 옮김, 『현대 사회학』, 제3판, 을유문화사, 1998.〕

6강 역사 속의 어린이, 어린이의 역사

김경수(2000). 「어린이의 시간과 공간 : 순응인가, 아니면 생성적 변화인가」, 『문화과학』(통권 21호/봄).

김혜경(2006). 『식민지하 근대가족의 형성과 젠더』, 창작과비평사.

동아일보(1928). 「조직체를 변경한 朝鮮少總同盟의 첫 중앙집행위원회의 결의」, 『동아일보』, 1928년 3월 28일자.

백혜리(1996). 『조선시대 성리학, 실학, 동학의 아동관 연구』, 이화여자대학교 박사학위논문.

손향숙(2005). 「영국 중산층의 성장과 탄생기 아동문학」, 『동화와 번역』, 동화와 번역연구소.

원종찬(2001). 『아동문학과 비평정신』, 창작과 비평사.

이진경(2000). 『근대적 주거공간의 탄생』, 소명.

이치석(2005). 『전쟁과 학교』, 삼인.

조현범(1997). 「'어린이기'의 탄생과 근대적 가족 모델의 등장」, 『근대성의 경계를 찾아서』, 새길.

최기숙(2001). 『어린이 이야기, 그 거세된 꿈』, 책세상.

柄谷行人(1988). 「兒童の發見」, 『日本近代文學の起源』, 講談社. 〔박유하 옮김, 「아동의 발견」, 『일본 근대문학의 기원』, 민음사, 1997.〕

Ariès, Philippe(1973). *L'enfant et la vie familiale sous l'Ancien Régime*,

Paris : Seuil. 〔문지영 옮김, 『아동의 탄생』, 새물결, 2003.〕

_____(1985~1987). *Histoire de la vie privée*, Paris : Seuil. 〔성백용 외 옮김, 『사생활의 역사』 2권~5권, 새물결, 2002~2006.〕

Bruckner, Pascal(1995). *La tentation de l'innocence*, Paris : Bernard Grasset. 〔김웅권 옮김, 『순진함의 유혹』, 동문선, 1999.〕

Flandrin, Jean-Louis(1981). *Le sexe et l'occident : Evolution des attitudes et des comportements*, Paris : Seuil. 〔편집부 옮김, 『성의 역사』, 동문선, 1994.〕

Foucault, Michel(1984). *Histoire de la sexualité*, Tome. II, La volonté de savoir, Paris : Gallimard. 〔문경자·신은영 옮김, 『성의 역사 2』, 나남출판, 1990.〕

_____(1984). *Les Anormaux*, Paris : Seuil. 〔박정자 옮김, 『비정상인들』, 동문선, 2001.〕

Le Goff, Jacques(1988). *Medieval Civilization*, 2vols, Oxford : Blackwell. 〔유희수 옮김, 『서양 중세 문명』, 문학과 지성사, 1992.〕

Nikolajeva, Maria(1995). *Children's Literature Comes of Age*, New York : Garland. 〔김서정 옮김, 『용의 아이들』, 문학과 지성사, 2004.〕

Sole, Jacque(1976). *L'amour en Occident à l'époque moderne*, Paris : Albin Michel. 〔이종민 옮김, 『성애의 사회사』, 동문선, 1996.〕

Townsend, John Rowe(1977). *Written for Children : An Outline of English-language Children's Literature*, Harmondsworth : Penguin Books. 〔강무홍 옮김, 『어린이 책의 역사』, 시공주니어, 1996.〕

7강 근대적 주거공간의 계보학

김동국(1999). 『서양 사회복지사론』, 유풍.

Ariès, Philippe(1973). *L'enfant et la vie familiale sous l'Ancien Régime*, Paris : Seuil. 〔문지영 옮김, 『아동의 탄생』, 새물결, 2003.〕

_____(1985~1987). *Histoire de la vie privée*, Paris : Seuil. 〔전수연 옮김, 『사생활의 역사』 4권, 새물결, 2002.〕

_____(1994). "Das Kind und die Straße : Von der Stadt zur Anti-Stadt. Aus dem Französischen von Renate Heimbucher", *Freibeuter*, 60.

Benevolo, Leonardo(1967). *The Origins of Modern Town Planning*,

Cambridge : M.I.T. Press, 1967. [장성수·윤혜정 옮김, 『근대 도시계획의 기원과 유토피아』, 태림문화사, 1996.]

Bullock, Nicholas and James Read(1985). *The Movements for Housing Reform in Germany and France, 1840~1914*, Cambridge : Cambridge University Press.

Daumard, Adeline(1965). *Maisons de Paris et propriétaires parisiens au XIXe siècle*, Paris : Cujas.

Daunton, M. J.(1983). *House and Home in the Victorian City : Working Class Housing, 1850~1914*, London : Baltimore, Md., USA : E. Arnold.

Donzelot, Jacques(1977). *La Police des familles*, Paris : Minuit.[Robert Hurley, trans., The Policing of Families, Baltimore : Johns Hopkins University Press, 1997.]

Eleb-Vidal, Monique, et Anne Debarre-Blanchard(1989). *Architectures de la vie prive*, Bruxelles : Aux Archives d'architecture moderne.

Farge, Arlette(1986). *La vie fragile : Violence, pouvoirs et solidarités à Paris au XVIIIe siècle*, Paris : Hachette.

Flandrin, Jean-Louis(1981), *Le sexe et l'occident: Evolution des attitudes et des comportements*, Paris : Seuil. [편집부 옮김, 『성의 역사』, 동문선, 1994.]

Gauldie, Enid(1974). *Cruel Habitations : A History of Working-Class Housing 1780~1918*, London : Allen & Unwin.

Guerrand, Roger-Henri(1987). *Propriétaires et locataires : Les origines du logement social en France 1850~1914*, Paris : Quintette.

Murard, Lion, et Patrick Zylberman(1980). *Le petit travailleur infatigable : Villes-usines, habitat et intimités au XIXe siècle*[2e édition], Paris : Recherches.

Poovey, Mary(1995). *Making a Social Body : British Cultural Formation, 1830~1864*, Chicago : University of Chicago Press.

Shorter, Edward(1975). *The Making of the Modern Family*, New York : Basic Books.

Tarn, John N.(1971). *Working-Class Housing in 19th Century Britain*, London : Lund Humphries for the Architectural Association.

_____(1973). *Five Percent Philanthropy: An Account of Housing in Urban Areas between 1840 and 1914*, Cambridge : Cambridge University Press.

Wohl, Anthony S.(1971). "The Housing of the Working Class in London, 1815~1914", *The History of Working-Class Housing : A Symposium*, Totowa : Rowman and Littlefield.

8강 근대도시의 형성과 그 원천들

김인 · 박수진 편(2006). 『도시해석』, 푸른길.

대한국토도시계획학회 편(2004). 『서양도시계획사』, 보성각.

이진경(2002). 『근대적 시 · 공간의 탄생』, 푸른숲.

_____(2004). 『자본을 넘어선 자본』, 그린비.

최병두(2002). 『근대적 공간의 한계』, 삼인.

하성규 외(2000), 『현대도시와 사회』, 형설출판사.

Benevolo, Leonardo(1971). *The Tradition of Modern Architecture*, London : Routledge. 〔윤재희 외 옮김, 『세계 도시사』, 세진사, 1996.〕

Braudel, Fernand(1979a). *Civilisation matérielle, économie et capitalism, XVe ~XVIIIe siècle*, Tome I. *Les structures du quotidien : Le possible et l'impossible*, Paris : Armand Colin. 〔주경철 옮김, 『물질문명과 자본주의 : 일상생활의 구조』 I-2, 까치, 1995.〕

Hall, Peter G.(1998). *Cities of Tomorrow : An Intellectual History of Urban Planning and Design in the Twentieth Century*, London : Blackwell. 〔임창호 외 옮김, 『내일의 도시』, 한울아카데미, 2005.〕

Harvey, David(2003). *Paris, Capital of Modernity*, London : Routledge. 〔김병화 옮김, 『모더니티의 수도 파리』, 생각의나무, 2005.〕

Marx, Karl(1964). "Das Kapital I"(1867), *Karl Marx/Friedrich Engels Werke*, Bd. 23, Berlin : Dietz Verlag. 〔김수행 옮김, 『자본론』 I(상/하), 비봉출판사, 1992.〕

Mumford, Lewis(1961). *The City in History : Its Origins, Its Transformations*, New York : Harcourt, Brace & World. 〔김영기 옮김, 『역사 속의 도시』, 명보문화사, 1990.〕

9강 자본주의와 이동의 문제

Foucault, Michel(1961). *Histoire de la folie à l'âge classique*,
Paris : Gallimard. 〔이규현 옮김, 『광기의 역사』, 나남, 2003.〕

Schmitt, Carl(1950). *Der Nomos der Erde im Völkerrecht des jus publicum Europaeum*, Köln : Greven. 〔최재훈 옮김, 『대지의 노모스』, 민음사, 1995.〕

Virilio, Paul(1977). *Vitesse et Politique*, Paris : Galileé. 〔이재원 옮김, 『속도와 정치』, 그린비, 2004.〕

10강 폴리스의 정치학

Arendt, Hannah(1958). *The Human Condition*, Chicago : University of Chicago
Press. 〔이진우·태정호 옮김, 『인간의 조건』, 한길사, 1997.〕

Foucault, Michel(1975). *Surveiller et punir : Naissance de la prison*, Paris :
Gallimard. 〔오생근 옮김, 『감시와 처벌』, 나남, 1994.〕

_____(1976). *Histoire de la sexualité*, Tome. I, *La volonté de savoir*, Paris :
Gallimard. 〔이규현 옮김, 『성의 역사 1』, 나남출판, 1990.〕

_____(1994). *Dits et écrits,* Tome. III : 1976~1979, Daniel Defert, et François
Ewald, éd., Paris : Gallimard. 〔정일준 옮김, 『미셸 푸코의 권력이론』(발췌), 새물결, 1994.〕

_____(1997). *Il faut défendre la société : Cours au Collège de France,
1975~1976*, Paris : Gallimard/Seuil. 〔박정자 옮김, 『사회를 보호해야 한다』, 동문선, 1998.〕

Reich, Wilhelm(1946). *The Mass Psychology of Fascism*, New York : Orgone
Institute Press. 〔황선길 옮김, 『파시즘의 대중심리』, 그린비, 2006.〕

11강 자본주의의 미래, 미래의 자본주의

Aronowitz, Stanley(1998). *Post-work : The Wages of Cybernation*, London :
Routledge.

Castells, Manuel(1996). *The Rise of the Network Society*,

Cambridge: Blackwell, 1996. 〔김묵한 외 옮김, 『네트워크 사회의 도래』, 한울, 2003.〕

Dyer-Witheford, Nick(1999). *Cyber-Marx: Cycles and Circuits of Struggle in High-technology Capitalism*, Urbana: University of Illinois Press. 〔신승철·이현 옮김, 『사이버-맑스』, 이후, 2003.〕

Martin, Hans-Peter und Harald Schumann(1996). *Die Globalisierungsfalle*, Hamburg: Rowohlt. 〔강수돌 옮김, 『세계화의 덫』, 영림카디널, 1997.〕

Marx, Karl(1964a). "Das Kapital I"(1867), *Karl Marx/Friedrich Engels Werke*, Bd. 23, Berlin: Dietz Verlag. 〔김수행 옮김, 『자본론』 I(상/하), 비봉출판사, 1992.〕

Negri, Antonio(1989). *The Politics of Subversion*, Cambridge: Polity Press.

Negri, Antonio, and Michael Hardt(2000). *Empire*, Cambridge: Harvard University Press. 〔윤수종 옮김, 『제국』, 이학사, 2001.〕

Rifkin, Jeremy(1994). *The End of Work: The Decline of the Global Labor Force and the Dawn of the Post-Market Era*, New York: J. P. Tarcher/Putnam. 〔이영호 옮김, 『노동의 종말』, 민음사, 1996.〕

12강 생명복제와 생명의 경제학

이진경(2002). 『노마디즘』(전2권), 휴머니스트.

Andrews, Lori B., and Dorothy Nelkin(2001). *Body Bazaar: The Market for Human Tissue in the Biotechnology Age*, New York: Random House. 〔김명진·김병수 옮김, 『인체 시장』, 궁리, 2006.〕

Baskin, Yvonne(1997). *The Work of Nature: How the Diversity of Life Sustains Us*, Washington, D.C.: Island Press. 〔이한음 옮김, 『아름다운 생명의 그물』, 돌베개, 2003.〕

Harris, Marvin(1974). *Cows, Pigs, Wars and Witches: The Riddles of Culture*, New York: Random House. 〔박종열 옮김, 『문화의 수수께끼』, 한길사, 1982.〕

Ho, Mae-Wan(1998). *Genetic Engineering, Dream or Nightmare?: The Brave New World of Bad science and Big Business*, Penang: Third World Network. 〔이혜경 옮김, 『나쁜 과학』, 당대, 2005.〕

Keller, Evelyn Fox(2000). *The Century of the Gene*, Cambridge:Harvard University Press. 〔이한음 옮김, 『유전자의 세기는 끝났다』, 지호, 2002.〕

Lovelock, James E.(1979). *Gaia : A New Look at Life on Earth*, New York:Oxford University Press. 〔홍욱희 옮김, 『가이아 : 생명체로서의 지구』, 범양사, 1990.〕

Mauss, Marcel(1950). "Essai sur le don:Forme et raison de l'échange dans les sociétés archaïques"(1924), *Sociologie et anthropologie*, Paris:PUF. 〔이상률 옮김, 『증여론』, 한길사, 2002.〕

Monod, Jacques Lucien(1970). *Le hasard et la nécessité: Essai sur la philosophie naturelle de la biologie moderne*, Paris:Seuil. 〔김용준 옮김, 『우연과 필연』, 삼성출판사, 1990.〕

13강 소수자와 차이의 정치

이진경(2006). 『미-래의 맑스주의』, 그린비.

Agamben, Giorgio(1996). "Beyond Human Rights", *Means without End*, Vincenzo Binetti, and Cesare Casarino, trans., Minneapolis:University of Minnesota Press. 〔양창렬·김상운 옮김, 「인권을 넘어」, 『자율평론』 13호, 2005.〕

Arendt, hannah(1943). "We Refugees", *The Menorah Journal, January 1943, XXXI*, New York:Intercollegiate Menorah Association.

Badiou, Alain(1993). *L'éthique : Essai sur la conscience du mal*, Paris : Hatier. 〔이종영 옮김, 『윤리학』, 동문선, 2003.〕

Balibar, Étienne(1994). *Masses, Classes, Ideas : Studies on Politics and Philosophy before and after Marx*, London:Routledge, 1994.〔윤소영 옮김, 『인권의 정치와 성적 차이』, 공감, 2003.〕

Deleuze, Gilles, et Félix Guattari(1980). *Mille plateaux:Capitalisme et schizophrénie II*, Paris:Minuit. 〔이진경·권혜원 옮김, 『천의 고원』(전2권), 연구공간 너머, 2000.〕

Foucault, Michel(1961). *Histoire de la folie à l'âge classique*, Paris:Gallimard. 〔이규현 옮김, 『광기의 역사』, 나남, 2003.〕

Marcos(2001). *Our Word Is Our Weapon : Selected Writings*, New

York : Seven Stories Press. 〔윤길순 옮김, 『우리의 말이 우리의 무기입니다』, 해
냄, 2002.〕

Marx, Karl(1972). "Manifest des Kommunistischen Partei"(1848), *Karl Marx/Friedrich Engels Werke*, Bd. 4, Berlin : Dietz Verlag. 〔「공산주의당 선
언」, 최인호 외 옮김, 『맑스·엥겔스 저작선집』 1, 박종철출판사, 1990.〕

Negri, Antonio, and Michael Hardt(2000). *Empire*, Cambridge : Harvard
University Press. 〔윤수종 옮김, 『제국』, 이학사, 2001.〕

14강 전지구화, 혹은 제국과 다중

조정환(2002). 『지구 제국』, 갈무리.

_____(2005). 『제국기계 비판』, 갈무리.

Bauman, Zygmunt(1998). *Globalization : The Human Consequences*, New
York : Columbia University Press. 〔김동택 옮김, 『지구화, 야누스의 두 얼굴』,
한길사, 2003.〕

Foucault, Michel(1975). *Surveiller et punir : Naissance de la prison*, Paris :
Gallimard. 〔오생근 옮김, 『감시와 처벌』, 나남, 1994.〕

Harvey, David(1989). *The Condition of Postmodernity : An Enquiry into the
Origins of Cultural Change*, London : Blackwell. 〔구동회 옮김, 『포스트모더
니티의 조건』, 1997.〕

Lenin, Vladimir I.(1967). *Imperialism : The Highest Stage of Capitalism,
Selected Works of V. I. Lenin*, vol. I., Moscow : Progress Publisher. 〔편집부
옮김, 『제국주의론』, 백산서당, 1988.〕

Negri, Antonio, and Michael Hardt(2000). *Empire*, Cambridge : Harvard
University Press. 〔윤수종 옮김, 『제국』, 이학사, 2001.〕

_____(2004), *Multitude*, New York : The Penguin Press.

Wallerstein, Immanuel(1991). *Unthinking Social Science : The Limits of
Nineteenth-century Paradigms*, London : Polity Press in association with
B. Blackwell. 〔성백용 옮김, 『사회과학으로부터 탈피』, 창비, 1994.〕

.찾아보기.